OS EXUBERANTES ANOS 90

JOSEPH E. STIGLITZ

Os exuberantes anos 90

Uma nova interpretação da década mais próspera da história

Tradução
Sylvia Maria S. Cristovão dos Santos
Dante Mendes Aldrighi
José Francisco de Lima Gonçalves
Roberto Mazzer Neto

COMPANHIA DAS LETRAS

Título original
The roaring nineties: a new history of the world's most prosperous decade

Capa
João Baptista da Costa Aguiar

Edição de texto
Pedro Maia Soares

Índice remissivo
Daniel A. de André

Revisão
Beatriz de Freitas Moreira
Olga Cafalcchio

Dados Internacionais de Catalogação na Publicação (CIP)
(Câmara Brasileira do Livro, SP, Brasil)

Stiglitz, Joseph E.
Os exuberantes anos 90 : uma nova interpretação da década mais próspera da história / Joseph E. Stiglitz ; tradução Sylvia Maria S. Cristovão dos Santos, Dante Mendes Aldrighi, José Francisco de Lima Gonçalves, Roberto Mazzer Neto — São Paulo : Companhia das Letras, 2003.

Título original: The roaring nineties.
Bibliografia.
ISBN 85-359-0432-8

1. Estados Unidos — Condições econômicas — 1981-2001 2. Estados Unidos — Política econômica — 1993-2001 3. Enron Corp — Contabilidade 4. Globalização I. Título.

03-5921 CDD-330.973049

Índices para catálogo sistemático:
1. Anos 90 : Estados Unidos : História econômica 330.973049
2. Estados Unidos : Anos 90 : História econômica 330.973049

[2003]

EDITORA SCHWARCZ LTDA.
Rua Bandeira Paulista 702 cj. 32
04532-002 — São Paulo — SP
Telefone (11) 3707-3500
Fax (11) 3707-3501
www.companhiadasletras.com.br

Para Anya, novamente

Sumário

Prefácio

Há uma década, deixei minha tranqüila vida de professor de economia em Stanford para ir trabalhar em Washington, primeiro como membro, depois como presidente do Conselho de Consultores Econômicos do presidente Clinton. O quarto de século anterior, passara fazendo pesquisa em teoria econômica e política econômica. Queria ver o que *realmente* acontece — ser uma testemunha. Mas eu queria ser mais do que uma testemunha. Comecei a estudar economia nos anos 60, os anos dos direitos civis e dos movimentos pela paz. Queria, suponho, mudar o mundo, mas não sabia ao certo de que maneira; sendo acadêmico, eu precisava primeiro entender melhor o mundo.

Não imaginava o quanto aprenderia. Quando deixei Washington, após trabalhar para todo o primeiro governo Clinton e, depois, ser durante três anos vice-presidente e economista-chefe do Banco Mundial, muita coisa havia mudado. Aqueles foram os tumultuosos, exuberantes anos 90* — a década das megatransações e do megacrescimento. Isso é de conhecimento público. Mas a idéia para este livro surgiu quando pensei em histórias que não estavam tão amplamente disponíveis ou tão bem entendidas. A recuperação da reces-

* No original *Roaring Nineties*, que remetem à já consagrada expressão *Roaring Twenties*, a exuberante década de 1920. Uma tradução mais literal seria "estrondosos anos 90". (N. T.)

são de 1991, por exemplo, parecia desafiar o que era universalmente ensinado em cursos de economia em todo o mundo. A versão popular, proclamada por algumas pessoas do governo Clinton, sustentava que a redução do déficit (a redução da diferença entre os gastos do governo e seus impostos) ocasionara a recuperação, mas a teoria-padrão dizia que reduções de déficit agravavam quedas na atividade econômica. Para tomar outro exemplo, estive envolvido em muitas batalhas sobre desregulamentação e práticas contábeis e pensava que, particularmente com a desregulamentação bancária, havíamos ido longe demais. Havíamos perdido oportunidades para aperfeiçoar a contabilidade das grandes empresas privadas. De modo mais amplo, a década marcou a emergência da chamada Nova Economia, com a taxa de crescimento da produtividade dobrando ou triplicando em comparação com a das duas décadas anteriores. Como acadêmico, a economia da inovação foi um dos meus campos de especialização, e foi importante, pensava eu, para fornecer uma melhor compreensão do que havia provocado a enorme redução da produtividade nos anos 70 e 80 e sua recuperação na década de 1990.

Mas, antes que pudesse escrever *aquele* livro, muitas coisas aconteceram. A economia entrou em recessão, provando, de um só golpe, que as recessões não eram coisa do passado. Escândalos em grandes empresas destronaram os altos sacerdotes do capitalismo americano; os CEOs* de algumas das maiores empresas americanas pareciam enriquecer às custas de seus acionistas e funcionários. A globalização, a integração mais estreita entre os países como resultado da redução dos custos de transporte e comunicação e da remoção de barreiras artificiais criadas pelo homem, que havia até pouco antes sido anunciada como portadora de um mundo novo, parecia ser vista por muitos com maus olhos. Em 1999, o encontro da Organização Mundial do Comércio em Seattle, Washington, traria supostamente uma nova rodada de abertura do mundo, sob a liderança americana, uma rodada que levaria consigo o nome da cidade onde ela começou, e seria uma lembrança permanente da contribuição de Clinton para a globalização. Em vez disso, terminou em tumultos, quando ambientalistas, protecionistas, aqueles preocupados com o efeito, às vezes devastador, da globalização sobre os pobres e aqueles preocupados com

* Iniciais de Chief Executive Officer, a designação do principal executivo de empresa americana. (N. T.)

a natureza antidemocrática das instituições econômicas globais, todos se juntaram em protesto. O 11 de setembro de 2001 mostrou um lado ainda mais sombrio da globalização: o terrorismo também podia cruzar fronteiras com facilidade. Embora as raízes do terrorismo sejam complexas, ficou claro que o desespero e a alta taxa de desemprego, que prevaleciam em todo o mundo, propiciavam um terreno fértil para alimentá-lo.

A revelação do que foram os exuberantes anos 90 veio rápido, antes mesmo do final do governo Clinton. Ela jogou uma nova luz sobre o que havia acontecido naquela década — e tornou ainda mais obrigatória uma reinterpretação da década.

Quando se realizou, aquele projeto combinou-se com outro. Uma das minhas preocupações permanentes havia sido o papel apropriado do governo em nossa sociedade e, mais particularmente, em nossa economia. Poucos anos antes de ir para Washington, eu havia escrito um pequeno livro, chamado *The economic role of the State* [O papel econômico do Estado], no qual tentei expor os papéis apropriados do Estado e dos mercados, baseado nas forças e nos fracassos tanto dos mercados como do governo. Eu tentara identificar alguns princípios gerais sobre o que o governo deve e não deve fazer. Depois de ver o governo tão de perto por oito anos, queria revisar esse assunto. Um estudo dos anos 90 proporcionou-me a oportunidade para fazer isso: os sucessos da administração Clinton foram, em parte, atribuídos ao nosso empenho em fazer alguma coisa para atingir o equilíbrio correto entre o governo e o mercado, um equilíbrio que fora perdido na década de Reagan e Thatcher; mas nossos fracassos — alguns deles se manifestaram apenas ao final da década — decorreram parcialmente de pontos em que erramos naquele equilíbrio.

Havia uma batalha de idéias entre os que defendiam um papel minimalista para o Estado e aqueles que atribuíam ao Estado um papel importante, embora limitado, não apenas na correção das falhas e limitações do mercado, mas também na busca por mais justiça social. Pertenço ao último campo, e este livro pretende explicar por que acredito que, enquanto os mercados estão no centro do sucesso de nossa economia, nem sempre eles funcionam adequadamente por si próprios, por que eles não resolvem todos os problemas e por que o governo sempre será um importante parceiro para eles.

Conseqüentemente, este livro não é apenas uma história econômica dos anos 90 reescrita, embora seja, em parte, isto. É tanto uma história do futuro como do passado — trata do lugar onde os EUA e outros países desenvolvidos se encontram e de direção que deveriam seguir. Muitas das instituições centrais de nossa sociedade tiveram sua credibilidade muito prejudicada, irremediavelmente em alguns casos, da Igreja aos nossos CEOS, ao judiciário, à profissão de contador, aos nossos bancos. Neste livro, examino apenas nossas instituições econômicas, embora não possa deixar de pensar que o que acontece nessas instituições influencia e tem conseqüências muito significativas para o que acontece fora delas.

Tanto a direita quanto a esquerda perderam suas referências. Os fundamentos intelectuais da economia do *laissez-faire*, a visão de que os mercados, por si mesmos, levarão a resultados eficientes, para não dizer justos, foram removidos. Quando o mundo entrou em crise, depois do 11 de setembro, percebemos que tínhamos de agir em conjunto. Os escândalos das grandes empresas, que sacudiram os EUA e, em menor extensão, a Europa, levaram até os conservadores a ver que havia um papel para o governo. O colapso da União Soviética e, com ele, o fim da Guerra Fria, fez desaparecer a base das idéias econômicas da esquerda: o apoio ao socialismo, pelo menos ao do tipo antigo, declinou até naqueles países onde, anteriormente, tivera enorme força.

Hoje, o desafio é alcançar o equilíbrio correto entre o Estado e o mercado, entre a ação coletiva nos âmbitos local, regional e global, e entre ações governamentais e não governamentais. Na medida em que as circunstâncias econômicas mudam, o equilíbrio tem de ser redesenhado. Cabe ao governo empreender novas atividades e abandonar velhas. Entramos em uma era de globalização, na qual os países e os povos estão mais estreitamente integrados do que nunca. Mas a globalização, em si mesma, significa que temos de mudar aquele equilíbrio: necessitamos de mais ação coletiva em nível internacional e não podemos nos esquivar das questões de democracia e justiça social na arena global.

As consideráveis mudanças com as quais se confrontaram nossas economias e nossas sociedades nos últimos quinze anos lançaram enormes pressões sobre o equilíbrio entre o Estado e o mercado, e fracassamos em responder adequadamente. Os problemas que vieram à tona nos últimos anos são, em parte, um reflexo desse fracasso. Este livro procura apresentar um arcabouço que nos ajude a recuperar o equilíbrio.

Há mais um tema que motivou este livro. Os anos 90 foram a década em que as finanças reinaram absolutas. Em Wall Street, faziam-se milhões, em alguns casos bilhões, com a promoção de negócios, com a captação de fundos para novas empresas. Os melhores e mais brilhantes jovens americanos queriam participar dessa excitação. Os EUA aceitaram o princípio geral da economia de mercado: a remuneração reflete a produtividade. Aqueles que ganhavam mais estavam contribuindo mais para a sociedade. Era natural que os jovens fossem atraídos para o frenesi. Eles poderiam fazer o bem para a sociedade fazendo o bem para si mesmos.

Dentro dos círculos dos formuladores de política econômica, havia a mesma deferência para com o ponto de vista das Finanças. Aos bancos centrais, compostos sobretudo de especialistas da comunidade financeira, cabia somente estabelecer a política monetária, e sua mão firme assegurava crescimento estável sem inflação. O livro *The Agenda* (1994), de Bob Woodward, descreve, em termos vívidos, como a redução do déficit se deslocou para a frente e para o centro da agenda de Bill Clinton. Não foi essa a plataforma com a qual Clinton fora eleito, mas ele foi persuadido de que, sem a redução do déficit, os mercados financeiros o puniriam, e sem o suporte das Finanças, ele não poderia concluir o restante de sua agenda. Tudo o mais foi posto em banho-maria — grande parte da agenda nunca foi concluída.

Devo deixar claro: acredito que o mercado financeiro é importante. De fato, um trabalho meu em economia da informação ajudou a esclarecer a relação entre finanças e economia. Anteriormente, os ganhadores do Prêmio Nobel, Franco Modigliani, do MIT, e o finado Merton Miller, da Universidade de Chicago, haviam argumentado, por exemplo, que à parte considerações tributárias, a maneira como as firmas se financiavam não fazia nenhuma diferença. Meu trabalho sobre informação assimétrica ajudou a explicar o papel central das finanças em uma economia moderna. Mas esse mesmo trabalho também explicava por que mercados financeiros sem regulamentação freqüentemente não funcionam bem, por que o governo era necessário e por que o que era bom para Wall Street poderia não ser — e freqüentemente não era — bom para o país como um todo ou para determinados grupos.

O que aconteceu nos exuberantes anos 90 foi que um conjunto de controles e equilíbrios conhecidos de longa data — um equilíbrio entre *Wall Street*, *Main Street* (ou *High Street*, como se diz no Reino Unido) e os trabalhadores, entre a Velha Indústria e a Nova Tecnologia, entre o governo e o mercado — estava abalado em alguns aspectos essenciais pela nova ascendência das Finanças. Todos aceitaram o julgamento das Finanças. Todos os países, inclusive os Estados Unidos, foram convocados a aceitar a disciplina do mercado. Deixou-se de lado a velha sabedoria de que havia políticas alternativas, de que diferentes políticas afetavam diferentes grupos diferentemente, de que havia *trade-offs*,* de que a política propiciava a arena por meio da qual os *trade-offs* eram avaliados e as escolhas eram feitas.

No governo Clinton, sabíamos que esse modo de pensar estava errado. Se as Finanças realmente ditavam a regra máxima, se havia um único conjunto de políticas que todos deveriam aceitar, então o que nos distinguiria dos republicanos seria somente nossa maior competência. Mas uma espécie de esquizofrenia surgiu. Enquanto acreditávamos que estávamos promovendo políticas diferentes, políticas que beneficiavam as classes média e pobre mais do que as políticas que os republicanos haviam defendido, enquanto sabíamos que havia *trade-offs*, muita gente do governo parecia aceitar a noção de que o mercado de títulos, ou os mercados financeiros, de modo mais geral, conheciam o melhor caminho. Parecia que os mercados financeiros representavam os melhores interesses dos EUA, além dos seus próprios. Isso não fazia nenhum sentido para mim. Eu acreditava que tínhamos de reconhecer que, se fizéssemos alguma coisa que desagradasse ao mercado de títulos ou outros mercados financeiros, e tivéssemos de pagar um preço por isso, poderia ser um preço que valesse a pena pagar.[1] Afinal, embora as Finanças sejam importantes, Wall Street é um grupo de interesses como muitos outros.

Escrevo este livro como americano, como alguém que participou das discussões políticas dentro dos Estados Unidos e que está profundamente preocupado com os rumos que o país tem tomado. Mas também escrevo como alguém que esteve muito engajado em discussões paralelas por todo o mundo e no debate mais amplo acerca da globalização, que se tornou uma das questões do dia. Creio que os fracassos nos EUA — o *boom* e o colapso, a má administração da política macroeconômica, os excessos da desregulamentação e os escândalos das grandes empresas para os quais ela contribuiu — não interessam apenas aos americanos. A história que se desdobra aqui é de interesse de todo o mundo, e por várias razões.

* Expressão usual em economia e amplamente utilizada na forma inglesa. Refere-se ao fato de que existem relações inversas entre variáveis, de modo que mais de uma implica necessariamente menos de outra. (N. T.)

A globalização tornou o mundo todo mais interdependente. Costumava-se dizer que, quando os Estados Unidos espirravam, o México ficava resfriado. Agora, quando os EUA espirram, a maior parte do resto do mundo cai doente com uma gripe. E os problemas americanos atuais vão bem além de um espirro. Qualquer análise dos problemas econômicos atuais do mundo, assim como dos da década anterior, deve iniciar com uma discussão sobre os EUA.

Além disso, a globalização quer dizer mais do que o movimento mais livre de bens, serviços e capital através das fronteiras. Ela acarreta movimentos mais rápidos de idéias. Como observei anteriormente, nos anos 90, os EUA se tornaram um modelo-padrão para o resto do mundo. Foram imitados por suas concepções acerca do equilíbrio correto entre o governo e os mercados e sobre que tipos de instituições e políticas são necessários para fazer uma economia de mercado funcionar adequadamente. Os costumes das empresas americanas foram adotados em todo o mundo e os EUA estenderam suas práticas contábeis até onde foi possível. Os países que não imitaram voluntariamente os EUA, na esperança de que suas economias também experimentariam um *boom*, inclusive aqueles que pensavam que os EUA não tinham alcançado o equilíbrio correto, foram persuadidos, atormentados e, no caso dos países em desenvolvimento, dependentes da assistência do Fundo Monetário Internacional, efetivamente obrigados a aceitar o que foi descrito como o movimento inevitável da história.

Não é de surpreender que os problemas aqui descritos tenham apresentado paralelos em muitos países do mundo. Os escândalos empresariais atingiram companhias européias, derrubando os CEOs de gigantes como a Vivendi, e arranharam até companhias aparentemente sérias, como o grupo holandês Ahold. Os extremos da má conduta de executivos de grandes empresas, que se tornaram evidentes nos EUA, podem não ter ocorrido em outros lugares, mas a direção do movimento foi profundamente preocupante.

Outras questões que também estão no centro do drama americano têm se apresentado, de maneira similar, em outros palcos. Em alguns países, a deferência mostrada em relação às Finanças — e ao seu poder — é freqüentemente ainda maior do que nos EUA; os pontos de vista da comunidade financeira ditam políticas e determinam até os resultados de eleições. O mantra da redução do déficit, combinado com um entusiasmo descontrolado no combate aos problemas da inflação de quase duas décadas atrás, ataram as mãos da Europa no trato com a queda da atividade econômica que começou em 2001. No momento em que este livro vai para a gráfica, as economias européias enfrentam o medo da deflação e do desemprego crescente, quando ações anteriores poderiam ter evitado que o declínio se transformasse em recessão. Com o Japão também em estagnação ou coisa pior, o mundo está enfrentando a primeira queda global da atividade econômica da era da globalização.

Fundamentalmente, a luta de idéias entre aqueles que defendem um papel minimalista para o Estado e aqueles que acreditam que há uma maior necessidade da presença do governo para alcançarmos o tipo de sociedade que desejamos está sendo travada de país em país, no mundo em desenvolvimento não menos do que no mundo desenvolvido, em ambos os lados do Atlântico e do Pacífico. A recente experiência americana serve de lição para todos e espero que as lições que descrevo nos capítulos finais deste livro — e a agenda que esboço para o futuro — sejam tão relevantes para os outros países como o são para os Estados Unidos.

Este não é um livro de reportagem investigativa. Os escândalos e outros problemas que descrevo estão bem documentados em outros veículos.[2] Meu objetivo aqui é a *interpretação*, para nos ajudar a entender o que deu errado e tentar consertar. Como cientista social, não acho que problemas de tal magnitude são simplesmente acidentes, resultado de aberrações individuais. Procuro falhas sistemáticas — e as há em grande quantidade. É interessante observar que muitos dos problemas estavam inteiramente associados à minha agenda de pesquisa de três décadas; eles se relacionam a problemas de informação imperfeita e, particularmente, assimétrica — isto é, a situações em que algumas pessoas possuem informações que outras não têm. Os avanços nessas teorias ajudam-nos a entender o que deu errado e por quê. Ajudam também a explicar por que, anos antes que os problemas viessem à tona, eu lutara, dentro do governo Clinton, contra muitas das políticas que lhes deram origem. Quando surgiram, há uma década, esses assuntos eram quase completamente uma questão teórica. Hoje, a evidência está aí. Entretanto, em algumas esferas continua a resistência a mudanças, a enfrentar esses problemas.[3]

Tanto em relação a este livro como ao anterior estou profundamente agradecido ao presidente William Jefferson Clinton, que me deu a oportunidade não somente de servir ao meu país, mas de ver o funcionamento do governo americano por dentro. Para um cientista social, foi uma oportunidade sem paralelo.

Sou extremamente agradecido ao presidente não somente pela oportunidade que me deu, mas também pelo respeito que sempre demonstrou pelo papel especial que o Conselho de Consultores Econômicos desempenha em nosso sistema de governo. Tínhamos o luxo de não precisar responder a eleitores — exceto ao povo americano, e ele prestava pouca atenção ao que dizíamos ou fazíamos. Isso nos dava uma liberdade que não é concedida a outras agências do governo, que estão constantemente sujeitas à pressão de um ou outro grupo de interesse. Um dos temas deste livro é a resposta dos indivíduos a estímulos: aqueles que se comportaram mal no mundo financeiro e empresarial não eram necessária e especialmente venais, ou mais venais do que aqueles que ocuparam a mesma posição em época anterior; sem dúvida, seus incentivos eram diferentes e seus comportamentos respondiam a esses incentivos. No Conselho de Consultores Econômicos, pela prática, estávamos mais preparados para a identificação de incentivos mal planejados; mas como essa era nossa função, em certo sentido, tínhamos incentivos para detectar os problemas com incentivos — e agindo assim, melhoramos nossa posição dentro de nossa própria profissão. Do mesmo modo, havia fortes incentivos para não ceder à pressão de interesses particulares, evitando, desse modo, depreciar nossa posição. Os membros do Conselho, em sua maioria, provinham da academia e para lá retornaram, e sua posição dentro desse círculo era o que mais importava para eles.

A presidência do Conselho de Consultores Econômicos não somente deu-me uma cadeira na primeira fila dos tomadores de decisão do governo, como também propiciou-me uma oportunidade única para observar a economia americana. Fazia parte das minhas responsabilidades diárias não só monitorar o que estava acontecendo, mas pensar sobre o que poderia dar errado e corrigir antes que ficasse claro que seria necessário um conserto. Eu podia ver a economia americana sob várias perspectivas raramente disponíveis — enquanto falávamos com todos os principais economistas no mundo dos negócios, no governo e na área acadêmica, buscando diferentes interpretações para o que estava acontecendo; também tive a oportunidade de falar com líderes trabalhistas e CEOS, com empreendedores capitalistas e com financistas de Wall Street. O presidente trabalhava duro para manter-se informado sobre como as mudanças na economia estavam afetando os americanos comuns; ele mantinha reuniões econômicas regionais de cúpula em Atlanta, em Portland, em Columbus, entre outras. Parte da minha função era ouvir as considerações feitas nas reuniões e explicar o que estávamos fazendo, e essas incursões freqüentes colocaram-me em contato com as bases de uma maneira que raramente aconteceria a um acadêmico.

Uma das maiores mudanças ocorridas nos anos 90 foi a que se deu na posição econômica global dos Estados Unidos, e os dois cargos que ocupei, o de presidente do Conselho de Consultores Econômicos e o de economista-chefe e vice-presidente sênior do Banco Mundial, permitiram-me observar essa mudança de duas perspectivas completamente diferentes. Pude ver o impacto dos exuberantes anos 90 nos Estados Unidos e também no exterior. Pude ver a inconsistência entre o que defendíamos internamente e o que tentávamos impor no exterior. Pude ver como aqueles que defendiam justiça social e valores democráticos dentro do país, a partir de uma preocupação com os pobres, com freqüência pareciam muito menos preocupados com esses valores no exterior.

Esses dois cargos proporcionaram-me uma melhor oportunidade para nos ver — os Estados Unidos — e ver os outros países desenvolvidos da maneira como nos vê o resto do mundo. A comunidade científica sempre desconheceu fronteiras e nunca reconheceu qualquer autoridade. Meus alunos e colegas vinham de todo o mundo, e eu mesmo passei um quarto da minha vida de trabalho no exterior. As fortes ligações que tive permitiram-me uma visão privilegiada que não costuma estar disponível para o servidor público. E o que vi e senti entristeceu-me: mesmo aqueles que foram educados nos Estados Unidos, que amavam os EUA e os americanos, estavam profundamente desapontados com o que fazia o governo americano. De algum modo, coletivamente, enquanto nação, agíamos com muita freqüência de maneira muito diferente da que defendíamos como indivíduos. Nos capítulos a seguir, tento mostrar por que há mais do que uma pequena verdade nessas percepções e tento explicar, primeiro, como esse estado de coisas veio a acontecer e, segundo, por que o modo como temos administrado nosso novo papel na economia global, após o fim da Guerra Fria, não atende aos nossos interesses de longo prazo.

Tal como em *A globalização e seus malefícios*, isso não significa lançar um olhar desinteressado para o que aconteceu nos exuberantes anos 90 e suas conseqüências. De que modo poderia fazê-lo, tendo em vista meu envolvimento em tantos dos acontecimentos? Mas tentei lançar um olhar preciso, reunir o que sabia sobre os eventos com meu conhecimento acerca dos processos políticos e econômicos, propiciar uma interpretação do que aconteceu e o que esses acontecimentos sinalizam para o futuro. Ao longo dos anos, minha crença na democracia se fortaleceu, mas, também, minha convicção de que para ela funcionar, os cidadãos devem entender os problemas básicos com os quais se defrontam nossas sociedades e o modo como funciona seu governo. E não há questões mais importantes para a maioria das pessoas do que as que envolvem a economia e a relação entre o mercado e o governo.

Sou professor e passei a maior parte do último quarto de século ensinando; todo professor ou professora sabe que em qualquer aula é preciso simplificar — não há alternativa. Mas tenho tentado não *supersimplificar*. Quando descrevo os acontecimentos da década passada, baseio minhas exposições simplificadas em algumas idéias bastante complicadas, que apresentei detalhadamente em vários livros e em dezenas de artigos. Gostaria de acreditar que minha exposição simplificada de idéias complicadas é mais persuasiva do que a articulação simplificada de idéias supersimplificadas que caracterizou algumas das outras abordagens e, em particular, a ideologia simplista do mercado livre. E, como professor, conto a história dos acontecimentos dos anos 90 não só porque eles foram interessantes em si mesmos — sem dúvida, são mais interessantes para aqueles que se envolveram nos acontecimentos do que para qualquer outra pessoa — mas por causa das lições gerais a serem aprendidas.

São lições importantes para os Estados Unidos, mas não são menos importantes para os que vivem em outros lugares. Os EUA, como a mais forte e mais bem-sucedida economia do mundo, são imitados. E os EUA, como o país mais forte do mundo, impõem uma visão particular do papel do Estado na economia, especialmente por meio de instituições econômicas internacionais, como a Organização Mundial do Comércio, o Fundo Monetário Internacional e o Banco Mundial. Mais adiante, um dos temas centrais do livro é mostrar que as idéias que os EUA empurram para o mundo são bem diferentes daquelas que praticam em casa. O modo como nós e outros interpretamos nossos sucessos (e fracassos) tem enormes conseqüências nas escolhas de políticas, programas e instituições de outros países. Por isso é tão importante tirar daí as lições corretas.

Alguns leitores deste livro, diante da minha crítica ao governo Clinton, chegarão a conclusões equivocadas, assim como fizeram alguns leitores de um artigo anterior, publicado na *Atlantic Monthly*, sobre o mesmo tema. Se dou a impressão de julgar com severidade o governo, isso se deve, em parte, às grandes esperanças que tínhamos no início, em 1993, e que foram frustradas de vários modos. Devo, porém, esclarecer: sou duro nas avaliações, mas, no fim, avalio considerando o conjunto. Observando o que antecedeu o governo Clinton e, em especial, o que se seguiu, as avaliações se tornam quase brilhantes. A questão, entretanto, não é simplesmente avaliar; é entender o que deu errado e o que deu certo, e por quê — e, o que é mais importante, como podemos construir um futuro no qual a política econômica seja mais bem administrada.

Eu tenho um orgulho imenso do que o presidente Clinton e sua administração realizaram. Sim, talvez pudéssemos ter feito mais, especialmente no sentido de transformar o panorama global depois da Guerra Fria, levando a globalização a funcionar não só para nós, mas para o mundo todo. E, sim, o país estaria numa situação melhor se não tivéssemos sucumbido tanto ao mantra da desregulamentação. Mas tomamos nossa herança — incluindo déficits imensos, uma desigualdade enorme e crescente e uma economia não totalmente recuperada de uma recessão — e demos passos importantes rumo ao futuro: o déficit foi eliminado, a economia teve uma robusta recuperação. A pobreza foi reduzida, o crescimento da desigualdade foi detido e a expansão de programas como *Head Start** deu a esperança de mais progresso nessa frente no futuro. A política do momento dificultou — talvez tenha tornado impossível — a realização de muito mais. Mas quem tem dúvida sobre minha posição acerca dessas questões deve começar pelo Epílogo, em que comparo o que aconteceu durante os anos Clinton com o que se seguiu. Os últimos dois anos têm sido um amargo despertar para quem diz que a política não importa ou que os políticos são todos iguais.

O aspecto de que mais me orgulho da administração Clinton talvez seja o fato de que, acima de tudo, havia uma crença e um compromisso com os valores democráticos e a justiça social entre virtualmente todos os membros da administração. É raro reunir-se um grupo com tanta inteligência e dedicação. Havia uns poucos, muito poucos, que, de vez em quando, deixavam seus egos

* Programa federal criado em 1965 que oferece educação pré-escolar, serviço de saúde física e mental e nutrição para crianças de famílias de baixa renda até os cinco anos. (N. T.)

interferirem em seu sentido de dedicação; mas era de se esperar grandes egos daqueles que sobrevivem à luta para conquistar a posição que alcançaram. Fui advertido, por amigos que trabalharam em governos anteriores, para nunca dar as costas a alguém, pois seria logo apunhalado. No governo Clinton, embora acontecessem as árduas batalhas habituais, havia poucas punhaladas pelas costas. Clinton imprimiu um tom de respeito mútuo. Democracia é mais do que eleições periódicas; ela compreende a garantia de que todas as vozes sejam ouvidas e de que haja um processo deliberativo. Cada um de nós levou para o governo uma perspectiva particular, uma visão necessariamente limitada por nossas experiências. Deliberávamos e discutíamos do início da manhã ao final da noite.

Escrevo este livro porque as batalhas que enfrentei serão travadas novamente. Em uma democracia, essas questões nunca são resolvidas para sempre. Se cometemos nossos enganos, eles podem ser corrigidos. Mas somente se entendermos por que as coisas aconteceram de modo diferente do que esperávamos, somente se entendermos onde erramos. Este livro é minha interpretação. Espero que contribua para as discussões deliberativas de governos futuros que compartilhem os valores que esposamos.

Retornei à academia, de onde vim. Quando tinha catorze anos, crescendo em Gary, a cidade do aço de Indiana, na margem sul do lago Michigan, decidi que, quando adulto, seria professor, e que, de algum modo, queria combinar minha profissão com algum tipo de serviço público. Alguns anos mais tarde, estudante no Amherst College, apaixonei-me por economia e aquelas ambições tomaram forma: queria entender a causa da pobreza, do desemprego e da discriminação que vira crescer ao meu redor, e queria fazer alguma coisa para resolver esses problemas. Talvez tenha sido capaz de dar uma pequena contribuição para o que são problemas esmagadores. Outra geração terá de continuar a luta. Meus alunos, com seu idealismo, energia e comprometimento, me dão esperança.

Agradecimentos

Ao escrever um livro como este, acumulei uma longa lista de dívidas — para com meus colegas acadêmicos que me ajudaram a entender um pouco da teoria econômica subjacente aos problemas aqui discutidos, para com aqueles com quem trabalhei em Washington e outros lugares do mundo e que me ajudaram a ver a experiência americana com outros olhos, e para com aqueles que me ajudaram na sua redação e edição. Peço desculpas às pessoas que eu tenha inadvertidamente deixado de fora desses agradecimentos. Muitos que mencionarei abaixo podem discordar das minhas interpretações dos fatos, alguns vão discordar das recomendações de políticas a que cheguei, e nem todos partilham da visão que apresento nos capítulos finais deste livro. Mas, conscientemente ou não, todos contribuíram para a perspectiva aqui descrita.

Olhei para os eventos da década de 1990 e dos anos que se seguiram de uma perspectiva influenciada por meus estudos nos últimos quarenta anos, que se concentraram em economia da informação, economia do setor público, macroeconomia e finanças. Tive sorte por ter tido alguns dos melhores professores do mundo em Amherst, no MIT, e em Cambridge: Arnold Collery, que mais tarde tornou-se reitor da Columbia, Jim Nelson, Ralph Beals, Paul Samuelson, Robert Solow, Franco Modigliani, Charles Kindleberger,[1] Nicholas Kaldor, Joan Robinson e Frank Hahn. O campo da economia da informação foi, em muitos sentidos, aberto por Kenneth Arrow, meu professor no MIT e colega em Stanford. Meus primeiros artigos foram escritos com George Akerlof, colega de classe no MIT e com quem partilhei o Prêmio Nobel em 2001. Ainda me lembro de algumas de nossas primeiras conversas sobre as limitações dos mercados e os problemas de informação imperfeita, quase quarenta anos atrás. Também tive a oportunidade de trabalhar com A. Michael Spence (que também partilhou o prêmio) quando ele foi para Stanford, onde eu era um professor recém-formado, nos anos 70. Problemas de incentivos e risco, informação e tomada de decisão, governança empresarial e finanças, ofertas públicas iniciais (IPOS),* e as relações entre o que acontecia com o desempenho geral da economia e o que acontecia *dentro* das empresas, tudo isso me absorveu em projetos de pesquisa com Michael Rothschild, Peter Diamond, Richard Arnott, Barry Nalebuff, Sanford Grossman, Carl Shapiro, Ian Gale, Alex Dyck, Thomas Helmann, Peter Neary, Steve Salop, Kevin Murdoch, Andrew Weiss e Bruce Greenwald. Bruce, embora não vá concordar com tudo o que escrevi aqui, foi particularmente fértil em *insights*, ajudando-me a ver as relações entre a microeconomia da empresa e o desempenho macroeconômico da economia e perceber o que estava errado e o que estava certo na afirmação do governo Clinton de que a redução do déficit foi responsável pela recuperação de 1993.

Devo mencionar também Michael Boskin, meu colega em Stanford e presidente do Conselho de Consultores Econômicos de George H. W. Bush, que antes lecionava na Harvard Business School e foi indicado para vice-presidente do Federal Reserve** pelo presidente Bush, e Mark Wolfson, professor de contabilidade em Stanford, que desempenhou um importante papel na tarefa de repensar a contabilidade à luz da economia da informação.[2]

A Universidade de Columbia me proporcionou um ambiente particularmente bom, no qual pude desenvolver meu trabalho. Quero agradecer ao diretor Myer Feldberg da Graduate School of Business e à diretora Lisa Anderson da School of International and Public Affairs, e ao novo reitor, Lee Bollinger,

* Iniciais de Initial Public Offerings, ofertas públicas iniciais, o procedimento adotado na Bolsa de Valores para abrir o capital de uma empresa e, com isso, captar recursos em troca de ações. (N. T.)

** Federal Reserve System, o Banco Central dos EUA. Doravante Fed. (N. T.)

pelo seu entusiástico apoio. O grande leque de perspectivas na Universidade de Columbia, não apenas sobre globalização mas sobre o capitalismo de modo mais amplo, e o espírito aberto dos debates e discussões com economistas como Ned Phelps, Robert Mundell, Jagdish Bhagwati, Glenn Hubbard, Frank Edwards, Frederic Mishkin e Charles Calomiris, encorajaram o tipo de pesquisa que este livro representa.

Alguns de meus colegas acadêmicos teriam preferido um livro mais analítico, repleto de equações e regressões, comprovações empíricas e teorias bem formuladas em apoio às hipóteses que apresento. A teoria e as comprovações são apresentadas em outro lugar. O objetivo deste livro é diferente: trata-se de uma obra para o leitor em geral que quer aprender mais sobre os assuntos-chave da economia que afetam toda a nossa vida. Um público bem informado é a base do bom funcionamento de uma democracia e o objeto deste livro é a persuasão destemidamente pensada: a política econômica é relevante e as políticas econômicas *corretas* são aquelas que não apenas viabilizam o crescimento e a estabilidade, mas garantem que os frutos dessa prosperidade sejam amplamente partilhados.

A globalização é uma parte importante da história contada aqui. Há fortes paralelos entre o que deu errado com a globalização no exterior e o que deu errado nos Estados Unidos nos anos 90. Este livro pode ser visto como sucessor natural de minha obra anterior, *A globalização e seus malefícios*; muitos leitores dela viram tais paralelos e me instaram a escrever este livro. Quero agradecer àqueles que fizeram isso, direta e indiretamente, pelos *insights* que forneceram ou pelas oportunidades que me deram de enxergar em primeira mão o que estava acontecendo como parte da globalização: Jim Wolfensohn, o presidente do Banco Mundial, deu-me a oportunidade de servir àquela instituição como seu vice-presidente sênior e economista-chefe, e um enorme número de indivíduos dedicados e trabalhadores no Banco Mundial compartilharam comigo seus conhecimentos e perspectivas.[3] Desde que deixei o Banco Mundial e escrevi *A globalização e seus malefícios*, continuo a ver em primeira mão como a globalização está afetando todo o mundo e como as idéias que eram desposadas pela América nos exuberantes anos 90 estão formando, ou deformando, as políticas governamentais por todo lado. Recentes visitas a Bolívia, Equador, Venezuela, Chile, Brasil, Bulgária, Moldávia e Argentina foram particularmente instrutivas. Além daqueles a quem agradeci individualmente no livro anterior, quero agradecer a Suppachai Panitchpakdi, diretor da Organização Mundial do Comércio, pelos seus *insights* a respeito de alguns dos desafios daquela organização, e aos presidentes Ricardo Lagos do Chile e Fernando Henrique Cardoso do Brasil pelas discussões sobre o papel do governo e os ideais social-democratas em seus países.

Antes de ir para o Banco Mundial, fui presidente do Comitê de Política Econômica da Organização para Cooperação e Desenvolvimento Econômico (OCDE) ou o "clube" dos países industriais avançados, onde tive a oportunidade de ver a política econômica dos Estados Unidos de uma perspectiva bastante diferente — e de ver, ao mesmo tempo, a influência que as idéias americanas tinha sobre a política econômica nos outros lugares. Tenho uma dívida para com os membros do Comitê de Política Econômica, para com o *staff* da OCDE, seu diretor, Donald Johnston, e os embaixadores americanos na OCDE, David Aaron e Alan Larsen (hoje subsecretário de estado de economia), que sempre me ajudaram a interpretar o subtexto do que era dito.

Durante os anos 90 tive a felicidade de trabalhar para o presidente Clinton, que reuniu um notável grupo de indivíduos em sua administração. Muitos, como eu, vinham da área acadêmica e buscavam embasar a formulação de políticas em análises sólidas. Tenho enorme dívida para com meus colegas do Conselho de Consultores Econômicos, Laura Tyson, Alan Blinder, Alicia Munnel e Martin Bailey. Nós tínhamos a ajuda de uma equipe de economistas de primeira linha, na maior parte acadêmicos, burocratas-cidadãos que abriram mão de um ou dois anos de suas atividades para servir ao governo. Tenho uma dívida especial para com dois jovens economistas que combinavam teoria de primeira linha com uma sensibilidade para política pública e que saíram do Conselho para atuar como consultores econômicos no Conselho Nacional de Economia: Peter Orszag, hoje professor no Brookings, e Jason Furman, que conclui seu doutorado em Harvard. Meus chefes de equipe, Tom O'Donnel e Michele Jolin, não apenas fizeram o Conselho funcionar como forneceram valiosos *insights* sobre o processo político. Nossos macroeconomistas, Robert Wescott, Michael Donihue e Steven Braun, não apenas geravam as mais confiáveis projeções como demonstravam uma profunda compreensão de macroeconomia e das mudanças em nossa economia. Kevin Murdoch, enquanto ainda concluía sua pós-graduação em Stanford, rapidamente entendeu a importância e as imbricações da questão da *stock option*.* Mark Mazur ajudou a analisar os efeitos dos impostos sobre ganhos de capital e trabalhou comigo na criação de versões da redução de impostos sobre ganhos de capital que seriam justas, eficazes, mais igualitárias, e teriam levado a menores déficits no longo prazo. Durante anos, tivemos uma notável equipe de especialistas em economia internacional — Robert Cumby, Marcus Noland, Robert Dohner, Lael Brainard, Ellen Meade e John Montgomery; em macroeconomia — entre eles Matthew Shapiro, David Wilcox, Eileen Mauskopf, William English e Chad Stone; e em organização industrial e regulamentação — entre eles Jonathan Baker, Marius Schwartz e Tim Brennan. Todos ajudaram a formar visões e formular políticas sobre os temas que são objeto deste livro.[4] Robert Cumby envolveu-se particularmente no esforço de ajudar a criar títulos indexados, que poderiam ajudar a proteger das incertezas da inflação aqueles que poupam para a aposentadoria e, ao mesmo tempo, reduzir o déficit público. Jay Stowsky e Scott Waltsen foram fundamentais na compreensão do papel do governo na promoção da tecnologia; David Levine e William Dickens[5] na compreensão do mercado de trabalho e de algumas das conseqüências da aplicação da gestão por resultado às relações de trabalho, que estavam entrando na moda durante os anos 90.

O Tesouro, juntamente com o Departamento de Administração e Orçamento (OMB) e o Conselho de Consultores Econômicos, era uma das três principais agências na implementação da política econômica, e interagíamos muito com seus membros, em particular com Lloyd Bentsen, Robert Rubin, Frank Newman, Larry Summers, Les Samuels, Jeff Schaeffer, Josh Gotbaum, Brad DeLong, David Wilcox, Roger Altman, Karl Scholz e Len Burman. Poucas vezes estive frente a frente com meus colegas do Tesouro, mas eles geralmente tinham fortes argumentos a seu favor, argumentos que nos forçavam a pensar mais profundamente sobre as bases de nossas crenças. E creio que o mais importante é que eles respeitavam as diferenças de perspectiva com que abordávamos muitos assuntos altamente polêmicos. No OMB, Sally Katzen,

* Modalidade de remuneração de executivos que consiste em que parte do pagamento do trabalho que realizam seja recebida no futuro, em ações da empresa a que prestam serviços. Pretende ser um incentivo para que o executivo se dedique à valorização futura da empresa em que trabalha. (N. T.)

encarregada da política de regulamentação, e Robert Litan (hoje chefe do departamento econômico na Brookings) foram especialmente importantes na formulação de *insights* a respeito da política de regulamentação. Tenho também uma dívida para com Alice Rivlin, que foi diretora adjunta, depois diretora do OMB e, mais tarde, vice-presidente do Fed.

Devo muito a Robert Reich e aos dois economistas-chefes do Departamento do Trabalho, com quem mais interagi, Larry Katz e Alan Krueger, que não apenas me ajudaram a entender as mudanças na estrutura do mercado de trabalho, mas também o que estava errado com os modelos simplistas que haviam sido usados no passado para entender esse mercado.[6] Reich, em particular, era cético quanto a se as mudanças que ocorriam na economia redundariam em benefício do trabalhador comum americano e partilhava comigo muitas de suas preocupações sobre os exuberantes anos 90 e as políticas econômicas que ajudamos a implementar.

Na supervisão de todo o aparato de formulação de política econômica estava o Conselho Nacional de Economia (NEC), uma invenção de Clinton, embora arranjos similares tenham existido em outros governos.[7] Foi encabeçado primeiro por Robert Rubin, em seguida por Laura Tyson e depois por Gene Sperling, e todos tentaram trazer os vários interesses e perspectivas à mesa e resolver os conflitos entre economia e política, alargando desse modo minhas próprias perspectivas. Além de Dan Tarullo, Jon Orszag, Tome Kalil e Kathy Wallman, devo muito a Bowman Cutter, o diretor delegado do NEC durante os críticos primeiros anos do governo, que logo nos primeiros dias criou um grupo de trabalho para pensar no rumo que a economia tomaria no quarto de século seguinte e o que deveríamos fazer para ajudar a moldá-la. Quando penso no que aconteceu nos anos subseqüentes, sobre como os imperativos da tomada de decisão no dia-a-dia, combinados com a força da política, pareciam freqüentemente dominantes, olho com carinho essas tentativas iniciais de formar uma opinião. O capítulo final deste livro é minha tentativa de apresentar uma nova visão, parcialmente informada pelos anos seguintes. Aprendi muito com outros membros do NEC, entre eles Dan Trujillo, Jon Orszag, Tom Kalil e Kathy Wallman.

Partilhei também muitas preocupações com o Departamento de Política Científica e Tecnológica (OSTP): por exemplo, a preocupação sobre o papel do governo na promoção da tecnologia e com respeito às práticas anticompetitivas (por exemplo, no mercado de sistemas operacionais para computadores pessoais) e seu impacto no avanço tecnológico; e um sentimento de responsabilidade de que o regime de propriedade intelectual encaminhado pelos Estados Unidos nas negociações comerciais de Genebra em 1993 fosse equilibrado, de modo a promover o crescimento econômico e a pesquisa, em vez de apenas aumentar os lucros das empresas farmacêuticas. Entre os membros do OSTP devo mencionar o então chefe Jack Gibbons, Jane Wales, Skip Johns e Robert Watson.

A ampla gama de responsabilidades do Conselho de Consultores Econômicos nos colocou em contato freqüente com o pessoal de outros departamentos e agências governamentais e discutíamos com seus técnicos e indicados políticos, que forneciam amplas perspectivas sobre o que acontecia. Particularmente relevantes para o que se discute neste livro foram as interações com a Comissão de Valores Mobiliários, especialmente a cruzada de seu presidente Arthur Levitt. Beneficiei-me muito também de inúmeras conversas, tanto durante aquele período quanto depois, com Steve Wallman, então membro da Comissão. Uma das principais áreas da desregulamentação foi a de telecomunicações e, novamente, beneficiei-me de conversas com seu presidente, Reed Hundt, tanto durante quanto depois dos episódios aqui descritos, e com seus economistas-chefes Joseph Farrell e Michael Katz (que haviam sido meus alunos). Nos temas mais amplos da política relativa à concorrência, devo agradecer, pelas valiosas discussões com os promotores assistentes para ações antitruste, a Anne Bingaman e Joel Klein, e seus economistas-chefes em várias ocasiões, Rich Gilbert, que foi meu aluno em Stanford, Carl Shapiro, que foi meu colega e com quem escrevi em Princeton, e Tim Breshnahan, meu ex-colega de Stanford. Temas de política econômica internacional (NAFTA, a OMC e as negociações da Rodada Uruguai, a Área de Livre Comércio das Américas, APEC, nosso relacionamento com Japão e China, *dumping*, restrições ao comércio etc.) ocuparam muito de nosso tempo, e além dos membros do Conselho de Consultores Econômicos e do Conselho Nacional de Economia, interagimos muito com as pessoas envolvidas em política econômica no Departamento de Estado, no Departamento de Comércio e no Conselho de Segurança Nacional. Tenho em particular uma dívida para com Jeff Garten, hoje diretor da Escola de Administração de Yale, e com Joan Spero, hoje diretora da Fundação Duke, por seus *insights* e sua amizade.

Quanto aos temas de política macroeconômica, sobre os quais trato particularmente nos capítulos 2 e 3, nossas interações normais com o Fed, inclusive com seu presidente, Alan Greenspan, os membros do comitê e seu *staff*, foram valiosas. Janet Yellen (que foi minha aluna em Yale e me sucedeu como presidente do Conselho de Consultores Econômicos) e Alan Blinder (que fora meu colega e com quem escrevi em Princeton e também membro do Conselho, além de ter sido indicado pelo presidente Clinton para a vice-presidência do Conselho) formularam suas próprias interpretações sobre a recuperação econômica, que diferem em aspectos importantes daquelas aqui apresentadas.[8]

Devo uma palavra especial de agradecimento ao vice-presidente Al Gore, não apenas por ter me incluído em duas de suas mais importantes iniciativas, a reforma das telecomunicações e a "reinvenção do governo", mas também pela abertura e o maravilhoso senso de humor com que conduzia essas complexas e, muitas vezes, tendenciosas deliberações, sua atitude freqüente de colocar os princípios acima da política, sua constante cobrança de que os outros fizessem o mesmo, e seu apoio aos que o faziam.[9] Devo agradecer também aos membros do *staff* do vice-presidente, em particular Greg Simon, pelas discussões sobre política para as telecomunicações. Além disso, quero agradecer o papel dos chefes de *staff* do vice-presidente, Mac MacLarty, Leon Panetta e Erskine Bowles, que ajudaram a fazer da Casa Branca um estimulante e hospitaleiro lugar de trabalho.

Ao longo dos últimos anos, tive oportunidade de discutir a "agenda social-democrática" com um grande número de líderes e acadêmicos da Europa. Algumas de suas idéias estão refletidas no último capítulo deste livro. Eles me encorajaram a assumir essa tarefa, e espero ter correspondido a suas expectativas. Embora haja nomes em demasia a citar, há vários que eu seria relapso se não mencionasse: George Papandreou, ministro do Exterior da Grécia, que organiza um conclave de uma semana, o simpósio Simi, no qual muitos dos grandes temas são debatidos, em geral apaixonadamente; Laura Pennachi, membro do Parlamento da Itália, que lá organizou várias discussões; Leif Pagrotsky, ministro do Comércio da Suécia, um comprometido defensor do sistema econômico sueco; Gregory Kolodko, ministro das Finanças e primeiro-ministro adjunto da Polônia, que teve papel central na bem-sucedida transição do comunismo para uma economia de mercado, e Kermal Dervis, que conheci no Banco Mundial, onde era vice-presidente para o Oriente Médio, e depois se tornou ministro das Finanças da Turquia.

Obrigado também a Robin Blackburn, especialmente por partilhar suas reflexões sobre as pensões e aposentadorias; a Michael Cragg e George Fenn pelos detalhados comentários sobre diversos capítulos; a Sheridan Prasso e Gretchen Morgenson; a Jim Ledbetter por partilhar suas reflexões sobre os negócios na Europa; a Kira Brunner e James Lardner pela ajuda na edição do manuscrito; a Anton Korinek pela assistência na pesquisa; a Francesco Brindisi, Anupama Chandrasekaran, Hamid Rashd e Jayant Ray pelas pesquisas e conferência de dados; e a Ann Adelman pela edição. Em um estágio anterior, André Schiffrin, um dos maiores editores da América, forneceu não apenas encorajamento como seus *insights* sobre como eu poderia passar minha mensagem de modo mais eficaz. Na Norton, Drake McFeely, meu editor de longa data, conseguiu arrumar tempo, apesar de suas responsabilidades de presidente, para editar o manuscrito, e a editora assistente Eve Lazovitz supervisionou a edição final e a produção. Stuart Proffitt, na Penguin do Reino Unido, tem mais do que uma pequena responsabilidade sobre o livro na sua forma atual — uma síntese da história econômica dos anos 90 e uma visão sobre o futuro; sua edição ajudou a garantir que o livro tenha uma perspectiva global, sem refletir excessivamente um ponto de vista americano.

Acima de tudo, agradeço a Anya Schiffrin, que viveu este livro comigo por meses, discutindo cada idéia. Uma vez mais, ela me ajudou a dar forma ao livro todo — desde sua organização até cada capítulo, parágrafo, sentença. Se este livro é mais do que um árido tratado acadêmico sobre como os *insights* da teoria econômica moderna nos ajudam a entender alguns dos mais importantes eventos de nossos tempos, devo isto a ela. Se este livro evita a hipérbole que esses dramáticos eventos naturalmente sugerem — e os clichês de hábito —, devo isto também a ela. Anya entendeu o que eu queria dizer e compartilhou comigo o sentimento de que era importante que tais idéias fossem amplamente divulgadas, para além do estreito círculo de acadêmicos que, até *A globalização e seus malefícios*, foi o foco de meus escritos. Espero que o que produzimos transmita um pouco da paixão que sentimos por esses temas.

1. *Boom* e colapso: sementes da destruição

Nos exuberantes anos 90, o crescimento atingiu níveis não vistos em uma geração. Artigos de jornal e especialistas proclamavam que havia uma Nova Economia, que as recessões eram coisa do passado e que a globalização traria prosperidade para o mundo todo. Mas ao final da década, o que parecia ser o alvorecer de uma era passou a assemelhar-se mais e mais a um daqueles breves surtos de atividade econômica, ou hiperatividade, seguido inevitavelmente por um colapso, que marcam o capitalismo há duzentos anos. Exceto que dessa vez, a bolha — o *boom* na economia e no mercado de ações — foi maior, como maiores foram também suas conseqüências, pois a nova era para os EUA também o foi para o mundo inteiro. Assim, o colapso que se seguiu foi uma queda das atividades econômicas não só nos EUA, mas em quase todo o planeta.

Não era isso o que se imaginava. O fim da Guerra Fria deixou os Estados Unidos como a única superpotência e marcou a vitória da economia de mercado sobre o socialismo. O mundo não mais se dividia em termos ideológicos. Podia não ser o fim da história proclamado por Fukuyama, mas, pelo menos, acreditava-se que era o início de uma nova era — e, por uns poucos anos, parecia ser esse o caso.

Não era apenas o capitalismo que havia triunfado sobre o comunismo; a versão americana do capitalismo, baseada em uma imagem de individualismo rude, parecia ter triunfado sobre outras versões mais brandas, menos assumidas. Em encontros internacionais, tais como o G-7, que reúnem os líderes dos países avançados, vangloriávamo-nos de nosso sucesso e recomendávamos aos líderes econômicos de outros países, às vezes invejosos, que bastaria nos imitar para que também desfrutassem da prosperidade. Os asiáticos foram convidados a abandonar o modelo que lhes servira tão bem por duas décadas, que incluía estabilidade no emprego — e levara a novas formas de negócio que imitáramos, tais como a produção *just-in-time* —, mas agora era considerado cambaleante. A Suécia e outros adeptos do Estado do bem-estar também pareciam abandonar seus modelos, cortando os benefícios proporcionados pelo Estado e reduzindo os impostos. Governo pequeno era a ordem do dia. Proclamamos o triunfo da globalização. Com a globalização, veio a difusão do capitalismo estilo americano para todos os rincões do mundo.

Todos pareciam estar se beneficiando da nova ordem mundial, a *Economia Americana*, que levou fluxos de dinheiro sem precedentes de países desenvolvidos para o mundo em desenvolvimento — um aumento de seis vezes em seis anos —, comércio internacional sem precedentes — um aumento de cerca de 90% ao longo da década — e crescimento sem precedentes. Esperava-se que o comércio e o dinheiro gerassem emprego e crescimento.

No centro do moderno capitalismo americano estava o que veio a ser chamado de Nova Economia, simbolizada pelas empresas "ponto-com" que estavam revolucionando a forma de fazer negócio na América — e no mundo —, alterando o ritmo da própria mudança tecnológica e elevando a taxa de crescimento da produtividade a níveis não vistos em um quarto de século ou mais. O mundo experimentara uma revolução econômica dois séculos antes, a Revolução Industrial, quando as bases da economia passaram da agricultura para a manufatura. A Nova Economia representava uma mudança de proporções igualmente significativas: uma mudança da produção de bens para a produção de idéias, acarretando o processamento de informação, não de pessoas ou estoques. Em meados dos anos 90, a manufatura havia, de fato, se retraído, aproximando-se de 14% do produto total e de proporção ainda menor do emprego total. A Nova Economia também prometia o fim do ciclo econômico, os altos e baixos da economia que, até então, haviam feito parte do capitalismo, na medida em que novas tecnologias de informação permitiam que as empresas controlassem melhor seus estoques. (O excesso de investimento em estoques que mais tarde tinham de ser cortados fora uma das maiores fontes das quedas de atividade econômica na era do pós-guerra.)

Foi no exterior, na Ásia, que surgiram os primeiros indícios de que alguma coisa estava errada — crises na Coréia, Indonésia e Tailândia em 1997, seguida da Rússia em 1998 e do Brasil, em 1999. Mas foi nos Estados Unidos, em Seattle, Washington, em dezembro de 1999, que o movimento de protesto contra a globalização irrompeu vingativo: se a globalização estava beneficiando todos e deixando a vida de todos melhor, parecia que muitos não sabiam disso. Seattle apenas anunciou o que estava por vir, os protestos em Washington, D. C., Praga e Gênova — na verdade, em todo encontro importante de líderes globais. O movimento de protesto foi tão forte e tão intenso que quando os líderes dos países industriais avançados se reuniam, precisavam se retirar para lugares isolados, tais como o norte de Quebec. Obviamente, alguma coisa estava errada.

Com quatro meses de novo milênio, os sintomas começaram a mostrar que alguma coisa estava errada também nos Estados Unidos, com a queda das ações das empresas de tecnologia. Quando o novo milênio começou, o mercado de ações, termômetro máximo da economia, estava na maior alta de todos os tempos. O índice composto Nasdaq, contendo principalmente ações de empresas de tecnologia, disparou de 500, em abril de 1991, para 1000, em julho de 1995, ultrapassou 2000 em julho de 1998 e, finalmente, bateu em 5132 em março de 2000. O *boom* do mercado de ações reforçou a confiança do consumidor, que também atingiu novas altas e propiciou um forte ímpeto para o investimento, especialmente nos setores em expansão das telecomunicações e de alta tecnologia.

Os anos que se seguiram confirmaram a suspeita de que os números eram irreais, pois o mercado de ações bateu novos recordes de quedas. Nos dois anos seguintes, 8,5 trilhões de dólares foram apagados do valor das firmas só nas bolsas de valores dos EUA — um total que excedia a renda anual de todos os países do mundo, exceto os Estados Unidos. Uma empresa, a AOL TimeWarner, teve seu capital reduzido em 100 bilhões de dólares, um reconhecimento de que os investimentos que fizera haviam perdido valor de maneira drástica. No começo dos anos 90, não havia nenhuma firma que valesse 100 bilhões de dólares, quanto mais alguma capaz de perder tanto e continuar existindo.

Depois do estouro da bolha das ações da tecnologia, não tardou para que a prosperidade da economia real entrasse em marcha a ré e os EUA experimentassem sua primeira recessão em uma década. Evidentemente, a Nova Economia não trouxera o fim para o ciclo econômico. Se o *boom* foi maior do que a maioria dos outros do período do pós-guerra, a queda de atividade econômica também foi pior. Durante o *boom*, nós, do governo Clinton, nos orgulhávamos dos novos recordes que estavam sendo atingidos: criavam-se empregos em um ritmo sem precedente — 10 milhões de 1993 a 1997, e outros 8 milhões entre 1997 e 2000. Em 1994, o desemprego já havia caído abaixo de 6% pela primeira vez em quatro anos, e em abril de 2000, abaixo de 4% pela primeira vez em três décadas. Embora os ricos colhessem a maior parte dos ganhos, todos pareciam estar ganhando. Pela primeira vez em um quarto de século, aqueles que estavam por baixo viram sua renda começar a crescer, com a maior redução já vista na procura por assistência social (mais de 50% em seis anos) e as maiores reduções na pobreza de que se tem registro.

Os primeiros dois anos do novo milênio viram ainda a quebra de mais recordes. Porém, não eram do tipo para alguém se vangloriar. A Enron foi atingida pela maior falência corporativa da história — até que a WorldCom a acompanhasse, em julho de 2002. As ações caíram muito e depressa, o que não acontecia há anos; o índice S&P 500, que fornece a mais ampla medida da performance do mercado de ações, teve o seu pior desempenho anual em um quarto de século. Os americanos, confiantes, haviam reinvestido suas poupanças em ações das grandes empresas durante os anos 90; agora, graças à queda de 8,5 trilhões de dólares no valor do mercado, cerca de um terço do valor dos planos de aposentadorias individuais convencionais e dos planos 401(k)* simplesmente desapareceram. Mesmo com o *boom* no preço dos imóveis — um *boom* precário, que não era necessariamente uma boa indicação do futuro —, só no terceiro trimestre de 2002 desapareceram mais de 1,6 trilhão de dólares das poupanças das famílias. Os trabalhadores mais antigos descobriram que seus cálculos de aposentadoria não significavam mais nada.

O mercado de ações, é claro, nem sempre reflete a realidade econômica mais ampla. Dessa vez, infelizmente, refletiu. Entre julho de 2000 e dezembro de 2001, a nação registrou o mais longo declínio na produção industrial desde o primeiro choque do petróleo. Dois milhões de empregos foram perdidos

* Modalidade de plano individual de aposentadoria em que o imposto de renda sobre parte dos depósitos periódicos é diferido até o resgate da conta. (N. T.)

em não mais que doze meses. O número de desempregados a longo prazo mais do que dobrou. A taxa de desemprego saltou de 3,8% para 6,0%, enquanto 1,3 milhão a mais de americanos caíram para baixo da linha de pobreza e outros 1,4 milhão se viram sem seguro-saúde.

E, antes que a economia pudesse recuperar-se da recessão, o país foi sacudido pelos piores escândalos empresariais em mais de setenta anos, derrubando firmas poderosas como a Enron e a Arthur Andersen e arranhando quase todas as grandes instituições financeiras. Com o passar do tempo, tornou-se claro que os problemas não estavam confinados ao setor de telecomunicações ou mesmo ao de alta tecnologia. Surgiram problemas no setor da saúde e até no que parecia previsível negócio do varejo.

Como as coisas mudaram tão rapidamente — do capitalismo americano triunfante ao redor do mundo para o capitalismo americano que se tornava um símbolo de tudo o que estava errado com a economia de mercado? Da globalização, que trazia benefícios incontáveis para todos, para a primeira recessão da nova era da globalização, com as quedas da atividade econômica na Europa, nos Estados Unidos e no Japão ajudando a derrubar uns aos outros? De uma Nova Economia que prometia o fim do ciclo econômico para uma Nova Economia que significava perdas ainda maiores?

A reviravolta dos acontecimentos levantou mais questões: nos anos do *boom*, os méritos eram divididos entre o Federal Reserve Board,* com seu duradouro presidente, Alan Greenspan, e o governo Clinton. Muitos políticos de fora do governo e, especialmente, em Wall Street, atribuíram muitas das glórias a Greenspan. Contudo, ele não só parecia impotente para impedir a queda da atividade econômica, como se mostrou impotente para provocar uma recuperação quando essa queda se prolongou sem parar. Alan Greenspan perdera seu toque mágico? Ou recebera mais crédito do que merecia?

O momento da redução da atividade econômica, que ocorreu logo após a mudança na administração política dos EUA, propiciou uma resposta muito fácil para o enigma da mudança repentina na situação econômica: Clinton

* Órgão deliberativo do Federal Reserve System, o banco central dos Estados Unidos. (N. T.)

e sua equipe econômica sabiam como gerir a economia, George W. Bush e sua equipe não. Mas o declínio veio depressa demais após a troca de poder para que essa explicação fosse verdadeira.

Por outro lado, poderíamos sentir algum alívio pelo fato de que sempre houve altos e baixos nas economias de mercado. Toda bolha termina; em geral, há dinâmicas internas que causam sua própria destruição. Nas bolhas do mercado imobiliário, por exemplo, os preços altos levam a mais investimento e, no fim das contas, o desencontro entre oferta crescente e demanda em queda provocada por preços sempre em alta não consegue ser evitado. As bolhas do mercado imobiliário do início dos anos 80 estouraram quando as taxas de imóveis vagos em Houston atingiram cerca de 30%. Quando os preços se tornam mais e mais altos, é cada vez mais improvável que a taxa de crescimento possa ser sustentada. O mesmo ocorreu na bolha dos anos 90: os preços mais altos trouxeram mais "ponto-com", mais investimento em telecomunicações. Quando a bolha estourou, talvez 97% de todas as fibras ópticas não haviam visto a luz — elas simplesmente nunca foram usadas. Poderíamos até nos orgulhar do fato de que, enquanto o *boom* médio, a partir do fim da Segunda Guerra Mundial, durou menos de cinco anos, nosso *boom* resistiu por mais tempo, muito mais tempo.

Mas os americanos devem reconhecer o fato de que no próprio *boom* foram plantadas algumas das sementes da destruição, sementes que não produziriam seus frutos nocivos por vários anos. Não era nossa intenção plantar essas sementes — nem mesmo sabíamos que estávamos fazendo isso. Ao contrário, acreditávamos que estávamos plantando os fundamentos de uma prosperidade que continuaria no futuro. E de fato, plantamos muitas destas também. Algumas das sementes eram para árvores de crescimento lento — investimentos em educação pré-escolar para os menos favorecidos, ou em ciências básicas — cujos frutos só serão colhidos na próxima geração. Porém, muitas das sementes — como os superávits orçamentários de trilhões de dólares, revertendo os déficits ascendentes dos anos de Bush e Reagan — mostraram-se mais frágeis do que tínhamos imaginado, quando George W. conseguiu converter o que pareciam ser superávits imensos em déficits crescentes. Mas tornava-se cada vez mais claro que tínhamos também plantado algumas das sementes da destruição que estariam por trás da recessão que chegou em março de 2001. Se a economia tivesse sido bem administrada, a recessão que se seguiu poderia ter sido curta e leve; mas o presidente George W. Bush tinha outra agenda, e as conseqüências para os EUA e para o mundo têm sido sérias.

AS SEMENTES DA DESTRUIÇÃO

O que eram essas sementes da destruição? A primeira foi o próprio *boom*: era uma bolha clássica, os preços dos ativos não correspondiam aos valores subjacentes, de uma forma familiar ao capitalismo ao longo dos séculos. Na bolha dos bulbos de tulipa da Holanda, no início do século XVII, o preço de um único bulbo elevou-se ao equivalente a milhares de dólares; cada investidor estava disposto a pagar o preço porque acreditava que poderia vender o bulbo para outro a um preço ainda mais alto.[1] As bolhas se baseiam em uma certa *exuberância irracional*[2] e, talvez, desde a época da mania do bulbo da tulipa, a irracionalidade do mercado não tenha estado mais em evidência, com investidores pagando bilhões de dólares para companhias que jamais haviam obtido lucro — e, provavelmente, nunca obteriam.

Ninguém — nem o presidente, ou o secretário do Tesouro, ou o presidente do Fed — pode ser responsabilizado por essa exuberância irracional; mas pode ser responsabilizado por não se ocupar com as conseqüências e, em alguns casos, por alimentar o frenesi. No capítulo 3, explico em detalhes o que poderia e deveria ter sido feito pelo Fed, que, depois de um esforço tímido para deixar escapar o ar da bolha, simplesmente ajudou a aumentar a excitação.

As práticas contábeis ruins propiciavam informações ruins e parte da exuberância irracional baseava-se nessa má informação. Sabemos que os sistemas contábeis tinham um grande problema e que o sistema de remuneração dos CEOs propiciava incentivos para tirar proveito das limitações de nossos sistemas contábeis. Sabemos que os responsáveis pela contabilidade, as firmas de auditoria, enfrentaram conflitos de interesse no tocante a fornecer informação boa e confiável. Houve batalhas — batalhas travadas por Arthur Levitt Jr., presidente da Securities and Exchange Commission, que é encarregada de regular o mercado de capitais; pelo Conselho de Consultores Econômicos, uma agência com nível de gabinete na Casa Branca, responsável pela formulação de opiniões imparciais sobre a economia; e pelo Financial Acounting

Standards Board,* uma comissão independente — para garantir que fosse oferecida a melhor informação. Mas havia forças poderosas alinhadas do outro lado, as empresas de auditoria e as instituições financeiras, e elas procuravam aliados no Tesouro dos Estados Unidos, tais como Lloyd Bentsen, no Departamento de Comércio e seu secretário, o finado Ron Brown, no Conselho Econômico Nacional, então chefiado por Robert Rubin e no Congresso dos EUA, em ambos os lados do corredor, incluindo Joe Lieberman (democrata de Connecticut) e Connie Mack (republicano da Flórida). Os interesses especiais e de curto prazo prevaleceram sobre os interesses gerais e de longo prazo. Eles não somente interromperam os esforços no sentido de melhorar a situação: a legislação tributária e a legislação do mercado de capitais agravaram os problemas.

Em vários setores, os EUA tinham um sistema regulador ultrapassado, que não acompanhara as mudanças tecnológicas que estavam transformando a economia, mas nós também ficamos presos no mantra da desregulamentação, impensadamente virando do avesso a regulamentação. Não por coincidência, a origem de muitos dos problemas dos exuberantes anos 90 pode ser encontrada em setores que haviam sido recentemente desregulamentados — eletricidade, telecomunicações e finanças. Incentivos distorcidos, combinados com a exuberância irracional, induziram os novos mastodontes financeiros a prover as finanças que subscreveram a bolha; eles fizeram bilhões das IPOS (ofertas públicas iniciais) e da valorização ilusória de suas ações favorecidas, mesmo que seus ganhos tivessem de vir às custas de alguém — na maioria dos casos, acionistas comuns. Dentro do governo, debatíamos algumas das pretensas reformas que, potencialmente, exacerbavam os conflitos de interesses; mas o Tesouro tomou o lado das empresas financeiras, que diziam, "confiem em nós". Elas ganharam e o país perdeu (ver capítulo 6).

Apenas com esses ingredientes, a combinação já era forte demais. Mas para colocar mais lenha na fogueira, os impostos sobre ganhos de capital (impostos sobre a valorização de ativos, como ações, entre a compra e a venda) foram cortados. Aqueles que obtinham dinheiro especulando e ganhando no mercado de ações eram os heróis do dia e deviam ser taxados mais levemen-

* Comissão independente (FASB) que cria os padrões contábeis e financeiros a serem adotados pelas empresas e auditores norte-americanos. (N. T.)

te do que aqueles que ganhavam seu pão com o suor do rosto. Com a especulação especialmente favorecida, mais dinheiro entrava e a bolha inflava sempre mais.

POR QUE OS FRACASSOS?

Quando olho os anos 90 de nossa perspectiva atual, pergunto: onde erramos? Penso que houve duas razões principais.

Perder de vista o papel equilibrado do governo

Por doze anos, durante os governos Reagan e Bush I, a política econômica nacional foi formulada por ideólogos do mercado livre que idealizavam o setor privado e crucificavam os programas e as regulamentações governamentais. Bill Clinton, como muitos que atuaram em sua administração, identificou-se com a chamada Nova Democracia — um grupo desconexo de políticos, acadêmicos e sabichões formuladores de políticas que achavam que o Partido Democrata, no passado, estivera muito propenso a soluções burocráticas e despreocupado demais com o impacto de suas políticas sobre os negócios e o mercado.

Ao mesmo tempo, havia um reconhecimento de que os mercados nem sempre funcionam bem, produzindo algumas coisas em demasia — como poluição do ar — e muito pouco de outras coisas, como investimentos em educação, saúde e conhecimento. Não eram também auto-regulados; havia enormes flutuações no nível de atividade econômica, com episódios prolongados de alto desemprego, durante os quais milhões daqueles que desejavam e eram capazes de trabalhar não conseguiam achar empregos. Os custos sociais e econômicos desses episódios eram, por sua vez, enormes.

Desde a Segunda Guerra Mundial, o governo federal havia reconhecido suas responsabilidades pela manutenção da economia em pleno emprego — pelo mesmo ato que criou o Conselho de Consultores Econômicos. E, cada vez mais, reconhecia-se que o governo tinha um importante e legítimo papel a desempenhar em outras áreas, como combater a poluição.

No entanto, os conservadores queriam limitar o papel do governo (exceto quando se tratava de subsídios ou proteção às empresas, tais como aço, alumínio, agronegócios e companhias de aviação). Em alguns casos, queriam mesmo reduzir o papel do governo, transferindo nosso sistema de seguridade social para o setor privado.

Por trás disso, estava uma crença nos mercados sem restrições. Atribuise essa idéia geralmente a Adam Smith, o pai da economia moderna (embora ele mesmo fosse mais cauteloso), por ter argumentado, em seu tratado de 1776, *A riqueza das nações*, que o mercado conduz, como se fosse uma mão invisível, à eficiência econômica. Um dos grandes feitos intelectuais de meados do século XX (por Gerard Debreu, da Universidade da Califórnia, em Berkeley, e Kenneth Arrow, de Stanford, ambos ganhadores do Prêmio Nobel por esse trabalho) foi estabelecer as condições sob as quais a "mão invisível" de Adam Smith funciona. Entre elas, havia um grande número de condições não realistas, tais como a necessidade de que a informação fosse perfeita, ou, pelo menos, não fosse afetada pelo que acontecia na economia, e que, se alguém tivesse uma informação, os outros teriam a mesma informação; que a competição fosse perfeita; e que fosse possível comprar proteção contra qualquer risco possível. Embora todos reconhecessem que essas suposições eram irreais, havia uma esperança de que, se o mundo real não se desviasse tanto delas — se a informação não fosse tão imperfeita, ou as firmas não tivessem tanto poder de mercado — então, a teoria da mão invisível de Adam Smith propiciaria uma boa descrição da economia. Essa esperança baseava-se mais na fé — principalmente daqueles a quem servia bem — do que na ciência.

Minha pesquisa, e as de outros estudiosos, sobre as conseqüências da informação imperfeita e assimétrica (quando indivíduos diferentes sabem coisas diferentes), durante o último quarto de século, mostrou que um dos motivos pelos quais a mão invisível pode ser invisível é que ela simplesmente não existe. Mesmo em países muito desenvolvidos, os mercados funcionam de forma bem diferente do modo imaginado pelas teorias dos "mercados perfeitos". Os mercados trazem enormes benefícios e foram responsáveis, em larga medida, pela imensa melhoria do padrão de vida ao longo do século passado, mas têm suas limitações e, às vezes, essas limitações não podem ser ignoradas. O desemprego maciço, que acontece periodicamente, demonstrando que os mercados não estão utilizando bem os recursos, é só a ponta de um enorme *iceberg* de falhas do mercado. Quando a estrutura da economia mudou — ao passarmos de uma economia agrícola para uma economia industrial e para a economia da informação — as limitações dos mercados, especialmente aquelas relacionadas à informação assimétrica e imperfeita, tornaram-se cada vez mais importantes.

O teorema da mão invisível era um grande alívio para os CEOs, porque lhes dizia que fazendo o bem (para si mesmos), eles estavam fazendo o bem (para a sociedade). Não deveriam sentir-se culpados pela ganância; ao contrário, deveriam orgulhar-se. Mas por mais cativante que a teoria pudesse ser para os CEOs, para a maioria das outras pessoas, ela não fazia sentido. Isso parece bem claro quando se trata das conseqüências dos escândalos das grandes empresas, que sacudiram o mundo na virada do século, e dos quais trataremos com mais detalhes nos últimos capítulos. O que os CEOs faziam não *parecia* ser do interesse geral. Os críticos estavam certos e as teorias das "falhas de mercado" ajudaram a explicar por quê. Entre as "falhas de mercado" para os quais nossa pesquisa chamou a atenção, estavam aquelas associadas ao problema de agência, quando uma pessoa tem de agir em nome de outra. Devido à informação imperfeita, é geralmente difícil ter certeza de que um agente faz aquilo que se supunha que ele fizesse, e devido à falha em definir os incentivos adequados, acontece com freqüência que ele não o faça mesmo. Especialmente problemáticas são as situações em que há conflitos de interesses, os quais foram tão claros nos escândalos empresariais dos anos recentes. Supõe-se que os CEOs e outros executivos deveriam agir em defesa dos melhores interesses das empresas, de seus acionistas e trabalhadores; mas, nos anos 90, os incentivos estavam muito mal planejados. Agindo em interesse próprio, os CEOs geralmente não serviam bem àqueles em cujo nome deveriam agir. A ironia era que as mudanças na estrutura de remuneração que estavam na raiz do problema eram defendidas como incentivos para melhorar.

Ninguém que tenha prestado atenção nos escândalos das grandes empresas, nos investimentos desnecessários do *boom* americano, nos recursos ociosos do colapso dos EUA, pode acreditar realmente que os mercados, por si mesmos, produzam resultados eficientes. Houve, é claro, muitos episódios anteriores nos quais a atenção pública se voltou para as limitações do mercado e, após muitos desses episódios, regulamentações governamentais foram criadas para enfrentar os problemas. Quando, há um século, Upton Sinclair escreveu seu famoso romance *The Jungle* [A selva], mostrando o que se passava nos currais, o que acontecia com a carne bovina até chegar aos lares americanos, a reação do consumidor foi forte. A indústria da carne recorreu ao governo para garantir a segurança dos alimentos como a melhor forma de restaurar a credibilidade. Do mesmo modo, em conseqüência dos escândalos financeiros nos exuberantes anos 20, a regulamentação do governo foi vista como necessária para restabelecer a confiança do investidor, sem a qual as pessoas hesitavam em investir seu dinheiro. Elas queriam saber se alguma fiscalização era exercida por alguém cujos incentivos estavam mais alinhados com os seus.

Em vários dos episódios anteriores, quando o desempenho da economia foi ruim, os defensores do mercado tentaram pôr a culpa na exagerada ou mal orientada intervenção do governo: foi o Fed, afirmam alguns, que provocou a Grande Depressão. Eu acredito que o governo não causou a Grande Depressão, mas foi, contudo, censurável, não fazendo o que poderia ter feito para reverter a situação e minimizar seus danos. Mas o que quer que se pense da Grande Depressão, foi o pouco que o governo fez — regulamentação insuficiente, e não excessiva — que estava na raiz do problema nos exuberantes anos 90 e na recessão que se seguiu.

A regulamentação do governo pode desempenhar amiúde um importante papel no sentido de melhorar o funcionamento dos mercados, limitando o campo de ação, por exemplo, dos conflitos de interesse que costumam surgir em contabilidade, negócios e finanças. Quando uma companhia de seguro contra incêndio exige que uma empresa que compra seu seguro instale *sprinklers*, ninguém critica a seguradora. A exigência faz sentido, uma vez que com o seguro a empresa segurada não assume mais o custo total de um incêndio, nem recebe incentivos inadequados para instalar *sprinklers*. Mas na economia como um todo, o governo, de uma forma ou de outra, acaba tendo que juntar os pedaços quando as coisas vão mal. Quando a desregulamentação bancária trouxe problemas no setor de poupança e empréstimos nos anos 80, os contribuintes pagaram a conta. A maior parte da regulamentação se destina a proteger o país e os contribuintes americanos contra tais riscos.

Embora o governo também enfrente limitações de informação, as restrições e os incentivos com os quais ele se depara são diferentes. O governo recebe incentivos para cumprir o que promete: garantir que o alimento seja seguro e que os bancos não assumam riscos excessivos. Naturalmente, o governo, como os mercados, possui uma gama de imperfeições que acarretam as "falhas de governo", que são tão perturbadoras quanto as falhas de mercado e, por isso, eles precisam trabalhar juntos, complementando-se, um compensando a fragilidade do outro, um se baseando nas forças do outro.

Na verdade, há algumas coisas que o governo pode ser capaz de fazer até melhor do que o setor privado: o provimento público de segurança nos aeroportos parece melhor do que o que havia antes; as pensões e aposentadorias públicas — a Seguridade Social — não somente têm custos de transação muito mais baixos do que as oferecidas pelo setor privado, como também oferecem seguro contra o risco de inflação, o que as firmas privadas não fazem.

Quando Clinton assumiu o poder, eu e muitos outros que fomos para Washington esperávamos que ele restaurasse o equilíbrio no papel do governo. Jimmy Carter iniciara o processo de desregulamentação, em áreas vitais como aviação e transporte rodoviário. Mas com Ronald Reagan e George Bush, os EUA levaram a desregulamentação longe demais. Nossa tarefa era encontrar o meio-termo apropriado e adaptar as regulamentações para as mudanças que estavam acontecendo no país. Mais do que falar sobre desregulamentação, devíamos encontrar a estrutura reguladora *correta*. Em algumas áreas, fizemos isso, mas, em outras, também fomos vencidos pela desregulamentação, o mantra pró-negócios. Os Novos Democratas estavam certos ao enfatizar que os mercados estão no centro de toda economia bem-sucedida, mas há ainda um papel vital que o governo precisa desempenhar. Desregulamentação mal orientada e políticas ruins de juros estavam no cerne da recessão de 1991, e desregulamentação, políticas de juros e práticas contábeis todas mal orientadas estão no cerne da queda da atividade econômica atual. Os investidores americanos confiaram nos auditores das empresas e eles traíram essa confiança. Do mesmo modo, os investidores confiaram nos analistas de Wall Street acerca de quais ações comprar, e os analistas também traíram essa confiança.

A ideologia levou a políticas que ajudaram a gerar a bolha que finalmente estourou; além disso, a ideologia do livre mercado também impediu ações que poderiam ter resolvido alguns dos problemas subjacentes que deram origem à bolha, bem como outras ações que poderiam ter reduzido a bolha e deixado o ar sair gradualmente.

A compreensão que começamos a ter dos anos 90 requer que admitamos — para nós mesmos e para o mundo — que estávamos engajados em uma tentativa equivocada de conseguir crescimento a baixo custo; embora não pela "economia vodu"* de Reagan, que acreditava que, cortando impostos, se poderia elevar as receitas tributárias, mas por meio da espuma da economia da bolha. Em vez de reduzir o consumo para financiar nosso *boom*, os Estados Unidos contraíam grandes empréstimos do exterior, ano após ano, a um ritmo de mais de 1 bilhão de dólares ao dia. Fizemos isso para preencher a enorme diferença entre o que estávamos poupando e o que estávamos investindo — uma diferença que começou convictamente com Ronald Reagan, mas cresceu com George H. W. Bush e Bill Clinton, e atingiu novas dimensões com o novo presidente Bush.[3]

Fizemos alguns bons investimentos de longo prazo — tanto no setor privado como no setor público — mas muito do nosso investimento foi gasto em desperdícios privados — as "ponto-com" que não deram certo, os cabos de fibra óptica que não eram necessários. Isso foi apenas uma parte da disputa das empresas de telecomunicações para obter dominância rapidamente e o poder de monopólio que, supunha-se, viria junto. Ainda não está claro quanto do chamado investimento privado dos anos 90 foi puro desperdício, mas mesmo se considerarmos que somente uma fração da erosão nos valores das ações é atribuível aos maus investimentos, a cifra deve estar em centenas de bilhões de dólares.

Ao contrário, muito pouco do nosso investimento destinou-se às necessidades públicas vitais em educação, em infra-estrutura, em pesquisa básica. Proporcionamos descontos e deduções nos impostos para a educação superior, mas a maior parte dos jovens da classe média que se beneficiaram iriam para a universidade de qualquer modo; os descontos e as deduções tornaram mais fácil a vida de seus pais, mas provavelmente não afetaram muito a quantidade de matrículas.[4] O dinheiro poderia ter sido mais bem empregado se ti-

* Denominação que o candidato a candidato pelo Partido Republicano na eleição de 1980, George Bush, deu ao programa econômico de seu adversário R. Reagan. A "*reaganomics*" ou "*supply side economics*" prometia aumentar a receita de impostos pela redução das alíquotas de impostos. (N. T.)

vesse como alvo a população mais pobre, para quem dinheiro é um obstáculo real — aqueles cujos pais não ganham o suficiente para pagar impostos.

Mas o mais irônico é que, na época da Nova Economia, também subinvestimos em pesquisa, especialmente em ciência básica, que era a base da Nova Economia. Em parte, vivíamos de idéias passadas, de importantes descobertas do passado, tais como transistores e *lasers*. Contávamos com os estudantes estrangeiros que afluíam a nossas universidades para manter muito de nossa capacidade de pesquisa, enquanto nossos melhores estudantes estavam amealhando operações financeiras. No Conselho de Consultores Econômicos, realizamos um estudo mostrando os altos retornos do investimento em pesquisa e desenvolvimento, mas em vão.

Subjacente a muitos desses enganos estava um zelo excessivo com a redução do déficit. Reagan deixara os déficits saírem de controle, arriscando o crescimento de longo prazo da economia, e alguma coisa tinha de ser feita a respeito dos déficits. Mas assim como levamos a desregulamentação longe demais, fizemos o mesmo com a redução do déficit. Havia problemas contábeis no setor público, exatamente como no privado, mas muitos deles estavam enviesados em relação aos do setor privado. Os gastos públicos — em estradas, em infra-estrutura ou em ciência — eram tratados como se fossem consumo corrente. Se pedíamos emprestado para financiar esses investimentos, as práticas contábeis do governo reconheciam a dívida mas não levavam em consideração os ativos correspondentes. Era uma estrutura projetada para espremer o governo e inibir o investimento de longo prazo, e foi o que aconteceu.

Os conservadores eram inflexíveis na defesa de um governo pequeno, menos gastos, menos funcionários públicos, menos regulamentação. Supunham que o governo era *inevitavelmente* ineficiente. Mesmo se houvesse problemas, a regulamentação do governo agravaria *inevitavelmente* a situação. Em conseqüência, o melhor caminho era deixar os mercados funcionarem por si próprios. A questão é: esse desperdício e essa ineficiência eram inevitáveis?

O governo Clinton abominava o desperdício de muitos programas federais e a ineficiência de muitas regulamentações — e, realmente, tentamos fazer alguma coisa a respeito do problema, em parte porque acreditávamos que se não pudéssemos convencer os eleitores de que o dinheiro que eles pagavam ao governo era bem empregado e as regulamentações eram bem direcionadas, perderíamos seu apoio. Embora Reagan e Bush houvessem vituperado o governo, na verdade, o emprego no setor público cresceu durante seus governos. Durante os anos Clinton, a porcentagem da força de trabalho nacional empregada pelo governo federal reduziu-se a níveis não vistos desde a época do New Deal, um resultado considerável, tendo em vista as novas incumbências que o governo assumiu nesse período de setenta anos (entre elas a Seguridade Social, o *Medicare** e outros programas que dizem respeito à vida de toda família americana). Apesar disso, começamos as reduções, não para destruir o governo, mas para reafirmar seu papel — não só com relação à segurança nacional, mas também na promoção de tecnologia e educação, no provimento de infra-estrutura e melhoria de todo tipo de segurança, inclusive da saúde e da economia. Ao mostrar que o governo podia ser eficiente e inovador, esperávamos conseguir apoio renovado para o governo e para aquelas tarefas que são responsabilidade do governo.

FRACASSOS AMERICANOS NO EXTERIOR

O *boom* e o colapso da economia internacional foram ainda maiores do que o da economia americana, e os dois estavam intrinsecamente entrelaçados. Com o fim da Guerra Fria e o começo da globalização, tivemos oportunidade de criar uma nova ordem internacional, baseada em valores americanos, que refletisse nosso sentido de equilíbrio entre governo e mercados, um equilíbrio que prometia justiça social e democracia em escala global. O governo Clinton conseguiu alguns sucessos notáveis em nossos esforços para criar uma nova ordem econômica internacional com o Acordo de Livre Comércio da América do Norte (NAFTA), que uniu México, Estados Unidos e Canadá em uma grande área de livre comércio, e com a conclusão da chamada Rodada Uruguai de negociações comerciais internacionais, que criou a Organização Mundial do Comércio (OMC) para ajudar a regular o comércio internacional. Esses acordos prometiam trazer benefícios incontáveis para nossa economia, tais como a redução do custo de vida, o estímulo ao crescimento econômico e a criação de empregos por meio do acesso a novos mercados. Fizeram-se planos para mais acordos de comércio — entre as nações da América do Norte e do Sul e as nações da Ásia e do Pacífico.

* Plano de saúde parcialmente coberto pelo governo. (N. T.)

Mas ao olharmos agora para essas realizações, ao depararmos com os protestos pelo mundo, ao sentirmos o pulso do antiamericanismo, fica claro que novamente alguma coisa deu errado.[5] Subjacente aos protestos havia sintomas mais profundos. Com freqüência, a globalização não produziu os benefícios prometidos. Exceto na Ásia — que em larga medida não seguiu as prescrições para crescimento e desenvolvimento propostas pelos Estados Unidos —, a pobreza aumentou, em alguns lugares de forma dramática. Se na América Latina, durante a reforma e a globalização da década de 1990, o crescimento ficou pouco acima da metade do verificado nos anos 50, 60 e 70, não há como se surpreender com a insatisfação. A distância entre os que têm e os que não têm — tanto entre os Estados Unidos e o mundo em desenvolvimento como entre os ricos e os pobres no interior dos países em desenvolvimento — estava crescendo. Mesmo aqueles que estavam em uma situação melhor sentiam-se mais vulneráveis. A Argentina foi lisonjeada por ser um estudante nota dez da reforma. Ao ver o desastre que aconteceu na Argentina, os países em desenvolvimento se perguntam: se esse é o resultado, o que está reservado para nós? E à medida que crescem o desemprego e o sentimento de vulnerabilidade e os frutos do pouco crescimento limitado vão desproporcionalmente para os ricos, cresce também o sentimento de injustiça social.

Uma década de influência americana sem paralelo sobre a economia global foi também uma década na qual uma crise econômica parecia suceder a outra — todo ano havia mais uma crise. Sobrevivemos a essas crises. Talvez até tenhamos obtido algum benefício resultante dos preços mais baixos, que nos possibilitaram comprar alguns bens importados, e nossos bancos de investimentos devem ter lucrado. Mas essas crises causaram miséria indizível nos países atingidos por elas. A proclamada transição dos ex-países comunistas para a economia de mercado, que se acreditava fosse trazer prosperidade sem precedente, trouxe, ao contrário, pobreza sem precedente. A transição transformou-se em um desastre tal que, no verão de 1999, o *New York Times* perguntava "*Quem perdeu a Rússia?*".[6] E mesmo que a Rússia não nos pertencesse para perdê-la, as estatísticas eram graves: com o capitalismo eficiente substituindo o comunismo moribundo e decadente, era de supor que o produto crescesse. Na realidade, o PIB declinou 40% e a pobreza aumentou dez vezes. E os resultados eram similares nas outras economias que passavam pela transição e seguiam as recomendações do Tesouro dos EUA e do Fundo Monetário Internacional. Enquanto isso, a China, seguindo seu próprio curso, mostrava que havia um caminho alternativo de transição que poderia resultar no crescimento que os mercados prometiam e em uma redução considerável da pobreza.

Ficava claro que alguma coisa andava errada na forma como vínhamos conduzindo o mundo na nova ordem internacional. No mínimo, não tínhamos dado atenção aos problemas fundamentais de instabilidade. Havia muita discussão sobre reforma da arquitetura financeira global, mas nenhuma ação real. E nem tínhamos convencido muita gente, provavelmente a maioria, nos países em desenvolvimento de que a ordem econômica internacional, que estávamos tentando criar, funcionaria bem para eles.

Novamente, precisamos perguntar: quais foram nossos erros e por que os cometemos? Fracassamos no que fizemos e no que não fizemos; e fracassamos na maneira como fizemos o que fizemos.

Os acordos internacionais, por exemplo, refletiam nossas preocupações e interesses: forçamos os países estrangeiros a abrir seus mercados de capital para nossos derivativos e fluxos de capital especulativo, sabendo como eles poderiam ser desestabilizadores. Mas Wall Street queria assim, e o que Wall Street queria, conseguia de sobra.

Os países em desenvolvimento foram chamados a abrir seus mercados para toda forma imaginável de importação, incluindo o que a América S. A. tinha de melhor, tais como serviços financeiros e programa de computador. Enquanto isto, mantivemos firmes nossas barreiras comerciais e amplos subsídios em nome dos fazendeiros e do agronegócio americano, fechando, desse modo, nosso mercado para os agricultores do Terceiro Mundo. Para um país assaltado por tempos difíceis e enfrentando a recessão, nossa recomendação padrão era cortar drasticamente os gastos — embora nós mesmos costumássemos contar com gastos deficitários para escapar das quedas na atividade econômica.

Esses não eram os únicos exemplos do que era visto no exterior como hipocrisia gritante. Até nos anos 90, de orçamento equilibrado, mantivemos um robusto déficit comercial — enquanto pregávamos aos outros que deveriam manter seus déficits comerciais reduzidos; evidentemente, era compreensível que o rico pudesse viver além de suas possibilidades; imperdoável era o pobre viver assim.[7]

Repreendemos as nações em desenvolvimento pelo seu desrespeito às leis de propriedade intelectual, que nós também tínhamos desprezado em nossa época de nação em desenvolvimento. (Os EUA não protegeram os direitos de autores estrangeiros até 1891.)

Especialmente estranho era o contraste entre os paliativos do governo Clinton para o exterior e as batalhas travadas internamente. Em nosso próprio país, defendíamos nossa Seguridade Social pública contra a privatização, enaltecendo seus baixos custos de transação, a renda segura que propiciava, como ela havia praticamente eliminado a pobreza entre os idosos. No exterior, incentivávamos a privatização. Internamente, argumentávamos energicamente que o Fed deveria dirigir sua atenção para o crescimento e o desemprego, bem como para a inflação — com um presidente eleito cuja plataforma se apoiava na criação de empregos, era o mínimo que podia fazer. No exterior, instávamos os bancos centrais a se concentrarem exclusivamente na inflação.

Uma das grandes glórias dos EUA foi o crescimento da classe média. Entretanto, ignoramos quase completamente as implicações para a igualdade das políticas que aconselhamos às outras nações — e o fato, cada vez mais inevitável, de que a globalização, tal como realmente praticada, tendia a deixar as sociedades pobres mais desiguais.

Alguns de nossos problemas no exterior eram causados pela forma como interagíamos com os outros países, principalmente com as nações em desenvolvimento, mais fracas. Ao agir como se tivéssemos descoberto uma fórmula única e segura para a prosperidade — às vezes com a ajuda de outros países industriais avançados —, nós intimidamos outras nações a fazer as coisas da nossa maneira. Tanto por meio de nossa própria diplomacia econômica como por influência de um Fundo Monetário Internacional sob domínio americano, Tio Sam tornou-se dr. Sam, aviando receitas para o resto do mundo: *Corte este orçamento. Reduza aquela barreira comercial. Privatize aquela empresa pública.* Como alguns médicos, estávamos muito atarefados — e muito seguros de nós mesmos — para dar ouvidos a pacientes com idéias próprias. Às vezes, ocupados demais até para olhar os países individualmente e suas circunstâncias. Os economistas e especialistas em desenvolvimento do Terceiro Mundo, muitos deles brilhantes e altamente preparados, eram algumas vezes tratados como crianças. Nosso comportamento com o doente era horrível; e como um paciente após o outro não podia deixar de notar, o remédio que ministrávamos no exterior não era, em aspectos importantes, o mesmo que tomávamos em casa.

Alguns de nossos fracassos aconteceram porque nossa atenção principal estava voltada naturalmente para a política doméstica. A liderança global nos foi imposta. Nós, do governo Clinton, não tínhamos uma visão de uma nova ordem internacional pós-Guerra Fria, mas o mundo empresarial e a comunidade financeira tinham: eles viam novas oportunidades de lucros. Para eles, havia um papel reservado ao governo: ajudá-los a conquistar acesso aos mercados. O arcabouço político que impusemos ao exterior foi aquele que ajudaria nossos negócios no exterior. Internamente, havia um controle sobre essas políticas, devido a nossa preocupação com os consumidores e os trabalhadores. No exterior, não. Em nosso país, resistíamos à pressão em favor de mudanças na lei de falência que poderiam prejudicar indevidamente os devedores. No exterior, a primeira preocupação em qualquer crise estrangeira parecia ser o mais imediato e completo pagamento das dívidas com os bancos americanos e outros bancos ocidentais, a ponto de oferecer bilhões de dólares para garantir que isso acontecesse. O mantra da desregulamentação que, internamente, levamos longe demais, levamos mais longe ainda no exterior.

Não surpreende, portanto, que as políticas que impusemos e a maneira como isso foi feito geraram enorme ressentimento. Todas as implicações desse ressentimento são, neste momento, muito difíceis de avaliar. Mas os resultados já visíveis incluem o crescimento do antiamericanismo na Ásia e na América Latina. Algumas manifestações são óbvias: boicotes aos produtos americanos, aumento de protestos contra o McDonald's. Hoje, em muitos países, o fato de o governo americano endossar determinada política leva, quase com certeza, à sua derrota; outros países, que foram obrigados, até recentemente, a seguir nossas recomendações podem passar a nos ignorar de uma maneira igualmente indiscriminada, citando nossos fracassos como uma desculpa para não resolver seus problemas. O fato de termos um problema com a fraude contábil não significa que padrões de contabilidade não devam ser adotados em todas as partes do mundo; mas nossas Enrons e Arthur Andersens abalaram a autoridade americana nessas questões. Nossa hipocrisia no comércio tornou-se um motivo para a manutenção de regimes protecionistas no exterior, mesmo em países que se beneficiariam de fato com a redução de barreiras comerciais.

Quando chegaram a Washington, os consultores econômicos do presidente Clinton estavam bem preparados para tratar de muitos dos problemas que deram origem à bolha e ao seu estouro, para restabelecer o equilíbrio entre o papel da ação coletiva e da ação privada, entre o governo e os mercados, para criar os alicerces de um forte crescimento a longo prazo. Clinton fora eleito com a plataforma de "o povo em primeiro lugar", não os interesses financeiros em primeiro lugar. Sabíamos que havia conflitos de interesse; sabíamos que os mercados, por si mesmos, freqüentemente não funcionam; sabíamos que havia uma função para a regulação do governo. E os interesses gerais mais amplos, aos quais muitos de nós fomos servir, significavam que não devíamos ser seduzidos pelos argumentos interesseiros dos defensores do mercado livre. Os democratas manifestavam-se há muito tempo contra o tratamento preferencial do imposto sobre ganhos de capital e lá estávamos nós, poucos anos depois de chegar a Washington, defendendo-o.

De todos os erros que cometemos nos exuberantes anos 90, o pior foi causado pela falta de firmeza em relação aos nossos princípios e por uma falta de visão. Tínhamos princípios. No início do governo, muitos de nós sabíamos *contra* o que éramos. Éramos contra o conservadorismo de Reagan. Sabíamos da necessidade de um papel maior e diferente para o governo, da necessidade de maior atenção com a população pobre, de prover educação e proteção social para todos e da necessidade de proteção ambiental. A visão míope focada nas finanças, no déficit, nos levou a deixar de lado essa agenda.

Defendíamos os diretos humanos e civis, um novo internacionalismo, a democracia. Durante a Guerra Fria, havíamos ajudado ditadores impiedosos, dando pouca atenção ao que eles defendiam e faziam, simplesmente porque estavam do nosso lado na luta contra o comunismo. O fim da Guerra Fria nos deu mais liberdade para defender os valores americanos tradicionais — e fizemos isso. Apoiamos governos democráticos. A USAID, agência americana provedora de assistência internacional, gastou muito dinheiro para apoiar a democracia. Mas, novamente sob a influência das finanças, impingimos ao exterior um conjunto fundamentalista de reformas do mercado, de qualquer maneira, prestando pouca atenção à deterioração dos processos democráticos causada pelo que fazíamos.[8]

Por que não fomos capazes de manter fidelidade aos nossos princípios? É fácil pôr a culpa nos outros — o déficit que herdamos limitava o que poderíamos fazer, assim como o Congresso conservador que foi eleito em 1994. Contudo, penso que fomos, em parte, vítimas de nosso próprio sucesso aparente. No início do governo, a audaciosa e ampla agenda para enfrentar os problemas dos EUA foi colocada de lado em favor de um só objetivo: a redução do déficit. A economia se recuperou e a redução do déficit recebeu o crédito e, com este crédito, cresceu a credibilidade daqueles que advogaram que o déficit havia explodido. Se eles defendiam a desregulamentação, deveríamos dar ouvidos à sua sabedoria. Se defendiam a desregulamentação para sua própria indústria, deveríamos ficar particularmente atentos — afinal, quem mais conhece os mercados financeiros são os financistas. Ficamos tão fascinados com nosso sucesso que deixamos de lado dois séculos de experiência sobre problemas de conflitos de interesses — sem falar das lições dos avanços recentes na economia da informação assimétrica.

Politicamente, a nova orientação parecia ser útil ao Partido Democrático. A velha coalizão entre os conservadores do Sul e os liberais do Norte se desintegrara, não se poderia ganhar uma eleição defendendo apenas os pobres e, na América moderna, todos se consideravam de classe média. A defesa da desregulamentação afastou os Novos Democratas do New Deal dos Velhos Democratas.

Além disso, quando os republicanos assumiram o controle do Congresso, a desregulamentação e o corte de impostos sobre ganhos de capital tornaram-se parte importante do *campo comum*: um presidente militante, que queria colocar o Partido Democrata em uma posição mais ao centro, precisava encontrar algum campo comum com os conservadores republicanos.

LIÇÕES

A lição central que emerge dessa história de *boom* e colapso — que é preciso haver um equilíbrio entre o papel do governo e o dos mercados — o mundo teve de aprender reiteradamente. Quando acertaram nesse equilíbrio, os países cresceram com vigor — os Estados Unidos, na maior parte da sua história, o Leste Asiático, nos anos 60, 70 e 80. Quando erraram no equilíbrio, pendendo para muito ou pouco governo, o desastre estava à espreita. Embora os fracassos do excesso de governo — evidenciados pelo colapso do sistema comunista — sejam os mais dramáticos, há também fracassos do outro lado.

O que causou a crise econômica no Leste da Ásia em 1997 foi pouca, e não muita regulamentação. Foi a escassez de regulamentação que propiciou o colapso do sistema de poupança e empréstimo em 1989, quando os contribuintes americanos pagaram mais de 100 bilhões de dólares para socorrer uma parte importante de nosso sistema financeiro. (A única coisa que pode ser dita a favor do socorro é que — tendo em vista as conseqüências da excessiva desregulamentação — o custo de não socorrer seria ainda maior.)

Se nós, do governo Clinton, perdemos às vezes aquele equilíbrio, as coisas ficaram ainda pior na gestão seguinte — com as previsíveis conseqüências de que o desempenho de nossa economia havia piorado. O desafio hoje é reconquistar esse equilíbrio, aprender as lições da tumultuada década de 90 e dos anos que se seguiram.

Grande parte deste livro trata da economia e das políticas internas americanas, mas os acontecimentos dos anos recentes deixaram claro que essas questões e nosso bem-estar não podem ser isolados do que acontece além de nossas fronteiras. A globalização pode ser inevitável, mas a forma como tentamos estruturá-la — para nossos interesses — não se harmonizava com nossos valores e, no fim das contas, fracassou até mesmo no atendimento de nossos próprios interesses. O *boom* da "globalização", assim como o *boom* do mercado de ações e o *boom* econômico, foi seguido por um colapso, em parte porque trazia consigo, tal como os dois outros *booms*, as sementes de sua própria destruição.

Ainda que a economia não tivesse fracassado, nossa estratégia global provavelmente não lograria êxito. Ela se baseava na pressão exercida sobre os países do Terceiro Mundo no sentido de adotar políticas notadamente diferentes daquelas que adotáramos para nós mesmos, a adotar as políticas fundamentalistas do mercado, que representavam tudo contra o que o governo Clinton estava lutando dentro dos Estados Unidos. Baseava-se em colocar de lado nossos princípios — de justiça social, igualdade, justiça, que enfatizávamos internamente — a fim de conseguir o melhor negócio para interesses especiais americanos.

A América Latina talvez tenha sido o aluno mais aplicado nessa disciplina. Perseguiu reformas com convicção e vigor e agora enfrenta as conseqüências: meia década de estagnação, e a porcentagem da população que vive na pobreza,[9] desempregada ou sem emprego formal é maior hoje do que no início dos anos 90. A Argentina, país que foi o garoto-propaganda da reforma, o aluno nota dez, talvez tenha sido o que mais sofreu, tanto antes como depois da crise.

A história da América Latina tem diversos paralelos com a dos Estados Unidos, mas de um modo tão exagerado que vale a pena delinear. A desregulamentação excessiva — especialmente a liberalização no mercado de capitais — desencadeou um *boom* insustentável. Como nos EUA, os que defendiam a reforma viram o *boom* como prova da sabedoria de suas políticas; como nos EUA, eles não reconheceram que o *boom* continha as sementes de sua própria destruição. O capital de curto prazo que entrara na América Latina, com a mesma exuberância irracional que havia marcado a bolha americana, de repente deu a volta e se foi. A exuberância irracional foi seguida de um pessimismo igualmente irracional. Políticas macroeconômicas mal orientadas podem ter ajudado a alimentar o *boom*, mas, sem dúvida, políticas macroeconômicas mal orientadas, exigidas pelo FMI e pela Secretaria do Tesouro dos EUA, contribuíram para a magnitude da contração econômica que se seguiu. Quando a Argentina (e boa parte do continente) entrou em recessão — e em alguns casos depressão —, os déficits cresceram, embora muito abaixo dos níveis da recessão bem mais suave de 1992 nos EUA. Tendo aprendido a lição errada da recuperação americana, o mantra da redução do déficit continuou dominante: o FMI e a Secretaria do Tesouro dos EUA impuseram a redução do déficit, que, como previsto, apenas converteu a recessão em depressão. A recessão americana, desnecessariamente prolongada pela má gestão da economia, também cobrou seu tributo da América Latina. Dizia-se que quando os Estados Unidos espirravam, o México ficava resfriado. Os EUA estavam doentes e, com a globalização, toda a América Latina sofreu. Enfraquecida pela fuga de capital, a América Latina viu o mercado para suas exportações, os EUA, também enfraquecer.

O mundo tornou-se economicamente interdependente e somente com a criação de um arranjo internacional eqüitativo poderemos trazer estabilidade para o mercado global. Isso exigirá um espírito de cooperação que não é construído pela força bruta, pela imposição de condições inapropriadas no meio de uma crise, pela intimidação, pela imposição de acordos comerciais injustos ou pela adoção de políticas comerciais hipócritas — por tudo o que faz parte do legado hegemônico que os EUA estabeleceram na década de 1990, mas que parece ter piorado no governo seguinte.

Na política econômica internacional dos anos 90, os EUA anteciparam o fervor ideológico e o unilateralismo do governo seguinte. As conseqüências farão parte da herança com a qual o próximo governo vai se defrontar.

Retornaremos ao *boom* e colapso na globalização no capítulo 9. Mas, antes, precisamos estabelecer as fundações: a recuperação econômica de 1993 e o *boom* que se seguiu.

2. Milagreiros ou felizes enganos?

Desde o início do capitalismo, houve *booms* e colapsos — o século passado assistiu a um dos mais fortes *booms* já ocorridos, os exuberantes anos 20, seguido também pelo pior colapso, a Grande Depressão, quando um entre quatro trabalhadores americanos perdeu o emprego, com números similares em outros países industrializados. Desde a Segunda Guerra Mundial, as flutuações tornaram-se mais moderadas, os *booms* mais longos, os colapsos mais rápidos e menos profundos. Mas, como observamos no capítulo anterior, no final do século, experimentamos o maior *boom* em um terço de século — os exuberantes anos 90, com taxas de crescimento elevando-se a 4,4%,[1] seguido por uma das mais prolongadas quedas da atividade econômica.

Muito do que acontece na economia não depende do governo, mas quando participa da administração de um presidente recentemente eleito você aceita que sua reputação e permanência no cargo, como a do seu chefe, dependem provavelmente da economia. E se você é um economista, sabe quão instável e mesmo cruel pode ser, às vezes, esse tipo de julgamento. George H. W. Bush não conseguiu se reeleger em 1992, a despeito dos resultados da pesquisa de opinião logo após a vitória na Guerra do Golfo, e a maioria dos entendidos atribuiu esse fracasso, em larga medida, ao melancólico desempenho da economia. Bush responsabilizou Alan Greenspan, o presidente do Federal Reserve Board, e seus consultores econômicos. Greenspan tinha retardado a redução das taxas de juros, acreditando aparentemente que a economia se recuperaria logo da recessão de 1990-91, e que taxas de juros reduzidas mais uma vez aqueceriam a inflação. Alguns anos mais tarde, Bush refletiu: "Eu o reconduzi e ele me desapontou".[2]

Michael Boskin, que havia sido meu colega em Stanford, chefiou o Conselho de Consultores Econômicos de George H. W. Bush e sentiu todo o impacto da irritação dele. Como a campanha do presidente passava por grandes dificuldades, Bush prometeu escolher uma nova equipe de consultores econômicos. A ironia era, naturalmente, que Boskin fora um dos consultores a aconselhar ações mais firmes, e um daqueles que compartilhava a frustração do seu chefe com Greenspan.

Bush não foi o primeiro presidente a tropeçar em conseqüência do fraco desempenho da economia. Ford (cujo presidente do Conselho de Consultores Econômicos havia sido Greenspan) e Carter também foram derrotados, pelo menos parcialmente, por recessões na economia no período crítico das eleições.

Cientistas políticos e economistas mostraram que a ligação entre política e economia não é só uma questão eventual. Há uma clara relação estatística, com a economia propiciando um prognóstico tão bom dos resultados da eleição quanto muitas pesquisas de opinião. Durante a eleição de 1996, nós, no Conselho de Consultores Econômicos, suprimos Clinton com previsões do resultado eleitoral que se mostravam exatamente iguais às das pesquisas de opinião nas quais ele confiava. (Sugerimos, por brincadeira, que se Clinton contasse conosco, em vez de contar com os pesquisadores, ele poderia ser poupado do desconforto das notórias atividades de arrecadação de fundos, dos cafés na Casa Branca às visitas acompanhadas ao quarto de Lincoln. Mas, como a eleição de 2000 mostrou, esses modelos estatísticos, que sugeriam que Al Gore deveria ter uma vitória esmagadora, estão longe da infalibilidade.)

Há uma certa injustiça em tudo isso: muitos dos principais acontecimentos que afetam a economia não são obra do presidente, e um dos mais importantes instrumentos para controlar a economia — a política monetária, que envolve a fixação das taxas de juros e o controle da oferta monetária — é delegado ao independente Federal Reserve. A economia de Gerald Ford foi arruinada pelo embargo do petróleo em 1973, que elevou a taxa de desemprego rapidamente, embora, na época da eleição, a economia já estivesse se recuperando. A recessão de 1979, que ajudou a tirar Jimmy Carter do poder, foi o resultado da combinação do choque do preço do petróleo com a fixação das altas taxas de juros pelo Fed.

A ECONOMIA NO CENTRO DO PALCO

Economia nunca foi o assunto favorito de George Bush pai. Como muitos presidentes antes dele, ele era atraído por política internacional, em que os poderes do cargo são mais bem definidos. Bill Clinton, ao contrário, deixou óbvio, desde o início, que a política interna era sua prioridade máxima. Com seu slogan não oficial de campanha, "É a economia, estúpido!", Clinton convidou os americanos a usar a economia como seu libreto presidencial (o que eles teriam feito em qualquer caso). Com seu slogan: "Empregos! Empregos! Empregos!", deixou claro seu objetivo — inflação não, mas emprego. Ele ofereceu um padrão de comparação concreto para medir seu sucesso — 8 milhões de empregos em quatro anos. Havia audácia em seu plano de cortar o déficit (ao qual o Partido Republicano se opôs quase em massa). Então, quando a economia começou a melhorar, os americanos foram mais generosos do que o usual em dar crédito ao presidente e a sua equipe. De fato, mesmo com todas as coisas desagradáveis que os críticos diriam sobre Clinton ao longo de seus dois mandatos de presidente, a economia permaneceu o reduto incontestável de seus índices de aprovação. O mercado de ações parecia saudá-lo com as maiores altas no último ano de Presidência.

À medida que a economia crescia, aumentava também o interesse da nação pelos assuntos a ela relacionados. Negócios, tecnologia, sistema financeiro começaram a receber um tipo de atenção da imprensa antes reservada aos esportes e aos espetáculos. Conferiu-se celebridade não somente aos CEOs das grandes empresas, mas também aos ocupantes dos cargos públicos (secretário do Tesouro e presidente do Federal Reserve Board, para citar dois) que, no passado, não tinham esse destaque. A mídia, claro, gosta de personalidades e, em geral, prefere manter sua análise política curta e indolor. Nas matérias editoriais e colunas de opinião de jornais e revistas, bem como nas mesas-redondas da CNN e da MSNBC, jornalistas econômicos teciam loas ao brilhantismo e ao talento da equipe de Clinton. A hagiografia atingiu novos ápices com o livro, extremamente popular, de Bob Woodward, *Maestro: Greenspan's Fed and the American boom*, publicado poucos meses antes de a economia começar a piorar. O tom foi dado com estas palavras do prefácio:

> ... as condições econômicas deixadas como herança [inclusive o superávit estimado de alguns trilhões de dólares] para todos — do próximo presidente a qualquer cidadão — é, em muitos aspectos, o dividendo Greenspan.[3]

A formulação de política econômica começou a ser descrita quase como se fosse um evento esportivo, com seu resultado dependendo de movimentos ágeis e da habilidade atlética de um punhado de *superstars*, trabalhando, dizia-se, generosa e harmoniosamente em defesa da prosperidade da nação.

A verdade, está claro, era bem mais confusa. Ao mesmo tempo em que todos nós nos envolvíamos na modelagem da política econômica naqueles anos, reivindicando avidamente todos os louros possíveis, tínhamos que acenar negativamente com a cabeça para algumas das fábulas sobre nossa presciência e nosso hábil jogo de equipe. De vez em quando, talvez atuássemos como descreviam as notícias, mas, em várias ocasiões, divergíamos sem parar acerca dos elementos do que ficou conhecido (como se fosse um todo inconsútil) como o "programa econômico" do governo Clinton. Longe de ser inconsútil, tratava-se de uma colcha de retalhos de decisões, algumas corajosas, outras covardes, algumas tomadas por consenso, outras por uma pequena fração que havia temporariamente ganho a confiança da presidência, algumas pelas melhores razões (porque pensávamos que beneficiariam o país), e, pelo menos, umas poucas pelos piores motivos (porque um interesse particular estava mais bem representado do que o interesse público). Certamente, não éramos deuses. Tivemos nossa participação nos equívocos. O que veio a ser considerado nosso maior sucesso político — o corte do déficit — funcionou muito bem por razões inteiramente diferentes daquelas apresentadas por muitos de seus defensores. No fim, o saldo de qualquer governo é, em grande parte, conseqüência do jogo das cartas que foram embaralhadas pela história e por acontecimentos incontroláveis, tais como o ataque terrorista de 11 de setembro de 2001. E assim também foi para nós. De qualquer forma, escolhas são feitas e decisões são tomadas que, mais cedo ou mais tarde, influenciam na definição do legado de um governo.

A HERANÇA DE CLINTON: JOGANDO COM AS CARTAS RECEBIDAS

Quando chegamos, em 1993, herdamos problemas terríveis. Encontramos a economia em uma fraca "recuperação com desemprego" da recessão de 1990-91, mas da qual começara a sair bem antes de Clinton assumir o cargo: não houve um único trimestre de contração em 1992, e o quarto trimestre desse ano, o da eleição, mostrou um robusto crescimento de 4,3%. Não obstante, o emprego, em 1992, permaneceu abaixo do nível de 1990. Tivemos de lidar com um profundo déficit orçamentário, ampliado desde a bobagem do corte de impostos feito por Reagan. Supunha-se que esses cortes se pagariam, de acordo com uma teoria rascunhada no verso de um guardanapo, chamada de curva de Laffer — devido a Arthur Laffer, então na Universidade de Chicago — a qual sustentava que, à medida que os impostos aumentassem mais e mais, a população trabalharia menos e pouparia menos, de modo que a receita tributária começaria a declinar! (Esta idéia vem da "*supply side economics*", [literalmente "economia do lado da oferta"] que enfatiza as limitações sobre a economia impostas pela disposição dos indivíduos de trabalhar e poupar, por oposição à do lado da demanda, que enfatiza as limitações impostas sobre a economia pela demanda — as empresas não produziriam bens se ninguém os comprasse. A prova esmagadora disso era que as alíquotas dos impostos não estavam nem sequer próximas do nível no qual uma redução de alíquotas aumentaria a receita.) Em 1992, o déficit já chegava a quase 5% do Produto Interno Bruto dos EUA. Se excluíssemos as receitas tributárias que compunham o orçamento da Segurança Social, essa cifra ficaria mais alta. Era o tipo de estatística comumente associada às nações mais pobres do mundo, não às mais ricas.

A situação fiscal medíocre era somente o sinal mais visível dos problemas dos Estados Unidos. Por muito tempo, o país se orgulhara de sua superioridade tecnológica. No entanto, os resultados dos exames de ciência e matemática colocavam os estudantes americanos abaixo das novas economias emergentes do Leste da Ásia, tais como Cingapura, Taiwan e Coréia do Sul.

Recorríamos, cada vez mais, aos países estrangeiros para recrutar nossos alunos de pós-graduação em ciência e engenharia; lecionando em Stanford e Princeton, vi esses alunos estrangeiros não só chegarem com resultados de exames mais altos, como terem desempenho superior aos dos seus colegas de classe americanos. Nossa superioridade tecnológica parecia depender de uma drenagem de cérebros — os EUA tomavam o que havia de melhor e mais brilhante em todo o mundo.

O nível de criminalidade e o número de pessoas atrás das grades, que estava entre os mais altos do mundo, também sugeriam que algo andava errado. Alguns estados gastavam mais dinheiro em prisões do que em colégios e universidades. O nível de desigualdade não era tão alto quanto o da América Latina, mas era maior do que em países emergentes do Leste da Ásia, que mostraram que se poderia combinar crescimento alto com maior igualdade. E durante duas décadas a desigualdade nos EUA agravara-se. Por mais que os reaganistas acreditassem na "*trickle-down economics*"* — que sustentava que o crescimento beneficiava todos (ou, como algumas vezes foi dito, uma maré crescente eleva todos os barcos) —, os pobres não se beneficiaram do crescimento dos anos 80. Com efeito, desde 1973, a população mais carente dos EUA havia se tornado mais pobre.

Contudo, em outros aspectos tivemos sorte. Embora não perdêssemos nenhuma oportunidade para reivindicar e, algumas vezes, até acreditássemos que a recuperação era obra nossa, as origens de muito do que aconteceu nos anos 90 poderiam ser vistas em um conjunto de forças postas em jogo bem antes que o governo Clinton entrasse em cena. Investimentos em alta tecnologia, por exemplo, começavam a gerar resultados, fazendo aumentar a produtividade. Em muitas das maiores cidades dos EUA, o crime estava prestes a começar a diminuir, em parte por razões demográficas e também devido ao declínio da terrível epidemia de crack e cocaína dos anos 80.

Nós, designados para ajudar o governo Clinton a traçar sua política econômica, estávamos no lugar certo na hora certa: as políticas econômicas dos doze anos anteriores tinham causado muitos danos, mas a situação ainda não

* Trata-se de uma hipótese segundo a qual, se os mercados são livres e há programas de educação e saúde básica, os benefícios do crescimento econômico tendem a atingir todos, mesmo que beneficie inicialmente apenas os "de cima". (N. T.)

era irreparável e havia algumas forças que trabalhavam a nosso favor. De fato, até o déficit provou ser um bilhete premiado para nós em um sentido: deu-nos a oportunidade e o poder político para fazer alguma coisa dramática. Com o fim da Guerra Fria, bastaria que reduzíssemos os gastos militares a um nível mais razoável — dos 6,2% do PIB, atingido no pico da era Reagan para, digamos, 3% — e acabaríamos com mais da metade do déficit. Isso não significa que tenhamos assumido nossos postos graças a um profundo ímpeto interior para equilibrar o orçamento. Do presidente para baixo, havíamos ido para Washington com um conjunto muito diferente de esperanças, expressas no documento de campanha "As pessoas em primeiro lugar".

Mas jogamos o jogo com as cartas que recebemos. O presidente foi persuadido de que havia uma tarefa que precisava ser resolvida em primeiro lugar — uma tarefa que passou a ter prioridade na agenda dos oitos anos seguintes. Ele tinha de controlar o déficit.

Estava claro que o déficit não era sustentável no longo prazo. Com déficits iguais a 5% do PIB todo ano, a dívida nacional estava crescendo — mesmo como porcentagem do PIB (uma vez que o crescimento do PIB estava ao redor de 2,5%). Com uma dívida crescente, o governo federal tinha de pagar taxas de juros cada vez mais altas, e com taxas de juros mais altas e mais dívida, mais e mais dinheiro saía para pagar juros da dívida nacional. Esses pagamentos de juros acabariam por impedir outras formas de gastos. Desse modo, ou se aumentavam os impostos ou se reduziam os gastos. Fazia sentido enfrentar logo a realidade, em vez de esperar pelos efeitos debilitantes de dívidas em ascensão.

O problema era que estávamos no pior dos momentos possíveis para enfrentar essa realidade. A economia ainda não se livrara da recessão de 1991, e a teoria econômica tradicional — a teoria que fora ensinada em todo curso de economia por mais de cinqüenta anos — dizia que elevar impostos ou reduzir gastos na tentativa de reduzir o déficit diminuiria o ritmo da economia. Com a diminuição do crescimento e o aumento do desemprego, aumentariam também os gastos com assistência social e com auxílio ao desempregado, levando a receitas tributárias decepcionantes. Os gastos aumentariam à medida que as receitas tributárias declinassem ou, pelo menos, não crescessem como poderiam crescer com uma economia robusta. A tentativa de reduzir o déficit mostrar-se-ia quixotesca.

No final das contas, a estratégia de Clinton para a redução do déficit funcionou. Em poucos anos, os déficits herdados de Bush se transformaram em imensos superávits e a economia recuperou-se, embora por razões particulares aos anos 90. É importante entender por que a redução do déficit funcionou naquela época e por que foi a exceção que confirmou a regra.

QUESTÕES DE HISTÓRIA

Para entender o papel desempenhado pela redução do déficit na recuperação dos anos 90, é preciso voltar ao final dos anos 70 e ao início dos 80, quando o Federal Reserve Board, chefiado naquela época por Paul Volcker, estava preocupado com a inflação, aumentando por isso as taxas de juros a níveis sem precedentes, na tentativa de reduzir o que era considerada uma economia superaquecida — as taxas de juros dos títulos das empresas (as taxas de juros que elas pagam sobre empréstimos de longo prazo) ultrapassaram os 15% no final de 1981 e início de 1982. O Fed orgulhava-se de ter derrubado a inflação, que passou de 13,5% em 1980 para meros 3,2% em 1983. Alguns dos custos dessa queda foram imediatos — a taxa de desemprego elevou-se a 9,7% — um nível nunca visto nos EUA desde a Grande Depressão. Mas foi necessária mais de uma década para que os custos totais desse esforço fossem sentidos, tanto dentro como fora dos Estados Unidos.

Internamente, as altíssimas taxas de juros não só destruíram a inflação; elas arruinaram os bancos do país, especialmente suas instituições de poupança e empréstimo (S&Ls), especializadas em hipotecas imobiliárias. Embora as taxas de juros que elas recebiam sobre as hipotecas já emitidas fossem fixas, as taxas pagas aos depositantes elevaram-se e as S&Ls efetivamente estavam insolventes. Isso devia ter ficado claro por volta de 1985; com efeito, o problema devia ter sido reconhecido e tratado naquela época, se o governo federal não tivesse lançado mão de um pequeno logro contábil para ocultar a realidade. O governo Reagan decidiu salvar os bancos, ajudando-os a "descobrir" bilhões de dólares em ativos até então insuspeitos. Isso foi realizado com a permissão a que os bancos atribuíssem um enorme valor no seu balanço patrimonial atual a seu "*goodwill*" — lucros futuros antecipados. Mas, é claro, mudanças no papel não alteram a realidade: os bancos ainda eram obrigados a pagar mais aos depositantes do que recebiam pelos empréstimos. Um ingrediente a mais era necessário, que também requeria uma contabilidade enganosa: Reagan vinha promovendo a desregulamentação e, ao permitir que os bancos investissem em novas e arriscadas áreas — comprando até títulos podres —, havia a esperança de que lucros mais altos, associados a esses investimentos, os capacitassem a sair do buraco em que o Fed os colocara, afastando-se da beira da insolvência, sem custo aparente para ninguém. Naturalmente, de acordo com os bons procedimentos contábeis, os bancos teriam de fazer reservas compatíveis com os novos riscos assumidos, refletindo a maior probabilidade de *default*; mas o objetivo não era a boa economia, a boa prática contábil ou boas práticas de empréstimo, e sim adiar o momento de experimentar o efeito dos enganos cometidos no passado. Ao "apostar na ressurreição" — assumindo empréstimos de altos riscos e com altas taxas de juros — apoiavam-se na probabilidade de sobreviver.[4]

Pressionados contra a parede, as S&Ls começaram a fazer empréstimos ao mercado imobiliário. A "reforma tributária" de Reagan, de 1981, agravou os problemas, ao permitir uma depreciação acelerada e conceder outras grandes isenções fiscais aos investidores imobiliários, que, perspicazes, perceberam que as novas regras eram tão boas que não durariam para sempre e decidiram se aproveitar delas imediatamente. As isenções ao setor imobiliário proliferaram e torres de escritórios inúteis foram erguidas em todas as cidades. Em meados dos anos 80, as taxas de desocupação em algumas áreas metropolitanas ultrapassavam os 30%. Então, sob a crítica crescente à sua generosidade tributária, o governo Reagan mudou o curso com a reforma tributária de 1986, que não somente subtraiu os benefícios desmedidos, como impôs restrições rigorosas sobre as isenções de impostos.

Exatamente como a legislação tributária de 1981 havia alimentado o *boom*, a de 1986 acelerou o inevitável colapso. Sem as vantagens tributárias, a bolha do mercado imobiliário estourou. Os preços despencaram, as hipotecas não foram pagas e os especuladores quebraram. Por volta de 1988, as S&Ls não estavam apenas doentes; necessitavam de terapia intensiva. E elas receberam esse cuidado, na forma de imensos socorros do governo. Mas o presidente Reagan realizara o que, talvez, pretendesse; foi preciso quase uma década para que os equívocos do início dos anos 80 — taxas de juros exorbitantes, desregulamentação negligente e técnicas contábeis extravagantes — se tornassem totalmente claros e precisassem ser enfrentados. Essa foi a herança de Reagan para seu ex-vice-presidente, George H. W. Bush, que teve de socorrer os bancos a um alto custo para o orçamento federal — mais de 100 bilhões de dólares — e a economia nacional; de uma maneira muito lenta, foi armado o palco para a recessão que se seguiu pelos dois anos posteriores.

Impactos globais da política monetária dos EUA

Houve outra conseqüência dos aumentos exorbitantes das taxas de juros pelo Fed em sua luta contra a inflação: não somente as poupanças e o setor de crédito dos EUA foram destruídos, mas também uma boa parte da América Latina. Ao longo de toda a década de 70, os países latino-americanos foram encorajados a tomar emprestados os petrodólares que os países produtores de petróleo haviam deixado nos bancos dos EUA e da Europa. Eles fizeram empréstimos de bilhões. A dívida da América Latina com bancos comerciais cresceu a uma taxa anual acumulada de 20%, muito mais rápido do que o PIB, de modo que, em 1981, seus empréstimos totais do exterior já eram de quase 40% do PIB.[5]

Desse modo, não foi surpresa que, quando o Fed aumentou suas taxas de juros a um nível sem precedente em 1981, as nações da América Latina tivessem dificuldades para saldar suas obrigações e deixassem de cumprir seus compromissos entre 1981 e 1983. Naquela ocasião, um dos diretores do Fed descreveu-me sua consternação com a falta de interesse do órgão pelas conseqüências globais de suas ações. Em sua defesa, o Fed sustentou que seu mandato exigia que seu foco fossem as conseqüências para os EUA.

Mas, embora os EUA possam ter defendido seus próprios interesses econômicos de curto prazo, nossa indiferença aparentemente despreocupada com o impacto sobre a América Latina abalou a pretensão de liderança global de nossa nação. Os *defaults* da América Latina também levaram ao enfraquecimento do sistema bancário dos EUA e, assim, também enfraqueceram a economia norte-americana.

A recessão de 1991

Todavia, foi a crise das S&Ls de 1988-99 que causou o efeito mais profundo sobre nossa economia. Como conseqüência dessa crise, a administração Bush impôs novas e rigorosas regulações bancárias, que desencorajaram investimentos de alto risco e, pelo menos nessa área, reverteu parcialmente a desregulamentação da era Reagan. O resultado, como se pretendia, foi devolver aos bancos uma posição sólida, mais saudável, reduzindo a probabilidade de outro socorro no futuro. Mas houve também uma conseqüência mais negra, que poucas pessoas previram. Como trabalhavam para restaurar seus balanços de acordo com as novas regulações, os bancos reduziram seus empréstimos. O fluxo de capital estancou — como estancou, gradualmente, a própria economia dos EUA. Ao fracassar na compreensão da fonte subjacente desse problema, o Fed piorou as coisas. Um engano sutil nas regulações bancárias — a decisão de lidar com os títulos de longo prazo do governo, altamente sensíveis às mudanças nas taxas de juros, como se fossem perfeitamente seguros — encorajou os bancos a colocar seu dinheiro nesses títulos, em vez de fazer aquilo que os bancos supostamente devem fazer: tornar os fundos disponíveis para a expansão dos negócios e a geração de empregos.

O fracasso do Fed em prevenir a recessão de 1991

Quando a economia afundou-se na recessão, o Fed finalmente reduziu as taxas de juros em 1991, mas não rápido o bastante. A recessão era, em certo sentido, o ato final da tragédia que se originou com os aumentos da taxa de juros no início dos anos 80, a renúncia fiscal de 1981 e a desregulamentação do setor financeiro precariamente esboçada e colocada em prática com Ronald Reagan. E, embora a recessão fosse descrita por muitos como rápida e superficial, não foi assim para os 3,5 milhões de pessoas a mais desempregadas entre 1990 e 1992, ou para os outros milhões que perderam seus empregos e acabaram encontrando ocupações alternativas de remuneração mais baixa. De fato, um olhar rigoroso sobre os dados mostra que a queda da atividade econômica foi séria: medida pela distância entre o potencial da economia e seu desempenho real, a recessão de 1991 foi tão ruim quanto o declínio médio da atividade do pós-guerra.

Bill Clinton deve sua eleição, em grande parte, à economia claudicante e ao fracasso do Fed de ocupar-se dela a tempo. Quando Clinton assumiu o cargo, em janeiro de 1993, a taxa de desemprego era de 7,3%, enquanto o PIB, no primeiro trimestre daquele ano, encolhia (estava em -0,1%). Exacerbado pela recessão, o déficit orçamentário havia crescido dos 2,8% de 1989 para 4,7% do PIB em 1992. Estava claro que a economia não fora bem administrada.

A LUTA PARA REDUZIR O DÉFICIT

O presidente Clinton foi persuadido a fazer da redução do déficit sua prioridade número um. Isso significou deixar de lado boa parte da agenda social que motivara tanto ele próprio como a maioria de seus seguidores. Ele chegou mesmo a deixar de lado a dúvida sobre se a estratégia funcionaria: como eu já disse, a teoria econômica padrão sustentava que a redução do déficit diminuiria a velocidade da recuperação e aumentaria o desemprego. Nós, que assessorávamos Clinton, estávamos cientes de que, conforme o pensamento tradicional, a redução do déficit agravaria a situação da economia e, se isso ocorresse, toda a estratégia poderia ter o efeito oposto: o crescimento mais lento levaria a déficits mais dilatados. Por isso, tentamos, tanto quanto possível, postergar a redução do déficit — para assegurar maior redução nos anos futuros. Naquela época, esperávamos que a economia estaria forte o suficiente para suportar o impacto.

Era uma política arriscada, particularmente para um presidente que fora eleito com uma plataforma de "Empregos! Empregos! Empregos!". Aparentemente, sob a pressão da política e do tempo, os economistas de Clinton haviam subvertido meio século de pesquisa econômica. Durante décadas, os conservadores tentaram assassinar Keynes e seu apelo pela intervenção do governo em épocas de queda da atividade econômica. Aqui, em um curto espaço de tempo, nós, a turma de economistas de Clinton, os assim chamados Novos Democratas, realizamos o que os conservadores, por tão longo tempo, não conseguiram fazer; pois a economia se recuperou e o mérito foi atribuído à redução do déficit.

Keynes estava realmente morto? Seria necessário reescrever os manuais? Uma participação menor do governo e déficits mais baixos eram a chave para o sucesso econômico? Se prevalecer a interpretação tradicional da história, a resposta parece ser sim.

Aqueles que estavam comprometidos com a redução do déficit vieram com uma nova teoria. Esperava-se que a redução do déficit levaria a taxas de juros mais baixas a longo prazo, e taxas de juros mais baixas a longo prazo levariam ao aumento do investimento, e o aumento do investimento reaqueceria a economia. Nossa esperança era que, dessa vez, o caminho que tínhamos cuidadosamente traçado para a redução do déficit, o aumento do investimento a partir de taxas de juros mais baixas a longo prazo, mais do que contrabalançaria o efeito direto de impostos mais altos e gastos mais baixos do governo.

Mas havia vários problemas com essa teoria, além do problema óbvio observado anteriormente: ela desafiava a teoria existente, a evidência e tudo o que era ensinado nos cursos de macroeconomia em todo o mundo. Se o mercado de títulos acreditasse que os déficits declinariam no futuro, as taxas de juros se reduziriam. Nós nos colocamos à mercê do volúvel mercado de títulos, daquelas mesmas pessoas que algumas vezes exibiam exuberância irracional e outras, um pessimismo irracional. Nosso destino seria determinado pelas avaliações dos negociantes de títulos — esmagadoramente hostis a Clinton e aos seus impostos elevados — sobre se deveríamos ou poderíamos levar a cabo nosso compromisso com a redução do déficit. Isso não deixou nenhum de nós, inclusive o presidente, muito tranqüilo. E se o presidente tivesse visto os dados estatísticos mostrando que o investimento freqüentemente não respondia muito às taxas de juros — um fato que vimos em 1991 e veríamos em 2001, quando o Fed repetidamente reduziu as taxas de juros — ele poderia e deveria ter-se sentido ainda mais nervoso.

Por que dessa vez a redução do déficit funcionou

Se a redução do déficit deveria retardar a recuperação, a que podemos atribuir o vigor da recuperação? A uma seqüência de eventos que não se esperava e que não foi plenamente entendida quando ocorreu. Ao reduzir o déficit, o governo Clinton acabou recapitalizando vários bancos americanos; foi esse ato inadvertido, mais do que qualquer coisa, que reaqueceu a economia.

Aconteceu o seguinte: após o desastre com as poupanças e empréstimos, novas regulamentações foram adotadas, exigindo que os bancos mantivessem capital suficiente como reserva, em caso de debilitação de seus portfólios de empréstimos. O montante de capital de que os bancos necessitam está naturalmente relacionado com a extensão do risco que eles assumem. Economistas que refletiam sobre o problema, entre eles Michael Boskin, concordavam em que o risco, nesse contexto, ia além da possibilidade de insolvência: havia também o perigo de uma redução no valor dos ativos. Dessa perspectiva, os títulos de longo prazo do governo apresentavam riscos, mesmo se não houvesse nenhuma possibilidade de *default*, porque eles podem desvalorizar-se com a elevação das taxas de juros. Mas, mesmo quando o governo estava impondo critérios mais rigorosos aos bancos em 1989, o Fed decidiu permitir-lhes tratar os títulos de longo prazo do governo como isentos de risco. Isso deixou os bancos naturalmente felizes, pois aumentou sua lucratividade a curto prazo, uma vez que os títulos de longo prazo geravam altos retornos. O uso dos depósitos à vista para comprar títulos de longo prazo possibilitou a geração de lucros muito generosos (em 1991, por exemplo, os títulos de longo prazo do governo estavam rendendo 8,14%. Entrementes, os títulos do Tesouro pagavam, em média, 5,4%, e as taxas sobre os certificados de depósito eram muito mais baixas). Mas tratava-se de uma estratégia muito perigosa. Se as taxas de juros tivessem subido — o que poderia ter acontecido, se persistissem os déficits galopantes —, os preços dos títulos poderiam ter despencado, levando o governo federal a recolher os pedaços, pela segunda vez.

Assim, de novo, uma prática contábil superagressiva levou a informações ilusórias, decisões falhas e conseqüências sérias para a economia dos EUA. Títulos de longo prazo geram taxas de juros mais altas do que os títulos de curto prazo, para compensar os riscos que os investidores correm de uma queda no seu valor. Mas o Fed havia autorizado uma prática contábil e um conjunto de regulamentações que não refletiam de modo algum esse risco. E foi isso que tornou a estratégia "rentável". Os bancos provavelmente deveriam ser obrigados a continuar a pôr as reservas de lado para se protegerem do risco de uma queda no preço dos títulos de longo prazo do governo, mas não foram forçados e não as puseram.

Felizmente, graças em parte ao sucesso de Clinton com a redução do déficit, as taxas de juros de longo prazo se reduziram bastante, de cerca de 9% em setembro de 1990 para menos de 6% em outubro de 1994. O preço dos títulos de longo prazo aumentou. Em conseqüência de seu jogo arriscado, os bancos viram uma melhora brusca em seus balanços. E, uma vez que as taxas de juros de longo prazo estavam agora baixas, levando os títulos de longo prazo a atrair menos investimento, os bancos começaram a buscar lucros em outro lugar. Eles voltaram ao seu negócio original, que é emprestar. O que realmente fez diferença foi o aumento da presteza dos bancos em conceder crédito, e foi o plano de redução do déficit do governo Clinton e seus efeitos inesperados de recapitalização das S&Ls que colocaram a economia de volta nos trilhos.

A redução do déficit pode ser descrita, então, como um feliz engano — uma decisão correta tomada por razões erradas. E seu sucesso se assenta em outro engano feliz — o fracasso do Fed em elevar as taxas de juros durante os estágios iniciais da recuperação, como o Fed certamente teria feito se não tivesse subestimado a força da recuperação, exatamente como subestimou seriamente a força do declínio que a precedeu.

O jogo da confiança: uma explicação alternativa

Então, a redução do déficit funcionou, mas o processo foi complicado e inesperado — além de inconvenientemente em desacordo com as crenças e interesses próprios de pessoas e instituições poderosas, cujo verdadeiro propósito era derrubar a teoria keynesiana e/ou reduzir o papel do governo. Ao cortar o déficit, dizia-se, o governo recuperara a confiança de banqueiros e investidores — uma confiança abalada pelos gastos fáceis do governo. Assim, renovada a confiança, as empresas voltaram a investir em crescimento e inovação, os consumidores começaram a gastar novamente e a recuperação ganhou impulso. A agenda dos "falcões" do déficit estava clara: manter os déficits baixos (mesmo nas recessões) e ouvir o que os mercados financeiros desejam — porque se você os ignorar, estará perdido.

Há um grão de verdade nessa interpretação tão propalada, que se concentra na confiança, mas a lição que deve ser aprendida é menos óbvia. Levamos muito tempo tentando estabelecer a confiança ou, para dizer de forma menos polida, "enrolando" com as estatísticas para enfatizar o sucesso de nossas políticas. Mas não se tratava das ilusões dos governos anteriores, cujos cortes de impostos se pagariam por si mesmos e com sobras, graças à explosão que causariam na produção. Nossas projeções eram realistas, mas trabalhamos duro para garantir que a economia as superasse. Considerem-se os 8 milhões de empregos que Clinton prometeu criar, uma promessa que ele mais do que cumpriu — criando 16 milhões em oito anos. Nós não criamos os empregos: a economia americana o fez, e quase toda a recuperação digna desse nome teria atingindo o objetivo. Se a economia fracassasse na geração de, pelo menos, 8 milhões de empregos, a taxa de desemprego estaria tão alta que tornaria Bill Clinton inelegível. Nós estávamos quase certos de que conseguiríamos atingir esse objetivo se administrássemos bem a economia. Mesmo assim, foi uma conquista expressiva, especialmente para aqueles que conseguiram os empregos — 5,5 milhões de novos empregos apenas durante os primeiros dois anos do governo Clinton. Isso ultrapassou nosso objetivo por uma larga margem e foi certamente muito melhor do que os mais de 2 milhões de empregos perdidos no início do segundo governo Bush.

Também trabalhamos duro de outras maneiras para influenciar a opinião pública e o sentimento do mercado. À medida que os dados mensais da economia eram apresentados, dramatizando um registro impressionante de desemprego menor e inflação estável, usamos essas oportunidades para ajudar os repórteres a entender exatamente por que a economia poderia suportar agora uma taxa de desemprego mais baixa sem alimentar a inflação. Fizemos o possível para tornar a imprensa capaz de interpretar os números de maneira consistente com nossa visão tranqüila sobre a ameaça da inflação. Embora a fixação das taxas de juros fosse obrigação de um Federal Reserve independente, o Fed, na verdade, se fixou na inflação; por baixo do pano, trabalhávamos para convencer os mercados e a opinião pública — e Alan Greenspan — de que a inflação estava sob controle. A verdade estava do nosso lado, o que facilitou muito a nossa tarefa.

Este é o ponto mais importante. Não teríamos sido capazes de convencer a população e o mercado por muito tempo se a verdade estivesse contra nós. A confiança conta, mas não pode ser tirada do nada. Foi a recuperação da economia que gerou a confiança. A confiança pode ser uma fonte muito útil de *feedback* positivo, mas sem uma base subjacente para a recuperação — vamos supor, por exemplo, que os bancos não tivessem sido recapitalizados, que não fossem capazes de emprestar mais, de modo que o impacto negativo "direto" da redução do déficit não fosse compensado por um efeito positivo indireto do investimento — nenhuma torcida pode alterar a realidade.

Ao longo dos anos, convenci-me de que o argumento da confiança é o último recurso daqueles que não podem encontrar melhores argumentos: quando não há prova concreta de que os déficits promovem diretamente a recuperação ou afetam adversamente o crescimento, então eles o fazem por causa da confiança. Quando não há nenhuma prova direta de que taxas de juros mais baixas estimulam o crescimento, então a causa é a confiança. A razão pela qual tanta gente acha o argumento da confiança tão atraente é o fato de ele ser muito difícil de refutar. Podemos estimar os déficits e garantir seu impacto sobre o crescimento; podemos estimar as taxas de juros e garantir seu impacto sobre o crescimento. Mas a confiança é muito evasiva para ser estimada com precisão.[6] Desse modo, o homem de negócios transformado em político pode asseverar seu conhecimento em primeira mão de como o mundo dos negócios pensa — e não ser contestado.

RETROSPECTIVA DA REDUÇÃO DO DÉFICIT

Vários livros já descreveram a coragem e a disciplina de Clinton na luta pela redução do déficit. Ele se candidatara ao cargo para realizar mudanças sociais — reformar o programa de assistência social e o sistema de saúde, melhorar a educação e a qualificação de trabalhadores, avançar nos direitos civis; mas teve êxito porque seu foco sobre a economia ressoou entre os eleitores. A redução do déficit era apenas uma das várias coisas que necessitavam ser feitas para deixar a economia mais vibrante. A despeito das alardeadas reformas da "*supply side economics*" da era Reagan — a redução dos impostos e a desregulamentação —, que deveriam acelerar o crescimento, o crescimento de longo prazo ainda era apenas cerca da metade do que havia sido nos anos 50 e 60. E uma vez que o crescimento ocorrido havia beneficiado principalmente os americanos mais ricos, enquanto aqueles que estavam por baixo viam sua renda real declinar, os EUA viram-se diante de uma crescente desigualdade.

Desigualdade e crescimento eram *nossas* preocupações. Supunha-se que a responsabilidade fiscal fosse uma especialidade dos republicanos conservadores, mas depois de doze anos de dissipação fiscal, um corte de impostos que Reagan disse que se pagaria ativando a economia, mas não se pagou, o trabalho sujo foi deixado para Clinton, que teve de fazê-lo sem a ajuda dos republicanos, que votaram unanimemente contra seu plano de redução do déficit. Essa oposição confirmou a mais diabólica interpretação dos cortes de impostos de Reagan. Eles realmente não acreditavam na "*supply side economics*", segundo a qual o corte de impostos estimularia tanto a economia que as receitas tributárias até aumentariam. Ao contrário, eles sabiam que haveria rombos no orçamento e esperavam que esses rombos forçassem uma redução nos gastos do governo. Assim, a verdadeira agenda era forçar grandes reduções no tamanho do governo — e, uma vez que Reagan provocara grandes aumentos nos gastos militares e pouco fizera para cortar os subsídios às empresas, isso significava que haveria imensas reduções em outros serviços públicos. Mas tendo colocado o processo em movimento, os republicanos nunca puderam reduzir os gastos como queriam e assim nunca mantiveram o déficit sob controle.[7] A economia "vodu" não funcionou, e a coragem política não passou disso: era mais fácil cortar impostos do que cortar gastos. Tendo rotulado os democratas com o slogan "imposto e gasto", quando Clinton assumiu o cargo, talvez os republicanos tivessem a esperança de que poderiam, mais uma vez, responsabilizar os democratas pelos déficits. Mas Clinton os surpreendeu: não propôs somente cortar gastos, mas também elevar impostos. O custo do ajuste seria compartilhado.

Analiticamente, reduzir o déficit é uma questão fácil: corte gastos e aumente impostos. Mas nenhum dos dois é politicamente palatável. Embora a derrota de Bush em 1992 se devesse, em larga medida, ao fraco desempenho da economia, seus aumentos limitados dos impostos — depois da promessa de não o fazer — também tiveram um alto custo político. Bravamente, Clinton não só decidiu cortar gastos como também aumentar impostos — sobretudo sobre os ricos, que haviam ficado com a parte do leão dos ganhos econômicos ao longo dos dois anos anteriores. Mesmo depois do aumento dos impostos, eles estariam em situação muito melhor do que pouco tempo antes, completamente diferente do que aconteceu com o declínio da renda entre a população de baixa renda. A intensa oposição não surpreendeu: os republicanos insistiram em que os impostos impediriam o crescimento econômico. Não foi o que aconteceu; e, de fato, os ricos continuaram a ficar mais ricos em comparação com o restante da população. Foi um ato de bravura política — um risco político que valeu a pena, mas como vimos, por razões completamente diferentes daquelas que nós e seus defensores pensávamos àquela época.

Clinton até propôs uma idéia nova e brilhante: por que não começar a taxar os "maus" — poluição — em vez dos "bons" — trabalho duro e poupança? Mas é claro que os poluidores, aqueles que emitiam os gases do efeito estufa que estão provocando o aquecimento global, com as resultantes mudanças erráticas no padrão climático, que causaram tanto dano em anos recentes, não aceitariam isso. As companhias de energia se juntaram à indústria automobilística e à indústria do carvão — uma ampla falange de interesses adquiridos — para converter o que teria sido um imposto de base ampla que aumentaria nossa independência com relação à energia e nossa eficiência econômica, ao mesmo tempo que melhoraria a atmosfera, em um insignificante imposto de 4,3% sobre a gasolina.

A redução do déficit constituiu um drama nos meses iniciais do governo Clinton. Eram os bons moços contra os maus, o responsáveis fiscais contra os irresponsáveis fiscais. Como Novos Democratas, sentíamos que nosso futuro político exigia que removêssemos "imposto e gasto" da imagem dos democratas — embora isso tenha mudado a percepção dos eleitores menos do que esperávamos e pouco tenha mudado a retórica republicana.

Levamos a redução do déficit longe demais?

Contudo, para além dessas questões de política partidária, do ponto de vista de hoje, acredito que fomos longe demais com a redução do déficit e, a menos que possamos entender o problema do déficit, as políticas econômicas serão distorcidas no futuro — e a prosperidade econômica estará correndo risco. Com o passar do tempo, o governo Clinton e seu Tesouro pareciam cada vez mais confusos acerca do papel da redução do déficit. Se ela nos tirou da recessão, então outros países em recessão deveriam também reduzir seus déficits, e essa foi a política, sob nossa recomendação, que o FMI impôs aos países em desenvolvimento, com resultados desastrosos, especialmente no Leste da Ásia e na América Latina. Mas quando se tratava de Europa e Japão — cujo crescimento teve um enorme impacto sobre nossas exportações e sobre nosso crescimento — não estávamos tão convencidos. Fui chefe do Comitê de Política Econômica da Organização para a Cooperação e Desenvolvimento Econômico (OCDE), o grupo de países industriais que se reúne para compartilhar experiências e pressionar-se mutuamente para implementar "boas" políticas econômicas. Em meados dos anos 90, houve um crescimento robusto nos mercados emergentes, mas não nos países industriais avançados, e os EUA insistiram em que esses países empreendessem *políticas macroeconômicas* mais expansionistas. Eles precisavam de reformas estruturais em suas leis trabalhistas, por exemplo; mas, segundo nossa maneira de ver, isso não era suficiente.

Pedimos várias vezes ao Japão e à Europa que estimulassem suas economias. A visão dos EUA estava clara: o Japão necessitava de mais gastos financiados pelo déficit, mais estímulo macroeconômico.

Para uma economia que enfrenta uma queda da atividade econômica, o benefício, digamos, da elevação dos gastos excede enormemente os custos, mesmo se os gastos forem inteiramente financiados pelos déficits, e em especial quando os gastos são investimentos de alto retorno. Quando a economia está operando abaixo de sua capacidade — em uma recessão — um aumento de 100 bilhões nos gastos resultará tipicamente em um aumento muito maior no PIB (isso é chamado de multiplicador). Simplificando, suponha-se um aumento em torno de 200 bilhões. Uma das maiores lições da economia moderna é que crescimento gera crescimento: se a economia é maior hoje provavelmente será maior no próximo ano e no seguinte. Crescimento maior estimula mais pesquisa, mais investimento. Para ser conservador, suponha-se que somente metade dos 200 bilhões de ganho é permanente. Isso significa que um investimento de 100 bilhões hoje produz um aumento permanente de 100 bilhões no PIB, além dos 200 bilhões ganhos imediatamente. O país, contudo, tem uma dívida maior, e para os EUA isso significa contrair um empréstimo de 100 bilhões do exterior a, digamos, 6%. Em resumo, enviamos 6 bilhões para o exterior todo ano — ficando com 94 bilhões a mais em casa.

Poderia ser útil fazer um experimento imaginário: o que teria acontecido se tivéssemos tido uma redução do déficit muito mais modesta? Em economia, não podemos realizar experimentos reais, não podemos reprisar a história, assim nunca podemos ter certeza de nossas conclusões. Mesmo assim, quando fazemos declarações como "A redução do déficit foi crítica", o que presumivelmente queremos dizer é que as coisas teriam sido diferentes — e para o pior — se tivéssemos feito de outro modo.

Precisamos começar com uma lição geral freqüentemente perdida de vista no meio de uma queda da atividade econômica: toda queda de atividade termina. A política econômica faz diferença; pode tornar uma queda mais curta ou mais longa, mais superficial ou mais profunda. Pode tornar a expansão mais longa. Mas flutuações econômicas marcaram o capitalismo desde o início, todo *boom* entra em colapso e toda recessão é seguida por uma recuperação.

Assim, podemos estar confiantes: se a redução do déficit tivesse sido menor, ainda assim acabaríamos tendo uma recuperação. Não podemos simplesmente observar que o déficit foi reduzido e a economia recuperada e dizer que a redução do déficit *causou* a recuperação. A redução do déficit acelerou o declínio das taxas de juros, que ajudou a recapitalizar os bancos. Mas as taxas de juros teriam caído de qualquer maneira. Elas estavam em queda mesmo antes que Clinton assumisse o cargo. As forças que domaram a inflação — sindicatos mais fracos, competição internacional crescente, aumento da produtividade — já estavam em campo e foi a inflação mais baixa tanto quanto a redução do déficit que baixou as taxas de juros de longo prazo.

As mesmas forças teriam, então, levado ao *boom* que marcou os anos 90. Talvez o *boom* tivesse começado um pouco mais tarde, talvez um pouco mais cedo. Mas, em retrospectiva, um *boom* levemente mais moderado poderia ter sido muito útil à economia no longo prazo.

O único argumento do outro lado está relacionado à palavra mística "confiança" discutida anteriormente. Sem a redução do déficit, haveria preocupações de que os EUA se tornassem outra república das bananas, um país onde tanto os gastos como os déficits estão fora de controle. Qual homem de negócios, em seu juízo perfeito, investiria em um país como esse? — era esse o argumento. Acho que tais argumentos não são convincentes. Uma das regiões mais ricas do mundo e com crescimento mais rápido é o norte da Itália, um país cuja dívida excede em 100% o PIB.

Se diferentes povos adquirem confiança inspirados por diferentes políticas — uns se preocupam com os déficits, alguns com altos impostos arrecadados para reduzir o déficit e outros com a instabilidade social que freqüentemente aparece quando há subinvestimento em gastos sociais — nada inspira mais confiança do que o crescimento. Se os déficits estimulam a economia, como argumenta a economia tradicional, então os déficits — moderados e estruturados para serem removidos gradualmente quando a economia recuperar a saúde — são a melhor maneira de se restaurar a confiança.

As inovações tecnológicas — a revolução dos computadores — e o processo de globalização, mudanças na economia que ocorreram antes de Clinton assumir a presidência, e que seriam pouco afetadas pela redução do déficit, estavam tornando mais atraente investir nos EUA. Foram essas mudanças *reais* na economia, combinadas com o crescimento contido do salário, que levaram a altos lucros e lucratividade, e não alguma noção mística de confiança.

Se esse argumento está correto, se as mudanças reais na economia, os melhoramentos em tecnologia, a abertura de mercados no processo de globalização, foram o que realmente impulsionou a recuperação, *então o déficit teria sido reduzido significativamente, mesmo se Clinton tivesse cortado um pouco menos os gastos.*

Suponha-se, por exemplo, que Clinton tivesse usado os fundos adicionais para financiar mais investimentos em pesquisa e desenvolvimento, tecnologia, infra-estrutura e educação. Dados os altos retornos desses investimentos, o PIB, no ano 2000, teria sido mais alto e o crescimento potencial da economia, mais robusto.

Naturalmente, nossa dívida nacional estaria mais alta, mas o mesmo aconteceria como nossos ativos. O problema é que nosso arcabouço contábil reconhece nossos passivos (nosso débito), mas não nossos ativos. Se os retornos nesses investimentos vitais são tão altos como os cálculos sugerem, os cortes nesses investimentos impostos pela redução do déficit deixaram o país mais pobre. Investidores sagazes reconheceriam que, *no fim das contas*, teríamos de compensar nosso déficit em infra-estrutura, exatamente como *no fim das contas* devemos pagar quaisquer empréstimos. Eles teriam reconhecido que, em qualquer caso, quando chegasse o dia do ajuste de contas, os impostos poderiam aumentar. Mas se os investimentos gerassem um retorno superior à baixa taxa à qual o governo tomou emprestado, e o governo pudesse apropriar-se desses retornos, os impostos sobre o resto da economia poderiam na verdade ser reduzidos.

Tivemos de rejeitar muitas oportunidades de investimento no setor público com altos retornos econômicos e sociais. Mencionei, no primeiro capítulo, que estávamos vivendo dos frutos dos investimentos anteriores em pesquisa básica. Por duas décadas, os EUA subinvestiram em infra-estrutura, a ponto de surgirem problemas em nossos sistemas de controle do tráfego aéreo, pontes e estradas. Tais subinvestimentos no setor público acabarão por prejudicar os retornos dos investimentos no setor privado. Assim, subinvestimos nos centros de nossas cidades. Quando o Conselho de Consultores Econômicos propôs um modesto programa para melhorar as condições dilapidadas de algumas escolas dos centros das cidades, o Tesouro, com sua fixação na redução do déficit, foi contra a idéia. As escolas em mau estado contribuem para a continuação dos problemas que infestam os centros das cidades e isso se reflete na alta criminalidade, o que desestimula os investimentos nessas áreas urbanas — um círculo vicioso que levou os EUA à liderança mundial (para um país com nossa renda) em setores dos quais não nos deveríamos orgulhar, tais como uma das mais altas populações carcerárias no mundo ocidental, bem como as mais altas taxas de mortalidade infantil.

Sentimos a tentação de ceder à miopia dos mercados financeiros — e cedemos. Algumas das embromações orçamentárias tornar-se-iam aparentes dentro de anos. Quando privatizamos a U. S. Enrichment Corporation (USEC), a empresa que enriquece urânio (urânio pouco enriquecido é usado por reatores nucleares, urânio altamente enriquecido, para fazer bombas atômicas), talvez tenhamos posto em risco nossa segurança nacional, cujo custo é difícil avaliar. Mas, em um nível muito mais mundano, a venda melhorou o orçamento federal no curto prazo. Contudo, enquanto adicionávamos às receitas o que recebíamos da venda, não nos demos conta do fato de que a USEC estava apresentando um lucro de uns 120 milhões de dólares ao ano, e que este fluxo de dividendos desapareceria depois da privatização. A situação orçamentária dos EUA a longo prazo estava de fato agravando-se. Mas os míopes mercados financeiros evidentemente não faziam esses cálculos; tomavam os números pelo seu valor de face, e de acordo com o mantra da redução do déficit, se sentiam mais e mais contentes quando o resultado de *hoje* parecia cada vez melhor — não obstante o que significasse para o futuro.[8]

Mas, mesmo que os chamados especialistas financeiros não possam aparentemente entender as falhas do arcabouço contábil e sejam bastante míopes para fazer vista grossa às deslumbrantes deficiências em nossa infra-estrutura educacional, de pesquisa ou mesmo física, não deveríamos ter sido tão insensatos ou míopes. No longo prazo, a verdade apareceria. Afinal, deficiências em infra-estrutura, em pesquisa ou em educação não podem ser ignoradas.

Há nisso três lições simples. As duas primeiras ressoam temas que veremos repetidamente: maus arcabouços contábeis propiciam informação incorreta e levam a decisões econômicas equivocadas; e os chamados magos do mercado financeiro são consideravelmente míopes: acredite muito neles e você estará em perigo. A terceira é que a redução do déficit, em geral, é não apenas uma *não-solução* para uma queda da atividade econômica de curto prazo como pode ser ruim também para o crescimento a longo prazo. As circunstâncias de 1992 eram extraordinárias; em condições normais, a redução do déficit não levará a uma recuperação econômica.

Esta última lição é de particular relevância para a Europa, que viu suas políticas econômicas constrangidas pelo pacto da estabilidade, limitando o tamanho dos déficits do governo. Os "falcões" do déficit pregaram a noção de que a austeridade fiscal — cortar gastos e elevar os impostos — recuperará a confiança e isso recuperará por sua vez a saúde econômica. Rejeitando a evidência esmagadora de que a política fiscal expansionista é o remédio necessário para uma queda da atividade econômica, eles entraram no coro, sugerindo que Keynes está morto. Enquanto isso, em conseqüência dessas doutrinas, a queda da atividade econômica, que começou em 2001, continua, e quando este livro estiver na gráfica, há uma razoável probabilidade de que pelo menos algumas partes da Europa estejam enfrentando uma recessão. Até o Banco Central Europeu lançou avisos de deflação. A redução do déficit não trouxe a recuperação para a Europa, nem é provável que traga.

Também no mundo em desenvolvimento essa lição tem enorme ressonância. Muitos países em desenvolvimento foram forçados a tomar medidas de redução do déficit quando começaram a enfrentar queda da atividade econômica e, repetidamente, essas medidas só exacerbaram as quedas — na Coréia, Tailândia, Indonésia e Argentina, para dar apenas uma pequena amostra dos fracassos recentes. Algumas vezes, foi o FMI, aferrado a idéias pré-keynesianas — e encontrando suporte na retórica da redução do déficit do governo Clinton — que os obrigou a fazer o oposto do que eles sabem ser seus melhores interesses. Às vezes, é simplesmente porque eles não podem obter os fundos para financiar os déficits. Na verdade, foi para isso que o FMI foi criado sob a égide intelectual de Keynes: proporcionar aos países o dinheiro necessário para uma política fiscal expansionista em uma economia em queda. Mas o FMI esqueceu sua missão original e, aparentemente, tornou-se mais interessado em assegurar o reembolso de empréstimos estrangeiros do que em ajudar os países pobres a sustentar suas economias tão próximas quanto possível do pleno emprego.

Hoje, vivemos em um mundo esquisito, no qual republicanos supostamente conservadores em matéria fiscal defendem que os déficits não importam — eles se tornaram os keynesianos de hoje — enquanto os democratas, orgulhosos de sua vitória em 1992, pregam a redução do déficit, mesmo em tempos de recessão! Debates similares estão ocorrendo na Europa, com a direita defendendo a quebra do pacto de estabilidade e muitos social-democratas aderindo aos limites do orçamento. Os democratas acertam ao dizer que os déficits prejudicam o crescimento no longo prazo, que eles podem, embora não necessariamente, estimular a economia no curto prazo. Os cortes de impostos feitos por Bush em 2001 propiciaram déficits de longo prazo, mas sem estímulos de curto prazo suficientes para restaurar a força da economia — fracassando, assim, tanto no curto como no longo prazo. Cuidadosamente dirigido, o gasto deficitário, ao contrário, poderia ter estimulado a economia no curto prazo e reforçado o crescimento no longo prazo.

3. O todo-poderoso Fed e seu papel em inflar a bolha

Em dezembro de 1996, em um evento de gala em Washington, Alan Greenspan proferiu pela primeira vez aquelas palavras de advertência, "exuberância irracional". Ele fora convidado para fazer uma palestra em uma reunião patrocinada pelo American Enterprise Institute, um grupo de especialistas conservadores de Washington, e receber o renomado Francis Boyer Award do Instituto. Foi um discurso impressionante, abrangente, embora Greenspan houvesse treinado tanto para falar enigmaticamente, como o oráculo de Delfos — o que veio a ser chamado "Fedspeak"—, que deixou arregalados os olhos dos leigos em decifrar o que ele queria dizer, ou devia querer dizer. Um dos tópicos que mencionou foi a repentina especulação nos preços do mercado imobiliário que havia deflagrado o processo de declínio do Japão para um estado evidente de paralisia econômica. É difícil precisar um valor sobre algo como o mercado imobiliário, observou Greesnpan, e, portanto, difícil saber quando a especulação de um mercado se deve a uma contração repentina. Também é difícil, acrescentou, saber quando essa contração torna-se um desastre para a economia em geral. Greenspan não tinha respostas naquela noite, somente perguntas; mas, uma de suas perguntas causou uma impressão memorável: "Como sabemos", perguntou ele, "quando a exuberância irracional inflacionou indevidamente os valores dos ativos. . . ?".

Como presidente do Fed, Greenspan cultivou a habilidade de "murmurar com grande incoerência", como disse certa vez. Ele murmurava porque suas palavras tinham enorme peso, especialmente para os mercados financeiros. De fato, os comentários de Greenspan sobre "exuberância irracional", por mais vagos e tímidos que possam ter soado a um leigo, provocaram um pequeno pânico. Quando me aproximei dele, depois de seu discurso, para discutir várias das idéias que ele havia rejeitado, ficou clara sua fixação no comentário acerca da "exuberância irracional". Greenspan sabia que os especialistas saberiam que ele tinha em mente os Estados Unidos, em vez do Japão. Estava preocupado com o mercado de títulos, que passava por um ano explosivo — ou dava essa impressão, pois o índice Dow Jones subiu de 5000 para 6500 (quando atingiu 12 000, pouco mais de três anos depois, os ganhos de 1996 não mais seriam relembrados como um grande negócio). E se Greenspan estava preocupado, os negócios e o mundo financeiro tinham razão para se preocupar. No dia seguinte, os mercados de títulos oscilaram em Tóquio, Sydney, Hong Kong, Amsterdã e Londres, bem como em Nova York. As ações da General Motors, IBM e Dupont também caíram 2% ou mais quando os investidores se prepararam para um possível aumento da taxa de juros.

E então... nada aconteceu. O Ministério do Trabalho divulgou dados estatísticos que indicavam baixo crescimento do emprego; os sinais de inflação não se materializaram, mesmo mais tarde, quando o desemprego continuou a sua marcha de queda; o Fed, de fato, não elevou as taxas de juros; e o mercado de títulos continuou a subir, atingindo recordes com uma regularidade quase tediosa nos quatro anos seguintes, até o estouro da bolha.

O que Greenspan estava querendo exatamente? Se ele sentia que estava perdendo o controle sobre os preços das ações — se temia os efeitos mais amplos de uma bolha —, por que não foi em frente e *agiu*? Um lampejo de resposta foi propiciado, cinco anos mais tarde, pela divulgação das atas de uma reunião do Fed, em 1996;[1] em conversa com seus colegas do Conselho, Greenspan discutira sua preocupação com respeito à bolha, bem como seus argumentos em defesa da inércia. As bolhas *são* danosas porque quando estouram — e elas *sempre* estouram — podem causar estragos em seu caminho, como mostrou o Japão com tanta competência. As famílias, sentindo-se mais pobres, cortariam seu consumo; algumas talvez chegassem mesmo à falência. As empresas, que contavam como parte de sua riqueza os investimentos em outras empresas, também se veriam repentinamente mais pobres, menos capazes e dispostas a contrair empréstimos e investir. A função do Fed era estabilizar a economia; e, a menos que o ar pudesse escapar da bolha devagar, havia um risco real de uma queda maior. O problema era como deixar o ar sair da bolha sem efeitos colaterais. Greenspan sugeriu que taxas de juros mais altas não seriam necessariamente uma resposta eficaz para o problema e, de qualquer modo, as conseqüências não se limitariam ao mercado de títulos. Taxas de juros mais altas poderiam arrefecer toda a economia, exatamente o resultado que o esvaziamento da bolha deveria impedir.

Havia uma alternativa muito menos custosa: quem sabe, se simplesmente falasse com franqueza sobre o assunto, ele pudesse influenciar o mercado a fazer uma correção, tornando desnecessárias medidas adicionais. Em resumo, parecia que Greenspan esperava domar a bolha — e poupar a nação de um estouro dela — *só com palavras.*

Como os acontecimentos mostrariam com muita clareza mais tarde, Greenspan superestimou sua influência. Meras palavras não eram suficientes. Mas sejamos justos: naquela época, outras pessoas também pareciam atribuir ao presidente do Fed poderes de super-homem. O esforço para promover Greenspan à santidade da política econômica perdeu ímpeto nos últimos anos. Com a declaração oficial da economia em recessão, em março de 2001, ficou claro, afinal, que o ciclo econômico não havia terminado. O Fed talvez não fosse tão magistral quanto seus proponentes haviam sustentado. Depois do *boom* dos anos 90, muitos de seus fortes defensores esqueceram seu mau desempenho na recessão de 1990-91, mas, mais uma vez, no começo do novo milênio, parecia que o Fed havia fracassado na tentativa de sustentar o crescimento da economia.

Não é intenção deste livro dar notas aos nossos líderes econômicos, mas entender como os anos 90 montaram o cenário para o colapso que se seguiu — e, no desenrolar do argumento, explicar um pouco de teoria econômica, para nos ajudar a extrair algumas lições, a fim de que não venhamos a repetir os fracassos do passado. Algumas dessas lições: colocamos demasiada fé nas palavras, em noções místicas de confiança, na chamada sabedoria dos mercados financeiros; prestamos muito pouca atenção à subjacente economia *real.* Confiamos mais na fé do que na ciência econômica, por mais imperfeito que seja nosso conhecimento. E assim, colocamos alguns interesses particulares acima de outros.

Havia, de fato, três aspectos consideráveis no discurso da "exuberância irracional" e suas conseqüências. O primeiro é que, quando o discurso fracassou — como quase certamente poderia ter sido prognosticado — no esvaziamento a longo prazo da bolha, não havia nenhum passo subseqüente a dar, nem outra forma de agir: a bolha continuou a crescer sem controle. Esta é uma questão à qual retornarei mais tarde neste capítulo.

O segundo aspecto é: tivesse o discurso funcionado, o que seu sucesso teria dito sobre os participantes do mercado? A imagem dos participantes do mercado financeiro é a de que são analistas perspicazes que afiam minuciosamente seus cálculos e vêem o que está realmente acontecendo sob a realidade. Esta é, pelo menos, a imagem que eles gostariam de projetar. Greenspan estava dizendo, na prática, que bastava relembrar-lhes o fato de que há bolhas e eles logo refariam seus cálculos, reavaliariam seus julgamentos e decidiriam que a Enron, a GM ou a Amazon valiam menos do que eles haviam pensado. Estaria Greenspan achando que eles supunham que seu conhecimento sobre o mundo era muito maior do que o deles e que uma serena palavra sua os levaria a refazer completamente seus cálculos? Isso dificilmente parecia plausível. Ou então Greenspan talvez supusesse que eles pensariam que ele estava insinuando, de uma maneira ainda mais dissimulada do que a usual, que poderia ser forçado a elevar as taxas de juros. Mas isso também parecia implausível — porque era amplamente reconhecido que a elevação das taxas de juros era um instrumento muito rombudo para soltar o ar de uma bolha.

Greenspan era conservador, e um banco central usar a política da taxa de juros para controlar o mercado de títulos teria sido verdadeiramente revolucionário. Em certo sentido, eu confiava um pouco mais nos mercados: para mim, a rápida reação dos mercados não era uma surpresa; eles são velozes; mas o fato é que poucos dias depois, *acontecimentos reais* — novos dados — novamente dominaram a cena. Suas palavras tiveram um efeito apenas efêmero. O problema com aqueles que estão imersos no mercado financeiro é que um dia, ou uma semana, é um tempo longo; eles se concentram no aqui e agora. Movimentar o mercado — mesmo que por um dia — é um grande negócio: fortunas podem ser feitas e perdidas. Mas para o economista, isso é, em larga medida (embora não inteiramente), um assunto secundário. Poucas decisões reais dependem dessas excentricidades de curto prazo do mercado. E daí se Greenspan movimentou o mercado e o índice Dow Jones teve um dia ruim? Uma semana depois, a única herança eram as suas próprias palavras, uma frase verdadeiramente memorável.

Exuberância irracional e eficiência do mercado

Greenspan, como muitos de seus compatriotas de Wall Street, tem uma forte crença nos mercados. Não estou certo de que, ao enfatizar a exuberância irracional do mercado (ele poderia ter salientado também seu freqüente pessimismo irracional), ele percebia o quanto, de fato, se havia associado a alguns de seus críticos mais acerbos.

Os preços são cruciais para a confiança em uma economia de mercado. Eles servem como sinais que guiam a alocação de recursos. Se estão baseados em *informação* — informações sobre o que é às vezes chamado de os "fundamentos", ou fatos básicos, de um determinado mercado (as condições daquele setor particular da economia, a administração das firmas do setor, a qualidade de sua força de trabalho e sua propensão a greve etc.), então as decisões tomadas com base naqueles preços serão seguras: os recursos serão bem alocados e a economia crescerá. Se os preços são basicamente aleatórios, baseados nos caprichos irracionais dos especuladores do mercado, alterados por uma palavra lançada de uma maneira ou de outra por um funcionário do governo, então o investimento será atabalhoado. Ali estava Greenspan, um dos mais fortes defensores da economia de mercado, concordando aparentemente com críticas antigas de que os preços — os preços do momento, a qualquer taxa — baseavam-se em parte, talvez em larga medida, no capricho.

É antigo o debate entre os economistas acerca da eficiência dos mercados de capitais. Alguns descreveram o mercado de ações como um cassino de um homem rico. John Maynard Keynes (na época em que a analogia não teria sido censurada por falta de correção política) comparou-o à previsão de quem ganhará um concurso de beleza: o objetivo é escolher não a mais bela mulher, mas a mulher que provavelmente será declarada a mais bela pelos juízes.[2]

A natureza aparentemente aleatória dos mercados de ações é consistente com mercados muito ineficientes, nos quais os preços vacilam, em resposta, digamos, a toda espécie de acontecimento irrelevante, ou mercados muito eficientes, nos quais os preços refletem todas as informações disponíveis sobre os fundamentos. Pois se os preços do mercado refletem toda informação disponível, então eles mudam somente em reação ao que é *inesperado*, a "novas notícias." Mas como não se pode prever quais devem ser as notícias que movimentarão os mercados, eles são, por sua natureza, inerentemente imprevisíveis.

Uma das implicações comumente observadas dos mercados *eficientes*, nos quais os preços refletem toda informação relevante, é que você não pode enganar o mercado. Os fundos de ações gastam milhões em pesquisa, mas, como vários estudos têm demonstrado, isso não significa que suas escolhas sejam melhores do que aquelas feitas por meio de lançamento de dardos em um jogo.[3] Isso apresenta dois quebra-cabeças: por que, então, os participantes do mercado desperdiçam dinheiro, pagando pessoas para escolher as ações? E, se toda informação se reflete essencial e instantaneamente nos preços, então os investidores racionais jamais gastariam dinheiro colhendo informações, e, assim, a única informação que se refletiria no preço é aquela que a pessoa recebe casualmente sem gastar qualquer dinheiro.[4]

Ao longo dos anos, temos provas crescentes de que os mercados, de uma maneira ou de outra, freqüentemente não funcionam bem. Ainda que, ao longo do tempo, os preços das ações mantenham alguma relação razoável com a informação — com os fundamentos — seus altos e baixos, com freqüência, não mantêm essa relação.

Examinemos o dia 19 de outubro de 1987. Nesse dia, o mercado de ações caiu cerca de 23%; em outras palavras, aproximadamente um quarto do capital da América empresarial foi apagado. Contudo, como Robert Shiller da Universidade de Yale, entre outros, observou, não houve nenhum acontecimento, nenhuma notícia que pudesse ser responsável por tal declínio violento. Ou o mercado estava desvairadamente supervalorizado em 18 de outubro, ou desvairadamente subvalorizado em 19 de outubro (ou, é possível imaginar, ainda supervalorizado em 19 de outubro). Alguma coisa não estava certa. Naquele momento, pelo menos, a volatilidade do mercado era essencialmente *aleatória*; nos próximos dois capítulos, falarei sobre forças *sistemáticas* — decisões deliberadas tomadas pelos CEOs e pelo governo — que fizeram os preços subirem cada vez mais nos anos 90. Deixando essas de lado, há outros desvios sistemáticos de racionalidade, às vezes chamados de anomalias do mercado, que aqueles que trabalham nos interstícios da economia e da psicologia descobriram nas últimas duas décadas — por exemplo, que uma grande fração dos ganhos anuais no mercado de ações costumava acontecer em janeiro (um fenômeno naturalmente denominado de *efeito janeiro*) — e que, uma vez descobertos, parecem desaparecer com rapidez.[5]

Alguns dos desvios dos fundamentos podem persistir por um longo tempo — as bolhas no mercado imobiliário e, mais recentemente, na tecnologia. Quando Greenspan falou de "exuberância racional", era essa a sua preocupação. As ineficiências aleatórias do mercado têm altos custos: muito investimento pode entrar em uma empresa e pouco investimento, em outra. Mas o custo das bolhas é de uma ordem de magnitude maior, não somente enquanto durar a bolha, mas principalmente no decorrer de suas conseqüências. Durante a existência da bolha, todos os tipos de recursos são naturalmente desperdiçados — em quantidades freqüentemente difíceis de compreender e que levam o desperdício do governo a parecer pequeno, por comparação. Considere-se a bolha do mercado imobiliário dos anos 80. Como vimos no capítulo anterior, ela provocou parcialmente o colapso das associações de poupança e empréstimo, custando ao governo — ao contribuinte americano — mais de US$ 100 bilhões. Custos adicionais foram assumidos pelos bancos não insolventes, e pelos investidores em bancos que faliram. A esses custos é preciso adicionar os *custos macroeconômicos* para a sociedade como um todo, durante as recessões que, tão freqüentemente, sobrevêm após o estouro da bolha. Suponha-se, como conseqüência de uma bolha, que o desempenho da economia reduz seu potencial em 2% em dois anos (as perdas do estouro das ponto-com parecem ainda maiores). Em uma economia de US$ 10 trilhões, isso significa um custo total ao redor de US$ 400 bilhões em *conseqüência* da bolha. Mesmo um país rico dificilmente tem condições de desperdiçar tal soma. Muitos pensavam que o Fed era responsável não só pela prevenção da inflação, mas pela estabilização da economia, e estabilizar a economia significava fazer algo a respeito da bolha. Claramente, ele fracassou. O fracasso é ainda mais enigmático porque Greenspan reconheceu que havia uma bolha em 1996 e, aparentemente, tentou fazer alguma coisa a esse respeito. Mas, se havia uma bolha em 1996, o repentino aumento do mercado de ações, nos últimos anos do século, deve ter sido verdadeiramente perturbador.

Greenspan faz sua própria defesa

Não surpreendeu o fato de que em agosto de 2002, com a retração da economia entrando em seu segundo ano consecutivo, Greenspan saísse em defesa do Fed, diante de uma platéia habitualmente amigável, no encontro anual de formuladores de política e acadêmicos em Jackson Hole, Wyoming, patrocinada pela agência do Federal Reserve de Kansas City. Ele relembrou que havia refletido com atenção sobre o problema e rejeitara agir essencialmente por duas razões. Em primeiro lugar, não estava inteiramente certo de seu diagnóstico ("É muito difícil identificar definitivamente uma bolha antes do fato — isto é, antes que seu estouro confirme sua existência").[6] Em segundo lugar, Greenspan não tinha certeza se possuía um remédio eficaz. A elevação das taxas de juros poderia ter provocado o estouro da bolha, mas a um imenso custo para a economia como um todo.

Ambas as metades desse argumento são questionáveis, embora tenham passado, em larga medida, sem questionamentos. Sem dúvida, identificar uma bolha antes de seu estouro é complicado. Se a produtividade estava crescendo a uma taxa sem precedentes (como argumentavam algumas pessoas nos anos 90); se era acompanhada por uma estabilidade sem precedentes dos salários e por um declínio sem precedentes no ágio das ações (a quantidade extra que os investidores demandavam para compensá-los dos riscos do mercado — inclusive o risco dos preços estarem superinflacionados); então, sim, os preços da ações poderiam ser considerados "razoáveis", ou, pelo menos não tão superinflacionados. Mas tudo isso fica menos convincente quanto mais longo for o *boom* e quanto mais se elevarem os preços. É certamente muito difícil perceber como alguém que, no final de 1996 esteve perto (falando em "greenspanês") de declarar a existência de uma bolha, quando o índice da Standard & Poor's estava em 740 pontos, poderia continuar em dúvida tão em março de 2000, quando o S&P atingiu 1534 pontos. De qualquer maneira, era o tipo de observação difícil que esperaríamos de um presidente do Federal Reserve Board.

Greenspan tinha boas razões para se preocupar com a existência de uma bolha. Mas, ao contrário do que o presidente do Fed disse em Jackson Hole no verão de 2002, havia medidas que ele poderia ter tomado para restringir o mercado sem colocar em risco a economia como um todo. Greenspan estava provavelmente certo ao descartar uma elevação na taxa de juros, mas essa nunca foi sua única opção. Em primeiro lugar, ele poderia ter trabalhado, por baixo do pano, contra o enorme corte de impostos sobre ganhos de capital em 1977, que enviou uma nova torrente de capital aos mercados, num momento em que uma mudança na direção oposta teria sido mais apropriada.

Mas a autoridade de Greenspan como presidente do Fed dava-lhe outro recurso também: aumentar as exigências de margem. As exigências de margem controlam a quantidade de ações que as pessoas podem comprar com dinheiro de empréstimos. As atuais exigências, datadas de 1974, são de 50%: metade de qualquer compra de ações pode ser feita com dinheiro e outra metade, a crédito. Se as exigências aumentam, as pessoas não podem comprar tantas ações. Quando a demanda cai, em circunstâncias normais, caem também os preços. Poder-se-ia esperar que tal ação enfraquecesse a bolha; se feitos com sutileza, os aumentos nas exigências de margem poderiam soltar gradualmente o ar da bolha. Como as atas dos encontros do Fed revelam, esta era uma possibilidade que o próprio Greenspan aventara seis anos antes, em 24 setembro de 1996, quando declarara no encontro do Federal Reserve Board: "Eu lhes garanto que se querem livrar-se da bolha, qualquer que seja. . . [aumentar as exigências de margem] resolverá o problema. Minha preocupação é que não tenho certeza do que mais essa medida provocará".[7]

As economias são complicadas, e nunca se pode ter certeza de todas as ramificações de qualquer medida. Mas, em seu discurso em Jackson Hole, Greenspan não ofereceu nenhuma explicação que levasse à conclusão de que ele estava errado em seu julgamento anterior — que um aumento nas exigências de margem teria sido eficaz — e nenhuma pista sobre qual dano colateral poderia ter ocorrido que talvez saísse mais caro do que permitir que a bolha da economia continuasse crescendo. Em Wall Street, aqueles que estavam apostando tudo o que possuíam teriam de enfrentar uma situação difícil, e talvez ele não quisesse prejudicá-los. Greenspan talvez não quisesse ser responsabilizado pelo estrago da festa — havia sempre o risco de que um aumento muito grande nas exigências de margem não só deixasse escapar algum ar da bolha, mas realmente a estourasse. Ainda assim, a festa teria de chegar ao fim, e quanto mais tempo durasse a bolha um número maior de pessoas seriam lesadas e mais prejudicadas. (Suspeito que houve outra razão para sua relutância em usar as exigências de margem. Embora a maioria dos conservadores reconheça que os mercados, por si mesmos, não conseguem a macroestabilidade — e concorde em que o Fed tem de interferir na economia para que ela ocorra — eles se sentem inquietos quando o campo de ação das intervenções se expande para além de seus instrumentos habituais. Não há nenhuma justificativa teórica para essa posição — nenhuma razão para limitar as intervenções ao setor bancário e, de fato, há argumentos fortes no sentido de que uma gama maior de instrumentos e intervenções no setor financeiro causaria menos distorções.)

Mas o papel de Greenspan talvez tenha sido ainda maior: ele não somente não falou contra o corte de impostos que alimentou o frenesi, não somente não fez o que poderia ter feito para controlar o mercado, como depois de aparentemente aconselhar cautela se transformou em torcedor do *boom* do mercado, quase incitando-o, quando sustentou várias vezes que a Nova Economia trazia consigo uma nova era de aumentos da produtividade. Sim, a produtividade estava crescendo, mas o suficiente para justificar a extensão da elevação dos preços das ações? Duvido que se ele continuasse a aconselhar cautela, teria feito muita diferença. Mas está claro que seu desempenho como líder de torcida não ajudou.

Reminiscências

Como economista, não me surpreende que o Fed ou seu presidente possam cometer enganos. Fiquei mais surpreso com a reverência concedida aos funcionários do Fed durante os anos 90. Eles eram simples mortais, chamados a tomar decisões difíceis, fazer interpretações em tempo real de uma economia que mudava rapidamente. No governo Clinton, orgulhávamo-nos de algumas nomeações de primeira ordem: Janet Yellen (que foi minha aluna em Yale), uma excelente professora de economia de Berkeley; Alan Blinder (que foi meu colega e co-autor em Princeton, e, mais tarde, no Conselho de Consultores Econômicos), um dos principais macroeconomistas do país; e Laurence Meyer, da Universidade de Washington, um grande especialista em fazer previsões no país. Mas mesmo que todo o Federal Reserve Board tivesse tais credenciais, enganos teriam sido cometidos. E a maioria de seus membros, que tomava decisões críticas sobre elevação ou redução das taxas de juros, simplesmente não era treinada para analisar sistemas econômicos complexos, para usar as modernas técnicas estatísticas sofisticadas a fim de interpretar os dados muitas vezes difíceis de entender, para separar o efêmero daquilo que seria provavelmente mais duradouro, embora uns poucos, sem esse treinamento, tenham desenvolvido um notável entendimento intuitivo da economia.

A história econômica está repleta de enganos cometidos pelo Fed, alguns menores, outros imensos. Alguns economistas, tais como o prêmio Nobel Milton Friedman, responsabilizam o Fed pela Grande Depressão.[8] Talvez seu julgamento seja severo demais — no capítulo 1, critiquei sua interpretação —, mas há poucas dúvidas sobre o fato de que muitas das recessões do pós-guerra foram causadas pelo Fed, quando ele pisou muito firme nos freios, na sua fixação de que, se não agisse daquele modo, a inflação viria.[9]

Greenspan levou para o Fed enormes talentos e experiências, bem como um domínio quase excepcional dos dados, que eu percebia freqüentemente. Havia um almoço mensal com o Fed. Mais importante do que isso, nós, do Conselho, estávamos encarregados de transmitir dados altamente sensíveis (sobre emprego, produção, salários etc.), várias noites por semana, da Casa Branca para o Fed. Greenspan entrava freqüentemente em discussões detalhadas conosco sobre o que ele — e nós — pensávamos do significado dos dados.

Além de interpretar os dados e chegar a uma conclusão sobre o que ele *pensava* que deveria ser feito, Greenspan tinha de administrar um complicado processo político. No Federal Open Market Committee (FOMC), o comitê do Federal Reserve System que fixava a política monetária, várias pessoas eram "falcões" da inflação: sempre viam a inflação num futuro próximo e estavam sempre prontas a elevar as taxas de juros. Greenspan era muito mais equilibrado e eu admirava a destreza com que ele manobrava para seguir o seu caminho, mesmo em face de alguns radicais.

Eu era amigo e altamente grato a Alan Greenspan. Não muito tempo depois que assumi a presidência do Conselho de Consultores Econômicos, os republicanos, em sua orgia de cortar o orçamento, decidiram abolir o conselho. Nossa morte faria pouco para equilibrar o orçamento — nosso orçamento total era de uns poucos milhões de dólares. Mas os "falcões" do déficit queriam vitórias simbólicas — uma contagem de agências mortas. E nós éramos presas fáceis. Afinal, não tínhamos nenhum interesse pessoal escondido. Por isso fomos criados: uma instituição, dentro da Casa Branca, cuja equipe não era formada por políticos nem por burocratas do tipo comum, mas por cidadãos-servidores civis, pessoas que, em sua maioria, haviam deixado seu emprego em universidades e centros de pesquisa, que não tinham nenhum incentivo a não ser servir bem a seu país por um ano ou dois. Felizmente, a credibilidade institucional do Conselho, criada ao longo dos anos, salvou-nos nessa época de crise. Senadores e deputados de ambos os lados vieram em nosso auxílio, tais como o senador democrata Paul Sarbanes (que mais tarde tornou-se conhecido pela co-autoria do projeto de lei que regulava as firmas de contabilidade, em conseqüência do escândalo da Artur Andersen), que fora anteriormente consultor jurídico do Conselho, e o senador Pete Domenici, o líder republicano do Comitê de Orçamento do Senado. Todos os ex-presidentes do Conselho se mobilizaram e, entre eles, nenhum foi mais útil que Greenspan (que fora presidente do Conselho no governo de Gerald Ford), com suas antigas e profundas conexões políticas.

Não muito tempo depois de tornar-me presidente do Conselho, Greenspan deu-me alguns conselhos paternais, quando me puxou de lado em uma festa de Natal em minha casa. Foi uma recomendação que ele, por sua vez, recebera de seu mentor, Arthur Burns, o professor de Columbia que se tornou um dos primeiros e mais poderosos presidentes do Conselho, no governo Eisenhower. Greenspan enfatizou que minha primeira e única responsabilidade era aconselhar o presidente e *não* ser o porta-voz público do governo, para explicar sua posição e lhe dar credibilidade profissional. Descreveu como Burns até se havia recusado, em certas ocasiões, a testemunhar diante do Congresso. Naturalmente, muita coisa mudou nestes quase cinqüenta anos; o campo de relações públicas se desenvolveu e, quando sentava às 7h30 da manhã para a reunião da equipe sênior, às vezes refletia sobre quanto de nosso tempo era gasto tentando administrar e responder à opinião pública. Clinton queria nossos conselhos, mas queria muito mais que isso. Laura Tyson, minha antecessora, que foi professora em Berkeley e tornou-se diretora de sua escola de administração e, ainda mais tarde, diretora da London Business School, fora, de fato, uma enérgica porta-voz econômica da administração. Mas manteve, ao mesmo tempo, sua própria reputação profissional e a do Conselho. Como dissemos às vezes, dizíamos a verdade, somente a verdade, mas não necessariamente toda a verdade — isto é, sentíamos que era nossa responsabilidade salientar os pontos fortes do que estávamos defendendo, não os fracos; se estivéssemos apresentando um artigo acadêmico, então seria nossa obrigação fazer uma apresentação mais equilibrada. O conselho de Greenspan ajustava-se à percepção que eu tinha de minhas forças relativas e, embora gastasse muito tempo com a imprensa, via como meu principal papel o trabalho na Casa Branca e com as agências do governo e, em especial, com os economistas que haviam conquistado uma crescente influência nas políticas.

Greenspan certamente sabia das divergências de ponto de vista entre mim e o Conselho do Tesouro e da maioria do mercado financeiro. Sem dúvida, era de seu interesse que eu permanecesse em segundo plano. Mas eu segui sua recomendação, modifiquei-a de acordo com nossas novas circunstâncias, e ela me serviu muito bem: com freqüência, pode-se fazer muito mais nos bastidores do que em público.

O Conselho estava em débito com Greenspan não somente por sua sobrevivência. Muitos de nós éramos acadêmicos, embora tivéssemos passado boa parte de nossas vidas refletindo sobre questões de política pública. Mas tínhamos muito que aprender quando fomos para o lado prático da economia e da política em Washington. Aprendemos, por exemplo, a "Fedspeak" e até um pouco sobre como administrar a imprensa. Havia muitas histórias lendárias de Greenspan, de seu trabalho e de suas conquistas, seu caminho em Washington, que deixava o mínimo de impressões digitais e lhe dava a possibilidade de parecer distante e acima da política. Em alguns dos episódios, tínhamos nossas suspeitas, mais tarde parcialmente confirmadas por outros — digo parcialmente porque as impressões digitais eram escassas; algumas vezes, ninguém, nem mesmo um excelente repórter investigativo como Bob Woodward, podia ter certeza.[10]

Recuperação e pouso suave

Observar Greenspan era uma atividade importante no Conselho e na Casa Branca em geral. Bill Clinton concorrera à Presidência com a plataforma "Empregos! Empregos! Empregos!". Mas estava claro que essa não era a maior preocupação de Greenspan; seu foco era a inflação.

Supunha-se que a redução do déficit levaria novamente a economia ao pleno emprego por meio de taxas de juros mais baixas, que estimulariam o investimento. Supunha-se que o controle das taxas de juros era feito pelo Fed. Por que ele não continuava a reduzir as taxas de juros para estimular a economia? Com déficit ou sem déficit, a teoria monetária aconselha o Fed a reduzir as taxas de juros para manter o pleno emprego. Um déficit mais alto significa somente que as taxas de juros têm de alcançar um nível mais alto para recuperar o pleno emprego do que se o caso fosse outro. Ao fixar o déficit, o governo afeta o *mix* do que a economia produz quando atinge o pleno emprego: tipicamente, mais gasto do governo leva a menos investimento do setor privado e menos consumo. Há *trade-offs* e decisões difíceis — por exemplo, sobre se os retornos de longo prazo do investimento feito pelo governo em pesquisa básica são maiores do que os retornos do investimento no setor privado —, mas supunha-se que isso deveria ser deixado para o processo político.

A única responsabilidade do Federal Reserve, de acordo com a teoria, é tecnocrática: manter o pleno emprego sem inflação ou, mais precisamente, fazer o desemprego recuar tanto quanto possível, sem disparar a inflação. Esse nível crítico não depende da composição da produção e, conseqüentemente, do fato de o déficit ser grande ou pequeno. Se o Fed pode reduzir as taxas de juros e elas assim geram mais investimento, então, normalmente, taxas de juros mais baixas levarão a maior produção e menos desemprego. E as taxas de juros mais baixas contribuiriam para a redução do déficit, tanto porque o enorme pagamento de dívidas do governo seria reduzido como porque o PIB seria maior. Enquanto o desemprego fosse mantido acima do limiar crítico em que a inflação crescia, os proprietários de títulos não precisavam preocupar-se com a inflação; e, na verdade, a melhora da situação do déficit, combinada com níveis mais altos de investimento, deveria tranqüilizá-los com relação ao futuro.[11] Por que, me perguntava, o Fed não estava disposto a ir em frente e reduzir ainda mais as taxas de juros? Por que a economia fora repentinamente posta de ponta-cabeça e por que o pleno emprego, com preços estáveis, só poderia ser atingido de uma determinada maneira? Por que se conseguiria isso somente se Clinton aderisse à redução do déficit? Eu me perguntava: o Fed tem uma agenda política, talvez, a agenda conservadora familiar de simplesmente desejar reduzir o tamanho do governo?

Quando a recuperação começou, novas questões surgiram. O Fed manteria baixas as taxas de juros pelo tempo necessário para que houvesse uma expansão sustentada, de modo que a promessa de Clinton de 8 milhões de empregos em quatro anos fosse cumprida? Eu, como outros na Casa Branca, me perguntava se a preocupação do Fed com a inflação poderia levá-lo a sustar a expansão. Enquanto Clinton fora aparentemente contido por seu secretário do Tesouro para não dizer nada contra os mercados de títulos ou mesmo para *questionar* o Fed em público, na privacidade do Salão Oval havia menos confiança em ambos.

À medida que a taxa de desemprego caía cada vez mais, parecia-me inevitável que o Fed acabaria por se preocupar com a inflação incipiente. Havia uma teoria bem estabelecida que dizia que havia uma taxa de desemprego abaixo da qual a inflação começaria a aumentar. A taxa crítica de desemprego era chamada NAIRU (*non-accelerating inflation rate of unemployment*), a taxa de desemprego que não acelera a inflação.[12] Naquela época, os modelos econométricos do Fed diziam que a NAIRU estava entre 6% e 6,2%. Em outras palavras, os modelos diziam que se o desemprego ficasse abaixo de 6% ou 6,2%, a inflação começaria a crescer. Como algumas pessoas do governo argumentaram — e a experiência veio a confirmar —, mudanças rápidas no mercado de trabalho (níveis mais elevados de educação, sindicatos mais frágeis, maior competitividade no mercado, produtividade crescente e um influxo mais lento de novos trabalhadores) haviam possibilitado que a economia evitasse a inflação operando com taxas muito mais baixas de desemprego do que no passado. Mas apoiados em nossas conversas com funcionários do Fed, sabíamos que eles não haviam entendido isso — e as provas não eram esmagadoras. Se alguém tem a mente focada somente na inflação, o risco está em não fazer alguma coisa quando o desemprego cai abaixo de 6,2% ou 6%. Para alguém como o presidente, ou eu, que se preocupava com empregos, o risco estava do outro lado: frear a economia antes que houvesse forte evidência de que a inflação estava crescendo era condenar desnecessariamente milhões ao desemprego, com todo o sofrimento que isso acarreta.

O desemprego atravessou a barreira dos 6,2%, atravessou a barreira dos 6% — e o Fed não elevou as taxas de juros. Não penso que foi porque o Fed perdeu a confiança no conceito da NAIRU, ou concordou conosco que ela havia caído de repente. Nem acredito que tenha sido porque o Fed mudou subitamente de idéia e passou a preocupar-se mais com empregos e crescimento e menos com inflação. Na verdade, tendo em vista a morosidade da recuperação, e mesmo quando ela ocorreu, a lentidão da queda do desemprego, no que foi chamado de recuperação do desempregado, eles foram pegos de surpresa pelo giro aparentemente rápido dos acontecimentos.

Se o Fed tivesse avaliado com mais precisão o quanto o crédito e, portanto, a atividade econômica se recuperariam, e o quanto as empresas, finalmente convencidas do fim da retração da atividade econômica, estavam ansiosas para iniciar a contratação de trabalhadores em vez de recorrer a horas extras dispendiosas, com muita probabilidade ele teria apertado a política monetária antes, a fim de conter a ameaça inflacionária. E esse também poderia ter sido o destino da recuperação. A teoria, naquele tempo (do Fed com algum suporte do Tesouro), dizia que você devia matar o dragão da inflação antes de ver o branco de seus olhos. Se ele se aproximasse de você, sem seu conhecimento, de tal modo que você pudesse sentir sua respiração (ou vê-la nas estatísticas), seria muito tarde. O dano estaria consumado: não só o prejuízo direto da inflação, mas as conseqüências que vêm quando o Fed pisa subitamente no freio.

Quatro hipóteses sustentavam essa concepção e somente uma delas tinha alguma pretensão a validade científica; as outras, embora amplamente compartilhadas pelos bancos centrais, não resistiam ao teste da prova estatística. A primeira hipótese, a de que demora de seis meses a um ano para que os efeitos totais da mudança na política monetária sejam sentidos, é verdadeira e importante. Ela significa que se o Fed pensa que há uma recuperação robusta que deixará a taxa de desemprego inferior à NAIRU, digamos, no verão, então ele precisa agir *antecipadamente*, no inverno ou no verão anterior.

A segunda hipótese diz que inflação alta prejudica o crescimento econômico de longo prazo. Mas ela foi corroborada somente em países com taxas de inflação muito mais altas do que aquelas já vistas nos Estados Unidos.[13]

Com igual convicção, os bancos centrais sustentam que, depois que dispara, é extremamente difícil manter a inflação sob controle. Costuma-se fazer analogia com a situação do alcoólatra: um pequeno gole do néctar da inflação, e você fica viciado. Os números frios das estatísticas não sustentam essa hipótese; ao contrário, a inflação mais alta de um trimestre é seguida por inflação mais baixa no seguinte. Para os Estados Unidos, não há nenhuma evidência de inflação "galopante".

Pelo mesmo motivo, os "falcões" da inflação no Fed (e em outros bancos centrais) afirmam que devem tomar medidas preventivas porque os custos do combate à inflação são provavelmente altos, superando em muito qualquer benefício que a economia possa registrar enquanto está subindo a rampa. Mais uma vez, estudos do Conselho de Consultores Econômicos e do próprio Federal Reserve apontam para a conclusão oposta.

No início de 1994, o Fed agiu antes que os brancos dos olhos da inflação aparecessem — mas não o suficiente para cessar a queda do desemprego, que chegou a cair bem abaixo do que *o Fed* pensava que fosse a NAIRU. Seu fracasso em prever o ritmo da recuperação — e, por conseguinte, em elevar as taxas de juros para reprimi-lo totalmente — resultou em um grande benefício para a economia e a nação.

Em maio de 1994, o desemprego já estava abaixo de 6,1%, em agosto atingiu 6%, em setembro, 5,9%: ele havia claramente despencado e atravessara a barreira da NAIRU, caindo para 5,5% em dezembro. Ainda assim, contrariando o modelo do Fed, a inflação não subiu. O desemprego cairia ainda mais, para 3,8%, novamente sem estimular a inflação. Para a população carente, esse desemprego mais baixo era uma imensa bênção, reduzindo os gastos do governo com o bem-estar tanto quanto qualquer outra coisa que fizemos ou pudéssemos ter feito. Era nosso mais importante programa contra a pobreza. Desempenhava um papel fundamental para provocar outras mudanças salutares — notavelmente, uma queda abrupta na taxa de criminalidade.

O Fed agira antecipadamente, ou assim pensava, permitindo que a taxa do fundo federal (a taxa à qual os bancos contraem empréstimos entre si) se elevasse 0,25% em fevereiro de 1994 e 0,75% em maio para 4%. Isso aconteceu a despeito do fato de as pressões inflacionárias se apresentarem muito moderadas. Na verdade, o índice dos custos do emprego, o fator mais importante que impulsiona a inflação, estava crescendo a uma taxa de apenas 0,8% por trimestre na segunda metade de 1993 e na primeira de 1994, mais baixa do que havia sido em 1992 e no primeiro semestre de 1993, quando se aproximou de 0,9%. Os preços dos produtores estavam mais baixos em junho de 1994 em relação ao mesmo período do ano anterior. E até a taxa da inflação para os consumidores estava em queda, de uma média de 0,23% ao mês no primeiro semestre de 1993 para 0,21% ao mês no segundo semestre de 93 e 0,2% ao mês na primeira metade de 1994. Mas, mesmo que não estivesse em queda, a taxa era baixa, e os números exageravam grosseiramente a verdadeira taxa de inflação. (Ao defender uma taxa mais baixa de aumento dos benefícios da Segurança Social, que cresce em série com a inflação, Greenspan e outros sugeriram que os números exageravam a inflação em 1% a 2% ao ano. Em outras palavras, a taxa verdadeira de inflação, em vez de ser de 0,2% ao mês, talvez fosse muito menor do que 0,1% — número que dificilmente causa preocupação e, com certeza, dificilmente provoca o risco de acabar com a recuperação.)

Mas, para muitos membros do Fed, era só uma questão de tempo para que tivéssemos de pagar o preço de flertar com desemprego baixo e o concomitante risco de inflação. Na cabeça deles, o objetivo era um pouso suave — aumentar gradualmente a taxa de juros e reduzir o crescimento de modo que o desemprego se acomodasse exatamente no nível da NAIRU ou ligeiramente acima, para que a inflação permanecesse estável ou caísse um pouco.

O governo dividiu-se sobre a sabedoria das ações do Fed. O secretário do Tesouro, Robert Rubin, e seu vice Larry Summers apoiaram as altas taxas. Summers argumentava que elas melhoravam as chances de um pouso suave — uma transição tranqüila para uma economia de pleno emprego. Segundo sua teoria, ao elevar as taxas, o Fed evitaria o superaquecimento da economia e a necessidade de aumentos adicionais mais adiante, digamos, em um ano ou dois, muito mais próximo da eleição.

O presidente sabia que ele arcaria com os custos se as avaliações de Greenspan estivessem equivocadas. Ele tinha certeza de que um desemprego de 6% não era suficientemente baixo; se a economia podia sustentar uma taxa de desemprego de 4% sem aumentar a inflação, a elevação das taxas de juros levaria a um desemprego mais alto do que o necessário e seriam os pobres que suportariam o choque. (Se a inflação subisse, é claro que os títulos dos negociantes de Wall Street perderiam valor e eles seriam prejudicados; mas quem estava mais bem capacitado para suportar o risco?, os negociantes de ações ou os trabalhadores ameaçados de desemprego?) Historicamente, uma queda de 2% no desemprego traduzia-se em um aumento de 2% a 4% na produção (a relação era chamada lei de Okun, em homenagem ao antigo professor de Yale e presidente do Conselho de Consultores Econômicos do presidente Lyndon B. Johnson, Arthur Okun). A estabilização do desemprego em 6% significaria uma queda de cerca de 200 a 400 *bilhões* de dólares por ano, dinheiro que poderia ser usado para promover o crescimento dos Estados Unidos, reduzir nosso déficit, ou aumentar os gastos em pesquisa, saúde e educação.

Os conflitos entre o presidente e o Fed foram freqüentes no passado — como vimos, Bush I responsabilizou Greenspan por sua derrota, a despeito de Greenspan pensar que estava fazendo tudo o que de *sensato* poderia fazer para ressuscitar a economia. Mas Rubin convenceu a Casa Branca a não expressar seus desapontamentos e frustrações. Havia umas poucas exceções: Leon Panetta, chefe da equipe de auxiliares, ao responder à questão sobre se o Fed deveria reduzir as taxas de juros, disse que "seria legal ter qualquer tipo de cooperação que pudéssemos obter para fazer a economia andar", e, por isso, foi publicamente castigado pelo secretário do Tesouro. Mas, em geral, a Casa Branca mantinha uma sólida linha de batalha: "Nós não fazemos comentários sobre o Fed". Essa postura pode não ter promovido uma discussão pública, mas nos evitou apuros.

O presidente tinha uma outra forma de influenciar o Fed, por meio do preenchimento de vagas que ocasionalmente surgiam. Em 1996, na iminência de uma vaga na vice-presidência do Fed (Blinder, que ocupava aquela posição, decidiu não tentar sua recondução ao cargo; embora fosse um dos principais economistas do país, Greenspan havia enfraquecido sua capacidade de influenciar as decisões do Fed e ele não desejava permanecer em um cargo simbólico),[14] Bush procurou alguém que compartilhasse suas concepções e encontrou essa pessoa em Felix Rohatyn, um dos mais conhecidos banqueiros de investimento do mundo, sócio dirigente de Lazard Frères. Rohatyn mostrara sua têmpera na direção da Municipal Assistance Corporation, que salvara a cidade de Nova York da falência iminente. Essas credenciais eram impressionantes — e, normalmente, alguém que as possuísse não aceitaria o cargo. O que fez Rohatyn vacilar foi seu profundo comprometimento com o serviço público. Mas havia dois pontos contra ele: era um democrata liberal e acreditava que a economia poderia crescer mais rápido, certamente mais rápido do que a taxas anêmicas às quais vinha crescendo. Um terceiro e talvez mais importante ponto contra Rohatyn era que ele poderia ser capaz de enfrentar Greenspan: não era apenas um acadêmico, como Blinder, mas um homem do mundo, respeitado por tudo que havia feito. Com três pontos contra ele, sua saída era somente uma questão de tempo. O senado tem de confirmar as nomeações para o Fed. Nesse caso, a costumeira deferência dada às nomeações presidenciais desse tipo foi deixada de lado. Ficou claro que Rohatyn não seria designado. Nunca se provou quem acabou com ele, mas havia alguns suspeitos óbvios.[15]

Quando o Fed elevou as taxas de juros, os negócios começaram a se ressentir da elevação do custo de capital, e quem estava do lado de Clinton, fora do Tesouro, temia que o freio, muito duro, estivesse sendo aplicado muito cedo. Embora se criassem empregos, havia uma preocupação sobre se eram bons empregos (eram) e se o crescimento seria sustentado (foi).

Essas elevações antecipadas da taxa de juros foram substanciais — as taxas do fundo federal foram de 3% no final de 1993 para 6% em meados de 1995. Não obstante, a economia continuava a crescer com robustez. A taxa de crescimento da economia aumentava e aumentava. De início, estávamos apenas compensando a subutilização de capacidade da recessão que herdamos de Bush, mas estava claro que alguma coisa mais estava ocorrendo quando a taxa de crescimento bateu em 3%, 4% e mesmo 5%. Enquanto isso, o desemprego continuava a cair, e — aqui estava o verdadeiro milagre, da perspectiva do Fed — a inflação permanecia moderada. Mesmo com o crescimento de 5% em 2000, a inflação estava abaixo de 3,5%.

Diga-se a favor de Greenspan que ele acabou entendendo que a estrutura da economia estava mudando, que o aumento da produtividade, resultante dos investimentos em nova tecnologia previsto havia muito tempo, finalmente ocorrera; que as pressões inflacionárias haviam sido amortecidas. À medida que as provas se acumulavam, ele parou de elevar as taxas de juros e até permitiu-lhes um leve declínio: já no início do ano 2000 a taxa de desconto estava em apenas 5%. Greenspan converteu-se mais cedo do que muitos outros membros do Conselho e conseguiu moderá-los.

Em retrospecto, o interessante nesses debates iniciais é que ambos os lados estavam errados. Nós, no Conselho, estamos errados ao subestimar a força da economia, que resistiu ao ataque do Fed com um certo custo. Se a taxa de juros houvesse permanecido mais baixa, pode-se argumentar que o desemprego teria se reduzido com mais rapidez, e o crescimento teria aumentado mais cedo. Mas o Fed e o Tesouro estavam obviamente errados ao se preocuparem tanto com a inflação e ao subestimarem o potencial da economia para crescer. Mas chega da sabedoria dos mercados financeiros.

LIÇÕES

A lição deste capítulo não é só evitar cometer erros: eles são inevitáveis. É salientar que, nos anos 90, havia um padrão sistemático para tais erros. Dava-se excessiva deferência à sabedoria dos mercados financeiros; os controles e equilíbrios normais foram colocados de lado. Várias idéias potencialmente perigosas ganharam terreno: que as questões da política macroeconômica eram muito importantes para fazer parte do processo político; que deveriam ser reservadas para os tecnocratas com espírito público e, em particular, para os tecnocratas do Fed. Havia um único conjunto de políticas que promoveria *todos* os interesses e, em particular, o Fed estava certo em concentrar sua atenção na inflação.

A idéia de que a política monetária deveria ser delegada ao Fed sempre foi popular entre os líderes financeiros; com um Fed "independente" fazendo o que eles queriam, por que desejariam que as coisas fossem diferentes? Mas, durante os anos 90, ela ganhou prestígio entre os jornalistas, os cidadãos comuns e, mais surpreendentemente, um governo federal democrata.

Gostamos do disfarce apartidário quando Greenspan apoiou aparentemente o plano de Clinton de cortar o déficit. Mas esteve sempre claro que ele era partidário. Seu "disfarce" finalmente foi descoberto no início de 2001, quando ele repentinamente abandonou suas antigas credenciais de "falcão" do déficit e saiu em defesa dos cortes de impostos do presidente George W. Bush. Era óbvio que o plano tributário de Bush traria uma grande redução no superávit (a herança fiscal de Clinton, de fato, um de seus principais legados), transformando-o possivelmente em déficit. Greenspan poderia ter permanecido em silêncio, afirmando que assim como o poder executivo não comenta política monetária, a autoridade monetária não comenta política fiscal. De modo mais responsável, ele poderia ter sido coerente com seu passado, expressando sérias dúvidas sobre como o plano tributário poderia afetar as perspectivas fiscais e a taxa nacional de poupança dos Estados Unidos. Em vez disso, Greenspan endossou essencialmente a proposta de Bush. Os superávits esperados eram grandes o suficiente para admitir um significativo corte de imposto, declarou ele. E o corte nos impostos não era simplesmente aceitável, de acordo com Greenspan; era *necessário*, a fim de poupar a nação de uma situação perigosa: se os superávits continuassem, a dívida nacional acabaria sendo totalmente saldada. Nós necessitávamos da dívida para administrar a política monetária e então teríamos de escolher entre duas alternativas consideradas desagradáveis por Greenspan — uma grande elevação dos gastos federais ou uma aquisição em larga escala, por parte do governo, de ativos privados.

Greenspan não julgou apropriado explicar por que era desejável cortar impostos muito antes dessa improvável catástrofe em vez de esperar que o risco se tornasse um pouco mais iminente — e por um bom motivo: não havia motivo nenhum. Greenspan, tal como eu, foi presidente do Conselho de Consultores Econômicos, uma posição que exige que se façam previsões para muitos anos à frente. Ele, mais do que todos, deveria saber quão difícil é fazer uma previsão para daqui a seis meses, quanto mais para dez anos à frente. Ele, mais do que todos — tendo subestimado grosseiramente o crescimento potencial da economia e superestimado o potencial inflacionário — deveria saber quão rapidamente os números podem mudar. Mudanças suaves nas taxas de crescimento teriam reduzido enormemente o superávit. As receitas tributárias cresciam muito graças, em parte, à imensa mina da bolha do mercado de ações; mas, se essa bolha estourasse, as receitas tributárias despencariam. Não é preciso ser economista para saber que um grande superávit orçamentário pode tornar-se um grande déficit orçamentário em um instante político. Com efeito, o superávit projetado para dez anos para a parcela do orçamento não relacionada à Seguridade Social — uma estimativa de US$ 3,1 trilhões em abril de 2001 — tornou-se um déficit de US$ 1,65 trilhão em fevereiro de 2002. Essa dramática, mas previsível, reversão foi conseqüência de uma desaceleração econômica, um declínio relacionado ao mercado de ações em receitas tributárias sobre os ganhos de capital e, naturalmente, do corte imprudente de impostos de Bush, que a nação não poderia agüentar e que Greenspan nunca deveria ter endossado.

Nesse caso, como em outros, a nação poderia estar em melhores condições se o presidente do banco central "independente" tivesse se restringido a administrar a política monetária e evitar uma recessão. Ainda assim, ao apresentar um argumento tão inacreditável para os cortes de impostos de Bush, havia um elemento coerente com sua posição anterior a favor da redução do déficit. Greenspan se revelou um defensor de um estado mínimo: tanto as reduções do déficit nos anos 90 como os cortes de impostos de Bush em 2001 levariam a um setor público reduzido.

O Partido Democrata preocupava-se com altas taxas de juros e suspeitava do Fed, procurando mantê-lo sob controle. Lembro-me de várias ocasiões, no início de seu governo, quando Bill Clinton expressou sua preocupação com uma possível alta da taxa de juros e como isso poderia afetar a recuperação aparentemente frágil. Ao escutá-lo nesses momentos, alguns de nós relembravam a eleição de 1896, quando William Jennings Bryan, concorrendo contra o padrão-ouro, proferiu seu lendário discurso "Cruz de Ouro". "Você não deve crucificar a humanidade numa cruz de ouro", era sua estimulante frase final. O padrão-ouro, por definição, significava uma oferta limitada de dinheiro — tão limitada que a economia enfrentava uma constante ameaça de deflação na época de Bryan. Ano após ano, os fazendeiros recebiam menos pelos bens que vendiam e encontravam maior dificuldade para pagar suas dívidas. A inclusão da prata na oferta monetária prometia reverter a situação, poupando milhões de fazendeiros da falência. Por mais benéfico que o padrão-ouro fosse para os credores, era ruim para a economia — levava a um crescimento mais lento — como todo o mundo finalmente aprendeu, a um custo elevado, na Grande Depressão. Mas, mesmo se o padrão-ouro tivesse funcionado, a decisão de continuar com ele teve enormes conseqüências para a distribuição do bolo econômico. Era uma questão apropriadamente debatida na arena política, e não somente em uma sala repleta de tecnocratas.

Hoje, o americano médio não é um fazendeiro endividado, mas um trabalhador endividado. Mas muitas das preocupações são similares. Altas taxas de juros podem aumentar as rendas daqueles que em Wall Street são credores líquidos, mas não são boas para os assalariados, que perdem em três frentes. Taxas de juros mais altas podem levar a desemprego mais elevado. Desemprego maior reduz a pressão sobre os salários. E, uma vez que, em média, os assalariados estão endividados (hoje, mais de um sétimo de sua renda vai para o serviço da dívida), taxas de juros mais altas significam que eles têm menos dinheiro para gastar com o resto.

Há *trade-offs* em quase tudo que o Fed faz — e é por isso que as responsabilidades do Fed não deveriam ser simplesmente delegadas aos tecnocratas. Mesmo quando há acordo no sentido de que o Fed deveria fixar a taxa de juros, de modo que a taxa de desemprego permaneça tão baixa quanto possível sem elevar a inflação (o nível NAIRU), há incerteza sobre as implicações essa medida. Como vimos, o Fed errou em suas estimativas. Talvez pudesse ter feito melhor, mas esta não é minha preocupação aqui. Minha preocupação é que, sabendo que há incerteza, suas decisões impõem risco: há um *trade-off* entre o risco de um aumento da inflação e um nível desnecessariamente alto de desemprego. Essa deveria ser uma decisão política, não uma decisão tecnocrática, nem uma decisão confiada a um grupo particular de interesses velados, os mercados financeiros, porque não há uma única resposta *correta*.

A existência desses *trade-offs* levanta questões sobre a idéia de um banco central independente — isto é, não político. No mínimo, elas sugerem a necessidade de algum mecanismo para assegurar que todas as vozes relevantes e todos os pontos de vista sejam ouvidos. Na Suécia, por exemplo, os trabalhadores têm representantes no Banco Central.

O Federal Reserve Board dos Estados Unidos representa uma mistura curiosa: é independente; e é dominado pelos mercados financeiros e, em segundo lugar, pelos negócios; mal se ouvem as vozes dos trabalhadores ou consumidores. Mas sua constituição obriga-o não somente a manter a estabilidade dos preços como a promover o crescimento e o emprego. Pouca orientação é dada sobre como fazer os *trade-offs*, e a luta contra a inflação claramente predomina. Contudo, o Fed tem sido politicamente sensível; como afirmou certa vez o presidente anterior, Paul Volcker, "O Congresso nos criou, e o Congresso pode nos destruir", e com um presidente politicamente sensível, quando o Congresso e o governo desejam defender taxas de juros mais baixas, as predisposições para dinheiro excessivamente "escasso" podem ser controladas.

Nos anos 90, esses controles foram suspensos. Com Clinton, tão totalmente comprometido com a geração de empregos e a promoção do crescimento, penso que ele estaria mais disposto a correr um modesto risco de inflação do que os "falcões" da inflação de Wall Street. Mas nós tínhamos engolido o mantra de "nenhum comentário". Não tanto porque acreditássemos que a política monetária era simplesmente tão importante e complicada que *tinha* de ser deixada para um Fed independente. O argumento que nos convenceu foi: fazer comentários sobre o Fed poderia ser contraproducente — levando tanto a taxas de juros mais altas quanto mais baixas. Havia a preocupação de que o Fed, para provar sua independência diante das críticas, teria de fazer exatamente o oposto, não importando quais fossem seus julgamentos econômicos.

Mas havia um segundo argumento apresentado pelos membros do Tesouro: qualquer comentário que algum membro do governo fizesse sobre a política do Fed poderia "agitar os mercados", mandando as taxas de juros para cima.

É irônico que aqueles que ostensivamente acreditavam mais nos mercados — em sua capacidade para avaliar os fundamentos da economia — esperassem que eles se descontrolassem se alguém abrisse a boca. É discutível quanto de agitação real teria resultado de um comentário ou dois de um membro da administração federal; nas poucas ocasiões (como aquela citada anteriormente com respeito a Leon Panetta) em que um membro do governo saiu da linha, houve pouca evidência dessa agitação. Por outro lado, parece claro que o efeito líquido de nossa timidez foi dar aos mercados financeiros um "passe livre", com mais influência ainda sobre a economia. Por fim, permitimos que os mercados se tornassem essenciais na determinação não só da política fiscal — fazendo da redução do déficit a prioridade máxima — mas também da política monetária do governo. O Fed, sob o disfarce de sua alardeada independência, foi amplamente guiado pelas visões dos mercados financeiros; deu mais peso às suas preocupações relacionadas com a inflação do que àquelas relacionadas ao desemprego dos trabalhadores, a despeito de seu mandato, que exige atenção não somente para a inflação, mas para o crescimento e o emprego.

O Congresso dos Estados Unidos também proporcionava menos controle do que em anos anteriores, e quando os republicanos assumiram o comando de ambas as casas houve mesmo uma tentativa de acabar com o pequeno enigma que havia no equilíbrio entre inflação, crescimento e emprego. Em 1996, a senadora Connie Mack, uma republicana da Flórida, apresentou uma emenda para alterar a constituição do Fed, restringindo seu papel à manutenção da estabilidade dos preços. Se essa tentativa tivesse logrado êxito, o Fed teria sido legalmente obrigado, em suas deliberações, a ignorar os interesses de milhões de trabalhadores americanos. Felizmente, o presidente Clinton tomou uma posição firme contra a proposta de Mack, que foi rechaçada em uma das vitórias não celebradas da política econômica do governo Clinton. Foi fácil para o presidente reprimir a iniciativa; bastou mostrar que estava disposto a fazer dela tema de campanha eleitoral. Os republicanos sabiam para quem os eleitores dariam seus votos.

Os perigos de uma inflação administrada pela política monetária não são, de modo algum, puramente teóricos. Desde 1994, lutar contra a inflação foi, de fato, a determinação superior exclusiva do Banco Central Europeu. Quando a União Européia (UE) planejou sua moeda corrente comum, o euro, sua preocupação eram os problemas do passado, em vez dos eventuais do futuro. No passado, a Europa lutara com inflação e grandes déficits públicos. Assim, disseram ao novo Banco Central, que abrangia todo o continente, que a inflação era sua única preocupação. Para transmitir a mensagem internamente, os países da UE ganharam metas fiscais rigorosas — um déficit de não mais de 3% após 2000, que deveria cair em direção a zero nos anos seguintes, até 2004. Em conseqüência, as mãos do Banco Central estavam atadas quando a economia da Europa enfraqueceu em 2001. O banco não somente não reduziu as taxas de juros, como os vários governos foram incapazes de estimular a economia por meio de redução de impostos ou aumento dos gastos — em acentuado contraste com os Estados Unidos, onde ambos os partidos, em teoria, concordaram com a necessidade de estímulos quando nossa economia simultaneamente escorregou para sua própria recessão.

Curiosamente, os republicanos, que atualmente apóiam os cortes de impostos *mesmo se resultarem em déficits*, nunca mencionam o fato de que se o partido deles tivesse imposto sua vontade, tais projetos seriam inconstitucionais. No início dos anos 90, eles pressionaram a favor de uma emenda de orçamento equilibrado que teria mantido automaticamente os gastos no nível das receitas tributárias; na recessão de 2001, com a diminuição brusca das receitas enquanto caíam os preços das ações e as rendas, o governo Bush teria sido obrigado a reduzir os gastos ou a aumentar os impostos. Laura Tyson, minha antecessora no Conselho de Consultores Econômicos e que depois presidiu o Conselho Econômico Nacional, considera a derrota da idéia da emenda do orçamento equilibrado uma das maiores realizações da administração Clinton. Nós lutamos arduamente nessa frente porque as flutuações econômicas sempre fizeram parte do capitalismo; embora nós mesmos devêssemos estar felizes de escapar de uma recessão, sabíamos que nossos sucessores poderiam não ter a mesma sorte, e nos recusamos a atar suas mãos. (Este é outro exemplo de uma política de Clinton que beneficiará a economia nas próximas décadas, ainda que não tenha tido nenhum efeito durante os anos do próprio governo Clinton.)

A história dos anos 90 levanta questões não só sobre a capacidade do Fed para administrar a economia; levanta questões sobre sua credibilidade *institucional.* Chegamos a um conjunto de acordos institucionais que serve aos interesses econômicos do país inteiro? Temos dado peso demais, influência demais a uma indústria em particular ou a um subconjunto particular da população? Necessitamos de mais responsabilidade democrática? São questões árduas, mas que toda democracia deve encarar e enfrentar sempre. Nossas instituições nos serviram bem, de muitas maneiras — mas também falharam e não deveríamos ser complacentes.

No que tange às questões de economia política, durante os anos 90, muitos americanos foram persuadidos de que a era da ideologia, de interesses e da política havia acabado. Os Estados Unidos haviam entrado em uma era de consenso, quando todos concordavam razoavelmente sobre as políticas econômicas "corretas". Era uma pretensão absurda, mas uma estratégia brilhante para aqueles a cujos interesses ela servia. E funcionou, em sua maior parte, consideravelmente bem, no sentido de que, com a economia acelerada, os americanos ficaram, em larga medida, convencidos. Isso inclui muitos dos que se consideravam representantes daqueles segmentos da população cujos interesses estavam sendo sistematicamente atropelados.

Os exuberantes anos 90 são agora coisa do passado. Nossos líderes financeiros revelaram-se meros mortais. Eles cometeram erros. Alguns foram enganos felizes e, em conseqüência, tivemos uma recuperação robusta. Alguns foram equívocos com poucas conseqüências: nós superamos as altas da taxa de juros de meados dos anos 90. Alguns foram erros que custaram caro, um custo que vamos pagar pelos próximos anos.

4. Desregulamentação desembestada

O Fed pode não ter feito tudo o que estava ao seu alcance para impedir que a bolha crescesse tanto quanto ela cresceu, mas o Fed não *criou* a bolha. As bolhas são simplesmente manifestações do otimismo irracional que, às vezes, assedia uma economia — um otimismo irracional que, com freqüência, é seguido por um pessimismo não menos irracional. Desse modo, muitas vezes é difícil prever o início de uma bolha, ou saber quando ela terminará. Há, contudo, certas circunstâncias sob as quais é mais provável que uma economia sofra crises ou recessões duras. Nas últimas três décadas, o mundo viu perto de uma centena de crises e muitas delas foram provocadas por uma alguma forma de desregulamentação demasiado rápida. Embora a retração da atividade econômica em 2001 fosse apenas uma forma mais suave dessas doenças mais virulentas, não há nenhuma dúvida de que partes importantes da retração resultaram da desregulamentação dos anos 90.

A desregulamentação do setor de telecomunicações abriu o caminho para a bolha do superinvestimento, que depois estourou com tanta repercussão em 2001. A desregulamentação do setor elétrico levou à manipulação do mercado, o que prejudicou a economia da Califórnia, o centro de boa parte da inovação nos Estados Unidos. A desregulamentação do setor bancário — notadamente a rejeição da lei Glass-Steagall — abriu novas oportunidades para os conflitos de interesses, quando o que se precisava era de regulamentações mais fortes voltadas para os conflitos de interesses já existentes e crescentes que acabariam por enfraquecer a confiança em nossos mercados de ações. A regulamentação frouxa da atividade contábil propiciou oportunidades e incentivos para o fornecimento de informações enganosas ou equivocadas.

Os mercados são coisas delicadas, e os erros custaram caro, embora os Estados Unidos sejam felizmente um país rico o suficiente para suportar os custos com relativa facilidade. Os governos de outros países, obrigados a consertar os erros da desregulamentação, especialmente nos setores bancário e financeiro, em alguns casos, tiveram de sacrificar uma parcela significativa do PIB. O Chile ainda está pagando os custos de sua crise bancária do início dos anos 80, e o sistema bancário do México ainda não está totalmente recuperado da crise dos anos 90. Mesmo assim, a despeito de inúmeras lições históricas, a desregulamentação foi, mais uma vez, a queridinha dos políticos na década de 1990. Naturalmente, em alguns casos, a desregulamentação mostrou ser uma coisa boa, mas ela deve ser manejada com cautela e, com demasiada freqüência, isso não foi feito.

É desnecessário dizer que algo tão complexo como uma recessão tem várias causas: a má administração do Fed pode interagir com mudanças na legislação tributária e com a desregulamentação, criando e inflando uma bolha que, afinal, estoura. Vimos no capítulo 2 que a desregulamentação das S&Ls promovida pelo presidente Reagan, juntamente com a devastação dos balanços dos bancos provocada pela elevação, a níveis sem precedentes, das taxas de juros realizada pelo Fed, contribuiu para a bolha do mercado imobiliário que, quando estourou, não somente deixou uma conta para os contribuintes dos Estados Unidos bem acima de 100 bilhões de dólares, mas levou à recessão de 1990-91.

Contudo, em alguns aspectos a bolha dos anos 90 diferenciou-se de muitas das bolhas no passado. Havia algumas razões fundamentais para otimismo, talvez não o otimismo incontrolado que marcou os anos finais do *boom*, ou o otimismo irracional do mundo ponto-com, mas, apesar disso, otimismo. Os investimentos em pesquisa, que o país vinha fazendo há muito tempo, finalmente pareciam estar sendo recompensados. A alta tecnologia parecia estar finalmente cumprindo sua promessa. A produtividade vinha aumentando. A globalização fornecia aos consumidores dos Estados Unidos roupas e produtos eletrônicos mais baratos e, embora mais e mais indústrias deixassem o país, criavam-se novos empregos bem remunerados, em sua maioria no setor serviços, que mais do que compensavam aqueles perdidos na manufatura. O desemprego estava em queda, mas a competição crescia, e, assim, a inflação era mantida sob controle. Nós introduzimos uma nova era, rejeitando uma das mais duradouras regras da teoria econômica segundo a qual desemprego mais baixo resulta em inflação mais alta. Havia um lado escuro nesse quadro rosa: os salários reais não estavam aumentando com tanta rapidez quanto costumam em uma recuperação. Mas o consumo, guiado pelos preços mais altos dos ativos, mantinha seu crescimento robusto. E baixos salários, alto crescimento e produtividade crescente, tudo isso significava uma coisa: lucros maiores. E lucros maiores, combinados com taxas de juros baixas, levaram ao *boom* do mercado de ações. A economia estava verdadeiramente robusta. Porém, não era inevitável que essa economia sadia se transformasse em uma economia de bolha.

Se havia um momento para *não* propor uma desregulamentação, ou para administrá-la particularmente com cautela, esse momento eram os exuberantes anos 90. Os democratas sempre procuraram controlar a busca insensata da desregulamentação. Mas então nós entramos no barco — algumas vezes levando as coisas mais longe do que o governo Reagan.

A demanda de desregulamentação existia há muito tempo. Quando feita da maneira correta, a regulamentação ajuda a garantir que os mercados funcionem competitivamente. Há sempre algumas empresas que querem tirar vantagem de sua posição dominante. Idealmente, a regulamentação impede que as empresas tirem vantagem de seu poder de monopólio quando a competição é limitada porque há um "monopólio natural", um mercado no qual haveria naturalmente uma ou duas empresas, mesmo que nada se faça para bloquear a entrada ou eliminar os concorrentes. As regulamentações ajudam a conter os conflitos de interesses e as práticas abusivas, de modo que os investidores possam estar confiantes em que o mercado propicia um jogo de iguais e que aqueles que deveriam defender seus interesses realmente o fazem. Mas o lado reverso de tudo isso é que a regulamentação restringe os lucros e, assim, a desregulamentação significa mais lucros. E, nos anos 90, aqueles que percebiam os lucros maiores que a desregulamentação traria estavam dispostos a investir para obtê-los — dispostos a gastar fortunas em contribuições de campanha e em *lobby*. Nos Estados Unidos, entre as firmas que mais gastavam em *lobby* ao final dos anos 90 estavam aquelas que trabalhavam para a desregulamentação bancária e das telecomunicações e contra a regulamentação ambiental e a conservação da energia. Os esforços para evitar regulamentações necessárias eram igualmente enérgicos: as empresas de contabilidade gastaram 15 milhões de dólares em *lobby* entre 1998 e 2000 e contribuíram para a campanha de mais de 50% dos deputados federais e 94% dos senadores.

A rápida mudança da economia americana significava que as regulamentações estavam cada vez mais fora de sintonia com o que era necessário; e também significava que os lucros a serem obtidos com a desregulamentação estavam aumentando. Os lobistas que vinham a Washington não eram economistas, mas apresentavam o argumento econômico tradicional de que a desregulamentação proposta por eles tornaria os mercados mais competitivos e, assim, beneficiaria os consumidores e a sociedade como um todo. Mas isso levantava uma questão: as leis básicas da economia dizem que a competição supostamente gera lucro zero; se os lobistas realmente acreditavam que suas propostas resultariam em intensa competição, por que investiam tanto na tentativa de convencer o governo a adotar essas propostas que, presumivelmente, reduziriam seus lucros? Tais inconsistências internas pouco incomodavam os lobistas — afinal, eles não eram economistas e talvez não acreditassem nos argumentos econômicos que apresentavam.

Mas, ao mesmo tempo em que a demanda de desregulamentação existia há muito tempo, a política dos anos 90 propiciou a "oferta". Os Novos Democratas queriam diferenciar-se dos velhos democratas, que eram vistos como pró-regulamentação e antinegócio. Eles queriam ganhar seus emblemas de pró-negócio levando a desregulamentação mais longe ainda do que nunca. Queriam mostrar que também acreditavam que a era do governo grande terminara. E com o controle republicano do Congresso em 1994, a desregulamentação tornou-se uma das áreas na qual os novos democratas poderiam juntar forças com os velhos republicanos e mostrar que havíamos superado a paralisia.

"Somos todos berlinenses", declarara o presidente Kennedy. Trinta anos depois, éramos todos "desreguladores". A distinção entre os partidos estava somente no grau de seu entusiasmo: como escreveu o professor Paul Starr, da Universidade de Princeton, os republicanos queriam saltar do penhasco, enquanto os democratas queriam apenas descer pela encosta, preservando apenas regras suficientes para garantir alguma competição real (por oposição a potencial) e um pouco de proteção para os grupos da população que poderiam, de outro modo, ser prejudicados.[1]

Ao adotar a linguagem da desregulamentação, nós admitimos de fato a batalha. Parecia que concordávamos em que o governo se intrometera demais na economia e que era necessário reduzir essa intromissão. O mundo estava mudando rapidamente e muitas das regulamentações adotadas há mais de setenta anos precisavam ser mudadas. Mas, para a economia de mercado funcionar bem, são necessárias leis e regulamentos — para garantir uma competição justa, proteger o ambiente, assegurar que os consumidores e os investidores não sejam trapaceados. O que era necessário não era desregulamentação, mas uma *reforma* da regulamentação — regulamentações mais fortes em algumas áreas, como na contábil, regulamentações mais fracas em outras. A desregulamentação do setor de telecomunicações ilustra boa parte dos problemas mais gerais que a desregulamentação enfrentou.

COMO A DESREGULAMENTAÇÃO DO SETOR DE TELECOMUNICAÇÕES CONTRIBUIU PARA A GRANDE BOLHA

A própria palavra "telecomunicações" fala de *boom* e colapso: em apenas nove anos, de 1992 a 2001, a participação relativa dessa indústria na economia dobrou, propiciando dois terços dos novos empregos e um terço do novo investimento. Novas fortunas foram criadas, tanto por aqueles que estavam na indústria quanto por agentes do setor financeiro que articulavam os negócios.

Mas em 2002 o quadro já era inteiramente diferente. Especialistas competiam entre si sobre como retratar o sombrio estado da indústria: meio milhão de pessoas sem trabalho, uma perda de 2 *trilhões* de dólares em valor de mercado. O índice Dow Jones de tecnologia da comunicação com uma queda de 86%. Falências à direita e à esquerda. Falência de 23 companhias de telecomunicação, incluindo a WorldCom, a maior insolvência já vista. No mercado da telefonia, Covad, Focal Communications, McLeod, Northpoint e Winstar, todas quebrando. ("Predadores da rede local", chamou-as Reed Hundt, presidente da Comissão Federal de Comunicações (FCC), a agência de regulamentação responsável pela fiscalização das telecomunicações.)[2] Os fabricantes de equipamentos também estavam em dificuldades: Lucent, Nortel, Motorola, Alcatel, Cisco. Do mesmo modo, as empresas do sistema a cabo, mais notadamente a Adelphia. As empresas de telefonia celular queimaram uns 10 bilhões em dinheiro só em 2002, de acordo com Morgan Stanley. Os investimentos de cerca de US$ 65 bilhões despejados no setor de telefonia entre 1997 e 2001 valiam menos de US$ 4 bilhões no final do período, uma quantidade de desperdício que poucos governos jamais haviam conseguido.

Em outubro de 2002, o presidente da Comissão Federal de Comunicações fez um diagnóstico conciso: "Poucos estão prosperando. Poucos estão crescendo. Poucos estão gastando. Poucos estão investindo. O *status quo* é morte certa". O atrofiamento do investimento desempenhou um grande papel na retração da atividade econômica.[3]

No setor de telecomunicações, a desregulamentação desencadeou forças poderosas, como seus proponentes sustentavam. Mas as forças não estavam voltadas somente para a produção de melhores produtos; elas buscavam estabelecer o domínio em alguma parte do mercado. A desregulamentação em telecomunicações desencadeou uma Corrida do Ouro; a desregulamentação no sistema bancário permitiu que a corrida ficasse fora de controle. A regulamentação inadequada da atividade contábil permitiu que a disputa tomasse uma direção equivocada; de certa forma, tornou-se uma corrida para o fundo do poço: ganhavam nos bolões de aposta, pelo menos no curto prazo, aqueles que estavam dispostos a ser menos do que escrupulosos. Havia uma enorme excitação entre todos, em todos os lugares, no governo, no setor financeiro, na tecnologia, nas telecomunicações; na excitação, algumas coisas de enorme valor foram criadas: hoje, o setor de telecomunicações é muito melhor do que era antes, embora curiosamente a tecnologia dos Estados Unidos permaneça atrás de muitas do resto do mundo. Mesmo os mercados emergentes, como a Coréia, estão uma década ou mais à nossa frente, não somente na sofisticação de sua tecnologia celular, mas também na penetração da internet de banda larga nas residências.

O corpo legal existente, boa parte datada de 1934, não se destinava a coisas como TV a cabo ou via satélite, ou telefones celulares, quanto mais à internet. O serviço de telefonia de longa distância foi aberto para competição nos anos 70, mas o serviço local permaneceu de competência exclusiva (e rigorosamente regulamentado) das Baby Bells — as companhias regionais resultantes do desmembramento da velha AT&T, em 1984. Consideradas "monopólios naturais", as Baby Bells foram, por sua vez, excluídas do negócio de longa distância. Com base em teoria semelhante, a TV a cabo continuou sujeita a regulamentação de preços e de conteúdo, ainda que as companhias a cabo, como seus executivos indignadamente apontavam, estivessem perdendo quantidades significativas do negócio para as empresas que distribuíam programação de TV via satélite. Acima de tudo, era possível prever o dia em que tanto as companhias a cabo quanto as via satélite seriam capazes de competir com o negócio da telefonia das Baby Bells e, mais ainda, quando o "vídeo sob encomenda" poderia ser enviado para as casas das pessoas por meio das linhas telefônicas.

A razão pela qual a desregulamentação das telecomunicações contribuía para a bolha — para uma *corrida do ouro* — ajuda-nos a entender tanto a política quanto a economia da desregulamentação das telecomunicações. Aqueles que argumentavam a favor da desregulamentação diziam que ela produziria mais competição quando diferentes empresas competissem pela participação relativa no mercado. Mas havia também uma forte crença na idéia da "vantagem do primeiro a entrar", a possibilidade de que a primeira empresa em um mercado particular poderia dominar. As empresas acreditavam que enfrentavam um jogo em que o "vencedor leva tudo" (*winner take all*) e, assim, gastavam furiosamente para certificarem-se de seu domínio. No fim das contas, esse frenético superinvestimento ajudou a criar o excesso de capacidade que ameaçava a economia dos Estados Unidos e que trouxe a retração econômica que começou em 2001 e durou mais de dois anos. Embora argumentassem que com as novas tecnologias a regulamentação era desnecessária, que a competição garantiria preços baixos, os defensores da desregulamentação sabiam que este não era o caso: acreditavam que havia lucros enormes a serem obtidos e queriam ter certeza de que as novas regulamentações fossem criadas para capacitá-los a arrebatar esses lucros.

Quando o presidente assinou o novo projeto de lei das telecomunicações, em 8 de fevereiro de 1996, substituindo a velha legislação que constava dos livros havia 62 anos, nós já sabíamos que o caminho que teríamos pela frente seria acidentado — mas não conhecíamos exatamente a dimensão dos buracos. Nós do governo Clinton estávamos felizes porque afinal havia um projeto de lei que representava muito, se não tudo, pelo que lutávamos. Havia dois anos e meio que trabalhávamos no projeto. Al Gore chefiou a força-tarefa, que se reunia uma vez por semana para um café da manhã, no apertado gabinete do vice-presidente, na ala oeste da Casa Branca. Como membro do Conselho de Consultores Econômicos, com mais *expertise* em regulamentação, pedi para tomar parte, como representante do Conselho. O mesmo fez Bowman Cutter, vice-diretor do Conselho Econômico Nacional, que foi assistente para política econômica do presidente Clinton; no governo Carter, ele fora subsecretário do Departamento de Administração e Orçamento, que administra o orçamento federal. Cutter tinha enorme experiência na comunidade de negócios relacionados às indústrias das telecomunicações e da informação. A força-tarefa incluía, entre outros, Ann Bingaman, procuradora assistente para políticas antitruste; Gregg Simon, um especialista em telecomunicações da equipe do vice-presidente; Reed Hundt, que logo seria chefe da Comissão Federal de Comunicações (FCC); e vários especialistas do Departamento do Comércio, do Departamento de Ciência e Tecnologia da Casa Branca e do Departamento de Administração e Orçamento.

O setor de telecomunicações era uma área de interesse do vice-presidente quando ele atuou no Congresso e, embora na campanha de 2000 ele tenha sido motivo de piada por reivindicar a paternidade da internet, não havia nenhuma dúvida de que Al Gore desempenhara um papel crucial nas ações do Congresso que contribuíam para o seu desenvolvimento. Muito antes de estar na moda, Gore falava da construção da "auto-estrada da informação". De qualquer modo, ele intuiu o papel que esse setor viria a desempenhar na economia.

Para todos nós, a necessidade de mudança era indiscutível. Mas a direção apropriada da mudança não estava tão clara. O governo Clinton enfrentou a assustadora tarefa de tentar prever a evolução de um conjunto de tecnologias inter-relacionadas e de rápida mudança, a fim de que se pudesse entender que espécie de estrutura de regulamentação serviria melhor aos interesses da indústria e do público.

A informalidade da reunião na sala apertada deixava claro: não se tratava de uma daquelas reuniões formais para aprovar, sem questionamento, alguma decisão que já fora tomada por algum conluio. Havia águas políticas difíceis para navegar — o modo como a desregulamentação fosse feita levaria à aquisição e à perda de fortunas, e os participantes do mercado sabiam disso. As indústrias regulamentadas estavam habituadas a ir para Washington e lutar pelos seus interesses; a possibilidade de desregulamentação simplesmente lhes dava um maior ímpeto para fazê-lo.

A desregulamentação algumas vezes era vendida como "o fim da política", mas, mais freqüentemente, somente mudava a natureza do diálogo político, as perspectivas e os interesses de quais grupos eram atendidos antes de outros. Mas o que quer que se possa dizer sobre a desregulamentação, seu próprio processo estava entre os mais políticos — e menos íntegros — o que não surpreende, tendo em vista o montante de dinheiro em jogo. O valor colocado somente sobre uma parcela, desregulamentação do sistema a cabo, estava entre 3 e 5 bilhões de dólares *por ano*. Independentemente do que as empresas a cabo possam ter dito em público, elas não acreditavam que a competição fosse suficientemente forte para manter seus preços baixos; com a desregulamentação, preços e lucros subiriam. Seus ganhos, oriundos naturalmente dos aumentos de preços, se dariam às custas do consumidor — e da economia de um modo geral. Minha *expertise* não se forjou nessa política movida a dinheiro, mas sim nos princípios econômicos.

Nossas deliberações eram freqüentemente controversas. Disputas violentas aconteciam entre os defensores da total desregulamentação — deixar os mercados cuidarem de tudo — e aqueles que procuravam reter algum papel para o governo. A preocupação de Ann Bingaman, como a minha, era que a competição não seria forte o suficiente para dispensar a regulamentação. O outro lado estava mais confiante de que bastaria tirar o governo do caminho para que houvesse uma competição sadia. A nova tecnologia, eles nos garantiam, tornaria as velhas salvaguardas desnecessárias. A competição forte estava logo adiante, pelo menos estaria se o governo permitisse que ela se exercesse. Os astutos desregulamentadores tinham uma fé, aparentemente sem limite, na tecnologia e no mercado. Mas do meu ponto de vista, do de Ann e do de um pequeno número de outros céticos, às vezes parecia que nossos adversários nesses debates não estavam somente muito mais animados com a perspectiva da competição, mas também muito menos preocupados com os custos para a sociedade de um exercício irrestrito do poder de mercado.

Nossas discussões muitas vezes recaíam sobre um debate entre aqueles que estavam basicamente propondo a menor participação possível do governo e aqueles que acreditavam (corretamente, como penso que os acontecimentos mostraram) que estávamos falando sobre setores nos quais havia ainda potencial suficiente para abusos. Durante anos, a velha AT&T usou seu controle exclusivo sobre a "última milha" do serviço de telefonia (acesso a residências e negócios) para eliminar os competidores de longa distância. Eu era um daqueles que esperavam que as Baby Bells usassem meios similares para impedir a competição no serviço local. As Baby Bells desdenharam essa preocupação, insistindo em que a nova competição — de provedores a cabo, empresas de telefonia celular e até empresas elétricas que distribuem serviços de telefonia em suas redes elétricas — restringiria rapidamente quaisquer tendências de monopólio. Nessa argumentação, contavam com o apoio de um grupo seleto de economistas, cientistas políticos, eruditos jurídicos e outros que fizeram carreira a partir do movimento da desregulamentação; até a competição potencial, eles afirmavam, seria suficiente para manter tais tendências sob controle. Com freqüência, os defensores da desregulamentação faziam uma confusão simples: pensavam que tudo o que era necessário para os mercados funcionarem bem era que houvesse *alguma* competição, enquanto, de fato, ainda pode haver grandes distorções. Nós acreditávamos que a competição potencial poderia ter algum efeito no exercício do poder de monopólio, mas havia ainda poder de monopólio suficiente para motivar preocupação. (Do mesmo modo, com os sistemas a cabo, a TV via satélite propiciava alguma, embora limitada, competição; eles estavam longe de ser substitutos perfeitos, e as famílias não tinham escolha do provedor a cabo. Era difícil negar que havia um perigo no exercício do poder de mercado.)

No mercado da telefonia, a própria AT&T compartilhava nosso temor, como faziam seus vários competidores de longa distância. Dois motivos levavam-me a suspeitar daqueles que simplesmente diziam: "Deixe a competição reinar". O primeiro foi insinuado no início deste capítulo: todos falavam da importância de ser o primeiro a entrar em um mercado. Ao fazer isso, eles estavam, na verdade, admitindo que não esperavam uma competição *sustentada*. Haveria competição pelo mercado, mas não competição no mercado. De fato, era por isso que aqueles que tinham uma cabeça de vantagem na corrida faziam um *lobby* muito pesado: eles pensavam que estavam na melhor raia e que a recompensa, se ganhassem, seria enorme. Ao contrário, nós sabemos o que teria acontecido se houvesse competição sustentada *no* mercado: ela teria baixado os lucros a zero. Os únicos lucros "anormais" seriam aqueles obtidos durante o período de acesso, antes que as coisas se consolidassem. (Nos mercados *winner-take-all*, há com freqüência grandes perdas, especialmente associadas a investimento excessivo, antes que as coisas se estabilizem; os acontecimentos dos últimos anos corroboram a visão de que os participantes do mercado acreditavam que esses mercados eram do tipo *winner-take-all.*)

O segundo motivo: se as empresas de telefonia local realmente pensavam que haveria competição, por que resistiam tanto aos esforços para criar uma forte supervisão antitruste? Uma tal supervisão poderia ser um pouco custosa, mas certamente não seria prejudicial. Tendo em vista os perigos do comportamento anticompetitivo — e a história — submeter as telecomunicações ao mesmo tipo de fiscalização antitruste que quase toda outra indústria enfrenta dificilmente seria oneroso.

Os congressistas, embora pudessem dizer que estavam à procura do equilíbrio correto que serviria melhor aos interesses de longo prazo da nação, prestavam especial atenção no ponto de vista de seus eleitores e contribuintes e, nessa arena, as Baby Bells — especialmente com seus milhares de empregados locais — estavam por cima. Várias vezes, quando o projeto de lei seguia seu caminho no Congresso, uma ameaça de veto — algumas vezes velada, outras não — seria necessária para trazê-lo de volta aos trilhos. Em certa ocasião, num momento crítico, quando as Baby Bells — na esperança de que as questões da competição em telefonia parecessem submersas em uma grande quantidade de outros assuntos que estavam envolvidos — conseguiram adaptar o projeto de lei aos seus interesses, eu mesmo entrei na rixa política e deixei vazar a um repórter do *Wall Street Journal* que estava preparado para recomendar fortemente um veto, porque, para mim, a competição era uma questão *central.* Quando, mais tarde, o presidente — que demonstrara a sua disposição em usar o veto, se necessário, e assim fizera com notável eficiência nas batalhas do orçamento — insinuou, em poucas palavras, um veto, os republicanos do Congresso que estavam fazendo o jogo das Baby Bells perceberam que teriam de procurar maior equilíbrio.

No início, o vice-presidente esboçara várias questões que não eram negociáveis — se elas não estivessem incluídas no projeto de lei, ele recomendaria um veto. Entre elas estavam: dar ao FCC poderes para provocar a competição; não desregulamentar o sistema a cabo até que houvesse competição efetiva; e conectar as salas de aula à internet. A esperança dos republicanos era que, se houvesse guloseimas suficientes para muitos grupos, a pressão política dificultaria o veto; em especial, se houvesse suficientes concessões que salvassem as aparências do que presidente desejava. Se os lobistas pudessem persuadir o

Congresso de que os temores de um monopólio eram muito exagerados, eles poderiam persuadir o público em geral, e com todos os lucros dos monopólios eles tinham os meios para fazer isso. Desse modo, as tarifas do sistema a cabo (que foram desregulamentadas no governo Reagan e novamente regulamentadas pelo Congresso em 1992) foram liberadas mais uma vez.

Ao final, A Lei das Telecomunicações de 1996 exigiu que as Baby Bells "desmembrassem" suas várias linhas de serviço e equipamento, oferecendo acesso aos competidores a preços reduzidos. Nós também obtivemos sucesso, mantendo um grau de controle de preço sobre o serviço local e impondo uma sobretaxa na telefonia para sustentar o acesso à internet nas escolas e bibliotecas; essa minúscula provisão da legislação foi o que ficou de uma estrutura elaborada de subsídios que buscava garantir preços modestos no serviço de telefonia para as áreas rurais e para a população mais carente.

Por sua vez, as Baby Bells ganharam o direito de entrar no negócio de longa distância, e embora, em teoria, elas pudessem esperar enfrentar uma grande quantidade de novos competidores em sua área, os esforços do FCC nesse sentido foram prontamente atingidos por uma bateria de ações judiciais contestando suas regras e, na verdade, seu direto de fixá-las.

A norma de "interconexão" do FCC foi essencialmente um roteiro para implementar o Estatuto das Telecomunicações de 1996. A norma exigia que as empresas locais — tais como as Bells e a GTE Corporation — oferecessem descontos às empresas concorrentes que procurassem usar suas redes, com a maioria da jurisdição dos preços indo para o FCC e não para os estados. Em suas ações judiciais, as empresas de telefonia estabelecidas argumentavam que as novas regras as obrigavam a permitir aos competidores acesso às suas redes a preços proibitivamente baixos. As remunerações eram tão baixas, de acordo com Verizon, SBC Communications, BellSouth e Qwest, que nem eles nem os concorrentes menores teriam interesse financeiro em investir na construção e melhoramento de suas redes. Concorrentes menores argumentavam que as fórmulas propostas pelas empresas maiores de telecomunicações levariam a remunerações mais altas que enfraqueciam as metas de desregulamentação do estatuto e acabariam por tirá-las do negócio e deixariam os mercados locais nas mãos dos monopolistas.

Embora tivéssemos percebido que estávamos lidando com questões jurídicas delicadas, envolvendo regulamentadores federais e estaduais e que o que estava em jogo não era somente um assunto de princípios econômicos, não tínhamos previsto totalmente as batalhas legais que se seguiram. As Baby Bells sabiam que a sua influência era maior sobre os regulamentadores estaduais (o prêmio Nobel George Stigler descreveu o processo pelo qual as indústrias "capturam" aqueles que devem supostamente fiscalizá-las). Cada lado achava que tinha colocado bastante palavras no projeto de lei para proteger seus interesses, mas, de fato, o projeto não estava claro, embora a Suprema Corte dos Estados Unidos tenha afinal dado razão à FCC.

Mas nosso mais grave erro de julgamento envolveu o grau da intensidade do afã para a dominação, em cada um dos mercados que estávamos desregulamentando.

No curto prazo, esse afã pelo domínio do mercado redundou em nosso favor. Ele alimentou o *boom* econômico. Ao final de 2001, cerca de US$ 65 bilhões já haviam sido investidos em centenas de novos empreendimentos em telecomunicações,[4] uma corrida impetuosa por fatias do mercado, envolvendo a assunção de enormes dívidas e a captação de vastas somas adicionais de dinheiro no mercado de capitais e, em muitos casos, deixando seus investidores e credores felizes, falsificando a contabilidade. As apostas eram altas e, se todo mundo está trapaceando, é difícil você não trapacear. A Lei das Telecomunicações — como o roteiro do FCC — pretendia, nas palavras do primeiro comissário do FCC de Clinton, Reed Hundt, "provocar uma inundação de novos investimentos e inovações que acabaria com as vantagens dos já estabelecidos — e corroeria seu valor de mercado".[5] Houve inovação e, certamente, investimento em abundância. Mas isso era insustentável. Quando a poeira baixou, os Estados Unidos ficaram com um tremendo excesso de capacidade de rede e um mercado que, em algumas áreas, estava mais concentrado do que antes.

PERSPECTIVA DA DESREGULAMENTAÇÃO

Concentrei-me na desregulamentação das telecomunicações devido, em parte, ao papel central que ela desempenhou no *boom* dos exuberantes anos 90 e na bolha que se seguiu; mas também porque ela ilustra satisfatoriamente muitos dos problemas da desregulamentação.

Boa parte da estrutura reguladora que governou a economia dos Estados Unidos, não só da indústria de telecomunicações, foi estabelecida nos anos 30, como conseqüência do último grande período de *boom* — e colapso. Era freqüente a insatisfação com os mercados. Mas a força da economia americana durante os anos 60 e 70 restaurou a confiança nos mercados. E a tecnologia mudou: áreas nas quais, anteriormente, a competição não se mostrava viável — os chamados monopólios naturais, como o setor de eletricidade e telecomunicações, onde sem a regulamentação do governo (ou propriedade do governo) os preços seriam altos — não eram mais monopólios naturais. Alguma competição era viável. Isso significava que a estrutura reguladora precisava mudar; mas, uma das questões difíceis era: isso era suficiente para pôr de lado toda a regulamentação?

Durante os anos 90, as complexidades do novo mundo econômico — novas tecnologias, novos instrumentos financeiros, uma economia global mais integrada — foram acrescentando exigências cada vez maiores ao velho sistema de regulamentação. Era preciso mudar. Embora o presidente Jimmy Carter tivesse dado início à desregulamentação no setor de transporte (empresas aéreas e transporte rodoviário de carga), permitindo que as empresas fixassem preços e padrões por sua conta e liberando a entrada, as tarefas mais árduas da desregulamentação — nos setores de telecomunicações, eletricidade e financeiro — foram deixadas para o governo Clinton.

Centros de estudos conservadores bem financiados produziram vários estudos sofríveis, documentando os supostamente proibitivos ou, pelo menos, exorbitantes custos de regulamentação em um campo após o outro. Se os números tivessem muita credibilidade, a desregulamentação teria levado a um estouro da produtividade. Infelizmente, o crescimento da produtividade durante a era da desregulamentação — os anos Carter-Reagan-Bush — foi muito menor do que nos anos anteriores e posteriores. No caso dos anos Clinton, a desregulamentação levou a um estouro da atividade, embora em alguns casos tenha sido simplesmente um desperdício de recursos. Os defensores da desregulamentação tinham uma visão maniqueísta do mundo: eles viam as maravilhas do mercado livre aqui, e os males do governo do outro lado, sem fazer nenhuma menção às muitas ocasiões nas quais a operação frutífera do mercado *dependia* de um grau de regulamentação. Durante os anos 90, tornou-se uma questão de fé para muitos republicanos, bem como para um bom número de democratas, que o mercado, por si só, poderia lidar com qualquer problema — que o governo, por definição, piorava as coisas.

Mas quando Clinton chegou a Washington, a história já deixara claro que a desregulamentação não era a bênção irrestrita que seus defensores diziam. A desregulamentação das empresas aéreas levara a uma explosão de novas empresas, mas a maioria delas não sobreviveu. Os defensores da desregulamentação como Betsy Bailey, do Conselho da Aeronáutica Civil, e seu mentor, William Baumol, da Universidade de Princeton, sustentavam que a competição potencial garantiria virtualmente preços baixos e eficiência — mesmo se uma única empresa aérea fizesse uma determinada rota, o fato de que outra empresa poderia entrar propiciaria uma forte disciplina no mercado.[6] O monopolista não ousaria exceder o preço competitivo, porque sabia que se assim fizesse seria atacado pelos concorrentes, possivelmente em bandos, e quaisquer ganhos mal havidos na tentativa de exercer o poder de monopólio resultariam no oposto. Essas teorias revelaram-se erradas — em alguns casos enormemente e de um modo que não foi antecipado nem mesmo por seus críticos. A evolução do sistema "*hub and spoke*"* levou a posições semelhantes às de fortes monopólios em certos aeroportos — a TWA dominou St. Louis, a Northwest dominou Minneapolis, a American dominou Dallas — e não surpreende que as empresas aéreas tenham usado amiúde esse poder de monopólio para elevar os preços e aumentar os lucros. Quando novos concorrentes entravam — competidores que teriam oferecido preços mais baixos e serviço mais freqüente — muitas vezes a empresa aérea dominante reagia impiedosamente, cortando preços e adicionando capacidade para expulsar os concorrentes. Mesmo quando perdiam dinheiro no processo, as empresas aéreas sabiam que o investimento era sensato, pois além de poder aumentar os preços e restabelecer os lucros depois que o intruso fosse expulso, outros concorrentes potenciais saberiam o que estava reservado para eles.

Se a desregulamentação das empresas aéreas provou que ela nem sempre trazia a totalidade dos benefícios que prometia, a desregulamentação bancária revelou um lado ainda mais negro. Os Estados Unidos deveriam ter aprendido mais de uma lição com o desastre do sistema de poupança e empréstimo, discutido no capítulo 2. Essa experiência deveria ter-nos ensinado, por

* A expressão refere-se a redes de aeroportos que uma empresa aérea utiliza de modo a ter um aeroporto central no qual são feitas conexões entre vôos que começam e terminam em aeroportos locais. (N. T.)

exemplo, que é muito difícil fazer uma desregulamentação bem-feita. E que, quando ela não é bem-feita, o erro pode ter um custo extremamente elevado.

A derrocada das S&Ls mostrou que quando os incentivos tomam caminhos tortuosos, como eles fizeram com as más práticas contábeis e a desregulamentação mal planejada, podem sobrevir conseqüências terríveis. Os mercados, em vez de gerarem riqueza, podem empreender projetos arriscados demais. Sem a regulamentação, bancos pequenos preocupados com a sua sobrevivência assumiram grandes riscos e apostaram em ganhos enormes, sabendo que outros recolheriam os pedaços se a aposta não desse certo. O caso das S&Ls também ilustrou a tênue linha que às vezes existe entre o comportamento ético e não-ético e que, quando as recompensas são grandes, sempre se descobre uma maneira de superar os arrependimentos morais: na melhor das hipóteses, a legislação é contornada; na pior, é ignorada. Fosse assumindo riscos excessivos ou simplesmente espoliando, os banqueiros ganharam e o contribuinte americano perdeu.

Em muitos, se não na maioria, dos episódios da desregulamentação, as coisas aconteceram de modo bem diferente do que os seus defensores haviam afirmado: evidentemente, grandes erros de julgamento foram cometidos — e por uma boa razão. As regulamentações foram tipicamente impostas por causa de alguma falha do mercado. A retirada da regulamentação não removeu essa falha. Mas, com muita freqüência, os defensores da desregulamentação esqueciam, ou ignoravam deliberadamente, as falhas que haviam dado origem às regulamentações.

Com efeito, no exato momento em que ganhavam cada vez mais espaço na arena política, as idéias da desregulamentação e do livre mercado estavam sendo questionadas dentro da academia. Nos anos 70 e 80, a pesquisa econômica revelou uma ampla gama de falhas de mercado, casos em que os mercados não se desempenham bem e nos quais nem mesmo prometem eficiência. Entre as "falhas do mercado" estavam aquelas relacionadas às imperfeições da concorrência, à falta de atendimento de mercados e a externalidades (como poluição, em que as ações de uma pessoa afetam adversamente o bem-estar de outra). A pesquisa pela qual recebi o Prêmio Nobel enfocava um conjunto de *falhas de mercado* difusas, aquelas que surgem da informação imperfeita e assimétrica. Mas bem antes que os teóricos econômicos "explicassem" por que não se podia confiar nos mercados, a opinião pública já reconhecera que havia importantes exemplos de falha de mercado, nos quais o governo poderia fazer certa diferença.

Sem alguma forma de intervenção do governo, quando há externalidades *negativas*, como poluição, os mercados produzem demais, e quando há externalidades positivas, como no caso da pesquisa básica, eles produzem muito pouco. A pesquisa patrocinada pelo governo (boa parte dela em universidades) foi fundamental para o sucesso da economia dos Estados Unidos no século XIX — grandes avanços na agricultura basearam-se em pesquisa patrocinada pelo governo — e também tem-se mostrado fundamental nos séculos XX e XXI. Foi o governo federal, por exemplo, que construiu a primeira linha telegráfica entre Baltimore e Washington, em 1844, e foi o governo federal que lançou a internet, a base da Nova Economia.

A Associação Hipotecária Federal (Federal National Mortgage Association — Fannie Mae)* foi criada em 1938 para negociar hipotecas com os americanos de classe média, porque os mercados privados não estavam cumprindo tal papel. A atuação da Fannie Mae resultou em taxas mais baixas para hipotecas e num aumento do número de proprietários de imóveis residenciais — o que envolve conseqüências sociais mais amplas. É mais provável que os proprietários cuidem melhor de um imóvel de sua propriedade e que também sejam mais atuantes na comunidade onde vivem.

Uma das mais importantes falhas do mercado — para a qual o próprio Adam Smith chamou atenção — resultou da luta para suprimir a competição. A política antitruste surgiu devido à tendência das firmas em assumir um comportamento não competitivo, em exercer o poder de mercado, em explorar os consumidores, cobrando altos preços e tentando, por meio de vários canais, impedir a entrada de novos competidores. Durante uma centena de anos, observamos os exemplo se sucederem. A tentativa de monopolização do petróleo pela Standard Oil, monopólios na produção de tabaco, alumínio, calçados... uma lista sem fim. Enquanto muitos pensavam que, com a forte imposição das leis antitruste, o conluio explícito para fixar preços era uma coisa do passado, o conluio da Archer Daniels Midland (ADM) com outros fabricantes de lisina, um aditivo químico para a alimentação do gado, e de ácido cítri-

* Instituição privada, apoiada pelo governo, cujas ações, as Fannie Maes, são negociadas na Bolsa de Valores de Nova York. Atua comprando hipotecas dos credores originais e revendendo-as a investidores. (N. T.)

co, um conservante encontrado em bebidas leves, alimentos processados, cosméticos e produtos farmacêuticos — descoberto em meados dos anos 90 — mostrou que esse tipo de trama ainda ocorre. A ADM recebeu uma multa recorde de US$ 100 milhões, e vários de seus diretores foram presos. A empresa usou uma sociedade comercial falsa para acobertar encontros ilícitos com a finalidade de tirar vantagem do mercado. Naturalmente, o caso mais dramático é o da Microsoft, considerada culpada pelo envolvimento em várias práticas anticompetitivas. Ao monopolizar o sistema operacional, a Microsoft recusava igual acesso à competição dos produtores de aplicativos, alavancando, desse modo, seu domínio do sistema operacional para ganhar uma posição dominante em *softwares*. Ela pressionou competidores inovadores como a Netscape, de forma deliberada, enviando mensagens de erro quando os programas rivais eram instalados, para intensificar a ansiedade dos usuários. Com Bush I e, mais tarde, com Bush II, esses problemas foram, em larga medida, postos de lado, mas uma das realizações de Clinton foi reconhecer quão importante a competição é para a economia, não somente para garantir preços baixos aos consumidores, como também para promover a inovação e a criação de produtos que vão ao encontro das necessidades do consumidor.

PREVIDÊNCIA SOCIAL CORPORATIVA E HIPOCRISIA EMPRESARIAL

A desregulamentação pode ter sido motivada mais pelas tentativas de aumentar os lucros do que por um genuíno interesse pela eficiência da economia americana. Afinal, muita coisa se revelou sobre os que exerciam pressões em favor da desregulamentação e por uma menor participação do governo quando foram examinadas suas atitudes com respeito aos subsídios *às empresas* e à proteção do *governo*. Como presidente do Conselho de Consultores Econômicos, observei três princípios quase infalíveis entre aqueles que vieram nos pedir ajuda:

Primeiro, os homens de negócios se opõem, em geral, aos subsídios para todos, exceto para eles mesmos. Para seus setores, há sempre uma grande quantidade de argumentos que justificam a necessidade da ajuda do governo. Da competição injusta no exterior a uma retração inesperada da atividade econômica interna, as histórias não têm fim.

Segundo, todos eram a favor da competição em todos os setores, exceto nos seus. Novamente, há uma gama enorme de argumentos para explicar por que a competição em seu setor seria destrutiva, ou por que era necessário administrá-la com cautela.

E terceiro, todos eram a favor da abertura e da transparência em todos os setores, exceto nos seus. No setor deles, a transparência levaria a distúrbios desnecessários, corroeria sua margem competitiva e assim por diante.

Dessa maneira, a maioria das empresas considerava quaisquer subsídios que recebessem ou outras formas de intervenção do governo como totalmente justificadas (e não sentiam necessidade nenhuma de justificar esses subsídios e intervenções na linguagem peculiar dos economistas); porém, o Conselho olhava tipicamente de soslaio.

Mas o que poderia ter sido simplesmente um debate acadêmico tornou-se uma controvérsia altamente carregada dentro da Casa Branca, com a busca sem fim do equilíbrio do orçamento. Fomos forçados a abandonar muitos dos programas que estavam no centro da plataforma de Clinton, tais como investimentos em educação e saúde e melhoramentos na área da ciência, que nos permitiriam manter nossa liderança em tecnologia. O presidente enfatizara a reforma da previdência social, e o que muitos dos que participavam do governo Clinton queriam era um programa que ajudasse os beneficiários da previdência social a encontrar trabalho, o que exigiria educação, treinamento e, talvez, até assistência à infância, o que exigia dinheiro. Mesmo enfrentando apertos no orçamento, ficava cada vez mais claro que a reforma da previdência social poderia afastar as pessoas da assistência social, mas não as encaminharia para bons empregos e, possivelmente, para emprego nenhum.

Se fôssemos obrigados a reduzir a previdência social para a população carente, havia razões ainda mais fortes e mais convincentes para eliminar a previdência social para os ricos e, em particular, reduzir a previdência social corporativa — subsídios e isenção de impostos para as empresas. Enquanto o secretário do Trabalho Robert Reich liderava o ataque para a eliminação da previdência social corporativa, o Conselho incumbiu-se da tarefa mais séria de redigir uma lista abrangente das isenções de impostos e dos subsídios às empresas que não tinham justificativa.

Contudo, a iniciativa causou muita dissensão. O Tesouro se opôs totalmente à idéia, sugerindo que a expressão "previdência social corporativa" dava um toque de luta de classes e que o ataque à previdência social corporativa era inconsistente com a imagem pró-empresarial dos Novos Democratas que estávamos tentando criar. Quanto a mim, eu não via a iniciativa dessa maneira, de modo algum. Ao contrário, considerava o ataque à previdência social corporativa totalmente consistente com nossa tentativa de moldar uma nova filosofia, na qual os mercados ocupavam um lugar central. Como eu acreditava nos mercados, pensava que deveríamos ser ponderados em subsidiá-los. Tais subsídios distorcem as maneiras como os recursos são usados. Os subsídios aos impostos concedidos por Reagan às chaminés de fábrica nos Estados Unidos e para o mercado imobiliário tinham deixado em seu rastro um país mais enfraquecido. Deveríamos tentar criar as mesmas vantagens e desvantagens para todos. Os Novos Democratas não eram contra os mercados e muito menos a favor da regulamentação por si só. Algumas vezes, os mercados falhavam e, quando isso acontecia, havia um argumento a favor da intervenção do governo. Mas quando eles eram bem-sucedidos, havia um argumento contrário à intervenção do governo.

A despeito de nossas tentativas, a oposição do Tesouro, combinada com a política do Congresso, dificultou que se fizesse algo a respeito da previdência social corporativa, e pouco progredimos nesse sentido desde então. Conseguimos apertar o cinto dos pobres enquanto afrouxávamos o cinto dos ricos: não somente se fez pouco para cortar os velhos programas de assistência às empresas, herdados dos governos Reagan/Bush, como novas formas foram desenvolvidas e alteraram-se as velhas para mantê-las vivas.

Houve uns poucos casos de quase sucesso na redução da previdência social corporativa, mas, mesmo quando o executivo poderia concordar em assumir o risco político, o Congresso não o acompanhou.

Os jatos empresariais

O primeiro desses quase sucessos teve mais valor simbólico do que conseqüências econômicas — embora tenha se transformado mais numa tribuna política do que qualquer outra coisa. Os jatos das empresas, que levam rapidamente os CEOs de uma reunião para outra, como também da sede de suas empresas para seus chalés de esqui, havia muito tempo já eram emblemáticos das diferenças entre a vida desses capitães da indústria e dos comuns mortais, que devem esperar em longas filas de aeroportos lotados (com a austeridade orçamentária, ficou difícil acompanhar a demanda) e ainda enfrentar filas mais longas dos controles de segurança. Porém, era pouco sabido que os contribuintes comuns estavam, na verdade, subsidiando esses jatos empresariais no montante de vários bilhões de dólares por ano. Os EUA, como qualquer outro país, têm um sistema de controle do tráfego aéreo complicado e dispendioso — os guardas de trânsito do ar, apoiados pelos computadores e radares que rastreiam as rotas dos aviões em movimento, tentando prevenir uma colisão entre eles. Os aviões comerciais pagam pesadas taxas de pouso para ajudar a sustentar esse sistema, mas os jatos das empresas não pagavam e ainda não pagam pelo seu uso. Contudo, o aperto orçamentário levou não somente ao subinvestimento nos aeroportos, como também no sistema de controle do tráfego aéreo.

Felizmente, a maioria dos americanos não sabia como as coisas estavam ruins, ou teria medo de voar. Fiz uma inspeção *in loco* no equipamento do Aeroporto Nacional, que serve à capital do país. Os computadores eram tão velhos que ainda usavam válvulas eletrônicas que precisavam ser importadas da Polônia, uma vez que quase todos haviam deixado de fabricá-las. A sala cheia de computadores antiquados tinha uma capacidade de processamento menor do que a do *laptop* em que estou escrevendo agora. As baterias de emergência ocupavam outra sala, com produtos químicos ultrapassados e um borrifador para o caso de qualquer derramamento de ácido; — mas para completar o drama, no caso de um *blackout*, elas durariam apenas cerca de trinta minutos, muito menos tempo do que a bateria do meu *laptop*.

As regras orçamentárias do jogo estavam nos levando para alguma forma de privatização[7] na qual uma Nova Corporação do Controle do Tráfego Aéreo poderia contrair um empréstimo para modernizar-se. Para a economia como um todo, naturalmente, fazia pouca diferença se o governo ou essa nova corporação pedisse emprestado para atualizar o sistema do Controle do Tráfego Aéreo (ATC); mas os analistas financeiros míopes não viam a situação dessa maneira. Se o governo fizesse um empréstimo, não importava quão boa fosse a causa, isso era ruim; eles não se preocupavam em ver o que *realmente* estava acontecendo.

Havia, contudo, outra vantagem da privatização — qualquer um que estivesse no fim da linha forçaria os jatos empresariais a pagar por seus vôos, eliminando esse exemplo particularmente odioso de previdência social corporativa. Mas eu deveria ter percebido que os lobistas empresariais eram espertos, muito espertos — mesmo se o sistema de mercado recompensasse bem esses lobistas, eles dirigiam suas habilidades de maneira que as empresas fossem beneficiadas à custa do público em geral. Os lobistas entenderam rapidamente as conseqüências da privatização e, embora costumassem defender o setor privado e atacar vigorosamente qualquer ação do governo, nesse campo eles assumiram a posição oposta. Opuseram-se à iniciativa porque sabiam que ela significava o fim de seu subsídio escondido. E venceram.[8]

Espectro

Algumas vezes a previdência social corporativa toma a forma de uma entrega dos ricos recursos naturais de nosso país. As companhias de mineração podem, por exemplo, usar esses recursos quase gratuitamente. No início do governo, quando tentamos fazê-los pagar, fomos rechaçados pelos conservadores pró-mercados. Quando o ímpeto para equilibrar o orçamento aumentou, recorremos à venda do espectro eletromagnético, o direito de usar as faixas de ondas públicas. Elas também estão entre os recursos que o país possui como um todo. Embora não possamos ver esse recurso (ao contrário de nossos bilhões de dólares de petróleo, gás, minerais e florestas), as faixas de ondas têm enorme valor, e uma das vantagens do aperto orçamentário era que, finalmente, estávamos começando a tentar usar esses recursos para o bem público. Até 1993, cedíamos o direito de usar nossas faixas de ondas, e as estações de rádio e TV da nação, nossos magnatas da mídia, fizeram uma fortuna. Avanços na teoria econômica mostraram como poderíamos conduzir os leilões que canalizariam o valor desse recurso para os cidadãos americanos, seus legítimos donos. Se realmente se acreditasse no sistema de preços, esses leilões, além disso, ajudariam a assegurar que esse escasso recurso fosse usado da melhor maneira possível; e poderiam ser incluídas cláusulas de "responsabilidade social" no leilão, por exemplo, exigindo que aquele que ganhasse oferecesse tantas horas de programas educacionais. Fizemos um acordo com o líder republicano do Senado, Robert Dole, para cobrar das emissoras de TV o uso das faixas e, por um momento, parecia que o acordo se concretizaria. Mas, no final, a reação da mídia contra o plano acabou por eliminá-lo. O poder da mídia não vem só de suas contribuições de campanha, mas da cobertura que ela faz dos candidatos e dos debates. Os políticos que desagradam à mídia correm risco.

Essa entrega continua, e os custos políticos talvez excedam até mesmo o impacto orçamentário. Se tivéssemos leiloado nossas faixas de ondas, poderíamos ter insistido não somente a respeito da programação infantil, mas também sobre as coberturas de campanha, reduzindo, desse modo, a influência das empresas. Mas a mídia, que recebia o uso do raro espectro sem pagar — e até o expandiu quando disseram que precisavam de uma transição mais suave para a TV digital — tratava sua propriedade como um direito legítimo e resistia às pressões para mudar.

Esses foram nossos quase sucessos na eliminação da previdência social corporativa. Na maioria das áreas, que abrangiam bilhões de dólares todo ano em gastos ou receitas tributárias perdidas, nós nem mesmo propusemos reduções importantes. Sabíamos que os políticos estavam contra nós. Os enormes subsídios para a agricultura continuavam a se destinar, em larga medida, a grandes empresas agrícolas, embora, em 1995, tenhamos aprovado um projeto de lei para afastá-las. Prometemos adiantamentos maiores de benefícios, em troca da suspensão gradativa dos subsídios. Eles receberam o dinheiro adiantado, mas como os benefícios começaram a ser cortados, eles exigiram seu retorno. Com Bush II, os conservadores do Meio-Oeste, supostamente defensores do mercado livre, não só pediram a restauração desses benefícios, como seu aumento.

As formas mais difundidas da previdência social corporativa escondida eram a isenção dos impostos e a proteção da competição. Na lógica peculiar de Washington, dar US$ 100 milhões para alguém fazer alguma coisa era visto como muito pior do que dizer: "Se você fizer alguma coisa, seus impostos serão reduzidos em US$ 100 milhões". Um cheque emitido era diferente de um cheque não recebido. Há uma diferença: é mais fácil ver um cheque sendo emitido e, então, bloqueá-lo. Os lobistas empresariais sabem disso, portanto, tentam conseguir tantos subsídios por meio do código tributário. É notável quão pouco progresso fizemos para eliminar esses subsídios tributários, a despeito da pressão para a redução do déficit. Mantivemos durante muito tempo subsídios tributários de muitos bilhões de dólares para a exportação, o que enfurecia de tal forma nossos parceiros comerciais que, em 1998, eles entraram com uma ação perante a Organização Mundial do Comércio e ganharam. Em vez de abandonar o subsídio, tentamos deixá-lo compatível com as regras da OMC.[9]

LIÇÕES

A mudança mundial significava que os Estados Unidos precisavam mudar suas estruturas de regulamentação. Havia necessidade de redefinir o papel do governo. No governo Clinton, sabíamos que havia áreas onde era necessário reduzir a participação do Estado — tais como a redução da previdência social corporativa. Mas também sabíamos que havia áreas onde ainda era necessária a presença do governo, tais como previdência social para a população carente ou investimentos em pesquisa básica. Sabíamos que havia uma necessidade de regulamentação — a maioria das regulamentações foi feita por uma boa razão. Tínhamos conhecimento de que, se os mercados fracassam, os governos também fracassam, e assim a necessidade de uma regulamentação cuidadosa e limitada. Precisamente por causa das freqüentes falhas dos mercados e dos governos, é ainda mais importante que eles trabalhem em parceria. As forças de cada um podem compensar as fraquezas do outro. Mas, embora no governo Clinton muitos entendessem isso, em várias ocasiões — nos setores elétrico, das telecomunicações e bancário — nos rendemos ao mantra da desregulamentação, em vez de perguntarmos qual era a estrutura *correta* da regulamentação, que teria significado mais regulamentações em algumas áreas (no sistema contábil e em relação aos paraísos fiscais, por exemplo) e menos em outras. Assim, à luz da história dos problemas associados à desregulamentação, poderíamos ter ponderado melhor para empreender o processo de desregulamentação com maior cautela. Fazendo justiça a nós mesmos, ainda que o governo tivesse planejado corretamente os projetos de lei da regulamentação, é improvável que pudéssemos tê-los aprovado no Congresso: ainda hoje, na esteira dos desastres da desregulamentação, o seu mantra continua forte; aqueles que fizeram fortuna por meio da desregulamentação, e conseguiram mantê-las, estão em uma posição muito melhor para fazer *lobby* a favor de desregulamentação ainda maior e mais rápida do que aqueles que perderam.

Em cada uma dessas áreas, o mundo revelou-se completamente diferente do que os lobistas — e muitos daqueles com menos interesse em jogo — disseram que ele viria a ser. Mas enquanto os lobistas da desregulamentação diziam uma coisa, as empresas que eles representavam levavam adiante seus negócios com premissas completamente diferentes: as Baby Bells estavam claramente erradas a respeito da velocidade com que a competição na "última milha" se desenvolveria. Vários anos se passaram desde a promulgação do Estatuto das Telecomunicações em 1996, e a competição ainda é limitada. A nossa preocupação com a rapidez com que ela viria era pertinente.

Alguns críticos culparam o governo Clinton por não avançar o suficiente na desregulamentação da indústria das telecomunicações. Eles se queixavam de que as Baby Bells, em particular, foram impedidas de oferecer acesso de alta velocidade à internet pela obrigação de alugar o acesso à rede para os competidores a preços proibitivamente baixos. Essa linha de argumento também já deveria ter sido deixada de lado. Embora os preços possam ter sido excessivamente baixos, o fato é que não há nada parecido com uma demanda suficiente para justificar o montante de investimento aplicado em acesso de alta velocidade.

Problemas periódicos de excesso de volatilidade e de capacidade têm atormentado as economias capitalistas desde sempre. A teoria econômica simplista imagina o sistema econômico como um mecanismo auto-regulador: quando a oferta excede a demanda, os preços caem, reduzindo a oferta; e vice-versa. Mas embora tais ajustes de fato ocorram, eles não acontecem suavemente, nem sem custos. No caso das telecomunicações, houve julgamentos equivocados, uma exuberância irracional. A maioria previa um nível de crescimento muito maior do que ocorreu. Os serviços televisivos diretos via satélite (DBS), a despeito de captar cerca de 23% das assinaturas do mercado de televisão, ainda não deram lucro.[10] Para competir, o sistema a cabo investiu US$ 60 bilhões nos últimos cinco anos, mas o valor de mercado de suas ações caiu em cerca de 68%. Mesmo quando houve crescimento — 100 milhões de novos assinantes na indústria de telefonia sem fio — houve uma queda acentuada do preço das ações. Poucos anteciparam as quedas reais nas receitas das companhias de longa distância ou no número total de linhas telefônicas locais (menos 4,7% somente em 2001, o primeiro declínio desde a Grande Depressão), quando cerca de 3 milhões de pessoas trocaram os telefones com fio pelos telefones sem fio. Contudo, o fracasso da indústria não pode ser explicado somente pela exuberância irracional, pelo prognóstico errado: foi a busca de lucros do monopólio no novo mundo da desregulamentação que desequilibrou o sistema, a altos custos, não somente para os investidores mas para a nação como um todo, e contribuiu para a retração geral da atividade econômica.

Ao longo da história, *booms* e colapsos foram algumas vezes associados ao excesso de investimento em novas tecnologias: a bolha das telecomunicações dos anos 90 é muito parecida com a experiência das indústrias telegráficas, da telefonia e da ferrovia em seus caóticos dias iniciais, antes que se tornassem monopólios regulamentados. *Booms* e colapsos também estiveram associados às iniciativas de desregulamentação, especialmente no sistema financeiro — as S&Ls são o exemplo mais recente nos Estados Unidos. Os exuberantes anos 90 reuniram as duas causas, com excitação e frustração sem precedentes.

5. Contabilidade criativa

Um dos grandes faz-de-conta dos anos 90 envolvia a estranha prática empresarial de dar aos seus executivos *stock options* [opções sobre ações] — o direito de comprar ações da empresa por um valor abaixo do preço de mercado — e, depois, fingir que nenhum valor havia mudado de mãos. Embora o fenômeno das opções não tenha surgido no mundo da alta tecnologia, ele a usou mais do que qualquer outro setor mais tradicional. Desde os anos 70, a propriedade de ações em base ampla era uma das características que definiam um novo estilo de organização de negócios da Costa Oeste — mais colegial e ágil do que as empresas gigantescas do velho estilo. As opções sobre ações eram um instrumento fantástico de recrutamento para as pequenas empresas iniciantes, que jamais poderiam ter oferecido seu equivalente em dinheiro. Os velhos gigantes empresariais logo aderiram à prática, esperando incorporar um pouco da vitalidade das empresas de tecnologia e, no processo, alinhar os interesses do empresário e do acionista (um dos mantras empresariais da época). Mas a melhor coisa das *stock options*, tanto para as pequenas empresas iniciantes como para as empresas descomunais, era o fato de que, uma vez que nenhuma ação real era emitida até que fosse "exercida" (o que poderia levar vários anos), elas não precisavam ser reconhecidas como despesa — como alguma coisa que a empresa gastara ou um compromisso que assumira para funcionar naquele ano. Assim, uma empresa podia agradar ao mesmo tempo empregados e investidores preocupados com os resultados da empresa.

Em 2001, as opções foram responsáveis por aproximadamente 80% da remuneração dos administradores empresariais americanos, e o impacto sobre o balanço patrimonial das empresas também não pode ser classificado como insignificante. Se a Microsoft tivesse de declarar o valor das opções que distribuiu naquele ano, o efeito teria sido a redução dos lucros da empresa (oficialmente, 7,3 bilhões de dólares) em um terço, em 2001.[1] O mesmo jogo possibilitou que a Starbucks e a Cisco, entre outras empresas, elevassem os lucros em 20% ou mais. Os lucros da Intel teriam sido cortados para um quinto, de 1,3 bilhão de dólares para 254 milhões, e os prejuízos da Yahoo! teriam aumentado dez vezes mais, de 93 milhões de dólares para 983 milhões.

A controvérsia das *stock options* era uma simples questão de divulgação honesta de informações. E, por meio de uma lógica insidiosa, que decifrarei mais adiante neste capítulo, as *stock options* desempenharam um papel importante na propagação de outras formas de tramóia financeira. A Enron, a WorldCom e a Adelphia foram apenas as mais flagrantes e bem divulgadas das muitas empresas nas quais a alardeada energia e criatividade dos anos 90 acabaria sendo cada vez menos dirigida a novos produtos e serviços, e cada vez mais a novas maneiras de maximizar os ganhos dos executivos à custa dos investidores incautos.

Quando cheguei a Washington, o problema ainda estava comparativamente limitado. Todavia, havia pessoas que enxergavam longe. Em junho de 1993, o Financial Accouting Standard Board (FASB), o pouco conhecido mas importante órgão independente responsável pela formulação de normas contábeis, propôs uma regra destinada a fazer as empresas colocarem um valor razoável sobre as opções e arrolá-las como uma despesa. O FASB era um instrumento do setor de contabilidade — um exemplo de auto-regulamentação. Os "gnomos de Norwalk", como eram conhecidos (porque seus gabinetes ficavam em Norwalk, Connecticut), tinham a fama de andar devagar e solicitar informações do setor a cada passo, o que tornou ainda mais notável sua preocupação premonitória sobre as opções e a objetiva clareza da solução proposta.

O mundo empresarial, porém, não aceitou de forma alguma a regra proposta. O Vale do Silício foi previsivelmente inflexível, mas não estava só. Se as opções tinham de ser classificadas como "despesa", as empresas deixariam simplesmente de concedê-las e, sem esse elixir propulsor, a economia pararia — esta era a essência do argumento apresentado por incontáveis executivos e lobistas. Em uma discussão calorosa com Arthur Levit Jr., presidente da Comissão de Valores Mobiliários (SEC), o presidente do Home Depot, Bernard Marcus, caracterizou a regra do FASB como "um terrível golpe para o sistema de livre iniciativa", que "tornaria impossível colocar novos negócios em funcionamento".[2]

Os oponentes levaram seu caso não somente à SEC (que trabalhava em estreita ligação com o FASB), mas também para figuras chaves do governo Clinton e para o Congresso. O secretário do Tesouro, Lloyd Bentsen e o secretário do Comércio, Ron Brown escreveram uma carta denunciando a proposta. Expressões de sentimentos similares logo brotaram do Congresso, onde o *boom* da tecnologia despertava grande interesse. O senador por Connecticut Joe Lieberman (que seria companheiro de chapa de Al Gore em 2000) atacou violentamente o FASB e sua regra. Lieberman foi o autor de uma resolução do Senado, aprovada por uma votação de 88 a 9, que instava o FASB a recuar e advertia sobre as "graves conseqüências para os empresários dos Estados Unidos" se a regra proposta fosse adotada. Aliás, parecia que as conseqüências para o próprio FASB poderiam não ser tão agradáveis. Com o apoio das senadoras pela Califórnia Bárbara Boxer e Dianne Feinstein e de Connie Mack, da Flórida, entre outros, Lieberman apresentou uma lei que tirava todo o poder do comitê — sem se importar com o fato de que o FASB não era uma agência do governo.

As eleições de 1994 e a ascensão de Newt Gingrich, impermeável defensor da tecnologia e inimigo da regulamentação, à Presidência da Câmara de Deputados, selaram o destino da proposta do FASB. Ninguém batalhou tanto como Arthur Levitt e a SEC para combater as práticas enganosas da contabilidade empresarial nos anos 90; mas foi Levitt quem finalmente levou o FASB a adotar uma regra menos rigorosa, que exigia simplesmente que as empresas registrassem todas as opções sobre ações nas notas de rodapé de seus relatórios financeiros. Mais tarde, ele o classificou de o "maior erro" de sua gestão na SEC.[3]

A remuneração dos executivos tornou-se um tópico de crescente controvérsia no final da década, quando as *stock options* possibilitaram que gente como John Chambers, da Cisco, Dennis Kozlowski, da Tyco, Sanford I. Weill, do Citicorp, e David Komasky, da Merrill Lynch embolsassem milhões de dólares. Mas enquanto havia muita indignação com a quantia de dinheiro envolvida — a visão popular era simplesmente que esses executivos ganhavam demais — outros aspectos da questão eram desconsiderados.

Como estudioso de longa data do papel da informação em uma economia que funciona bem, fiz uma leitura um pouco diferente da história: os executivos estavam sendo muito bem remunerados em parte porque *não se sabia exatamente qual era de fato a sua remuneração.*[4] E se ninguém sabe quanto é a remuneração dos CEOS, isso significa que ninguém sabe qual é o lucro (ou prejuízo) da empresa. Ninguém sabe quanto a empresa realmente vale. Sem essa informação, os preços não podem desempenhar os papéis que supostamente desempenham na orientação dos investimentos. Como os economistas dizem, de forma um pouco técnica, "a alocação de recursos será distorcida".

A primeira vez que me envolvi com essa questão foi em 1993, quando o governo foi chamado para fazer alguma coisa sobre a regra proposta pelo FASB. Vindo do Vale do Silício (eu estava, então, de licença da Universidade de Stanford), conhecia os interesses das empresas de alta tecnologia. Talvez não fosse surpresa que o Tesouro, o Departamento de Comércio e o Conselho Econômico Nacional estivessem todos inclinados em intervir a favor de Wall Street e do Vale do Silício. O Conselho de Assessores Econômicos foi chamado a dar uma olhada e, quanto mais de perto olhávamos, mais certeza tínhamos: o FASB estava correto, e nós estaríamos errados se fizéssemos uma intervenção contra ele. Supostamente, o comitê é independente e livre de influência política. Eu era naturalmente sensível à questão de que o limite entre o que deveria e o que não deveria ser *independente,* por si mesmo, era altamente controverso. Como indiquei no capítulo 3, questões de política monetária não podem ou, pelo menos, não deveriam ser delegadas a tecnocratas, porque envolvem *trade-offs* do tipo que deve ser tratado dentro do processo político. Mas a área de interesse do FASB parecia ser aquela que poderia e, talvez, deveria ser atribuída a um órgão independente. Sua tarefa era projetar sistemas contábeis que propiciassem informação confiável, padronizada, compreensível para investidores em potencial. Os investidores poderiam e teriam mais confiança nos sistemas contábeis se eles fossem criados por um órgão independente, em vez de serem sugeridos por um processo político no qual grupos poderosos podiam usar sua influência para ter sistemas contábeis enganosos.

A confiança do Conselho em que nós estávamos tomando a posição correta foi reforçada quando vimos a inconsistência dos argumentos apresentados contra a regra de tratar as opções como despesa. Um ponto que escutamos repetidas vezes era quão difícil seria atribuir um valor a elas. Mas é óbvio que esta dificilmente seria uma razão para não lhes atribuir nenhum valor. Há várias áreas em que as regras de contabilidade requerem proezas difíceis de mensuração. Oferecer uma estimativa precisa da depreciação — a diminuição do valor de máquinas quando elas são usadas e envelhecem — é muito mais complicado do que estimar o valor em dólar de uma opção sobre ações. De qualquer modo, nós salientamos, um valor zero estava errado. As pessoas querem as opções porque elas têm valor.

Durante esse debate, nos asseguraram freqüentemente que tudo estava explicado nas notas de rodapé dos relatórios anuais das empresas. Mas mesmo os analistas mais sofisticados encontravam problemas para interpretar aquele tipo de minúcia financeira.[5] O ponto central na adoção de padrões de contabilidade é deixar a situação financeira de uma empresa mais fácil — não mais difícil — para os investidores avaliarem.

Os oponentes da regra proposta pelo FASB insistiam em que sua fórmula para calcular o valor de uma *option* era potencialmente enganosa. Muitos investidores, eles diziam, não teriam sofisticação suficiente para fazer as correções exigidas, se fosse feita uma estimativa errada. No entanto, as mesmas pessoas que diziam isso continuariam a argumentar que os investidores não precisavam ver o custo das *stock options* no balanço de uma empresa, porque a informação estava "toda na nota de rodapé", e eles poderiam facilmente calcular a sua implicação. A inconsistência intelectual de suas afirmações era transparente.

O pior argumento talvez fosse aquele que seus defensores tomaram como o mais forte contra a regra do FASB. A preocupação era que se os acionistas percebessem que o valor das *stock options* estava sendo divulgado (ou ainda pior, o valor das opções pendentes), o valor de muitas empresas despencaria. Na verdade, eles estavam dizendo que se soubessem o que estava sendo dado aos seus executivos, os acionistas perceberiam que sobrava menos para eles. Esse argumento queria dizer que uma informação melhor faria a diferença — na minha opinião, um argumento *para* classificiar as *stock options* como despesas.[6]

Opções sobre ações e valor para o acionista

Quando os executivos (ou outros empregados) recebem *stock options*, a empresa está se comprometendo a emitir novas ações, diluindo, desse modo, o valor das ações existentes. Suponha-se um caso em que já exista 1 milhão de ações pendentes, cada uma valendo US$ 30; isso faria que o valor da empresa (ou a "capitalização de mercado") fosse de US$ 30 milhões. Se seus executivos obtêm, digamos, outro milhão de ações sem gastar nada, então os antigos acionistas terão de compartilhar a riqueza da empresa — e os lucros futuros — com esses "novos" acionistas, e o valor de cada ação cairá para US$ 15. Assim, os acionistas pagam de fato aos executivos US$ 15 milhões — não diretamente de seus bolsos — mas por meio da diminuição no valor de suas ações.

As coisas funcionariam um pouco diferente, mas somente um pouco, se os executivos tivessem de pagar uma parte do preço de suas ações. Suponha-se que eles paguem US$ 10 — uma pechincha. A empresa terá agora um valor de mercado de US$ 40 milhões (US$ 30 milhões os originais, mais o influxo em dinheiro de US$ 10 milhões), para ser dividido entre os (agora) 2 milhões de acionistas. O valor de cada ação passa a ser US$ 20. Novamente, os acionistas perderam — neste caso, um total de US$ 10 milhões, que é o montante que os executivos ganharam: 1 milhão de ações, cada uma valendo US$ 20, mas compradas por apenas US$ 10.

Acrescentem-se as implicações tributárias, e os custos para a empresa serão ainda mais altos. Quando alguém recebe um salário — mesmo se baseado em um esquema de incentivo para gratificar o desempenho — a quantia é dedutível.[7] Para uma empresa na faixa tributária de 30%, o custo para ela é de somente setenta centavos por dólar. Se o beneficiário do salário está na faixa tributária de 28%, ele recebe 72 centavos por dólar. Em resumo, custa à empresa setenta centavos para pagar ao trabalhador 72 centavos. Somando, obtém-se um imposto negativo — um subsídio do governo, se poderia dizer. Mas com uma *stock option* que nunca é considerada despesa, não há nenhuma dedução do imposto de renda da empresa. Quando o executivo converte em dinheiro a opção, ele paga um imposto dos ganhos de capital sobre o excesso do preço de venda sobre o preço de compra — mas a empresa não tem nenhuma dedução de imposto. Os impostos combinados da empresa e do empregado ficavam mais altos com esse arranjo, mas as vantagens que os CEOs viam em distorcer a informação mais do que compensava.[8]

Certa vez, tive a oportunidade de me encontrar com um grupo de diretores de recursos humanos de algumas das maiores empresas do país. Na oportunidade, perguntei-lhes, muito claramente, por que haviam estruturado suas remunerações daquela maneira, pagando mais impostos do que o necessário e, também, enganando os investidores quanto à magnitude da remuneração dos executivos. Suas respostas indicaram que a maioria não havia levado em consideração todas as implicações tributárias. Mas embora tenham compreendido essas implicações, ainda assim não mudariam suas práticas. Sua função era maximizar o valor do acionista e, para isso, no curto prazo, eles precisavam explorar a ignorância do mercado quanto ao custo das *stock options* para as empresas que as emitiam.

Em círculos menos polidos, poderíamos falar das *stock options* como um roubo — executivos surrupiando dinheiro de seus incautos acionistas. Mesmo com as ações saltando de US$ 10 para US$ 20 e para US$ 30, poucos acionistas percebiam. Achavam-se ganhadores. Parecia um jogo no qual não há perdedores. Mas, é óbvio, eles perdiam. As ações eram negociadas a US$ 30 em vez de US$ 40, ou a US$ 20 em vez de US$ 30. A sutileza do roubo é que permitia que muitos executivos escapassem impunemente.

Uso uma palavra forte, "roubo", para descrever uma das muitas práticas que permitiram que os executivos das empresas despojassem os acionistas do que era deles. Roubo — tirar alguma coisa de alguém sem o seu consentimento —, é exatamente do que se tratava. As vítimas não estavam em posição de dar seu consentimento, porque a maioria não percebera que alguma coisa lhes havia sido tirada. Supostamente, os acionistas seriam os *beneficiários* dessa prática. O uso das *stock options* como forma de remuneração originou-se do movimento pelo "valor ao acionista" dos anos 80. As opções, dizia-se, faziam que o interesse dos administradores e o interesse dos acionistas fossem os mesmos. Era um argumento sedutor, mas, como os acontecimentos mostraram, profundamente falho.

Em um *boom* da bolsa de valores, muito do aumento do valor das ações não tem nada a ver com os esforços de administração. Durante os anos 90, quase todas as ações subiram — com freqüência, muitíssimo. Em tais circunstâncias, há uma maneira de propiciar uma verdadeira gratificação pelo desempenho: os administradores têm de ser classificados sobre uma curva, com o bônus indo para aqueles com performance acima da média (a média das empresas de seu setor, talvez) e com penalidades impostas àqueles que estiverem abaixo da média. Umas poucas empresas adotaram esses *planos de gratificação do desempenho relativo* — muito poucas. Em resumo, da perspectiva da teoria econômica, deixando de lado as considerações sobre impostos, as *stock options* não deveriam fazer parte de um esquema bem planejado de gratificação, pois tal esquema maximiza incentivos ao mesmo tempo que limita os riscos. As opções sobre ações, por outro lado, implicam risco sem incentivos, deixando a remuneração do executivo dependente, sobretudo, do resultado do cassino da bolsa de valores.

A maioria dos CEOs era muito esperta para aceitar de boa-fé o esquema das *stock options*. Quando o mercado subia, eles, de boa vontade, aceitavam o bônus que ele trazia; quando o mercado caía, eles podiam ir honestamente aos comitês de remuneração de executivos e se queixar de que seria injusto penalizá-los por um declínio geral do mercado de ações, e a reivindicação poderia ser bastante convincente se a empresa tivesse um desempenho acima da média. (Passavam por cima do fato de que deveriam ter dito a mesma coisa quando estavam lucrando.) Eles solicitavam que comitês de remuneração de executivos sugerissem outras formas de gratificação — por exemplo, um bônus pago apenas uma vez para conduzir a empresa durante um período de dificuldades ou para lidar com uma reestruturação complicada. Ou "reavaliar" suas opções, de modo que ainda ganhassem bastante quando as exercessem, mesmo a baixo preço. Os comitês (sobre cuja composição os CEOs tinham muitas vezes grande influência) sistematicamente cediam. Era um clássico arranjo do tipo "cara eu ganho, coroa você perde". Na prática, "a remuneração do incentivo" era um eufemismo para "a grande remuneração". Uns poucos casos atraíram amplos comentários públicos, porque eram chocantes: John Chambers, da Cisco, cortou voluntariamente sua remuneração anual para um dólar, mas, ainda assim, recebeu 6 milhões em *stock options* no ano fiscal de 2001, quando sua empresa perdeu 1 bilhão de dólares e o preço de suas ações caiu 70%. Mas a prática é tão difundida que, na média, parece haver pouca relação entre remuneração e gratificação.

A conseqüência foi que, durante os anos 90, a remuneração geral dos CEOs americanos passou a não manter nenhuma relação com as forças econômicas usuais.[9] A remuneração elevou-se a níveis desconhecidos, desafiando todas as leis da economia. Os mercados competitivos ditam que a remuneração é determinada pela demanda e oferta. Se a remuneração fosse realmente determinada pelas forças competitivas, ela aumentaria somente se houvesse uma grande mudança na demanda ou na oferta. Mas o número de CEOs no mercado não se reduziu repentinamente, e a produtividade ou o desempenho dos CEOs dos Estados Unidos não aumentou tanto para que eles, de repente, merecessem aumentos de 1000%. Durante os anos 90, a remuneração do executivo sênior elevou-se em 442% em oito anos, de uma média de 2 milhões de dólares para 10,6 milhões. A remuneração dos executivos americanos estava completamente fora de linha em relação aos salários do administrador de nível médio, em relação aos salários dos trabalhadores, em relação a qualquer coisa imaginável. Enquanto a remuneração do executivo sênior aumentou 36% em 1998 em relação a 1997, os salários do trabalhador braçal médio subiram apenas 2,7% no mesmo período. E o exemplo se repetia sem parar. Mesmo em 2001, um ano desastroso para os lucros e os preços das ações, a remuneração dos CEOs aumentou duas vezes mais rápido do que a do trabalhador médio. Os executivos americanos podem ser mais produtivos do que seus colegas europeus ou japoneses, mas, mesmo assim, sua remuneração estava muito em desacordo com a dos seus colegas no exterior, não apenas absolutamente, mas relativamente. No Japão, por exemplo, a remuneração típica do executivo é dez vezes a do trabalhador médio; na Grã-Bretanha, essa remuneração é 25 vezes a do trabalhador médio; em 2000, nos Estados Unidos, os CEOs recebiam mais de quinhentas vezes os salários do empregado médio, acima de 85 vezes no começo da década e 42 vezes, duas décadas antes.

Os problemas de remuneração dos executivos são característicos da empresa moderna que possui um amplo número de acionistas. Se um único indivíduo possui uma empresa e se ele paga demais ao seu administrador, é ele que arca com o custo do engano. Há mais de setenta anos, Adolf A. Berle e Gardiner C. Means chamaram a atenção para o fato de que nas grandes empresas que estavam surgindo, havia uma separação entre propriedade e controle.[10] Os acionistas possuíam e controlavam *nominalmente* a empresa, mas, na verdade, tinham informações limitadas sobre o que os administradores estavam fazendo e uma capacidade limitada para fazer alguma coisa, caso não gostassem do que vissem. Havia conselhos de diretores, nominalmente eleitos pelos acionistas, cuja função era prover supervisão; mas, com freqüência, o conselho era selecionado a dedo pelo CEO e somente com uma rebelião maciça os acionistas poderiam fazer alguma coisa para substituí-lo.

Aqui, havia de novo outro conflito de interesse. Os conselhos deveriam proteger os interesses de *todos* os acionistas. Mas alguns conselhos, cujos membros recebem muitas vezes altos honorários — 10 mil, 20 mil, 40 mil dólares — por participação e freqüência, estavam muitas vezes mais interessados em agradar ao CEO do que cumprir suas supostas responsabilidades fiduciárias. E embora os defensores da reforma da governança empresarial enfatizem a importância da presença de diretores *de fora*, isto é, diretores que não fazem parte da administração, os diretores de fora indicados ou sugeridos pelo CEO tornam-se, na verdade, diretores internos da organização tão logo assumem sua cadeira.

Depois que alguns CEOs convenceram seus conselhos a lhes dar *stock options*, então outros CEOs puderam ir aos seus conselhos e argumentar que eles também as mereciam, porque se tratava de uma questão de prestígio, de credibilidade, que afetaria a capacidade da empresa no recrutamento de administradores de primeira linha. Esse argumento era particularmente convincente quando o CEO em questão desempenhava um importante papel na escolha dessas posições de prestígio e bem remuneradas do conselho. Em casos extremos, os conselhos ratificavam não somente as *stock options*, mas também empréstimos a juros baixos para os membros do conselho; era óbvio que não estavam protegendo os acionistas, mas procurando maneiras pelas quais os acionistas não percebessem o tamanho da gratificação que os CEOs estavam recebendo.

Os Estados Unidos foram, durante muito tempo, uma fonte de inovação, exportando idéias e produtos para outros países. O mesmo aconteceu na área de fraude empresarial, para grande desapontamento dos europeus. Quando a estrela praticante do estilo americano de administração na França, Jean-Marie Messier, e a Vivendi Universal, que ele havia erguido a partir de uma empresa francesa de água, vieram abaixo, houve, na França, mais do que uma pequena comemoração.

Os incentivos importam — mas importa o tipo de incentivos

A ironia é que, embora falassem sobre incentivos, os defensores das opções realmente não se preocupavam em adotar o tipo correto de incentivos. As *stock options* — como eram realmente praticadas — não propiciavam um grande incentivo para fazer aquelas coisas que aumentariam o valor a *longo prazo* da empresa. Elas significavam que a remuneração do executivo dependia dos preços das ações no curto prazo e, no curto prazo, era mais fácil melhorar as aparências dos lucros do que aumentá-los verdadeiramente .

Mesmo nos bons tempos, muitos executivos não se satisfaziam em subir com a maré. Eles encontraram maneiras de elevar seus ganhos — por meio de falsas transações que lhes permitiam registrar receitas mesmo se não as tivessem, ou retirar as despesas de seus registros, ou ainda usar baixas contábeis de ativos (repetidamente) para tentar dar a aparência de lucros *normais* robustos. O objetivo deles era criar a aparência de um sucesso fascinante — ou pelo menos de uma promessa fascinante — e sacar seus ganhos antes que o mundo descobrisse a verdade. Assim, uma forma de fraude deu origem a muitas outras. E os investidores não foram absolutamente as únicas vítimas.

Quando os preços das ações refletem má contabilidade, é provável que os recursos sejam incorretamente distribuídos. No final dos anos 90, eles foram distribuídos de forma muito incorreta. A elevação dos preços diz: "invista mais". A rápida elevação dos preços das ações de tecnologia e telecomunicações levou a uma enorme projeção do investimento naqueles setores da economia. Essa projeção, por sua vez, foi parcialmente responsável pela longa retração da atividade econômica que teve início no final de 2000. E tudo começou com as práticas contábeis imprudentes.

Não lançar as opções como despesa significava que os acionistas não tinham informações precisas sobre como suas ações estavam sendo diluídas; isso também aumentava os incentivos para propiciar cada vez mais remuneração dessa maneira não transparente, e com a remuneração dependendo cada vez mais do valor das ações no curto prazo, as *stock options* propiciavam cada vez mais incentivos para as empresas inflarem seus números. E foi o que elas fizeram, vendendo ações a preços fixos cada vez mais fora da realidade, e o resultado foi um desperdício cada vez maior de investimento.

As *stock options* são um bom exemplo de como a contabilidade pode passar informação enganosa. As normas contábeis, implementadas por empresas de contabilidade *independentes*, supostamente limitam a extensão do âmbito em que as empresas podem fazer isso — motivo por que o FASB estava tão preocupado com o tratamento dado às *stock options.* Mas as mudanças ocorridas nos exuberantes anos 90 — as inovações financeiras sobre as quais tanta gente de Wall Street ficou tão orgulhosa — deram às empresas cada vez mais oportunidades, bem mais do que as *stock options*, para agir daquela maneira. E mudanças no setor de contabilidade mudaram os incentivos para as firmas de contabilidade. Essas firmas, que deveriam oferecer um controle independente, tinham incentivos cada vez mais absurdos — um incentivo para ajudar e ser cúmplice, em vez de propiciar as salvaguardas que deveriam oferecer. A magnitude da distorção nas informações, resultante apenas da falta de registro das *stock options*, é enorme. Uma estimativa afirma que em 2001 os ganhos por ação de empresas compreendidas no S&P 500 teriam sido 20% mais baixos se as *stock options* tivessem sido tratadas como despesa.

Curso básico de contabilidade enganosa

Os relatórios financeiros das empresas são tremendamente complicados. É por isso que se contratam contadores. Eles devem apresentar lucros e perdas, valor líquido e assim por diante, de uma maneira padronizada que possa ser amplamente entendida. Alguns argumentam que o capitalismo — e a empresa moderna — não teria surgido sem uma contabilidade confiável capaz de propiciar uma descrição razoavelmente precisa do valor líquido e dos lucros de uma empresa. Sem essas informações, como se pode estabelecer o valor de uma empresa? O capital acionário deve dar ao acionista uma participação nos lucros de uma empresa; mas se ela pudesse simplesmente maquiar qualquer número velho, quem compraria uma ação?

O governo sempre desempenhou um papel importante na fixação dos padrões de fraude. A fraude pode ser descrita como o fornecimento de informações grosseiramente enganosas. O modo como o governo fixa esses padrões — e as punições quando os auditores falham na sua função — tem um grande impacto sobre a credibilidade dos números empresariais e, assim, sobre a força do mercado de capitais.

Os contadores são necessários, em parte, porque os acionistas sabem que não podem confiar nas empresas — há simplesmente um incentivo muito forte, mesmo na presença de leis antifraude, para oferecer informação enganosa. Há *assimetrias de informação* naturais — os administradores têm informações que os acionistas desconhecem.[11] Os contadores deveriam garantir que os números fossem informados de acordo com certos padrões. Boas práticas e bons padrões contábeis reduzem as assimetrias de informação e ajudam a melhorar o funcionamento dos mercados de capitais. Nas últimas duas décadas, infelizmente, as forças que trabalharam a favor da informação exata foram sistematicamente corroídas.

Embora sejam há muito tempo motivo de piadas (são considerados mais enfadonhos até do que os economistas), os contadores têm uma tarefa difícil e importante. Sua responsabilidade vai além da aplicação mecânica das regras. Considere-se uma questão relativamente simples como a depreciação. Tanto para os impostos quanto para os registros da empresa, os edifícios são supostamente depreciados (isto é, uma dedução da renda é feita para refletir a perda no valor de um bem usado para produzir renda) ao longo de um período que representa sua vida útil esperada, digamos, trinta anos. Uma vez que paredes fazem parte de uma construção, seus custos também deveriam ser depreciados e, presumivelmente, ao longo dos mesmos trinta anos. Mas o que dizer sobre uma parede *móvel*? Ela se parece mais com uma peça da mobília (depreciada ao longo de dez anos), ou mais com uma construção (trinta anos)? Se uma empresa quer reduzir seu resultado com fins tributários, pode preferir caracterizar a parede como peça de mobília. Se, por outro lado, quer inflar o resultado para os investidores, ela pode inclinar-se a dizer que a parede não é uma peça de mobília. No passado, tais manobras para inflar o resultado acarretavam um alto custo: significavam impostos mais altos. Mas, em anos recentes, os consultores e contadores inovadores encontraram maneiras de fazer as duas coisas ao mesmo tempo, transferindo os custos do balanço para uma entidade especial, criada especificamente com o propósito de tirar vantagem dos prejuízos fiscais o mais rápido possível.

Algumas dessas manobras entraram na moda no início dos anos 80, embora o contexto fosse diferente. Naquela época, o etos era evitar, tanto quanto possível, os impostos, e o governo Reagan proporcionou às empresas (e aos cidadãos ricos) uma grande quantidade de novas técnicas de sonegação de impostos. Uma empresa tinha direito a um crédito fiscal de investimento, por exemplo, quando comprava uma máquina. Mas se essa empresa não tinha nenhuma renda para começar o negócio, o crédito era de pouco valor. Para contornar a dificuldade, as empresas recorriam às complexas transações de arrendamento (*leasing*). Em vez de comprar uma máquina com dinheiro emprestado, digamos, pela GE Credit, a GE Credit comprava a máquina e alugava para a empresa. Os pagamentos eram os mesmos. Mas a dívida não aparecia no balanço patrimonial da empresa, e a GE Credit tirava vantagem do crédito fiscal do investimento (que a GE poderia usar bem, tendo em vista seus imensos lucros). Tais arranjos faziam todos os registros parecerem melhor. Os impostos eram reduzidos e também as dívidas aparentes.

Os arrendamentos propiciavam mais oportunidades para decisões discricionárias, e as empresas descobriram maneiras de tirar vantagem disso a curto prazo. Quando a Xerox arrendava máquinas na América Latina, registrava o fluxo total de receita que esperava receber — tratava-o quase como se fosse uma venda feita. Mas, quando a crise financeira global atingiu a América Latina, muitos dos arrendamentos não foram pagos, e as receitas que já haviam sido adicionadas aos lucros — ajudando a valorizar as ações da Xerox — não se materializaram. As importâncias não são pequenas: os lucros da Xerox em 1997, 1998 e 1999 tiveram de ser reduzidos em um total de 6,4 bilhões de dólares. Em 2003, a SEC entrou com um processo formal contra seu auditor, KMPG; embora este seja apenas o segundo protesto contra uma importante empresa de auditoria, visto de outra forma, significa que agora há somente três importantes empresas de auditoria que não foram processadas pela SEC.

Nos anos seguintes, foram inventados esquemas ainda mais complicados para obter vantagens de diferentes leis tributárias em diferentes países. Tornou-se comum que numerosas partes figurassem em uma única transação — a compra de um tipo de equipamento que, no passado, teria envolvido somente um comprador e um vendedor ou, no máximo, um comprador, um vendedor e um banco, que empresta o dinheiro. Uma empresa americana poderia sublocar um equipamento de computação para uma empresa estrangeira, criada para aquele propósito expresso, e a empresa estrangeira, por sua vez, o sublocaria para outra empresa americana (também criada para aquele propósito), que faria um único pagamento à vista para a empresa estrangeira, mas tomaria o dinheiro emprestado de uma agência bancária e (para garantir que a empresa estrangeira não fuja com o dinheiro) o depositaria imediatamente em outra agência do mesmo banco. A empresa estrangeira poderia entrar então com seu capital — que consistia em nada mais do que a conta bancária e sua promessa de efetuar os pagamentos do arrendamento que obrigada a assumir — em uma outra sociedade; um ano mais tarde (aparentemente por acordo), o sócio compraria o novo "sócio", registrando um prejuízo em seus registros sobre a transação. Outras empresas poderiam ser incluídas na farsa tributária. Esse giro de minitransações era para confundir e obscurecer o fato de que nada real estava acontecendo e, em última análise, assaltar o Tesouro dos Estados Unidos.

Os especialistas nesse tipo de bruxaria contábil orgulhavam-se dela. Não havia nenhum arrependimento moral em fraudar o governo — com pouco risco. No pior dos casos, a Receita Federal poderia desautorizar a transação, obrigando uma empresa a pagar os impostos que ela deveria ter pago. Era como um empréstimo do governo — às vezes a uma taxa melhor do que a que a empresa poderia obter no mercado. O governo raramente tentou cobrar multas — e raramente logrou êxito quando o fez.

No final dos anos 90, com a expansão da bolha, os benefícios tributários ficaram em segundo plano; para algumas empresas, tudo o que interessava era fazer os registros parecerem bons. As técnicas, inventadas para enganar a Receita, passaram a ser empregadas, com uma pequena modificação, para enganar os acionistas. Naturalmente, os cálculos morais eram diferentes. Muitos administradores empresariais sentiam pouca culpa por fraudar o fisco — poderiam até dizer que isso era seu dever, uma vez que agindo assim aumentavam os preços das ações. Por outro lado, quando se tratava de informar os acionistas, eles tinham o dever de expor com precisão a posição financeira da empresa. Afinal, os acionistas são os proprietários, e os administradores trabalham para os acionistas. Quando forneciam informações enganosas ao mercado, os administradores poderiam salvar sua consciência dizendo que, ao empurrar para cima os preços das ações, estavam protegendo seus acionistas — pelo menos aqueles que haviam comprado a um preço baixo e conseguiram vender a um preço alto. Obviamente, não pensavam no que aconteceria quando a verdade viesse à tona; supunham que o dia do ajuste de contas estaria à espera de outro. Haviam sido instruídos para maximizar o valor vigente das ações, e era o que faziam — mesmo se isso significasse fornecer informação enganosa. E seus planos de incentivo os gratificavam por maximizar o valor do dia das ações.

Como a estrutura da economia mudou, os problemas enfrentados pelos contadores cresceram e surgiram ainda mais oportunidades para usar o que eles haviam transformado em fina arte. Ao longo dos anos, eles criaram procedimentos-padrão para lidar com itens como investimentos em fábricas e em mercado imobiliário. Mas, com o avanço da Nova Economia, a profissão de contador precisava enfrentar ativos que eram, às vezes, irritantemente difíceis de avaliar, dando às suas empresas-clientes todos os tipos de novas maneiras de manipular os números. Empresas eram vendidas com base na quantidade de seus assinantes — um número comumente tratado como ativo durável, mesmo que, na prática, os assinantes pudessem desaparecer rapidamente. Algumas empresas alcançaram enormes valores de mercado sem nunca obter lucro; e mesmo se os lucros existissem, qual era a garantia de que seriam sustentados? Na indústria de aço, enormes investimentos prévios dificultam a entrada de concorrentes. Os especialistas da Nova Economia, como vimos no capítulo anterior, revelaram a importância crítica do "primeiro a obter vantagem". Em outras palavras, seja o primeiro a entrar em um mercado e os outros terão um tempo difícil pela frente. Mas a Nova Economia também era um mundo no qual novas empresas poderiam surgir e se tornar atores importantes da noite para o dia. Todos esses tópicos eram complicados para os contadores entenderem.

Os derivativos, complicadas inovações financeiras criadas décadas atrás, davam presumivelmente às empresas um instrumento novo e poderoso para compartilhar e afastar o risco.[12] Mas eles poderiam também ser um meio de retirar o dinheiro dos balanços, e, assim fazendo, encobrir enormes riscos. Às vezes, tanto quem estava por dentro da organização como quem estava do lado de fora era enganado. Ao longo dos anos, o público observou como empresas poderosas como a Barings foram derrubadas pela comercialização dos derivativos de seus próprios empregados, que seus sistemas contábeis internos foram incapazes de detectar. Autoridades públicas, tais como o condado de Orange, na Califórnia, foram levadas às margens da falência. Quando os compradores incautos descobriram os verdadeiros riscos desses derivativos, ao perder milhões em vez de ganhar os milhões prometidos, enormes batalhas legais foram travadas entre as instituições financeiras que vendiam derivativos e as empresas que os compravam.

A cada exemplo novo de uso incorreto dos derivativos, crescia a preocupação com os seus riscos. Enquanto fui presidente do Conselho, a questão dos derivativos veio à baila várias vezes. Havia uma reunião mensal do pessoal graduado do governo envolvido em mercados financeiros — entre eles, o secretário do Tesouro, o diretor do Fed, o presidente do Conselho de Consultores Econômicos, o diretor da Comissão de Valores Mobiliários (SEC). Mas o resultado líquido de nossas discussões era sempre o mesmo: estávamos cientes dos riscos e dos benefícios. Estávamos cientes das dificuldades que os derivativos criavam na avaliação da verdadeira situação financeira de um banco, ou de qualquer empresa, mas sentíamos que poderíamos fazer pouco, especialmente em uma época em que as regulamentações estavam sendo rasgadas. Em parte, confiávamos no mercado e, desse modo, estávamos prontos para fazer uma observação cuidadosa sem salvaguardar os mercados contra os derivativos. Olhando em retrospecto, poderíamos ter feito muito mais para melhorar a qualidade da prestação de contas e restringir a extensão da exposição ao risco.

A Comissão de Valores Mobiliários — SEC

Houve uma parte do governo dos Estados Unidos, contudo, que não comprou o mantra da desregulamentação, que percebia a presença de problemas nos mercados de valores mobiliários que tinham que ser enfrentados para que esses mercados funcionassem realmente como deveriam, no interesse do investidor médio: a *Securities and Exchange Commission* [Comissão de Valores Mobiliários], dirigida por Arthur Levitt (que, aliás, foi confirmado nessa posição na mesma audiência em que também fui, dando-nos talvez um bônus que ia além da semelhança de nossas concepções sobre o papel do governo).

Levitt compreendeu que havia uma multiplicidade de problemas, e que todos eles precisavam ser enfrentados. Ele estava preocupado com as dificuldades que a Nova Economia apresentava para os contadores e as oportunidades para tomar decisões discricionárias que lhes permitiam fornecer informações enganosas. Mas ele estava ainda mais preocupado com os incentivos: não somente com a falta de incentivos para que os auditores realizassem o trabalho que deveriam realizar, mas também com o fato de que havia incentivos incorretos.

Para cuidar dos problemas colocados pela dificuldade crescente da contabilidade na Nova Economia, Levitt reuniu uma comissão, para a qual fui convidado, com o objetivo de observar a valorização na Nova Economia. O grupo era dirigido pelo enérgico e atencioso diretor da Escola de Administração de Yale, Jeffrey Gartner, que conheci como subsecretário do Departamento de Comércio no governo Clinton. Era um grupo equilibrado do qual faziam parte executivos de empresas de tecnologia, acadêmicos e contadores. Nós entendíamos a importância de ouvir pessoas da própria Nova Economia: era inevitável que tivessem uma visão melhor do que estava acontecendo. Mas havia um problema. Faziam parte da comissão pessoas como o fundador da Enron, Ken Lay, bem como outros representantes do Vale do Silício, que colhiam os benefícios das *stock options* e tinham interesses pessoais. Eles sabiam o que estava acontecendo, mas estavam lucrando com isso e queriam o mínimo de mudanças possível. Eles repetiam o mantra-padrão da vez: tema um governo grande, deixe os mercados cuidarem de tudo. (O mercado cuidou da Enron, mas não antes que o emprego e as contas bancárias de muitas pessoas fossem destruídos.)

Levitt percebeu que quaisquer que fossem as diretrizes fornecidas aos contadores, quaisquer que fossem as regras, eles teriam poder de decisão discricionário e necessitariam dos incentivos corretos para usá-lo de um modo que resultasse em informações melhores e mais precisas. O problema era que os contadores não recebiam os incentivos corretos. Sempre houve um problema: os auditores são pagos pelas empresas para as quais trabalham, e, naturalmente, querem agradar a seus clientes; afinal, é a empresa (e seus executivos) que decide sobre a contratação de um contador. Mas um novo ingrediente foi adicionado a esse quadro potencialmente perturbador.

Ao longo dos anos, os contadores se expandiram em duas linhas de negócio: consultoria e auditoria. Havia sinergias naturais: os *insights* que eles obtinham por meio do exame dos registros contábeis lhes permitia aconselhar modos como uma empresa poderia aumentar seus lucros (ou os lucros declarados). Mas como o lado de consultoria do negócio aumentou, cresceu também o ímpeto para jogar irresponsavelmente com o lado da auditoria; uma firma de contabilidade fazendo milhões como consultoria poderia desviar os olhos quando se detectasse a evidência de uma prática contábil duvidosa. Para agradar a seu cliente, a firma de contabilidade poderia até mesmo sugerir uma prática duvidosa — algum método de agir (tecnicamente) de acordo com a lei e as regras, ao mesmo tempo em que apresenta um quadro enganoso da empresa. Os derivativos — as grandes inovações financeiras de décadas anteriores — constituíam um instrumento bem adaptado a esse tipo de fraude. Eles poderiam ser usados, por exemplo, para mascarar um empréstimo como uma venda futura, recebendo dinheiro hoje por alguma coisa a ser entregue no futuro, e toda a transação poderia ser deixada de fora dos registros contábeis. Nada ilegal, a não ser por não representar o verdadeiro balanço da empresa; e, como os defensores de tais práticas poderiam dizer, tudo estaria nas notas de rodapé.

Levitt propôs regulamentações que teriam impedido uma empresa de servir ao mesmo cliente em ambas as funções. A resposta das firmas de contabilidade e de seus aliados era, essencialmente, "Confie em nós", e infelizmente elas prevaleciam. Analisando isso hoje, é inevitável reconhecer que Levitt tinha razão. A confiança tem limites.

Uma empresa achou particularmente difícil resistir às tentações. Arthur Andersen, que desfrutava de uma reputação quase impecável desde a sua fundação, em 1913, enredou-se em uma virulenta luta interna. Como freqüentemente acontece em empresas de prestação de serviços profissionais, diferentes partes da empresa insistiam em que não estavam recebendo sua porção justa dos lucros. Nesse caso, o setor de consultoria da empresa, que estava gerando muito dinheiro, considerava-se inadequadamente remunerado. Incapazes de chegar a um acordo, as partes entraram em um divórcio confuso. O lado da consultoria tornou-se independente; para não usar o nome Andersen, criou um novo, com uma nova razão social e uma nova marca. A empresa resultante, que se chamou Accenture, achou que havia perdido algo precioso; poucos anos mais tarde, entretanto, essa derrota jurídica tornou-se uma dádiva divina.

Privada da parte mais rentável de seu negócio, a velha Arthur Andersen resolveu montar de novo toda a área de consultoria — e depressa. A velocidade implicava riscos. Em economia, fala-se de "valor de franquia" de uma empresa para referir-se ao valor dos lucros futuros de uma empresa em atividade. Uma das principais motivações para uma firma atuar com prudência (ou fornecer aos clientes serviço decente, tanto faz) é manter seu valor de franquia. Com seu valor de franquia já altamente reduzido pela luta interna, a Arthur Andersen tinha incentivos fracos para atuar com prudência. Talvez não seja surpresa que ela tenha se envolvido em grande número de escândalos empresariais nos anos 90 — os mais notórios foram o da WorldCom e da Enron, mas, ao longo dos anos, a lista de casos é longa e inclui, entre outros, Sunbeam, Waste Management, Global Crossing, Dynegy, Halliburton, Colonial Realty and Qwest.[13] Foi mais do que um simples caso de má sorte.

Qualquer esquema de incentivo envolve recompensas e punições. Havia uma grande quantidade de recompensas encorajando as firmas de contabilidade a desviar o olhar. Tradicionalmente, havia uma grande ameaça de punição que as desencorajava. Se as coisas saíssem errado, eles poderiam ser processados. No passado, tais processos foram, de fato, bastante comuns. Quando uma empresa quebra, aqueles que perdem seu dinheiro procuram alguém a quem responsabilizar; nos Estados Unidos, isso significa processar alguém. É óbvio que não tem nenhum sentido processar uma empresa falida (especialmente se você é um dos proprietários). Às vezes, esses acionistas descontentes processavam os dirigentes de uma empresa, mas os dirigentes aprenderam logo como se proteger (retirando seu dinheiro do país, entre outras coisas). Em alguns casos, eles não tinham dinheiro suficiente para abrir um processo que valesse a pena. Os advogados procuram sempre bolsos cheios — e as firmas de auditoria eram os candidatos mais óbvios. Em meado dos anos 90, a erupção de processos, especialmente no Vale do Silício, sede das ponto-com e do início da tecnologia, era particularmente problemática. A preocupação das empresas era não serem capazes de encontrar auditores, ou que os auditores cobrariam honorários exorbitantes para sustentar sua defesa em litígios. Em 1995, o Congresso aprovou uma legislação destinada a limitar os litígios sobre valores mobiliários, derrubando o veto do presidente; desse modo, propiciou proteção substancial aos auditores. Mas podemos ter ido muito longe: protegidos dos processos, os contadores estavam agora dispostos a fazer mais "apostas" e ser mais condecendentes ao oferecer o benefício da dúvida a empresas envolvidas em práticas contábeis agressivas.

EXPERIÊNCIAS EM OUTROS LUGARES

Embora a Europa não tivesse problemas do alcance e magnitude dos que ocorriam nos EUA, alguns dos problemas subjacentes também existiam lá, embora não totalmente manifestos. A Europa acompanhou os EUA, por exemplo, no uso de *stock options* e, no momento em que este livro está para ser impresso, os regulamentadores europeus parecem mais firmes em exigir que as opções sejam lançadas como despesas — algo que várias empresas não fizeram no passado. Mas as empresas européias que usam *stock options* não perderam a esperança: utilizam o mesmo arsenal de argumentos que os americanos usaram, inclusive que haveria uma redução notável de cerca de 15% nos lucros das seiscentas maiores empresas. Para os defensores de uma contabilidade mais apurada, esta era uma prova de que o tema era realmente importante.

Por outro lado, muitos países europeus nem mesmo exigem que empresas negociadas em bolsa de valores divulguem os procedimentos de remuneração de seus altos executivos, e poucas o fazem. Quando a divulgação foi feita, causou ainda mais indignação do que nos EUA — especialmente quando os executivos pareciam se dar bem, enquanto as empresas por eles geridas iam mal. Tal como nos EUA, os fundos de pensão eram uma maneira tranqüila de oferecer grandes recompensas aos executivos sem que os acionistas tivessem conhecimento. Em um caso famoso, o de Percy Barnevik, presidente da ABB, a enorme empresa de engenharia suíça-sueca, com mais de 160 mil empregados, até mesmo os membros do Conselho de Administração reclamaram que não haviam sido informados sobre o tamanho dos benefícios — uma pensão de 148 milhões de francos suíços (além de outros bônus relativos ao desempenho); o Conselho depois forçou a restituição de 90 milhões de francos suíços.

A globalização significou também que as grandes empresas americanas de contabilidade passaram a estar presentes em quase qualquer lugar do mundo; a globalização propagou tanto as virtudes quanto os vícios das práticas americanas. Em outros lugares, as empresas de contabilidade também perceberam que a consultoria é mais lucrativa do que prover serviços-padrão de contabilidade, o que as expôs ao mesmo conflito de interesses.

Talvez não surpreenda o fato de que os setores de alta tecnologia e telecomunicações tiveram mais do que sua parcela de problemas. Por exemplo, em uma leve correção, para ficar conforme as regras americanas, a Telefonica da Espanha reviu seus lucros de 2001, reduzindo-os de 2,1 bilhões de euros (1,9 bilhão de dólares na ocasião) para um prejuízo de 7,1 bilhões de euros. Mas os problemas não se limitaram aos setores de alta tecnologia e telecomunicações: até mesmo a Ahold, empresa holandesa de supermercados, foi atingida por escândalo contábil.

Ainda há controvérsia sobre se a Europa não chegou aos extremos de problemas contábeis que os EUA conheceram graças a boas normas — um sentido maior de correção moral —, boa sorte ou boas práticas contábeis.

Uma perspectiva aponta para as práticas contábeis. Já foi amplamente percebido que embora tenham procurado exportar nos anos 90 seu tipo de capitalismo para o resto do mundo, trombeteando suas práticas contábeis — especialmente na esteira da crise asiática —, se os EUA tivessem adotado os padrões contábeis utilizados em muitos outros países industriais avançados, muitos dos escândalos empresariais talvez não tivessem ocorrido. Embora haja muitas semelhanças entre as práticas nos EUA e no resto do mundo, há uma diferença crítica. Os EUA confiam mais numa abordagem legalista, em um detalhado conjunto de regras: tudo é permitido desde que as regras sejam obedecidas, não importa quão enganador seja o quadro geral apresentado sobre a saúde financeira da empresa. Assim como os advogados e contadores assumiam antigamente a tarefa de minimizar os impostos a pagar sem ir para a cadeia ou pagar multas, nos anos 90 eles assumiram a tarefa mais desafiadora ainda de enriquecer os atuais administradores, também sem ir para a cadeia ou pagar multas — permanecendo sempre dentro das regras — fosse às expensas do acionista atual ou do acionista futuro. Com as *stock options* sendo a base primária da remuneração da alta administração, isso significava elevar o valor de mercado da empresa, seja declarando um crescimento fantasma nas vendas, tirando dívidas do balanço patrimonial ou lançando receitas sem as despesas associadas. Na Europa, os contadores estavam encarregados de fornecer um quadro geral preciso da saúde das empresas (embora também com considerável discricionariedade). Talvez em algum momento os padrões profissionais fossem obrigar os auditores americanos a ir além das regras e a notar exemplos em que os números não apresentavam uma visão correta; mas nos EUA dos anos 90 eram o dinheiro e os mercados que prevaleciam, e isso significava que enquanto as regras fossem respeitadas o quadro geral podia ser — e geralmente era — enganador.

Uma interpretação alternativa é que não se trata de o comportamento europeu ser mais forte mas sim que a aplicação da lei é mais frágil, os regulamentadores podem não ter percebido um problema do tamanho da Enron. Uma interpretação mais equilibrada reconhece que fazer cumprir a lei será sempre difícil — a maior parte dos problemas da Enron não foi descoberta até ela ir à falência, o que forçou um nível de investigação a que poucas empresas são sujeitas no curso normal dos negócios; e não há sistema contábil perfeito. Regras são importantes — por exemplo, não lançar opções como despesas causa uma visão sistematicamente distorcida da empresa e põe em ação uma série de incentivos que levarão a distorções futuras —, mas qualquer conjunto de regras pode ser violado. Os números deveriam propiciar um quadro exato da situação da empresa, e isso requer julgamentos; mas a contabilidade sempre requer uma miríade de julgamentos, e os contadores, profissionais habilidosos, são pagos para fazer tais julgamentos; tanto eles como as empresas que representam precisam ser responsabilizados, seja quando as regras são desobedecidas, seja quando os julgamentos estão errados, e isso vai requerer firme aplicação das regras e da lei. Haverá controvérsia sobre as regras — no curto prazo, algumas empresas poderão estar em mais desvantagem com um conjunto de regras do que com outro e outras não querem que existam informações mais precisas sobre elas — mas no longo prazo a melhor informação que vai resultar de tais reformas conduzirá a um mercado de capitais mais eficiente e a uma economia mais eficiente.

LIÇÕES

Para muitos americanos, o que incomodava a respeito da Enron e de outros escândalos eram as desigualdades. Os de dentro da empresa, com suas ricas gratificações, usavam as informações para tirar proveito, mesmo quando encorajavam os trabalhadores a se calarem e a manterem suas aposentadorias em ações da empresa. Ao tentar justificar suas ricas gratificações, os líderes empresariais diziam que haviam "criado valor" e transformado as empresas nas fortalezas que elas pareciam ser. Mas o que eles criaram, em bom número de casos, foi um castelo de cartas.

Havia mais do que a eqüidade em jogo. Para que uma economia de mercado funcione bem, todos os participantes precisam ter confiança no mercado. Os investidores, tanto reais quanto potenciais, precisam acreditar que há um jogo com igualdade de condições, com informações precisas, em vez de um jogo manipulado no qual os de dentro da organização estão destinados a ganhar. Em conseqüência dos escândalos dos anos 20 e início dos anos 30, os Estados Unidos aprovaram uma legislação que tentava enfrentar os problemas que o desastre financeiro revelara — regulamentações que cobriam tudo, do domínio do mercado até negócios baseados em informações privilegiadas. A Comissão de Valores Mobiliários foi criada em 1934 e, junto com outros dispositivos (inclusive processos de ação coletiva), ajudou a construir um sentido de ética profissional entre os administradores, auditores e outros participantes do mercado, criando um mercado de valores mobiliários de tamanho nunca visto, com participação sem precedentes. No pico do mercado, em março de 2000, a capitalização das ações dos Estados Unidos (tal como medida pelo índice Wilshire) era de 17 trilhões de dólares, ou 1,7 vezes o valor do PIB americano. Metade de todas as famílias americanas possuía ações.

Porém, o mundo mudou muito ao longo dos últimos sessenta anos. Desenvolveram-se novas formas de fraude. No ambiente alucinado dos anos 90, enquanto os valores de mercado se elevavam, os valores humanos se desgastaram, e o jogo tornou-se terrivelmente desigual de novo, favorecendo a bolha, que estourou logo após o início do novo milênio. A controvérsia das *stock options* do início dos anos 90 me parecia uma questão imensamente significativa naquela época, talvez devido à minha pesquisa, que enfatizava a importância da informação boa e precisa para fazer a economia de mercado funcionar. Mas, durante o *boom*, foi difícil provocar o interesse de muitos sobre o assunto, exceto daqueles que se beneficiaram da má contabilidade. Foi outro exemplo em que nos baseamos no julgamento dos especialistas, inclusive os da comunidade financeira e da contabilidade, embora, tendo em vista seus interesses adquiridos, nós devêssemos ter sido céticos. Arthur Levitt estava certo. Havia necessidade de uma regulamentação mais forte. Embora não houvesse nenhuma maneira de ter certeza de que as informações estariam sempre certas, pelo menos poderíamos ter acertado os incentivos. As *stock options* distorciam os incentivos administrativos, as consultorias distorciam os incentivos dos auditores. As recompensas iam na direção oposta — enfraquecer os incentivos para uma boa informação — e, ao mesmo tempo, as mudanças nas leis de responsabilidade enfraqueceram a punição. E tudo isso estava acontecendo exatamente quando as dificuldades para fornecer informações corretas aumentavam, assim como aumentavam as oportunidades para fornecer informação enganosa.

Iniciei este capítulo com uma grande questão: o que poderia ter acontecido? A bolha teria sido evitada se nós tivéssemos apenas apoiado práticas contábeis melhores das *stock options* dos executivos? Nunca saberemos a resposta. Mas de uma coisa podemos ter certeza: junto com outros problemas da prática contábil discutidos neste capítulo a má contabilidade das opções piorou a questão. E contribuiu para o etos dos anos 90, que inflou a bolha, tornando o desastre financeiro pior.

Os conflitos de interesse que discutimos aqui foram ruins o bastante; as conseqüências foram ampliadas por problemas similares, ou ainda piores, no setor financeiro, para os quais nos voltaremos agora.

6. Os bancos e a bolha

Nos frenéticos anos 90, muitas pessoas no mundo dos negócios e das finanças se entusiasmaram fazendo dinheiro e rebaixaram seus padrões éticos ao correr atrás de ganhos. Mas em setor nenhum isso foi mais surpreendente do que no mundo dos bancos. Afinal, os banqueiros sempre foram vistos como aqueles homens sensatos, prudentes, em seus ternos cinzentos, de olho nas empresas para as quais emprestavam dinheiro porque, acima de tudo, queriam ser reembolsados. Os banqueiros não gostavam de escândalos nem de fazer maus empréstimos, de modo que o setor bancário exercia uma importante fiscalização sobre a atividade empresarial americana. Ao monitorar cuidadosamente sua carteira de empréstimos, eles ajudavam a evitar falências e excessos no mundo dos negócios.

Boa parte disso mudou nos anos 90: os analistas dos bancos adquiriram ações ruins, os banqueiros apoiaram a Enron na criação de entidades em paraísos fiscais que ajudaram a empresa a esconder suas dívidas, distribuíram ações em IPOS[1] quentes para seus amigos e se envolveram em todos os tipos de atividades condenáveis. Em 2001 e 2002, muitos dos principais bancos dos EUA envolveram-se em um escândalo após o outro, entre eles nomes lendários como J. P. Morgan Chase, Merrill Lynch, Credit Suisse First Boston, Citigroup e sua subdivisão de corretagem, a respeitável empresa de Salomon

Smith Barney, Goldman Sachs. Tudo culminou em pagamentos de compensação de US$ 1,4 bilhão impostos pelo procurador-geral do Estado de Nova York, Eliot Spitzer.[2]

O que me preocupa não são tanto as histórias individuais e as malfeitorias de uns poucos analistas gananciosos, mas o efeito que a transformação do sistema bancário americano teve sobre o funcionamento geral da economia. Tradicionalmente, havia duas espécies de bancos nos Estados Unidos — os bancos de investimento, que emitiam títulos e ações, e os bancos comerciais, que emprestavam o dinheiro que neles havia sido depositado. Nos anos 90, aprovou-se uma legislação que permitia fusões entre esses dois tipos de bancos, formando conglomerados financeiros como J. P. Morgan Chase e Citigroup. Muitos desses bancos tinham, ou adquiriram, subdivisões de corretagem, tais como a Salomon Smith Barney do Citibank. Muitas das histórias contadas aqui tratam de bancos de investimento, inclusive dos conflitos de interesse que surgiram entre a corretagem e outras atividades nas quais eles estavam envolvidos. A lucratividade dos bancos de investimento sempre se baseou na informação: eles desenvolveram uma reputação de confiabilidade. Mas as mudanças na economia dos anos 90 mudaram seus incentivos; tal como os CEOS, cujas ações eles emitiam, os bancos tinham um incentivo para fornecer informações distorcidas ao mercado.

Para a bolsa de valores funcionar bem, são necessárias informações precisas sobre o valor de uma empresa, a fim de que os investidores possam pagar o preço correto por suas ações. Os bancos contribuíram para a erosão da qualidade das informações ao encobrir os problemas inerentes a muitas das empresas que eles levavam para o mercado ou para as quais ajudaram a levantar capital por meio da emissão de ações. Eles deveriam fornecer informações aos investidores, para reduzir as disparidades entre os de dentro da empresa, bem informados, e os de fora. Ao invés disso, as assimetrias de informação eram mantidas ou aumentadas; em muitos casos, os banqueiros e os analistas conheciam a verdadeira situação dos negócios das empresas com as quais trabalhavam, mas o público não. A confiança nos mercados declinou, e quando a informação correta vinha à tona, os preços das ações despencavam bruscamente.

O motivo de os banqueiros e os analistas estarem dispostos a fornecer informações enganosas está relacionado à questão dos incentivos. Eles faziam dinheiro com IPOS e outras transações, tanto dinheiro que as recompensas para fornecer informação errada eram mais altas do que as auferidas com informações corretas. E ao mesmo tempo em que havia bastante incentivo para o fornecimento de informações imprecisas, os incentivos para a informação correta eram poucos ou ausentes, devido ao que é chamado de aspecto de "bem público" da administração de empresas: se ela é bem administrada, todos os acionistas, todos os titulares do patrimônio, bem como os credores, beneficiam-se.[3] Se um único acionista se empenha com sucesso para melhorar a qualidade da administração, seus retornos aumentam e o mesmo acontece com os retornos para outros acionistas. Mas, uma vez que recebe apenas uma pequena parte dos benefícios advindos de sua ação, o acionista bem-intencionado não tem incentivo para fazer um esforço maior no sentido de melhorar as coisas.

Houve várias mudanças durante os anos 90 que transformaram o que era um conjunto latente de problemas no que se tornou, para muitos, um desastre econômico. A desregulamentação, que abriu novas fontes de conflitos de interesses, e as *stock options* e outros esquemas de remuneração mal planejados, que encorajaram um enfoque sobre o aqui e agora, em vez de no longo prazo, mostraram-se tão problemáticos no setor financeiro como em outros lugares. Os banqueiros dos anos 90 não eram essencialmente diferentes dos executivos de outros setores aquecidos da economia. Eles aprenderam a impulsionar os preços de suas próprias ações, tal como ajudaram os outros a fazer o mesmo. Supostamente, a elevação nos preços das ações geraria os dividendos do acionista no longo prazo. Mas, em muitos casos, o mercado enfocava somente o curto prazo, o resultado imediato. E com a remuneração dos executivos dependendo do preço do dia da ação, eles tinham todo incentivo para se concentrar nos lucros do momento e nenhum para se preocupar com a reputação da empresa a longo prazo.

O mesmo valia para analistas, tais como Mary Meeeker, do Morgan Stanley, Jack Grubman, da Salomon Smith Barney, e Henry Blodget, do Merrill Lynch, que fizeram milhões quando impulsionaram as ações das telecomunicações e da alta tecnologia. Todos foram acusados de oferecer aos clientes incautos que confiavam neles análises repletas de atrativos, mas que davam poucas informações sobre o verdadeiro valor das empresas.[4] Os bônus e outros incentivos financeiros que eles recebiam encorajavam o pensamento de curto prazo. Obter um bônus para fazer um negócio num banco de investimentos tornou-se mais importante do que fornecer boas informações que ajudariam a garantir que os fundos fossem para onde seriam mais produtivos. Em vez de advertir sobre as empresas que falsificavam a contabilidade ou enterravam números reveladores sob camadas obscuras, os bancos as ajudavam a trapacear. Alguns analistas de Wall Street não entendiam verdadeiramente as empresas que estavam promovendo; outros, como sabemos por seus e-mails depreciativos, entendiam bem demais. Dificilmente se importavam.

Novas técnicas de engenharia financeira ofereciam novos meios não somente para os contadores fornecerem informações distorcidas, como vimos no capítulo 4, mas também para os bancos servirem de cúmplices. E o mesmo fazia a desregulamentação. Havia, de fato, uma variedade de novas sinergias entre contadores e bancos, que nem sempre servia bem ao público: os problemas na contabilidade significavam que os contadores não controlavam o poder dos bancos como deveriam. Os bancos faziam menos do que eles sempre fizeram: ficar de olho nas empresas para as quais emprestavam dinheiro. Por isso, os problemas no setor bancário tiveram conseqüências sistêmicas tão grandes.

A desregulamentação aumentou o espaço para os conflitos de interesses. Também teve o anunciado efeito do aumento da competição. Sob circunstâncias normais, o aumento da competição é uma coisa boa. Mas nos anos 90, os bancos tornaram-se tão ávidos pelo lucro a curto prazo que houve uma corrida desesperada. Cada banco sabia que seus competidores estavam engajados em práticas semelhantes e, se ele não competisse, seria deixado para trás; e cada alto funcionário do banco sabia o que isso significava: bônus menores, talvez demissão.

A bolha — e o mau comportamento — reforçavam-se mutuamente: quanto mais forte a bolha, mais fortes os incentivos para manter o seu funcionamento. Os bancos deviam certamente saber que, quando a bolha estourasse, muitos dos empréstimos que haviam feito não seriam pagos. Assim, as carteiras de empréstimos dos bancos dependiam da manutenção do funcionamento da bolha da bolsa de valores. Se entendessem completamente os incentivos em jogo nos bancos, nas corretoras e entre os analistas que trabalhavam para eles, os participantes do mercado poderiam tornar-se céticos em relação às informações que lhes eram passadas. Muitos banqueiros que participavam das fraudes devem ter entendido isso; eles não revelaram as gratificações que eles mesmos estavam recebendo.

No cerne dos exuberantes anos 90, e nos problemas que finalmente emergiram nos primeiros dias do novo século, estava uma relação simbiótica entre Wall Street e o Vale do Silício. Eu estava em uma excelente posição para ver o que estava acontecendo no Vale do Silício, que, mesmo antes dos anos 90, se afirmara como centro de inovação e em Wall Street. Naveguei entre as duas culturas sensivelmente diferentes — a cultura inovadora da alta tecnologia do Oeste e a cultura de "fazer negócios" do Leste. De 1979 até a minha ida para Washington em 1993, dividi meu tempo entre a Universidade de Stanford, no coração do Vale do Silício, e a Universidade de Princeton, a uma hora de Manhattan e de Wall Street. Na Costa Oeste, a preocupação com os computadores, redes e comércio eletrônico havia virado uma febre: dificilmente você poderia ir a um restaurante ou café sem escutar uma explosão de conversa excitada sobre a mais recente e louca tecnologia ou idéia de negócio. Enquanto isso, na Costa Leste, toda a conversa girava em torno de finanças, preço inicial de ofertas públicas de ações, fusões e aquisições e qual empresa ou setor estava pronto para decolagem.

Embora divergissem em muitos aspectos, Nova York e o Vale do Silício eram dependentes um do outro e sabiam disso. Novas idéias exigiam capital para que fossem realizadas e o Vale do Silício havia desenvolvido uma nova instituição — a empresa de capital de risco — para fazer exatamente isso. As empresas de capital de risco só poderiam financiar novos empreendimentos se pudessem tirar proveito dos sucessos de empreendimentos anteriores. E embora Wall Street pudesse fazer bastante dinheiro rearrajando as peças da "velha economia", a verdadeira riqueza estava na venda da Nova Economia. Pouco importava que alguém em Wall Street não soubesse o suficiente sobre o que eles estavam vendendo: na economia da bolha, sempre que vendiam, logravam êxito.

Todos queriam participar. À medida que os novos empreendimentos surgiam, as grandes instituições de investimento vendiam seus títulos mobiliários para o público — para fundos de pensão e outros investidores institucionais e para os clientes varejistas, por meio de uma vasta rede de corretagens. Nos anos 90, a capacidade dos Estados Unidos para financiar a inovação financeira causou inveja no mundo.

Há muitas semelhanças entre o que estava acontecendo nas duas extremidades do país. Ambos os esforços exigiam criatividade, mas de tipo completamente diferente. O dinheiro impulsionava as duas, mas na Costa Oeste era mediado pela ciência e temperado amiúde pelo idealismo, por uma preocupação com o meio ambiente ou envolvimento em ações sociais. Tanto na Costa Leste como na Oeste, a *informação* era o segredo do sucesso — o código do computador, no Vale do Silício; os dados financeiros, em Wall Street. O Vale do Silício e suas empresas de capital de risco prosperavam graças às informações sobre tecnologia, a julgamentos sobre o que funcionaria e ao conhecimento sobre como articular uma nova empresa. Os bancos de investimento do Leste disponibilizavam o conhecimento sobre fontes de financiamento, a confiança que essas fontes tinham neles, as habilidades necessárias para estruturar transações complicadas e a capacidade para realizá-las. Ambas as culturas inspiravam enorme confiança — confiança no que sabiam e no que poderiam fazer. E, contudo, em suas atitudes, nos modos e vestimentas, havia uma admirável diferença. Na Costa Oeste, ninguém usava os trajes dos centros financeiros. Mais do que isso; na Yahoo!, era comum encontrar o cofundador (e bilionário iminente) David Filo em uma esfarrapada camiseta e jeans surrado — e descalço. Era uma maneira de vestir que destacava o comprometimento mais com a substância do que com a forma. Muitos administradores de empresas e engenheiros definiam a escolha de sua carreira em termos altamente idealísticos: o Vale do Silício era um lugar onde você podia falar sobre o potencial de transformação do mundo de alguma coisa como uma *pet shop on-line* e não ser ridicularizado. Era também um lugar onde as pessoas pareciam ter a mente enfocada como um raio laser na tarefa a realizar.

Aqueles que fizeram seu dinheiro seguindo os conselhos de Wall Street estavam dispostos a dar aos analistas e banqueiros de investimento crédito total, do mesmo modo que a maioria daqueles que se beneficiaram da economia do *boom* estavam dispostos a dar crédito aos homens e mulheres que administravam a economia em Washington. Os banqueiros, não menos do que os formuladores de políticas, aceitaram o elogio do fundo do coração.

Lucrando com o boom *do mercado*

A economia em transformação mudou o papel dos bancos, do mesmo modo que mudou o papel das empresas. No último capítulo, observamos como o crescimento das grandes empresas levou à separação entre propriedade e controle; aqueles que administravam as empresas o faziam em nome dos milhões de acionistas cujos interesses deveriam supostamente defender. Mas, na verdade, com freqüência eles defendiam seus próprios interesses, à custa do acionista médio; e as *stock options* e outros esquemas, que dificultavam a visão dos acionistas comuns do que realmente estava acontecendo, só pioraram a situação.

Já que os pequenos acionistas não tinham como assegurar-se de que os administradores estavam fazendo a coisa certa, os bancos assumiam um papel cada vez mais importante. Os administradores queriam que suas empresas crescessem e necessitavam de financiamento. Mas os bancos somente emprestariam dinheiro se as empresas tivessem planos de negócios razoáveis, se houvesse uma perspectiva razoável de serem reembolsados. Os bancos desempenhavam um importante papel na *monitoração.*

De vez em quando, as empresas necessitavam ainda de mais dinheiro e, então, elas recorriam aos bancos de investimento para emitir títulos ou ações. Os bancos de investimento também desempenhavam um importante papel informativo. Na verdade, eles emprestavam sua reputação. Somente emitiam títulos de uma empresa se achassem que podiam ser reembolsados; somente emitiam ações de uma empresa se achassem que seu preço era justo, em termos do que eles provavelmente ganhariam. Os bancos de investimento sustentavam essas avaliações, comprometendo-se freqüentemente a comprar o que não fosse vendido no mercado. Mas tinham boas conexões com instituições e indivíduos ricos que poupavam e procuravam onde colocar seu dinheiro. Por conseguinte, estavam em uma boa posição para colocar as ações e os títulos no mercado.

Um banco de investimento que recomendasse ações ou títulos que não fossem bons se arriscaria a perder seu negócio. Ele precisava cuidar de sua reputação. Os bancos sabiam que podiam fazer dinheiro no curto prazo, promovendo ações incertas; as empresas pagariam pelo seu endosso. Mas os ganhos de curto prazo para fazer isso seriam mais do que contrabalançados pelos custos de longo prazo. Os bancos de investimento eram altamente lucrativos e não queriam perder esses lucros.

O acontecimento que talvez tenha captado — alguns poderiam dizer resumido — o novo humor dos bancos foi a decisão do Goldman Sachs, um dos mais influentes bancos de investimento (Robert Rubin fora seu co-presidente antes de dirigir o Conselho Econômico Nacional de Clinton Stephen Friedman também fora seu co-presidente antes de dirigir o Conselho Econômico Nacional de Bush), de abrir seu capital.[5] A maioria dos bancos de investimento fora fundada como sociedades limitadas. Agora, um após o outro, eles decidiram obter lucro e passaram a ser sociedades anônimas. O Goldman Sachs arriscou-se em 4 de maio de 1999. A formação de sociedade permitia ao Goldman ser listado na Bolsa de Valores de Nova York e participar do mercado em alta. Mas, ao mesmo tempo, protegia os executivos do banco contra o risco de desvalorização. Como sócios, cada um havia sido responsável pelos enganos e pelas perdas financeiras dos outros. Isso os motivava fortemente a monitorar as ações uns dos outros, o que propiciava grande conforto para os investidores, mas o crescimento dos bancos tornava essa tarefa cada vez mais difícil. A formação de sociedades tirava aquela carga de responsabilidade de seus ombros e oferecia aos sócios a oportunidade de obter vantagem com a elevação dos preços das ações, auferindo um lucro considerável a curto prazo. A teoria econômica diria que tais movimentos dos bancos os levaria a correr riscos maiores, a ter um foco maior no curto prazo e de fato parece ter sido assim.

Os analistas

Quando os escândalos surgiram, o que gerou mais ultraje, porque atingia a maioria das pessoas e era o mais fácil de se entender, envolvia os analistas, aqueles especialistas de Wall Street que devem examinar com cuidado o que cada empresa está fazendo e dizer aos investidores quais ações comprar e quais vender. Milhares de americanos confiavam nos relatórios dos analistas que os corretores lhes passavam, para aconselhar-se nas decisões de compra e venda de ações. Nos anos 70, 80 e 90, a maioria dos americanos tornou-se pequeno investidor, sem tempo e condições para fazer suas próprias análises, e assim confiavam nos corretores e nos analistas com quem contavam. Eles os viam como profissionais, não como pechincheiros que tentavam simplesmente conseguir um dólar extra de comissão. Nos anos 90, os bancos de investimento dos EUA quebraram essa confiança, quando os investidores os viram adquirindo ações que os analistas confidencialmente depreciavam. Em alguns casos, os analistas pareciam vangloriar-se da sua capacidade de enganar os clientes incautos com a "merda" que lhes vendiam. Quando se revelou que sua visão "privilegiada" era mais precisa do que sua visão "pública", o escândalo tornou-se ainda maior.

Durante muito tempo houve um potencial para um conflito de interesses. Afinal, os bancos de investimento ganhavam boa parte de seu dinheiro realizando transações, emitindo ações e títulos. As empresas os procuravam porque eles podiam "colocar" suas novas emissões de ações, isto é, vender suas ações para outros. As corretoras de propriedade dos bancos de investimento serviam, assim, a dois patrões — seus clientes de varejo e suas matrizes. Elas equilibravam os dois, talvez não de modo perfeito, conscientes de que se perdessem a confiança dos clientes de varejo perderiam em ambos os lados.

Na verdade, as coisas começaram a mudar há pouco mais de um quarto de século. Em 1975, as comissões de corretagem fixadas no mínimo foram eliminadas (a competição na indústria nunca tinha sido muito robusta), lançando os fundamentos para o aumento dos descontos nas taxas de corretagem. Mas isso corroía a lucratividade do lado da corretagem dos negócios, colocando todo o peso na "realização de transações". Antes de 1975, os analistas podiam ser pagos pelas margens comerciais. Mas com as margens comerciais sendo disputadas continuamente, isso se tornava cada vez mais difícil. (Não importa que houvesse pouca evidência de que os analistas eram particularmente bons em prever quais ações se portariam bem. O fato era que os clientes queriam tais previsões, e as histórias que as sustentavam.) E, na mentalidade dos anos 90, todos tinham que ganhar seu sustento. Se os analistas não podiam ganhar seu sustento diretamente servindo aos interesses dos clientes varejistas, conseguiam ganhá-lo ajudando a realizar transações. Instituições de investimento tornaram-se negociantes. Elas fizeram o que era necessário para vender o que podiam vender. Os analistas financeiros trabalhavam supostamente atrás de uma "Muralha da China", preocupados apenas com os interesses de seus clientes e, é claro, tinham uma reputação a manter — ou pelo menos era o que se dizia. Mas há muito tempo que os economistas são céticos em relação às muralhas chinesas — veremos alguns outros exemplos mais adiante em que estas muralhas se mostraram muito menos inexpugnáveis do que o setor financeiro afirmava.

Durante meu ano de calouro na universidade, trabalhei em uma loja de calçados em Gary, Indiana. Foi meu primeiro emprego — e uma memorável lição para avaliar atos desse tipo. Se o sapato estava apertado, explicávamos como o couro lassearia e logo alargaria. E se estava muito largo, falávamos sobre as vantagens do conforto e como o sapato logo tomaria a forma do pé. O objetivo era vender o sapato para ganhar a comissão. Nunca revelávamos nossa comissão, mas eu sentia que muitos de nossos clientes percebiam que ganhávamos comissão pela maneira como os tratávamos, e eu pelo menos me sentia confortado pela idéia de que isso os tornava cautelosos quanto a acreditar no que lhes dizíamos. Eles realmente não confiavam muito no que ouviam.

Mas quando se tratava do mercado de IPOs, os investidores queriam acreditar nas histórias contadas pelos analistas, mesmo quando elas não tinham nenhum sentido — quando eles "vendiam" empresas que não apresentavam planos de negócios razoáveis ou, pior, tinham planos de negócios cujo fracasso era quase garantido. Meu sobrinho Alex, que vive na vizinhança da cidade de Nova York, cheia de lojas de conveniência, costumava fazer um pedido de uma única lata de Coca-Cola, pela internet, da Kozmo.com e UrbanFetch.com (embora eles finalmente tenham instituído uma exigência mínima de pedido).[6] O entregador do UrbanFetch.com, que lhe trazia o pedido, nem mesmo aceitava gorjeta. A Pets.com era elogiada por vender *on-line* alimentos para cães — supostamente como uma estratégia de comercialização para atrair os fregueses que comprariam caras coleiras de cachorro. A função do analista era analisar: ver se as projeções de lucro tinham sentido. As vendas podiam realmente aumentar tão rápido quanto era projetado? Elas comprariam de fato tantas coleiras de cachorro cravejadas de diamantes? E se os lucros eram tão altos, quais as barreiras à entrada que afastariam outras empresas da competição? Em algumas indústrias, como nas telecomunicações, havia indiscutivelmente uma vantagem em ser a primeira a entrar, baseada na relutância (que está desaparecendo) dos assinantes do serviço de telefonia e a cabo em mudar de provedores do serviço. Mas haveria tal fidelidade na compra de coleiras de cães?

As piores violações não eram aquelas que surgiam de uma falha de análise ou ainda de uma situação ligeiramente otimista. Elas surgiam quando um analista chegava a uma conclusão negativa sobre uma empresa para a qual seu banco de investimento queria realizar um negócio. Os CEOs das empresas que emitiam ações jogariam com firmeza, ameaçando tirar seus negócios do banco de investimento se ele não oferecesse um bom *rating* para sua empresa.

Os defensores de Wall Street dizem de fato: "Os investidores deveriam ter sabido". É possível ver como eles podem fazer tal afirmação: afinal, não se precisa de muita massa cinzenta para imaginar que um analista poderia sofrer pressões para adquirir ações de uma empresa para a qual seu patrão no banco de investimento está fazendo, ao mesmo tempo, transações altamente lucrativas. Com todos fazendo rios de dinheiro, não surpreende que tão poucos se perguntassem se os números tinham sentido. Mas para um economista como eu, que dirigi o foco da minha vida profissional para as imperfeições de informação, há muitos enigmas: 70% da classe poderiam estar realmente na metade superior? Wall Street, tal como o Vale do Silício — e a mítica Lake Wobegon de Garrison Keillor —, tornou-se um lugar onde todos estavam acima da média. Se fôssemos acreditar nos analistas, toda ação poderia superar a média do mercado. Por que os investidores não percebem que é improvável que o dinheiro colocado em fundos mútuos que tentam selecionar "ações que superam a média" produza um rendimento melhor do que o dinheiro investido nas S&P 500? Se os administradores dos fundos e os assessores de investimento são tão eficientes em selecionar ações, por que eles arriscam o dinheiro dos clientes em vez de arriscar o deles? É improvável que algumas das implicações para formulação de políticas sejam favorecidas por quem atua nos mercados financeiros: tendo em vista a melancólica trajetória de muitos administradores de fundos e assessores de investimento, por que não exigir que eles divulguem isso? Por que não fazê-los mostrar como foi ruim o seu desempenho e quanto dinheiro eles juntaram com as gratificações ao longo do caminho? Por que não obrigar pelo menos as corretoras a divulgar quais das ações que elas estão adquirindo fazem parte das transações dos bancos de investimento para os quais elas trabalham — e quais são as gratificações dessas transações?

A despeito da confiança, expressada com tanta freqüência, no bom funcionamento dos mercados, há um volume imenso de pesquisa sugerindo que muitos investidores simplesmente não são racionais e, se este é o caso, então os preços que emergem no mercado talvez não ofereçam boas "indicações" de onde investir. Por quase um quarto de século, a partir do início dos anos 70, a escola de pensamento econômico das *expectativas racionais* dominou o pensamento econômico. Ela retratava o indivíduo não somente como um ser racional, que faz escolhas consistentes, mas como alguém capaz de processar informações complexas e absorver todos os conhecimentos relevantes. Seus defensores concentravam-se em modelos nos quais todos tinham as mesmas informações — não havia assimetrias. Na verdade, poucas pessoas sabem matemática o suficiente para processar a gama de conhecimentos relacionados à mais simples decisão de investimento. (Os teóricos das expectativas racionais reconheciam isso, mas sustentavam que, de algum modo, os indivíduos agiam *como se* tivessem processado tudo.) Não satisfeitos com a defesa da racionalidade dos indivíduos, eles retratavam a própria economia como um mecanismo racional — no qual, como por milagre, os preços refletem instantaneamente tudo o que é conhecido hoje, e os preços hoje refletem um conjunto consistente de expectativas sobre quais serão os preços *num futuro remoto*. A agenda da política econômica dessa teoria parecia, muitas vezes, superficial: se a escola das expectativas racionais estava certa, os mercados eram inerentemente eficientes e haveria pouca necessidade, se houvesse alguma, de intervenção do governo.

O auge do movimento das expectativas racionais terminou, fico feliz em anunciar. Embora esse pensamento ainda exerça enorme influência, ele foi alvo de três amplos ataques, cada um devastador a seu modo. No capítulo 1, descrevi a recente pesquisa sobre as conseqüências das assimetrias da informação — o fato de que diferentes indivíduos sabem coisas diferentes. As conclusões dos teóricos das expectativas racionais — e o que é mais importante, aquelas relacionadas à eficiência do mercado — desintegram-se se diferentes pessoas sabem ou acreditam em coisas diferentes, como de fato acontece. Supõe-se que os mercados levam a economia à eficiência *como se por uma mão invisível*. Na seqüência dos exuberantes anos 90, parece que a mão invisível não funcionou muito bem, e as teorias da informação assimétrica ajudaram a propiciar a explicação. Os mercados liberados, enfurecidos com conflitos de interesse, podem levar à ineficiência. Jamais podemos eliminar os problemas, mas podemos atenuá-los. Nos anos 90, os deixamos piores.

Uma segunda linha de ataque concentrava-se no fato de que diferentes indivíduos têm diferentes crenças a respeito do mundo e de como ele funciona (para que as conclusões da escola das expectativas racionais funcionem, não apenas todos precisam ter expectativas racionais, como todos têm de acreditar que os outros também têm expectativas racionais). Mas — como as divergências que ventilamos agora demonstram amplamente — há informações insuficientes com base nas quais todos poderiam concordar com um único modelo do mundo.[7] A terceira linha de ataque, observada brevemente no capítulo 3, apontada pelos psicólogos Amos Tversky e Daniel Kahneman (O último recebeu o Prêmio Nobel de economia em 2002), concentrou a atenção na capacidade dos indivíduos de processar informação e sua racionalidade. Tversky e Kahneman descobriram provas de completa irracionalidade; eles identificaram até padrões consistentes nas irracionalidades dos indivíduos — padrões claros o bastante para serem estudados por cientistas sociais.

Os administradores dos negócios, diferentemente dos economistas, sempre estiveram atentos à importância da irracionalidade. Os especialistas em marketing ganham a vida explorando-a. Representantes de seguro sabem que podem vender cobertura para acontecimentos de baixa probabilidade (tipos raros de câncer, por exemplo) com prêmios excessivos, que excedam em muito as probabilidades atuariais, porque muitas pessoas são incapazes de resistir a uma apólice que custa uns poucos centavos ao dia. Os analistas financeiros também tendem a ser estudiosos perspicazes da irracionalidade e da mentalidade da população. Quando os preços se elevaram a níveis inaceitáveis, alguns analistas claramente não apreciaram a tarefa de construir fundamentos lógicos para continuar as compras de ações; mas o mercado lhes dizia para colocar suas apreensões de lado. O mercado e os bancos de investimento onde eles trabalhavam os incitavam. Os bancos davam sinais muito claros — gratificações monetárias reais — para aqueles que tratavam os investidores como presa fácil para as ações com pouco ou nenhum mérito intrínseco. Dizia-se aos analistas que a responsabilidade deles era para com a empresa deles e com eles mesmos. Que os investidores se defendessem sozinhos. (E para remover quaisquer dúvidas remanescentes, podiam invocar de novo Adam Smith — você realiza o bem comum ganhando dinheiro para você mesmo!)

Agora que os problemas são bem conhecidos, as firmas de Wall Street propuseram remediar o dano com analistas remunerados independentemente. Isto, por si só, não resolverá a questão. São necessárias muito mais informações, por exemplo, sobre a trajetória do analista, o índice de seus pedidos de compra e venda e sua estrutura de incentivo de remuneração — ela se baseia nas vendas ou na qualidade de suas recomendações? E no caso de a nova "independência" revelar-se uma charada parecida com as antigas muralhas chinesas, também deveriam ser fornecidas informações sobre quem está obtendo quais honorários para tocar quais transações com cada ação que está sendo adquirida.

Justa veiculação de informação

Embora o abismo entre o que os analistas diziam aos investidores e aquilo em que eles acreditavam tenha sido um choque para muitos investidores, Wall Street sempre foi consideravelmente franca sobre sua hostilidade à idéia de tratar com justiça os pequenos acionistas — ainda que pregue as virtudes de um novo "capitalismo do povo" no qual todos possuam um punhado de ações. Esse ponto ficou claro quando Arthur Levitt, então presidente da SEC, insistiu na veiculação pública total das informações que um executivo da empresa poderia sentir-se inclinado a passar para um analista favorecido. A proposta de Levitt encontrou violenta resistência, e por razões óbvias.

Os analistas *eram* ouvidos. Uma das principais razões pelas quais eles mereciam ser ouvidos era a suposição de que desfrutavam de acesso a informações privilegiadas. Se tudo o que eles sabiam estivesse disponível ao público, qualquer investidor, disposto a dedicar tempo, poderia fazer seu próprio julgamento sobre os méritos de uma ação. No mundo real da informação altamente assimétrica, até os investidores mais confiantes sabiam que estavam em desvantagem no que dizia respeito à informação. Eles contavam com os analistas privilegiados para se converterem em investidores privilegiados.

Quando Levitt anunciou seu plano de justa veiculação de informação, as empresas em Wall Street e seus clientes realizaram um imenso protesto em favor próprio. Eles diziam que se fossem obrigados a tornar as informações públicas e uniformemente disponíveis, não poriam nenhuma informação à disposição e todos os investidores ficariam em uma situação pior. Era um argumento que, tivesse alguém acreditado seriamente nele, teria colocado toda a economia de mercado em questão. À primeira vista, contudo, era uma afirmação implausível: as boas empresas escondem deliberadamente informações que levariam os investidores a pensar bem delas? Outros argumentos enganadores também foram propostos: preocupados com a possibilidade de serem processados pelo fornecimento de informações enganosas, os executivos das empresas afirmavam que a litigiosa sociedade americana lhes dava um incentivo para a ocultação. Havia um pouquinho de verdade nisso, mas é óbvio que pela mesma lógica, deveriam restringir a liberação de informações para os analistas — os supostos representantes dos investidores — e não só aos investidores.

Sob tremenda oposição, Levitt finalmente teve sua proposta de justa veiculação da informação adotada em 2 de outubro de 2000. As terríveis conseqüências que muitos haviam previsto não ocorreram. O fluxo de informação não estancou. Pelo menos no papel, o mercado parece um pouco mais justo, um pouco mais informado do que antes. Pelo menos no papel, o pequeno investidor tem mais razão para considerar que o jogo está mais igual e para sentir-se livre para *não* pagar um analista ou uma corretora pelas percepções que, no fim, além de não confiáveis são, com muita probabilidade, distorcidas.

A razão pela qual a comunidade de investimento resistia tão fortemente à justa veiculação da informação era que o tratamento preferencial de analistas particulares fazia parte de uma rede de "trocas de presentes" que fazia o mercado funcionar — isto é, funcionar para Wall Street e para as empresas que tentavam vender títulos mobiliários acima do preço, gerando imensos lucros, mas não necessariamente para o investidor ou para a economia em termos mais amplos.[8] Vimos antes como os analistas forneciam bons relatórios sobre as empresas com as quais realizavam negócios, para que as empresas propiciassem aos bancos de investimento transações lucrativas. Conceder informação privilegiada aos analistas dava às corretoras e às instituições de investimento que possuíam analistas uma vantagem sobre os corretores de desconto que forneciam serviços aos pequenos comerciantes por margens reduzidas. Um banco de investimento, com uma forte clientela de corretagem, levava vantagem ao fazer transações lucrativas envolvendo lançamento de títulos mobiliários, porque poderia mais facilmente colocar as ações. A justa veiculação da informação ameaçava enfraquecer os fundamentos desses arranjos.

IPOs

Algumas das trocas de presentes eram tão secretas que, até os escândalos estourarem, poucos sabiam sobre elas. Os economistas, durante muito tempo, se perguntaram, por exemplo, por que as IPOS costumavam ser oferecidas a preços substancialmente abaixo do preço "justo de mercado", como demonstrado pelo nível ao qual eles rapidamente ascendiam. Eram os banqueiros de investimento, responsáveis por colocar IPOs no mercado (e, presumivelmente, bem informados sobre as perspectivas de uma empresa) que fixavam esses preços artificialmente baixos. Aliás, eles estavam se desfazendo do dinheiro dos acionistas, o que poderia ter sido razoavelmente interpretado como uma forma de roubo empresarial.[9] O problema das IPOs era, portanto, semelhante ao problema das *stock options* do executivo discutido no capítulo 4. Se 1 milhão de ações, valendo US$ 20 cada uma, são vendidas a novos compradores a US$ 10, os antigos acionistas estão sendo privados de US$ 10 milhões que, de outro modo, seriam seus. À medida que a bolha crescia, aumentava também o hiato entre o que as ações valiam e por quanto elas eram vendidas.

Previsivelmente, todos queriam estar no jogo — quem não iria querer, uma vez que os bancos de investimento estavam, de fato, distribuindo dinheiro? Os bancos davam o dinheiro para clientes privilegiados, muitas vezes em troca de negócios adicionais ou comissões mais gordas do que as usuais. As IPOs tornaram-se uma oportunidade para gratificar os executivos das instituições que comercializavam por meio da divisão de corretagem de um banco de investimento. Os primeiros privilégios também eram dos executivos das empresas que colocavam suas próprias IPOs com o banco. Alguns bancos tinham uma lista de "amigos e familiares" de beneficiários da IPO. Era um arranjo cômodo.

Embora esses entendimentos fossem, em sua maioria, implícitos, em alguns casos a demanda de dinheiro por fora ou comissões extra tornou-se quase explícita. Os participantes sabiam que estavam fazendo uma coisa que era, se não ilegal, pelo menos indecorosa, então tomavam cuidados para não deixar pista, embora aqui também os e-mails privados acabassem por dar aos investigadores algumas provas condenatórias. O jogo sombrio de servir IPOs para os privilegiados, como o jogo igualmente sombrio de ligar os *ratings* dos analistas à subscrição de títulos, revelou-se ser uma norma bem difundida — aparentemente uma prática-padrão no Citibank, Salomon Smith Barney e Credit Suisse First Boston.

Para algumas pessoas de Wall Street, nada disso era problema. Os defensores das trapaças das IPOs as comparavam a dar um desconto a uma empresa. Se o banco de investimento cobrava 100 milhões para fazer uma transação, por que estava errado ao conceder um desconto de 10 milhões para os executivos responsáveis por aquela transação? Eliot Spitzer, o procurador-geral do Estado de Nova York, foi vilipendiado por gente de Wall Street por fazer um alvoroço sobre tais práticas. Spitzer foi descrito como um populista espalhafatoso, que jogava para a platéia. Mas ele estava certo ao tratar essas coisas com seriedade. Se as ações IPOS fossem simplesmente um desconto, por que não rotulá-las como tal e ser sincero sobre elas? Em vez de cobrar 100 milhões e devolver 10 milhões, por que não cobrar exatamente 90 milhões? A corrupção prospera quando as coisas são feitas às escondidas. A transparência e a abertura são tão importantes no setor privado como no setor público. Mas não se tratava exatamente de um desconto: é a empresa que paga as gratificações do banco de investimento; é o CEO da empresa e *outros altos executivos* que obtêm os benefícios, na forma de desejáveis ações IPO.[10]

Transações imorais

Foi o escândalo dos analistas que deixou os bancos de investimento no pior descrédito. Mas os bancos também estavam envolvidos em um escândalo menos notado que atingiu milhões de investidores. Nesses casos, mais adequadamente descritos como "ajuda e favorecimento ao roubo empresarial", eles recebiam generosas gratificações trabalhando como cúmplices, ajudando a montar negócios que não estavam incluídos nos balanços das sociedades e incontáveis outras "transações" misteriosas, a serviço de administradores empresariais que tentavam esconder informações importantes dos acionistas. No capítulo 5, escrevi sobre os contadores e como eles ajudavam as empresas a tirar vantagem das brechas legais. Lamentavelmente, algumas das mentes mais brilhantes dos bancos americanos também se dedicavam às brechas legais e abrigos, sendo também gratificados generosamente por seus esforços. Depois de afiar suas habilidades no esforço de enganar o Tio Sam, eles passaram para técnicas similares — movendo passivos para o exterior para tornar uma transação complexa ainda mais complexa, por exemplo — que enganavam os investidores e até, em alguns casos, os próprios bancos. Eles tornavam mais difícil para *qualquer um* entender o que estava realmente acontecendo. Trabalhando com a Enron e outros clientes, os bancos criaram falsas transações, disfarçando empréstimos como pré-pagamentos em contratos de energia, por exemplo. Os bancos faziam dinheiro com essas transações e o valor de suas ações subia — exatamente como a Enron fez quando os investidores não foram capazes de decifrar a verdadeira magnitude de seus passivos pendentes.

Naturalmente, os bancos estavam errados ao desempenharem esse papel, mas com o resultado guiando tudo, o dinheiro triunfou sobre os princípios morais. Eles competiam por gratificações que eram, em muitos casos, bastante pequenas, na crença de que estavam se preparando para fazer transações muito mais lucrativas para as mesmas empresas. Na verdade, os bancos acreditavam que não teriam que suportar qualquer risco real. Eram só intermediários, recolhendo dinheiro e pagando. Mas essa crença baseava-se em uma pequena e, como se revelou depois, danosa suposição — que a Enron não iria à falência. Por mais sofisticados que fossem, alguns dos maiores bancos da nação ficaram horrorizados ao descobrir que, pelo menos em uns poucos casos, eles ficaram com o passivo, sem o rendimento. É uma história que levanta questões sobre a competência dos banqueiros — e dúvidas sobre o sistema de regulamentação bancária desenvolvido pela comunidade internacional (o chamado Acordo de Basiléia II). Entre outras coisas, essas regras dizem aos bancos comerciais quanto capital eles necessitam. As fórmulas se baseiam nos próprios sistemas de administração de risco do banco — os mesmos sistemas que nos deram a Enron e a WorldCom.

Glass-Steagall

Este capítulo — e de certa forma, este livro — é uma história de conflitos de interesses fora de controle. Os problemas são endêmicos para o setor bancário e foram reconhecidos há muito tempo. Infelizmente, a desregulamentação exacerbou os problemas nos anos 90.

Por mais de meio século, os bancos comerciais, que recebem os depósitos das famílias e empresas e fazem empréstimos convencionais, estiveram separados dos bancos de investimento, que ajudam as empresas a emitir novos títulos e ações. Em outras palavras, a mesma empresa não poderia emprestar dinheiro e vender títulos mobiliários. A lei Glass-Steagall, que impedia isso, foi uma das reformas colocadas em prática pelo governo de Franklin Roosevelt, em resposta à onda de falências de bancos que se seguiu à Grande Crise de 1929. Mas as idéias por trás da Glass-Steagall remontam a ainda mais longe, a Teddy Roosevelt (TR) e seus esforços para dissolver os grandes trustes, as grandes empresas que exerciam tanto poder de mercado. TR e os progressistas do início do século XX ficaram alarmados não somente com a concentração do poder econômico, mas também com seu impacto sobre o processo político. Quando as empresas se tornam muito grandes e as interconexões muito estreitas, a qualidade das decisões econômicas se deteriora e o problema do "muito grande para quebrar" mostra sua horrível cabeça. Na expectativa de serem socorridos, os administradores criam coragem para correr riscos que poderiam, de outro modo, evitar. Na Grande Depressão, quando muitos bancos estavam em situação desesperadora, na verdade foi o público que arcou com o risco, enquanto o banco ficou com a recompensa. Quando os bancos quebraram, os contribuintes pagaram o preço por meio de socorros financeiros públicos.[11]

A lei Glass-Steagall de 1933 tratou de um problema muito real. Os bancos de investimento impulsionam as ações e se uma empresa cujas ações eles impulsionaram necessita de dinheiro vivo, torna-se muito tentador conceder um empréstimo. O sistema americano funcionava, em parte, porque sob a Glass-Steagall, os bancos propiciavam uma fonte de julgamentos *independente* sobre a credibilidade das empresas. Quando um banco de "serviço completo" consegue a maior parte de seu dinheiro vendendo títulos mobiliários e obrigações ou organizando "transações", fazer empréstimos torna-se quase subsidiário — um trabalho extra.

Com a lei Glass-Steagall, os Estados Unidos rejeitaram o caminho seguido por outras nações, tais como Japão e Alemanha, que não separaram banco comercial de banco de investimento — acredito que em nosso evidente benefício. Mas para os próprios bancos americanos, a Glass-Steagall reduzia suas oportunidades de obter lucros e não surpreende que tenham começado a insistir em que as regras que separavam o banco comercial do banco de investimento estavam fora de moda. Eles argumentavam que, em uma época de capital volátil e empresas multinacionais gigantes, os bancos precisavam ser integrados, aproveitar o que era chamado de "economias de escopo" — os benefícios que as empresas podem colher trabalhando em várias áreas diferentes ao mesmo tempo. A competição global era muito intensa para que a concentração bancária fosse uma preocupação séria (embora, na verdade, muitos mutuários, em especial as empresas de tamanho médio e pequeno, tivessem acesso somente a poucos financiadores potenciais) e, supostamente, a Glass-Steagall colocava os bancos americanos em desvantagem.

Em meados dos anos 90, os bancos apoiaram uma campanha combinada para revogar a lei Glass-Steagall. As condições eram favoráveis. A prosperidade fazia a noção de quebra bancária parecer muito remota (embora a crise das S&L dos anos 80 devesse ter sido uma advertência). Outro fator positivo significativo surgiu com a nomeação, em 1995, de Robert Rubin para secretário do Tesouro. Rubin era um banqueiro — o primeiro vice-presidente do Goldman Sachs — e apoiou ativamente o esforço da revogação. Embora admitisse o potencial para o conflito de interesse, o Tesouro insistia em que poderia tratar o problema exigindo barreiras — a "muralha chinesa", novamente — entre uma área de uma atividade bancária e a outra. Como presidente do Conselho de Consultores Econômicos, eu me preocupava com os conflitos de interesses, com o efeito sobre a competição, mas essas preocupações foram rapidamente colocadas de lado.

Por um lado, os bancos exaltavam as vantagens da integração; por outro lado, prometiam manter separadas suas diferentes operações. Havia uma inconsistência intelectual óbvia nessas afirmações: se as duas partes fossem, de fato, mantidas separadas, quais seriam os benefícios da integração? A indústria bancária e seus defensores no Departamento do Tesouro também apresentaram outro argumento: revogar a lei, diziam, não traria nenhuma conseqüência, porque, de qualquer modo, os bancos haviam aprendido a burlá-la. A resposta lógica, é óbvio, poderia ter sido uma tentativa de reverter ou limitar a burla que ocorrera. Mas no fervor da desregulamentação dos exuberantes anos 90, nem o Legislativo nem o Executivo do governo tinham estômago para tal esforço.

As conseqüências previstas pelos críticos da revogação da Glass-Steagall somente começaram a vir à tona quando emergiram os escândalos bancários e empresariais. A mais notável foi os bancos financiadores da Enron continuarem a fornecer crédito mesmo quando as perspectivas da empresa pareciam cada vez mais sombrias. Mesmo se estivesse em baixa, a Enron não estava fora do jogo: enquanto houvesse perspectivas para transações maiores, para a emissão de novos títulos mobiliários, fazia sentido continuar a emprestar mais dinheiro à empresa. E esses bancos continuaram a emprestar-lhe, mesmo quando seus problemas estarrecedores começaram a emergir.[12] Na sucessão de escândalos financeiros e empresariais que se seguiram à Enron, numerosos outros casos vieram à tona e os bancos continuaram a emprestar quase até o dia da falência; eles sabiam, ou deviam saber, do risco, mas a fascinação pelos megalucros das novas transações, caso a empresa resistisse à tempestade, tornava o empréstimo atraente. (Em alguns casos, o empréstimo era motivado mais pelo medo de que a falência revelasse algumas das transações duvidosas dos bancos e os expusesse a recriminações por adquirir as ações da empresa; assim eles esperavam, contra todas as expectativas, que com o empréstimo a empresa talvez conseguisse de algum modo sobreviver.)

No antigo regime, os investidores tinham pelo menos alguma garantia de que se estivesse em dificuldade a empresa teria problemas para pedir um empréstimo. Isso propiciava um controle importante que ajudava a fazer todo o sistema funcionar. Havia razões para manter os bancos comerciais e de investimento separados, mesmo se o banco comercial estivesse em uma posição suficientemente firme que fosse improvável um socorro do governo. Nesses casos, os bancos — não o público em geral — acabavam pagando o preço. Ironicamente, os administradores dos bancos freqüentemente evitavam pagar um preço alto, na medida em que descobriam maneiras de sustentar sua remuneração mesmo quando os preços das ações caíam. (E o público em geral pagava, na medida em que muitas empresas reivindicavam um desconto nos impostos quando suas perdas eram divulgadas.) Da próxima vez, contudo, poderemos não ter tanta sorte.

Fusões

A revogação da lei Glass-Steagall apenas aumentou as oportunidades já existentes para os conflitos de interesse. Algumas práticas, como aquelas associadas às IPOS, preocuparam os economistas por um tempo, mas não se transformaram em escândalos até os anos 90. É talvez notável que os conflitos de interesses com que se defrontaram os analistas não tenham se manifestado mais cedo. As fusões, por outro lado, têm sido há muito tempo um elemento essencial de Wall Street e, há muito tempo, são consideradas uma fonte de corrupção.

Os bancos adoram fusões e aquisições — em primeiro lugar, pela excitação de realizá-las e, em segundo lugar, pelas imensas gratificações que geram. Do ponto de vista de um banqueiro, não existe fusão malfeita: ele ganha dinheiro quando a transação é feita, e ganha mais dinheiro quando é desfeita.

As fusões entram e saem de moda, com cada onda assistida pela sua própria história de "sinergias" e reduções de custo, que se mostram geralmente menores do que se imagina. Os anos 80 nos deram as fascinantes fusões do tipo "*Barbarians at the gate*".* Nos anos 90, parecia que qualquer empresa envolvida na mídia tinha que se tornar multimídia.

A mania de fusão dos anos 90, como aquela de décadas anteriores, assenta-se numa aritmética peculiar em que 2 + 2 = 5. Adicione duas empresas que valem 2 bilhões cada uma, e saia com uma empresa que vale 5 bilhões — e dinheiro suficiente para dar aos banqueiros de investimento uma atraente gratificação de 300 milhões, para dar ao CEO um bônus gordo e amplas *stock options*, para entregar ao antigo CEO um atraente pacote de aposentadoria (depois de um breve período como segundo violino, ou um período mais breve ainda como co-presidente) e ainda para dar aos acionistas o suficiente para deixá-los felizes. Esse é o chamado *ágio* de conglomeração — as sinergias de reunir elementos distintos. O problema é que, muito freqüentemente, 2+2 = 3,5: isto é chamado de *deságio* de conglomeração. Em geral, aparece dois anos após a fusão, quando aquelas sinergias não se realizam. Quando sozinhas, cada empresa tinha uma clara visão de seu futuro conjunto, mas o par reunido não se dá bem ou não sabe para onde está indo. E enquanto se esforça para desembaraçar o enigma, as oportunidades de lucro passam despercebidas.

Algumas vezes, 2 + 2 = 4 ou 4,5, e com o custo de fazer a transação sendo 0,75, os acionistas ainda ficam numa situação pior — embora tanto os bancos como os CEOs continuem em uma situação satisfatória. Supõe-se que os banqueiros de investimento forneçam as informações para verificar se haverá um ágio ou um deságio de conglomeração. Na verdade, seus incentivos eram simplesmente para realizar a transação. Uma vez que apareça o deságio, é hora de destruir o conglomerado e vender as peças: a soma das partes excede o todo.

Às forças habituais que estavam em jogo os exuberantes anos 90 adicionaram alguns ingredientes novos. Nos anos 80, era a vaidade desmedida que motivava muitos CEOs a adquirir outros: para o chefe de uma empresa maior havia mais status e uma remuneração ligeiramente mais alta — não importa-

* Best-seller que virou filme em 1992 sobre o episódio da disputa pelo controle da Nabisco, em 1988, caso clássico de aquisição agressiva de empresa. O título em português foi "Selvagens em Wall Street". (N. T.)

va a lucratividade. Os exuberantes anos 90 propiciaram incentivos e oportunidades adicionais para as fusões. Os CEOs, com a remuneração ligada ao preço das ações, tinham naturalmente um forte interesse em ver esses preços subirem tanto quanto possível, não importavam os meios. Às vezes, tinham outros incentivos melhores. A Sprint, por exemplo, tinha uma cláusula em seu contrato que permitia aos executivos exercerem opções, desde que os acionistas aprovassem uma fusão; a transação não precisava realmente chegar ao fim. A aprovação da fusão Sprint-WorldCom permitiu que cerca de US$ 1 bilhão em opções fossem exercidas — US$ 400 milhões pelo executivo chefe da Sprint, William Esrey, que, em resposta à indignação de seus acionistas, não faturou as opções, por cujo ato de sacrifício patriótico seus diretores prontamente o gratificaram com opções novas, num adicional de 3 milhões de ações.

Porém, o mais importante é que a economia da bolha fornecia àqueles cujas ações haviam subido uma forma de dinheiro de brinquedo com o qual comprar outras empresas, e aqueles que eram bastante espertos, como Steve Case, da AOL, sabiam que era melhor transformá-lo em alguma coisa sólida antes que desaparecesse. Pouco antes, a revista *Time* se havia associado à Warner Brothers, e uma vez que uma empresa multimídia seria claramente tola ao satisfazer-se dentro desses limites a Time-Warner associou-se à CNN, a rede de notícias a cabo. De alguma forma, a Time-Warner foi persuadida de que fazia sentido ser adquirida pela AOL, com seus milhões de assinantes com acesso à internet. Presumivelmente, toda a graça estava na Nova Economia e eles não queriam ser deixados para trás. Para a ambiciosa AOL, essa era uma fusão que fazia sentido: num momento em que muita gente já suspeitava que seu valor de mercado estava imensamente superinflacionado, a empresa e seus acionistas trocaram sua ação da bolha por alguma coisa um pouco mais tangível e mais realista. Os acionistas da Time-Warner perderam e muito. Quando as sinergias resultantes se mostraram menores do que foi antecipado, a AOL Time-Warner rapidamente se voltou para o truque-padrão da contabilidade: um *write-off* de mais de US$ 50 bilhões.

O que era verdade para a AOL valia para a WorldCom e para muitas outras empresas nos anos 90; a bolha e seus preços superinflacionados lhes deram a oportunidade e os meios para entrarem em fusões. Empresas como Tyco International Ltd., AT&T Corp. e WorldCom Inc. entraram em uma orgia de fusões e foram rotuladas apropriadamente de *serial acquirers* [adquirentes em série]. Era o clássico esquema da pirâmide, com cada geração de investidores oferecendo dinheiro para gratificar a geração seguinte — até todo o edifício vir abaixo.

WorldCom: um estudo de caso

Quando a bolha estourou e as possibilidades de fusão evaporaram, as empresas tiveram de encontrar outras maneiras de fazer dinheiro e recorreram a truques contábeis cada vez mais "agressivos". Em alguns casos, deixaram de estar por pouco dentro da lei para ficar fora dela. O CEO da WorldCom, Bernie Ebbers, um antigo leiteiro e professor de segundo grau de Alberta, Canadá, usou suas ações como garantia para enormes empréstimos. Em 2000, Ebbers fez sucesso com chamadas margens; obrigado a apresentar às pressas um imenso montante em dinheiro, ele (e outros CEOs no mesmo barco) recorreu à ajuda de sua empresa. A WorldCom, concordou em conceder-lhe empréstimos em 2000, 2001 e 2002, desobrigando-o da necessidade de vender suas ações, o que teria depreciado mais o preço delas; não importa que, ao fazer aquela transação, Ebbers colocasse os acionistas em risco. Agora, seu interesse não era tanto elevar o preço das ações para enriquecer-se de repente mas evitar uma queda, para que o mercado não o destruísse.

Quando foi à falência, em 21 julho de 2002, a WorldCom era a segunda maior transportadora de longa distância e a maior no tráfego da internet, com uma dívida de US$ 32 bilhões e afirmava ter ativos no valor de US$ 107 bilhões — mas dessa quantia, mais de US$ 50 bilhões consistiam em ativos intangíveis de fundo de comércio, um número fictício que, embora possa estar de acordo com as práticas-padrão da contabilidade, não reflete quaisquer ativos duráveis. Estes somavam menos de US$ 40 bilhões — e muitos foram avaliados aos altos preços que predominaram antes do colapso do setor das telecomunicações. Embora ainda seja muito cedo para falar do tamanho total da redução do ativo para um valor mais realista, as estimativas colocaram a cifra de US$ 50 bilhões ou mais — quantia igual ao PIB da República Tcheca ou da Hungria. Os problemas da WorldCom vieram à tona quando a empresa revelou que tinha contabilizado impropriamente cerca de US$ 4 bilhões em despesas, um montante que depois seria quase dobrado para US$ 7 bilhões. Uma grande categoria de fraude envolveu a classificação de despesas ordinárias, co-

mo investimentos; como tal, não precisavam ser deduzidas das receitas, e os lucros, conseqüentemente, pareciam muito maiores. Entre suas outras práticas duvidosas, a WorldCom cobrou da Cherry Communications US$ 225 milhões, que a Cherry contestou; todavia, a WorldCom registrou a quantia como receitas, mesmo *depois* que a Cherry foi à falência, sem pagar. Em um estágio anterior de má-fé, a WorldCom contara com métodos mais convencionais de fraude contábil (mesmo sendo obrigada, em certa ocasião, a fazer uma correção de US$ 3 bilhões).

Tal como aconteceu com a Enron, a falência da WorldCom revelou um nexo de transações imorais entre a empresa e seus executivos. Além de pagar a Ebbers um alto salário — mais de US$ 142 milhões em 1999 — a WorldCom emprestou-lhe cerca de US$ 408 milhões ao todo. O relatório da falência citava uma gama de "falhas numerosas, impropriedades e desdobramentos em um sistema de multicamadas projetado para proteger a integridade do sistema de informação financeira na WorldCom, incluindo o corpo de diretores, o comitê de auditoria, o sistema de controle interno e os auditores independentes".[13] Eu diria que o problema era mais profundo e atingiu não apenas a WorldCom: o problema era com os *incentivos* — para o administrador e para aqueles que, supostamente, estavam supervisionando o administrador.

Por ordem de Ebbers, a WorldCom recorria ao Citibank quando necessitava emitir títulos mobiliários e tanto o CEO quanto o banco lucravam milhões de dólares. Ebbers também contava com o Citibank em suas atividades pessoais de investimento, tendo recebido um total de quase 1 milhão de ações de IPOs, para um ganho de US$ 11 milhões. Outra divisão do Citibank, a Travelers' Insurance, emprestou US$ 134 milhões para a Joshua Timberlands, uma empresa privada controlada por Ebbers, com uma participação no patrimônio de 2,5% (que não foi revelada). Oito meses mais tarde, a WorldCom escolheu o Salomon Smith Barney, outro membro da família Citigroup, como segurador de US$ 5 bilhões em dívida. O banco privado do Citigroup fez ainda outro empréstimo a Ebbers (aproximadamente US$ 400 milhões, garantido pelas ações da WorldCom), ocasionando seu próprio conflito de interesse: tal empréstimo deu ao Citigroup "um motivo para querer apoiar as ações da WorldCom", para o qual Gretchen Morgenson, do *The New York Times*, chamou a atenção.[14] E o Citigroup tinha meios para fazer isso, através de sua rede de corretores e analistas. Os corretores haviam aconselhado os empregados da

WorldCom a praticar suas *options* e deixá-las sem barreiras — conselho que lhes custou imensamente, mas sustentou as ações. O analista de telecomunicações da Salomon, Jack B. Grubman, vinha adquirindo ações da WorldCom há muito tempo. A relação entre Grubman e Ebbers era estreita — ele foi ao casamento de Ebbers (às custas do Citibank). Grubman participou de quatro encontros da diretoria da WorldCom. Ajudou a promover e organizar conferências telefônicas nas quais a empresa deu aos analistas, incluindo o próprio Grubman, informações sobre suas perspectivas e capacidade para atender às expectativas do mercado; ele chegou ao ponto de propor um conjunto de perguntas e respostas manuscritas. E mesmo quando os problemas da WorldCom vieram à tona ele manteve sua recomendação de "compra". Em meado de 1999, elevou-a para uma "compra altamente recomendada", antecipando um aumento no preço de US$ 75 para quase US$ 130 a ação. A WorldCom era ainda uma boa "compra", de acordo com Grubman, em 23 de abril de 2002, exatamente três meses antes de pedir falência e bem depois que a avalanche da fraude contábil começara.

Grubman acabou por se demitir e sua declaração de demissão dizia muito sobre os exuberantes anos 90: "Fiz meu trabalho como analista dentro de uma estrutura amplamente entendida, consistente com a prática industrial que agora está sendo extensivamente criticada".[15] Era prática industrial, e esse é exatamente o problema.

EXPERIÊNCIAS EM OUTROS LUGARES

Em outros lugares, como Alemanha e Japão, não apenas não havia a separação entre bancos comerciais e bancos de investimento que caracterizava os EUA antes da revogação da lei Glass-Steagall, como existiam, com freqüência, elos estreitos entre bancos e empresas, e essas ligações já foram reconhecidas há muito tempo como uma faca de dois gumes. De um lado, facilitavam um fluxo de informações maior e, quando o relacionamento não fosse muito íntimo, um grande banco podia oferecer controles mais efetivos contra abusos dos administradores das empresas do que os pequenos acionistas. Mas quando o relacionamento se tornava *demasiado* íntimo, quando os bancos tinham uma grande participação nas empresas às quais emprestavam, havia uma tendência de o banco olhar com mais compaixão para uma empresa que desse prejuízo; um importante controle do mau desempenho, ou até mau comportamento, era removido. O Japão mostrou os dois lados da faca; as relações íntimas provavelmente contribuíram para o crescimento do Japão nos anos 60, 70 e 80, mas apresentaram obstáculos reais para o país enfrentar os problemas da última década.

Uma das razões pelas quais a Europa e o Japão talvez tenham evitado os extremos dos EUA são as normas mais fortes e a *accountability*. Os europeus franziam a testa para os pacotes de remuneração dos CEOs americanos e embora os rendimentos sejam geralmente um décimo do de seus colegas americanos, o senso de responsabilidade pessoal é mais forte e afastamentos por fracassos, a norma. No Japão, os CEOs são responsáveis por erros de subordinados de qualquer nível. Em contraste, muitos dos CEOs dos maiores bancos americanos, depois de serem multados em centenas de milhões de dólares, tentaram minimizar os problemas passando a culpa para uns poucos analistas abaixo deles, agora rotulados de "malcomportados", mas antes alardeados como as estrelas dos bancos. Enquanto os bancos negociavam muito para garantir que seus CEOs não fossem presos pelos próprios crimes e pudessem até manter o emprego, dois dos mais notórios subordinados foram expulsos do mercado até o fim da vida.

Os arcabouços legais também fazem diferença, com conseqüências reais e simbólicas sobre se os administradores devem agir no interesse dos acionistas ou se os acionistas são apenas um incômodo com o qual os administradores têm de lidar. Nos EUA, por exemplo, há muitas críticas ao fato de que o CEO e outros altos administradores não costumam comparecer às assembléias de acionistas. No Reino Unido, uma pequena fração de acionistas (10%) pode convocar uma assembléia geral extraordinária na qual a diretoria pode ser destituída, mesmo sem causa, por maioria; em contraste, os acionistas nos EUA raramente podem fazer isso.

Assim como a globalização contribuiu para a disseminação dos problemas do estilo americano de contabilidade para outros países (embora a criatividade local quase certamente teria levado outros a "inovações" similares próprias), o mesmo aconteceu com a atividade bancária: os bancos americanos estão presentes no mundo todo. Nos EUA, à medida que cada banco engajava-se nas práticas descritas neste capítulo e ficava rico, outros bancos eram forçados a competir adotando práticas semelhantes, uma espécie de corrida para o fundo. De certo modo, é notável que, diante de tal competição, os bancos estrangeiros não tenham imitado mais essas práticas; mas talvez, ao longo do tempo, fique evidente que o fizeram.

LIÇÕES

Muitas coisas andaram erradas nos anos 90 e as pegadas dos bancos podem ser encontradas na cena de cada proeza suspeita. Supõe-se que os bancos de investimento forneçam informações que levem a uma melhor alocação de recursos. Em vez disso, com demasiada freqüência, eles negociaram informações distorcidas e imprecisas e participaram de esquemas que ajudaram outros a distorcer as informações que eles forneceram, enriquecendo outros às custas dos acionistas.

Os crimes da Enron e WorldCom — e do Citigroup e Merrill Lynch — superam de longe a maioria dos atos de desonestidade política. O típico funcionário corrupto do governo embolsa uns poucos miseráveis milhares de dólares — no máximo, uns poucos milhões. A escala de roubo atingida pelo saque da Enron, da WorldCom e de outras grandes empresas nos anos 90 foi em bilhões de dólares — maior do que o PIB de algumas nações.

Adam Smith acreditava que, ao promover seus próprios interesses, os indivíduos servem geralmente aos interesses da sociedade como um todo.[16] É uma hipótese bastante sedutora e, às vezes, se mantém; contudo, com demasiada freqüência, ela é falsa. A informação imperfeita oferece a alguns indivíduos a oportunidade de atuar de forma a se beneficiarem *às custas de outros a quem deveriam servir.* Às vezes, isso é chamado de o "problema do principal e do agente": ele surge quando um indivíduo deve agir em favor de outros, mas as circunstâncias lhe dão o arbítrio para não fazer isso. Um problema central da economia moderna é como *conciliar* os interesses — como propiciar estruturas de incentivo que tornem mais provável que o agente represente seus verdadeiros clientes.[17]

Os conflitos de interesse nunca serão eliminados, tanto no setor público como no privado. Mas nos anos 90, com a pressão em favor da desregulamentação, as restrições existentes foram removidas ou reduzidas, levando a resultados previsíveis. O que podemos fazer para remediar tais problemas? Em primeiro lugar, nos tornarmos mais sensíveis ao potencial para conflitos e para os incentivos distorcidos que eles produzem. E ao impor regulamentações que limitem sua extensão e aumentem a divulgação — inclusive a divulgação da presença desses conflitos de interesse — podemos atenuar as conseqüências, tanto no setor público como no setor privado.

A atividade bancária sempre se baseou na confiança e em normas de "bom comportamento". Nos Estados Unidos, os exuberantes anos 90 mostraram que quando os incentivos são suficientemente incorretos, não se pode contar com confiança e as normas são flexíveis o suficiente para uma acomodação. É claro que os incentivos precisam ser realinhados, leis e regulamentos têm de ser adotados e aplicados, mas no fim teremos de voltar à confiança e às normas. Alguns sugerem que, se no fim das contas temos que recorrer à confiança e às normas, por que não apenas esquecer as outras reformas? Mas isso não vai ao ponto: confiança e normas podem nos levar apenas até aí. Na Europa, Japão e em boa parte do resto do mundo, a confiança e as normas de bom comportamento desempenharam um papel ainda mais importante do que nos EUA. O sistema bancário, e o sistema de governança empresarial em geral, apesar de todas as suas virtudes, sempre estiveram abertos a abusos; de certo modo, dada a íntima relação entre bancos e empresas, o potencial para abusos foi ainda maior do que nos EUA. O fato de que não tenham ocorrido com muita freqüência no passado diz muito sobre essas sociedades. Mas com a globalização, as normas tradicionais confrontam-se com alternativas, a competição global impõe novas tensões e inevitavelmente outros países terão de mudar suas regras e práticas. Eles não precisam adotar as normas e modos americanos de fazer negócios — mas também não podem ignorá-los. Eles deverão encontrar arcabouços econômicos consistentes com seu passado, valores e herança que respondam a esses desafios. Isso pode, por exemplo levar a uma circunscrição dos "bancos universais", deixando claro os conflitos de interesse e o comportamento a que eles podem dar origem.

Quem escutava há muito tempo os "especialistas financeiros" ensinar os Estados Unidos — e qualquer outro país — a conduzir uma economia, da redução do déficit ao plano de política tributária, não podia deixar de observar as ironias. Ao mesmo tempo que pontificavam sobre como o governo costuma desperdiçar dinheiro, esses "especialistas" reinavam em um sistema de mercado que desperdiçara mais dinheiro do que muitos governos poderiam imaginar em seus sonhos mais desvairados. Enquanto falavam sobre a importância da "criação de valor", eles contribuíam para a destruição de trilhões de dólares de valor com políticas míopes, que eram aclamadas como se fizessem exatamente o oposto. Enquanto criticavam a corrupção e os conflitos de interesses no setor público e o capitalismo camarada no exterior, eles não somente permitiam que tais conflitos florescessem e resistiam à tentação de reduzi-los, como, em suas negociações políticas com Washington, sucumbiam a eles impassivelmente e sem vergonha. Enquanto falavam sobre a importância da boa contabilidade, eles mesmos se engajavam em más práticas contábeis, como cúmplices de outros que agiam assim, e resistiam a quaisquer esforços para mudar as regras de modo a melhorar a qualidade da informação.

Os especialistas financeiros arcaram somente com uma parte das conseqüências de seu mau comportamento. Eles aceitaram multas sem precedentes — mais de 1 bilhão de dólares — mas, em muitos casos, somente depois da garantia de que seus CEOs não cumpririam a sentença. Mas as multas impostas não retificavam o dano e, em muitos casos, não eram os CEOs, mas as empresas que as pagavam; com efeito, as multas impostas às empresas por esse mau comportamento representa um caso curioso em que a vítima é punida duas vezes. Porque, em última instância, foram os acionistas — que já haviam sido trapaceados pela administração da empresa — que arcaram com os custos dessas multas.[18]

A ironia final é que, no momento exato em que passava um sermão no governo sobre retidão fiscal, a comunidade financeira trabalhava ainda mais duro para descobrir maneiras de ajudar as Enrons e as outras empresas a evitar os impostos que elas deveriam estar pagando — piorando a posição fiscal. E, como veremos no próximo capítulo, ela apoiava cortes nos impostos sobre ganhos de capital que, embora possam ter feito as contas do governo parecerem melhores no curto prazo, agravaram a posição fiscal no longo prazo e, ainda pior, ajudaram a alimentar o frenesi dos exuberantes anos 90 — o que talvez fosse o que eles quisessem, afinal.

7. Cortes nos impostos: alimentando o frenesi

A bolha tornou milhões de americanos muito mais ricos do que eles poderiam alguma vez ter imaginado. Mas isso não necessariamente fortaleceu seu senso de dever público. Assim como os CEOs queriam acreditar que fora sua perspicácia que havia levado os preços das ações de suas companhias às nuvens, tais americanos queriam acreditar que seus portfólios iam tão bem graças à sua perspicácia e esforço, e não à sorte. Não estavam com disposição para partilhar seus ganhos, ou para partilhar qualquer coisa além do estritamente necessário. Essas percepções — combinadas com o contexto político do momento, com a contabilidade enganosa e com a mania de pôr o foco na redução do déficit — conduziram a políticas tributárias que tornaram a bolha pior, e seu desfecho, mais tumultuado.

Aqueles que se saíram financeiramente bem na década de 1990 pressionaram pela redução da quantidade de impostos que deveriam pagar sobre sua nova riqueza. O objetivo era reduzir a tributação sobre os enormes ganhos que estavam auferindo, inclusive aqueles provenientes de *stock options*, com as quais os executivos de alto escalão eram cada vez mais recompensados. Com os ganhos de capital menos tributados do que os dividendos e outras formas de renda, os investidores eram encorajados a investir mais de seus recursos nas empresas de alta tecnologia — que ofereciam não dividendos (muitas não tinham sequer lucros com os quais pagar dividendos) mas ganhos de capital.

Tendo em vista o foco no equilíbrio orçamentário, o corte de impostos, tão desejado como era pelos ricos (eram eles que o queriam; pouco dos benefícios foi para os americanos de baixa e média rendas), não teria ocorrido se não fosse pela mistura peculiar entre a contabilidade enganosa e o contexto político do momento.

Em 1980, Ronald Reagan prometeu um corte de impostos que levaria a um aumento na receita tributária, um esforço que até mesmo seu vice-presidente George Bush havia chamado de "economia vodu". A teoria era que com alíquotas tributárias mais baixas os trabalhadores trabalhariam com mais esforço, muito mais pessoas se incorporariam à força de trabalho e a poupança aumentaria muito rapidamente, e esses efeitos *do lado da oferta* gerariam tanta renda a mais que, mesmo com menores alíquotas tributárias, a receita do governo aumentaria. Na verdade, a poupança permaneceu em níveis sofríveis — chegando mesmo a cair levemente; e houve pouco impacto sobre a oferta de trabalho. (É claro que alguns acreditavam então, e continuam a acreditar, que nem mesmo os conselheiros de Reagan punham muita fé na economia vodu. Eles tinham uma outra agenda: criar déficits fiscais que forçariam cortes nos gastos, reduzindo o papel do governo. Em suma, essa agenda prosseguiria se o experimento de cortes nos impostos funcionasse como previsto ou não.)

As receitas declinantes (em relação ao que de outro modo poderiam ter sido), não acompanhadas por cortes nos gastos,[1] provocaram uma crise fiscal que durou uma década, até que Bill Clinton finalmente a enfrentou, em 1993.[2] Mas, de acordo com os contadores que supervisionavam os livros do governo, havia uma esfera na qual a economia vodu ainda funcionava, uma esfera na qual se poderiam aumentar as receitas tributárias a partir do corte nas alíquotas dos impostos. Um corte nos impostos sobre ganhos de capital — os impostos sobre o aumento no valor das ações e das propriedades imobiliárias — poderia realmente aumentar as receitas, em especial, se fosse temporário. O governo, seguindo a maneira peculiar que as análises orçamentárias são feitas pelo setor público, olha para um horizonte orçamentário de dez anos e pergunta: quais são os impactos sobre a arrecadação nesse período de dez anos? Evidentemente, isto é um grande avanço se comparado a olhar apenas um ano de cada vez, ou dois ou três anos no futuro. Mas as políticas governamentais duram muito mais do que dez anos e qualquer horizonte limitado de responsabilidade, mesmo um tão longo como de dez anos, encoraja todos os tipos de tramóias. Em 1996, nós vimos essas forças em ação.

Eu mencionei antes como, depois da eleição de 1994, na qual os republicanos conquistaram o controle do Congresso, a agenda de Clinton foi efetivamente destruída. Clinton era um ativista, mas sem o consentimento do Congresso, suas mãos estavam atadas. Somente quando a sua agenda e a dos republicanos coincidissem é que alguma coisa poderia ser feita. E foi dessa maneira que a "reforma" da previdência e a desregulamentação ocorreram. Como vimos no capítulo 4, os republicanos queriam esvaziar o papel do governo na regulamentação, e isso combinou bem com a agenda dos Novos Democratas. Uma das plataformas da campanha do próprio Clinton enfatizava "acabar com a previdência tal como a conhecemos". Os republicanos também queriam acabar com a previdência, simplesmente. Em ambas as questões havia espaço para acordos, e acordos foram selados. Do mesmo modo, ambos os lados queriam um corte nos impostos, mas ao mesmo tempo queriam *parecer* fiscalmente responsáveis. Devido a uma contabilidade peculiar, um corte nos impostos sobre ganhos de capital poderia, miraculosamente, fazer o orçamento parecer melhor.

No estreito horizonte orçamentário utilizado pelos contadores do governo, cortes temporários nos impostos sobre ganhos de capital geram renda tributária no curto prazo, porque funcionam como uma "liquidação" tributária. Um dos problemas com os impostos sobre ganhos de capital é que os investidores ficam "travados". Enquanto não vendem seus ativos, não pagam impostos. O imposto é pago somente no momento da realização do ganho de capital. Um indivíduo que comprou uma ação por US$ 100, se ela vale agora US$ 1100, teria de pagar imposto sobre o ganho de US$ 1000. Se o indivíduo se defronta com impostos estaduais e federais de 33%, ele consegue ficar com US$ 770 para reinvestir (o imposto sobre o ganho de capital de US$ 1000 é US$ 330). Se, ao contrário, deixar o dinheiro aplicado nas suas ações, pode continuar a acumular retornos sobre o montante total de US$ 1100. E o que é ainda mais importante, se ele estiver planejando transferir as ações para seus filhos, o ganho de capital escapará completamente dos impostos. Seus filhos terão de pagar impostos somente sobre ganhos de capital referentes a quaisquer ganhos *depois que herdarem as ações.*[3] É claro que, apesar desse efeito de travamento, os indivíduos vendem suas ações, seja porque precisam de recursos para viver no presente, seja porque vêem alguma outra oportunidade com retorno esperado tão maior que compensará pagar o imposto.

Quando o governo anuncia uma redução temporária da alíquota do imposto sobre ganhos de capital, muitos indivíduos que estavam previamente "travados" decidem aproveitar a oportunidade e vender seus ativos durante a "liquidação" tributária. É por isso que a receita governamental aumenta no curto prazo. Mas num prazo mais longo, ela pode de fato cair. Alguns dos indivíduos que decidem realizar seus ganhos de capital neste ano teriam realizado o ganho de capital dentro de, digamos, onze anos, fora do horizonte orçamentário, quando a alíquota estivesse de volta ao nível normal. A receita governamental hoje é maior, mas daqui a onze anos será menor — e a perda no futuro é maior que o ganho de hoje. Na prática, o governo está tomando emprestado contra sua receita futura. Se o governo está preocupado com sua posição deficitária de *longo prazo*, como deveria, então não pode reduzir a alíquota do imposto sobre ganhos de capital porque isso reduziria a receita tributária de longo prazo e aumentaria a dívida de longo prazo.

Como presidente do Conselho de Consultores Econômicos, eu me opus ao corte de impostos de Clinton por quatro razões. Primeiro, eu pensava que deveríamos nos preocupar com a posição fiscal de longo prazo, e mesmo que no curto prazo o corte nos impostos sobre ganhos de capital fizesse os livros parecerem melhores, isso somente pioraria as coisas no longo prazo. É verdade que umas poucas famílias poderiam, mesmo no longo prazo, acabar pagando mais impostos; e que alguns indivíduos que pudessem, numa outra situação, escapar totalmente da tributação — transferindo os ativos para seus herdeiros —, poderiam optar por realizar seus ganhos de capital durante a "liquidação" tributária. Mas há uma resposta correta para esse dilema. Tornar o sistema tributário mais justo, tapar as brechas legais e forçar todos a pagar impostos sobre ganhos de capital.

Em segundo lugar, as conseqüências distributivas eram terríveis: quase todos os benefícios desse corte de impostos iam para o 1% mais rico da população. Estava entre os mais regressivos cortes de impostos imagináveis — beneficiando somente os que já estavam bem. Nesse sentido, o corte era completamente inconsistente com o que o Partido Democrata tradicionalmente simbolizava. Com efeito, era difícil harmonizar a política tributária mais geral de Clinton — o efeito combinado do corte nos impostos sobre ganhos de capital e o aumento tributário de 1993 — com os valores que ele e o Partido Democrata professavam. Ele havia aumentado a tributação sobre indivíduos de classe média alta que viviam do trabalho, mas reduzira a tributação sobre os indivíduos muito ricos que faziam dinheiro com especulação, e sobre os CEOS que estavam ganhando milhões com *stock options*.

O terceiro motivo é que o corte nos impostos sobre ganhos de capital, como a maioria dos cortes de impostos nos dias de hoje, foi vendido com base na "*supply side economics*": ele impulsionaria as inovações, estimularia os investimentos, promoveria a poupança. Os CEOS, que estavam ganhando boa parte de sua renda na forma de *stock options*, seriam estimulados a trabalhar mais pesado — evidentemente a chamada remuneração por incentivo não fornecia incentivos suficientes para eles tomarem "decisões difíceis", como demitir trabalhadores desnecessários para aumentar os lucros. Mas esse argumento do lado da oferta fazia pouco sentido, já que a maioria dos benefícios seria apropriada por aqueles que já haviam realizado seus ganhos de capital. Desse modo, não implicaria incentivo algum. Era puro presente aos ricos. Eles já haviam feito seus investimentos supondo que teriam de pagar uma alíquota maior de imposto sobre ganhos de capital. Seria, para eles, um ganho caído do céu. E um olhar mais apurado sobre os números mostrava que uma porcentagem relativamente pequena dos ganhos naquele momento estava relacionada à nova tecnologia; boa parte dos benefícios iria para quem havia especulado no mercado imobiliário.

Desde o início de seu governo, uma parte central da estratégia tributária de Clinton era ter como alvo cortes de impostos e torná-los mais efetivos — mais valor em troca dos impostos, um estímulo mais amplo à economia para cada dólar de gasto adicional ou de redução tributária. Quando pensávamos em como poderíamos usar a política tributária para estimular a economia, tínhamos como foco o crédito tributário ao investimento: somente aqueles que realmente investissem na economia desfrutariam de uma redução tributária (um contraste marcante com as propostas feitas por Bush oito anos mais tarde). E para conseguir ainda mais eficácia nos impostos, sugerimos que o benefício fosse dado somente a investimentos *adicionais*. Isso geraria incentivos de elevada potência na margem, mas minimizaria os ganhos "caídos dos céus" para empresas que teriam investido de qualquer forma, mesmo sem o benefício tributário. Como conseqüência, uma vez que a demanda de algum tipo de corte nos impostos sobre ganhos de capital aumentou em 1996, o Conselho de Consultores Econômicos concebeu versões de corte nos impostos sobre ganhos de capital que olhassem para a frente, nas quais houvesse ao menos *alguns* efeitos de incentivo, talvez algum efeito positivo vindo do aumento na poupança ou no investimento (embora, mesmo aqui, a teoria econômica e as evidências não sugerissem um impacto provavelmente grande). Infelizmente, o Tesouro e o Congresso deram a isso pouca atenção.

Havia ainda uma quarta razão, tão importante naquelas circunstâncias quanto as três primeiras, para se opor ao corte nos impostos. O corte nos impostos sobre ganhos de capital reforçou a propensão dos CEOs de se concentrar mais no valor de mercado de curto prazo de suas empresas do que no desempenho de longo prazo. Enquanto estavam "travados" com suas ações, os investidores se preocupavam menos com o valor de mercado das ações hoje ou mesmo amanhã: queriam saber como é que a empresa se sairia no longo prazo. Cortar o imposto sobre ganhos de capital contribuiu para concentrar a atenção dos investidores no aqui e agora. Isso, por sua vez, alimentou o frenesi, exacerbando a bolha, ao mesmo tempo que punha em movimento as forças que aprofundariam a retração da atividade econômica quando a bolha estourasse.

Nas bolhas do setor imobiliário, à medida que os preços crescem, os indivíduos "ascendem" constantemente, vendendo sua casa, alavancando o valor aumentado de seu capital acionário para comprar uma propriedade ainda mais cara, e esse processo infla a bolha. Ocorre o mesmo no mercado acionário. Mas o imposto sobre ganhos de capital atuava como um amortecedor no processo. Como aqueles que vendiam suas ações tinham que pagar uma parte do valor aumentado de seu capital ao governo, sobrava menos dinheiro para alimentar o frenesi. Mas com o corte nos impostos sobre ganhos de capital, quando aqueles que se preocupavam com o fato de sua ação particular estar sobrevalorizada e, portanto, a convertiam em dinheiro, isso os deixava com muito mais dinheiro para reinvestir no mercado acionário, alimentando, portanto, ainda mais o frenesi.

Do mesmo modo, o corte nos impostos tornou ainda maiores os incentivos para conceder *stock options* aos CEOs e fez com que o retorno (pós-imposto) de fornecer informações contábeis distorcidas — com todos os fortíssimos incentivos já discutidos nos capítulos anteriores — fosse ainda mais vigoroso.

O corte nos impostos foi decretado e, tal como os defensores da economia do *supply side* haviam previsto, houve um enorme aumento nas receitas tributárias. Seria essa a confirmação final da *supply side economics*? Em parte, sim: já que o corte de fato inflou a bolha, e a bolha foi a principal causa do forte aumento nas receitas tributárias sobre ganhos de capital. Mas os críticos do corte nos impostos sobre ganhos de capital haviam alertado: os ganhos provavelmente seriam apenas temporários. Mesmo se não tivesse havido bolha, alguns dos ganhos de curto prazo se dariam às custas de receitas (ainda maiores) que, de outra forma, teriam sido realizadas. Mas houve uma bolha, e quando ela explodiu os ganhos de capital tornaram-se perdas de capital, e as receitas desabaram.

Ganância de Wall Street e do setor imobiliário, contabilidade perversa, um *establishment* político conservador perfeitamente disposto a utilizar essa contabilidade para seu objetivo de longo prazo de redução do tamanho do governo, combinados com políticos mais liberais que queriam se colocar em boas graças com fontes de financiamento de campanhas, tudo operou para aprovar o corte nos impostos sobre ganhos de capital em 1997, um dos mais regressivos cortes tributários da história da América (com forte concorrência do que viria quatro anos mais tarde com Bush II). Mas havia mais um ingrediente: muitas dessas forças não tiveram êxito apenas em convencer os EUA de que a desregulamentação, independentemente de como fosse executada, beneficiaria todos os americanos, mas também convenceram a classe média, e até os americanos mais pobres, de que eles também se beneficiariam do corte nos impostos sobre ganhos de capital. O corte era politicamente popular. Todos tinham suas poucas ações (embora a maior parte delas fosse mantida em contas nas quais a capitalização era, de qualquer modo, livre de impostos). Eles fariam tudo o que fosse possível para proteger esses pequenos pedaços de capitalismo contra o governo predatório. Ronald Reagan havia conseguido sua vitória definitiva. Não importava que o corte nos impostos sobre ganhos de capital fizesse o contribuinte de maior renda economizar cem dólares para cada cinco dólares que o contribuinte de renda média economizasse. Todos estavam no mesmo barco, todos trabalhando para se salvar daqueles que tomariam — e supostamente desperdiçariam — seu dinheiro.

Todo sistema tributário é uma expressão dos valores básicos de seu país — e de sua política. Ele traduz em dinheiro vivo o que poderia, de outra maneira, ser simplesmente uma retórica pomposa. Há uma longa tradição nos Estados Unidos de pequenos proprietários rurais (pequenos produtores rurais), que remete a Jefferson. Hoje, não somos mais um país de produtores rurais, mas ainda somos um país de proprietários. Somos um país em que quase 70% dos americanos têm sua própria casa, uma porcentagem maior do que em quase todos os outros países do mundo. E nosso sistema tributário, com suas grandes deduções para hipotecas e propriedades imobiliárias, estimula a aquisição de casas.

Durante a maior parte do governo Clinton — com a grande exceção do corte nos impostos sobre ganhos de capital — nós tentamos usar a política tributária para refletir nossos valores, ao mesmo tempo em que ela melhorasse o desempenho da economia. Tendo em vista a severidade orçamentária, tivemos de enfrentar escolhas difíceis, e tentamos ter como alvo os cortes nos impostos e lhes dar forma, para fazer o que era necessário sem perder muita receita. Aumentamos, por exemplo, as deduções de impostos e os créditos à educação, porque acreditávamos que era importante que todos recebessem uma educação universitária. Com pouco tempo no governo, pressionamos por impostos que estimulassem a conservação de energia e desencorajassem gases poluentes causadores do efeito estufa.

Em 1993, no início do governo Clinton, também aprovamos uma cláusula a respeito dos pagamentos excessivos aos CEOs, não relacionados ao desempenho deles. A intenção era boa: reconhecíamos que os CEOs das empresas tinham poder discricionário para pagar a si próprios salários que pareciam injustificados e injustificáveis. Queríamos desencorajar a remuneração excessiva dos CEOs, mas não queríamos interferir desnecessariamente no mercado, com a provisão de incentivos. Entretanto, agindo como agimos, fornecemos involuntariamente mais um ímpeto para o uso de *stock options.* Assim como o corte nos impostos sobre ganhos de capital combinado com outras forças alimentou *diretamente* o frenesi da bolha, o encorajamento tributário, combinado com práticas contábeis equivocadas que tantos haviam trabalhado tão arduamente para preservar, estimulou as *stock options* a se tornar o modo preferido de recompensar os CEOs — com todas as conseqüências que nós descrevemos.[4]

Deveríamos ter reconhecido, é claro, que a assim chamada remuneração por incentivo dos CEOs não era, tipicamente, uma remuneração por incentivo. Ela aumentava quando o preço das ações subia, fosse isso atribuível aos esforços do CEO ou não. E ela também aumentava quando o preço das ações caía — pois todo CEO e o conselho que ele havia nomeado reconheciam que, se não fosse pelos esforços valiosos do CEO, o preço das ações iria cair ainda mais.

Quando os anos Clinton se aproximavam do fim, eu me perguntei que mensagem, no final das contas, tínhamos transmitido com as mudanças feitas em nossos impostos. Que estávamos nós dizendo ao país, aos nossos jovens, quando reduzimos os impostos sobre ganhos de capital e aumentamos a tributação sobre aqueles que ganhavam a vida do trabalho? Que era muito melhor viver da especulação do que por quaisquer outros meios. A Nova Economia — as inovações que continuam a alimentar o crescimento da produtividade e formam o vigor de longo prazo do país — depende de avanços na ciência, de pesquisadores nas universidades e nos laboratórios de pesquisa, que trabalham dezesseis horas ou mais por dia na busca incansável de compreender o mundo em que vivemos. Essas são as pessoas que deveríamos estar recompensando e estimulando. Entretanto, eram essas as pessoas que estavam sendo mais altamente tributadas, enquanto os especuladores eram tributados de modo mais moderado. Enquanto falávamos de incentivos, a maior parte do brinde tributário não tinha nenhum efeito de incentivo. Enquanto ensinávamos a nossos jovens algo a respeito de nossos valores nacionais, dávamos também aos jovens uma lição sobre hipocrisia política, ou, como alguns poderiam dizer, sobre o funcionamento do mundo.

8. O risco como modo de vida

Nos exuberantes anos 90 fizeram-se fortunas, e tanto líderes políticos como empresariais podiam reivindicar, e reivindicaram, o mérito. Fazíamos muito sucesso e ninguém acreditava — ou queria acreditar — que aquilo terminaria. Mas terminou. E quando terminou, o que antes deveria ter sido fácil de ver tornou-se dolorosamente claro. Tal como a baixa da maré expõe as rochas irregulares sob a superfície, a baixa da maré econômica revelou os aspectos mais indecorosos do *boom* — os problemas com a contabilidade, os CEOs e os bancos, as conexões entre mercados e política, e a desregulamentação — que foram tema dos capítulos anteriores.

Mas havia um outro conjunto de problemas ainda mais profundamente ocultos. Algumas das mudanças na economia que inflaram a bolha também a tornaram mais vulnerável: quando a bolha estourasse, elas tornariam a retração econômica ainda maior. Não somente expusemos a economia a mais riscos, como também minamos nossa capacidade de gerenciá-los. Modificações nos sistemas de pensão e nas políticas de emprego fizeram com que os indivíduos ficassem mais expostos às vicissitudes do mercado: quando o mercado acionário caiu, eles viram suas futuras pensões decrescerem; quando a economia se desacelerou, eles viram uma maior probabilidade de serem demitidos. Ao mesmo tempo, as políticas governamentais também mudaram: o seguro-desemprego não acompanhou o ritmo das mudanças na economia e a previdência foi reduzida. No passado, esses programas injetavam fundos na economia quando ela se desacelerava, dando um pouco de proteção àqueles que, de outra forma, poderiam sofrer, mas também ajudando a revigorar a economia e a limitar a extensão da retração. De modo não intencional, estávamos criando uma economia menos estável.

O QUE ACONTECEU COM A NOVA ECONOMIA? A NOVA FACA DE DOIS GUMES

Supunha-se que a Nova Economia — ou seja, as notáveis mudanças na economia durante os anos 90, com sua ênfase em alta tecnologia e em comunicações melhores — eliminaria o ciclo econômico. Elas deveriam permitir um melhor controle dos estoques — o investimento excessivo em estoques havia sido uma das principais causas das flutuações na economia após a Segunda Guerra Mundial. Ademais, à medida que a economia deslocava-se do setor de manufatura para o de serviços (em meados da década de 1990, menos de 14,1% dos empregos americanos estavam no setor de manufatura), o próprio papel dos estoques na economia diminuía. Mas a Nova Economia não trouxe um fim ao ciclo econômico. Ao contrário, ela forneceu as bases para um *boom* e colapso que foram, de fato, maiores do que a média do período pós-guerra.

Entretanto, embora possa ter sido alardeada com exagero, a Nova Economia certamente foi real. A internet era real. As inovações, os avanços nas telecomunicações e as novas maneiras de se fazer negócios que se seguiram eram reais. Assim como os séculos XVIII e XIX marcaram a mudança da economia agrícola para a industrial e os três primeiros quartos do século XX marcaram um movimento da economia manufatureira para a de serviços, o final do século XX significou um movimento para uma economia "intangível", a economia do conhecimento. Revolução na produção de idéias, esse movimento foi tão importante quanto as mudanças anteriores haviam sido na produção de bens. Houve um aumento no ritmo da inovação, refletido na maior taxa de crescimento da produtividade; e embora problemas de mensuração e de contabilidade possam ter nos conduzido a superestimar a magnitude desse crescimento, ele também foi real.

Com efeito, mesmo quando a economia deslizou para a recessão, os aumentos de produtividade continuaram, tornando o problema da criação de empregos ainda mais difícil. Esta é a faca de dois gumes dos aumentos da produtividade. Quando a economia está usando plenamente seus recursos, aumentos de produtividade possibilitam um aumento no PIB, maiores salários e melhor padrão de vida. Quando a economia entra em recessão — quando o que restringe a produção não é a oferta, mas a demanda — toda a ordem é revertida. Se, devido à demanda limitada, a produção aumenta 1% este ano, mas cada trabalhador pode produzir 3% a mais, isso significa que menos trabalhadores são necessários; o desemprego aumentará. No curto prazo, é possível inclusive que maiores taxas de crescimento da produtividade possam efetivamente levar a menores níveis de produção. A maior taxa de desemprego deprime os salários, e a situação de emprego cada vez mais incerta deprime o consumo, ou pelo menos sua taxa de crescimento. Mas com elevada capacidade ociosa, nem lucros maiores resultantes dos salários mais baixos nem mesmo taxas de juros menores podem levar a aumentos no investimento. Com a desaceleração no crescimento do consumo, e sem nada para substituí-lo, a produção agregada ficará enfraquecida.

Maior sensibilidade no mercado de trabalho

Em suma, com o ritmo elevado da produtividade, tínhamos que correr para continuar no mesmo lugar! Quando a atividade econômica entrou em retração, no início de 2001, ainda menos trabalhadores eram necessários. No passado, as empresas mantinham os funcionários durante as recessões, mesmo quando não eram necessários. Os economistas se referiam a isso como "entesouramento de mão-de-obra". As empresas sabiam que *no longo prazo* fazia sentido tratar bem seus trabalhadores e mantê-los, mesmo quando não fossem necessários no momento; isso capacitava a empresa a atrair e reter os melhores trabalhadores, e a lealdade fazia com que eles trabalhassem com mais afinco para seu empregador.

Durante os anos 90, desenvolveu-se uma nova cultura, na qual as empresas se preocupavam apenas com o resultado — os lucros de hoje, não os lucros de longo prazo — e tomavam medidas rápidas e decididas quando se deparavam com problemas. As empresas que mantinham funcionários quando não eram mais necessários eram consideradas boazinhas e burras. Al "Motosserra" Dunlap, CEO da Sunbeam, que ganhou reputação por dispensar trabalhadores e cortar custos com uma falta de compaixão jamais vista, pode ter sido um caso extremo, mas foi emblemático da nova cultura. Demita trabalhadores tão logo fique claro que você não precisa deles. Você sempre poderá contratá-los novamente no futuro. Lealdade empregatícia — a de trabalhadores para com sua empresa ou a da empresa para com seus trabalhadores — era um valor de tempos passados. Isso fez com que o emprego caísse muito mais rapidamente quando a atividade econômica se retraiu.

Ansiedade crescente dos trabalhadores

Com a lealdade da companhia aos funcionários reduzida e a produtividade aumentando de modo a tornar a demissão de trabalhadores mais lucrativa, não surpreende que a ansiedade dos trabalhadores tenha aumentado. Os trabalhadores braçais sempre se preocuparam com a segurança no emprego, mas desde a Grande Depressão os sindicatos se esforçavam para propiciar alguma proteção. No entanto, os sindicatos tornaram-se cada vez mais fracos e a insegurança no emprego espalhou-se dos trabalhadores braçais para os trabalhadores do colarinho branco. Mais e mais trabalhadores defrontavam-se com o "enxugamento". Infelizmente, a rede de proteção não acompanhou o ritmo: o seguro-desemprego cobria uma fração menor dos ganhos e mais trabalhadores ficavam desprotegidos. Os trabalhadores mais idosos, em particular, enfrentavam com freqüência dificuldades para conseguir um novo emprego. Contudo, sem uma ação especial do Congresso, o seguro-desemprego durava somente 26 semanas. Depois disso, os trabalhadores tinham que se virar por conta própria, ou recorrer à previdência.

Os resultados tornaram-se bastante aparentes à medida que a recessão de 2001 continuava; o número de desempregados de *longo prazo*, aqueles para os quais os benefícios haviam expirado, disparou — mais do que dobrando. Os benefícios aos desempregados acabaram sendo estendidos por mais treze semanas, mas somente até o fim de 2002. Àquela altura, os benefícios estendidos de quase 1 milhão de americanos já se haviam esgotado, e mais 750 mil sofreram corte dos benefícios, depois que o Congresso deixou de renovar a extensão. O governo Bush e o Congresso republicano não somente deram de presente de Natal a esses quase 2 milhões de trabalhadores um aumento na ansiedade — de onde viriam suas próximas refeições? — como, ao fazerem isso, solaparam ainda mais o vigor da economia. Não surpreende que a temporada de compras natalinas de 2002 tenha sido fraca.

Embora alguns conservadores temessem que o seguro-desemprego reduzisse o incentivo dos trabalhadores a procurar emprego, o problema era que simplesmente não havia empregos disponíveis. Aqueles que procuravam não conseguiam encontrá-los.

Ainda no começo da década, durante o governo Clinton, havíamos reconhecido que, com o ritmo elevado de inovações, haveria grandes mudanças no mercado de trabalho. Sabíamos que a idéia de um emprego para toda a vida era coisa do passado. Nós falávamos de "empregabilidade vitalícia", e não de empregos vitalícios; e de "aprendizado vitalício", para capacitar os indivíduos a se deslocarem mais facilmente de um emprego para outro. Os dados mostravam que aqueles com maior escolaridade se deslocavam com mais facilidade e sofriam menores reduções de renda quando perdiam um emprego e conseguiam outro. Com a mobilidade de emprego, eram necessárias pensões mais portáteis, e com o seguro-saúde usualmente fornecido pelo empregador, isso também precisava ser mais portátil. Além disso, era preciso fazer algo a respeito da cobertura do seguro enquanto os indivíduos estivessem desempregados. Infelizmente, com o Congresso controlado pelos republicanos, pouco do que era necessário ser feito foi realmente realizado. Em conseqüência, quando a economia desacelerou, a ansiedade do trabalhador aumentou. É um testemunho do otimismo geral dos americanos — combinado com os termos favoráveis para refinanciar hipotecas — o consumo ter permanecido tão robusto quando a economia deslizou para a recessão.

Como a "reforma" das pensões aumentou a vulnerabilidade econômica

As mudanças na economia dos anos 90 forçaram os trabalhadores a suportar mais riscos, não somente no trabalho, mas também na aposentadoria, e isso também contribuiu para a vulnerabilidade da economia. Uma parcela crescente da renda de aposentadoria dos indivíduos passou a depender dos programas privados de pensão. Há dois tipos de programas de aposentadoria: benefícios definidos, em que a empresa garante um certo benefício, com base na renda e no tempo de serviço do trabalhador; e contribuições definidas, em que a empresa deposita uma quantia fixa numa conta de aposentadoria individual. Durante os anos 90, mudanças em ambos causaram problemas para a economia no novo milênio.

Muitas empresas migraram para arranjos de contribuições definidas, e muitos indivíduos, embalados pelos retornos aparentemente elevados no mercado acionário, optaram por colocar a maior parte de seu dinheiro em capital acionário. Isso era uma parte importante na criação de um capitalismo "popular", mas significou que, quando o mercado se contraiu, elas sentiram o pleno impacto da retração do mercado acionário. Com arranjos de pensão com benefícios definidos, o empregador isolava o trabalhador do efeito de queda no mercado acionário. Em suas declarações trimestrais, as famílias viram o que haviam reservado para suas aposentadorias cair mais e mais. No início, perderam o que nunca acreditaram que tivessem; na verdade, elas jamais acreditaram nos ganhos — muitas suspeitavam de uma bolha, e estavam corretas. Mas, no final, os declínios no mercado acionário foram tão acentuados que comprometeram o padrão de vida na aposentadoria, e quando isso aconteceu, as famílias sentiram a necessidade de alocar mais para suas aposentadorias — e consumir menos.

Mas os programas de benefícios definidos talvez tenham causado ainda mais problemas para a estabilidade da economia. Durante os anos 90, as empresas que mantiveram seus programas de benefícios definidos haviam, *aparentemente*, gerado superávits atuariais em seus programas de pensão.[1] O governo, há muito, vinha se preocupando com que as empresas reservassem dinheiro suficiente para cumprir as promessas que haviam feito aos trabalhadores. Muitas empresas não fizeram isso — haviam efetivamente trapaceado seus funcionários — e quando faliram os trabalhadores aposentados foram largados à própria sorte, freqüentemente condenados a uma velhice de pobreza. O governo, respondendo a essa óbvia "falha de mercado", forneceu seguro, e em retorno, estabeleceu padrões para o montante que as empresas teriam de reservar para ter certeza de que poderiam cumprir com seus compromissos. Quando se reservasse em excesso, as empresas poderiam retirar dinheiro de seus fundos de pensão e adicioná-lo aos lucros, e quando se reservasse pouco, as empresas teriam de colocar dinheiro nos fundos, reduzindo os lucros. Os números que o governo permitiu que as empresas usassem para calcular quanto deveriam reservar representavam cenários róseos — retornos de 9%, muito acima do que historicamente havia sido alcançado. (Como os trabalhadores podem se aposentar depois de vinte, trinta ou mesmo quarenta anos de trabalho, o que importa não são os retornos nesse ano, mas sim os retornos no longo prazo. Com retornos de 9% ao ano, o dinheiro dobra a cada oito anos; para ter cem dólares aos 65 anos, você precisa reservar somente seis dólares aos 25. Os empregadores poderiam prometer enormes benefícios no futuro, sem retirar muito dos lucros de hoje.) Durante os anos 90, as empresas puderam dar conta desses números astronômicos porque seus retornos efetivos eram ainda mais astronômicos. Com o *boom* do mercado acionário, elas tinham — de acordo com suas hipóteses excessivamente otimistas — dinheiro mais do que suficiente para cumprir com suas obrigações. Conforme as regras, elas podiam retirar o excesso de dinheiro das pensões e adicioná-lo ao lucro. Segundo uma estimativa, 12% do crescimento dos ganhos de 2000 vieram de renda de pensão. A bolha do mercado acionário fez, portanto, os lucros parecerem ainda maiores — reforçando a si própria. Mas isso era uma miragem.

Com o colapso do mercado acionário, os programas de pensão das empresas ficaram de repente com enormes déficits atuariais. Eles haviam contado com retornos de 9%. Agora, as ações estavam dando retorno negativo — às vezes, muito negativo. E tornou-se cada vez mais claro que os 9%, que pareciam cada vez mais pura ficção ou crendice, teriam de ser revistos para baixo. Mas para um número mais baixo, mesmo um número otimista pelos padrões históricos, até mesmo as empresas com investimentos mais conservadores, ou que haviam tido a sorte de não perder uma grande fração de seu portfólio, teriam de reservar mais dinheiro. Com um retorno percentual mais realista de 4,5%, leva-se dezesseis anos para dobrar o montante de dinheiro de um indivíduo, de modo que para se ter cem dólares aos 65 anos, é preciso reservar duas vezes e meia mais dinheiro aos 25 anos do que seria preciso com a suposição de um retorno de 9%. Durante o *boom*, as empresas retiraram uma enorme quantidade de dinheiro dos fundos de pensão e adicionaram-na aos lucros. Durante o colapso, deveriam retirar dinheiro dos lucros e injetá-los nos fundos de pensão, fazendo os lucros parecerem menores, deixando-as com menos dinheiro para investir e tornando os investidores ainda mais pessimistas a respeito do desempenho de suas empresas, anteriormente muito bem-sucedidas. Era obviamente importante insistir em que as pensões fossem mais bem financiadas, e que os números míticos que haviam sido utilizados para projetar os retornos fossem revistos. Mas trazer esses números à realidade ajudou a trazer o mercado acionário de volta à realidade.

A magnitude do déficit atuarial era astronômica. Um estudo das 348 companhias da S&P 500 com programas de pensão com benefícios definidos concluiu que esse déficit totalizava algo entre 184 e 323 *bilhões* de dólares (se benefícios outros que não pensões, como benefícios de saúde, fossem incluídos, o déficit variaria entre 458 e 638 bilhões). Um estudo da Merrill Lynch mostrou que entre as empresas com passivos pensionários fora do balanço contábil que excedem o valor de seu capital total estão Campbell Soup, Maytag, Lucent, General Motors, Ford, Goodyear, Boeing, U. S. Steel e Colgate Palmolive. Embora os padrões contábeis possam ter dissimulado a real extensão dos passivos pensionários, elas eram de fato passivos reais, obrigações das empresas para com seus funcionários. E representavam uma fonte potencial de falência para muitas das companhias mais importantes dos Estados Unidos.

Colocando esses números em perspectiva, o programa de seguro governamental para pensões, o *Pension Benefit Guarantee Corporation*, criado com base na lei de segurança de renda do empregado aposentado (*Employee Retirement Income Security Act*) de 1974, tem reservas de aproximadamente US$ 7 bilhões. Nos anos 90, embora o *Pension Benefit Guarantee Corporation* estivesse apresentando superávits, quando a bolha estourou ele começou a gerar déficits e, atualmente, parece cada vez mais que um socorro financeiro será necessário. Ironicamente, no momento em que aumenta a evidência de má gestão dos fundos privados de pensão, o governo Bush inicia uma campanha para privatizar parcialmente a Seguridade Social — a única parte do sistema de aposentadoria que funciona muito bem hoje.

AJUDANDO OS INDIVÍDUOS A ADMINISTRAR SEUS RISCOS NA APOSENTADORIA

Mesmo quando falavam a respeito de gerenciamento de risco, as instituições financeiras não estavam gerenciando bem seus próprios riscos, e os conselhos que davam às corporações, na verdade, expunham a economia e trabalhadores a riscos crescentes. No governo Clinton levamos a sério a tarefa de gerenciamento de risco — fornecendo uma melhor proteção para a aposentadoria num mundo cada vez mais inseguro. Houve duas iniciativas em particular que foram de alguma importância.

Portabilidade de pensão e custos

A primeira mudança refletia nossa análise das mudanças no mercado de trabalho. No Conselho de Consultores Econômicos, víamos nossa economia abrindo novos caminhos. Os indivíduos não trabalhavam mais para um único empregador ao longo de toda a vida, mas, ao contrário, mudavam de emprego em emprego. O ritmo acelerado de mudança significava que empresas se expandiriam e declinariam e que os empregos seriam reestruturados rapidamente. Precisávamos deixar de pensar em formas tradicionais de segurança no emprego para pensar em *empregabilidade vitalícia*. Obviamente, os trabalhadores — em particular os não qualificados — estarão em posição de desvantagem em relação a seus empregadores, e o papel do governo é garantir que os empregadores não tirem proveito dessas assimetrias de "poder".

Empregabilidade vitalícia significava, por exemplo, que devíamos ter um sistema educacional orientado para ensinar as pessoas a como aprender — aprender a aprender —, acompanhado de treinamentos por toda a vida. Com relações empregatícias de longo prazo, as empresas teriam incentivos para assumir parte desse esforço. Mas o fato de que, agora, os trabalhadores mudavam de emprego significava que esse não seria mais o caso. Do mesmo modo, se um trabalhador trabalhasse para um único empregador, fazia sentido ele confiar naquele empregador para suas pensões. Mas se os trabalhadores mudassem de empregador para empregador, era importante que o programa de pensão fosse *portátil*, e uma de nossas iniciativas pretendia fazer exatamente isso.

Com as empresas pequenas ganhando mais importância na economia, era também importante ter certeza de que os custos de operar um programa de pensão não fossem muito elevados. Ao longo dos anos, os EUA desenvolveram uma estrutura legal extremamente complicada para regular os fundos de pensão. Os motivos subjacentes eram bons: queria-se encorajar o "tratamento justo", isto é, que os executivos da empresa não apenas tirassem proveito do tratamento tributário preferencial das pensões para conceder a eles próprios grandes benefícios, mas também fornecessem benefícios apropriados a trabalhadores comuns, para os quais a pensão era, em certa medida, ainda mais importante. Mas a conseqüência dessas regulamentações era que o custo de um plano de pensão para uma empresa pequena era enorme, com os honorários legais e outros custos de transação superando centenas de dólares por trabalhador, a fim de implantar os programas e as contas e depois mantê-los e assegurar que cumprissem as regulamentações.

No Conselho de Consultores Econômicos, tínhamos um triplo objetivo: tornar a economia mais eficiente por meio da redução de custos de transação desnecessários; aumentar a proteção econômica para os idosos por meio de estímulos para que mais empresas oferecessem pensões; e aumentar a poupança nacional, encorajando-as a alocar dinheiro para a aposentadoria de seus trabalhadores. Víamos uma oportunidade para uma política em que todos ganhassem. Trabalhando em conjunto com o Departamento do Trabalho (que estava particularmente preocupado com que os trabalhadores tivessem cobertura) e o Departamento do Tesouro (que estava particularmente preocupado com os abusos de isenção tributária das pensões), formulamos alguns programas de pensão simplificados, que tivessem êxito em reduzir os custos de transação a níveis insignificantes. Com a aprovação da lei de proteção do emprego em pequenas empresas (*Small Business Job Protection Act*), em 1996, muitas empresas que anteriormente não forneciam pensões aos trabalhadores passaram a ver atrativos em fazê-lo.

Bônus indexados

No caso anterior, trabalhamos muito próximos do Tesouro; em outras reformas, as perspectivas financeiras do Tesouro e a análise econômica no Conselho eram claramente diferentes, proporcionando novas oportunidades para ver interesses especiais em jogo.

Em 1993, quando chegamos a Washington, não havia como os indivíduos pudessem se proteger contra os riscos da inflação, e embora esses riscos tivessem sido atenuados, ninguém poderia ter certeza de que não retornariam.[2] A Seguridade Social está indexada contra a inflação, isto é, os benefícios sobem quando o custo de vida aumenta. Trata-se de uma importante característica do programa, pois assegura que os indivíduos fiquem pelo menos parcialmente protegidos. Mas ao longo dos anos os indivíduos passaram a confiar cada vez mais nas pensões privadas e, no setor privado, havia pouco que pudessem fazer para se protegerem da possibilidade de que a inflação reduzisse o valor de suas pensões.

Entretanto, tratava-se de um problema que o governo poderia corrigir facilmente, pois estava em condições de emitir bônus indexados pela inflação. Com bônus indexados pela inflação, um indivíduo que poupa cem dólares tem a garantia de ter de volta seus cem dólares em *termos reais* — isto é, uma quantia de dinheiro que lhe permite adquirir a mesma cesta de bens que ele poderia ter adquirido com seus cem dólares originais, com os juros também garantidos em termos reais. (Presumivelmente, o setor privado poderia ter feito o mesmo, embora haja alguma preocupação sobre quais tipos de reservas um sistema de seguro privado necessitaria fazer para ter certeza de que ele poderia cumprir sua promessa; de qualquer modo, o setor privado não forneceu anuidades ou outros instrumentos financeiros de longo prazo que estivessem indexados pela inflação.)

Havia um argumento convincente adicional para a ação do governo naquele momento: nosso foco quase que exclusivo no orçamento. O governo estava pagando taxas de juros mais altas nos bônus de longo prazo porque os investidores temiam a inflação; assim, se o governo protegesse as pessoas desse risco, os custos dos empréstimos reduzir-se-iam. Era uma idéia maravilhosa: poderíamos melhorar a proteção ao idoso e, ao mesmo tempo, melhorar a posição fiscal do governo.

Mas os burocratas do Tesouro viam o plano com ceticismo — hostilidade talvez fosse a palavra mais apropriada. Levei muito tempo para compreender o porquê; afinal de contas, eles deveriam gostar de qualquer coisa que fortalecesse o orçamento, pois era nisso, acima de tudo, que os mercados financeiros concentravam a atenção. Parte da explicação estava no conservadorismo inato. A engenharia financeira poderia ser algo pelo qual prezássemos o setor privado, mas os burocratas do governo estavam justificando sua reputação de conservadores.

Havia uma outra razão: os operadores de bônus no Reino Unido, onde tais bônus indexados existiam há muito tempo, se queixavam de que as pessoas apenas compravam esses bônus e os conservavam para sua aposentadoria. E os operadores de bônus ganham dinheiro quando as pessoas compram e vendem bônus muitas vezes. A idéia de pessoas reservando dinheiro para sua aposentadoria, sabendo que poderiam conseguir um retorno real seguro, deveria ser vista como positiva; para os operadores de bônus, era um desastre.[3]

O argumento apresentado pelos burocratas do Tesouro era um pouco diferente. Eles diziam que sua preocupação era que "haveria uma festa à qual ninguém compareceria". Aparentemente, essa posição contradizia a análise econômica comum: as pessoas querem adquirir um seguro contra os riscos que enfrentam, tanto que estão dispostas a pagar um "prêmio" pelo seguro, e o risco de inflação no passado foi importante. Por que não viriam à festa, especialmente se os bônus fossem bem explicados? Decidimos testar o mercado. O Conselho de Consultores Econômicos entrou diretamente em contato com o maior fundo de pensão e com o maior fornecedor de fundos mútuos, pessoas cujo trabalho era fornecer proteção de renda para os idosos e que estavam em contato com sua clientela. Eles expressaram enorme apoio à idéia.

Quando descobriu o que havíamos feito, o Tesouro ficou furioso. Havíamos invadido o território dele, e de uma maneira que era altamente perigosa. Afinal de contas, o Tesouro reivindicava falar pela comunidade dos investidores e articular seus interesses. Simplesmente não era possível que alguém mais tivesse tal informação "privilegiada". Mas para seu crédito, o Tesouro deixou de lado seus interesses pequenos (embora só depois de termos ouvido alguns severos sermões), e o secretário adjunto Larry Summers prestou sua valiosa ajuda para persuadir o Departamento do Tesouro a dar apoio a essa iniciativa, que fazia tanto sentido. Os bônus indexados foram finalmente emitidos em janeiro de 1997. Ironicamente, àquela altura a inflação permanecia tão moderada por tanto tempo que muitos, se não a maioria dos investidores, prestava pouca atenção nela. As menores taxas de juros dos bônus significavam que o governo realmente economizava algum dinheiro, mas àquela altura também o déficit havia sido controlado, de forma que a poupança parecia menos crucial do que pouco tempo antes. Ainda assim, os bônus indexados foram uma inovação, cuja importância, sem dúvida, será sentida com mais força em algum momento no futuro, quando os déficits orçamentários começarem novamente a aparecer e a ameaça de inflação for mais forte do que hoje.[4]

A REFORMA DA SEGURIDADE SOCIAL

O grande debate a respeito da proteção na aposentadoria não envolveu, entretanto, as pensões privadas ou os bônus governamentais indexados, mas a Seguridade Social, o programa de aposentadoria governamental estabelecido em 1935 e que hoje cobre quase todos os trabalhadores americanos.

Os Estados Unidos possuem um sistema de Seguridade Social muito bem-sucedido. Ele eliminou praticamente a pobreza entre os idosos, ao proporcionar garantia de renda a milhões de americanos. Ele tem protegido os indivíduos dos riscos de inflação — um tipo de seguro que, como apontei, não pode ser adquirido diretamente, ou mesmo indiretamente, no mercado — assim como dos riscos das oscilações do mercado acionário, que têm sido tão evidentes em anos recentes. O programa tem baixos custos de transação — uma fração dos custos de seguro privado, especialmente anuidades. É altamente comprometido com seus "clientes", os milhões de americanos que dele dependem para sua renda na aposentadoria.[5] Administrou um dos poucos exemplos bem-sucedidos de informatização em grande escala do governo. Além disso, envolve uma pequena dose de redistribuição, garantindo que os mais pobres tenham um nível básico de subsistência.

Apesar de todos esses êxitos, têm havido reiteradas reivindicações não apenas de reforma do sistema, mas de privatização, e essas reivindicações tornaram-se mais intensas durante os anos 90. Alguém poderia muito bem perguntar: por quê? A resposta, dita de modo simples, inclui o mesmo conjunto de ingredientes que encontramos antes: ideologia, interesses e ganância.

Quando viam os preços do mercado acionário disparar, alguns indivíduos se esqueciam das vantagens do sistema de Seguridade Social — o fato de que ele realmente fornecia segurança. E pensavam: se em vez de guardar dinheiro no sistema de Seguridade Social eu pudesse investi-lo no mercado acionário, eu também ficaria estupidamente rico! Eles acreditavam, ou queriam acreditar, que o *boom* do mercado iria durar para sempre. Wall Street estimulou isso ao contrastar os baixos retornos da Seguridade Social com os elevados retornos do mercado acionário. É óbvio que Wall Street tinha incentivos muito fortes para pressionar pela privatização. Suponha-se, por exemplo, que apenas uma fração do dinheiro que ia para a Seguridade Social fosse para as contas nas corretoras, e que elas continuassem a ganhar os mesmos tipos de comissão que ganham normalmente — entre 0,5% e 1% (ou às vezes até mais) — sobre o montante administrado. Este era o verdadeiro magneto de ouro: centenas de bilhões de dólares em receitas extras. O Reino Unido havia parcialmente privatizado seu sistema de pensão para idosos, e os custos de transação tiveram um efeito substancial sobre os benefícios — dinheiro que foi dos trabalhadores para as empresas financeiras que administravam seus fundos.[6] As companhias privadas cobram taxas — é assim que elas permanecem no negócio: taxas para comprar para seus fundos, taxas para vender, taxas de administração, taxas quando compram ações, taxas quando vendem. Cada uma das taxas pode parecer pequena, mas quando agregadas, o montante cresce e chega, com freqüência, a uma parcela substancial dos ganhos brutos.

É verdade que há alguns problemas *fiscais* com o sistema de Seguridade Social americano; por exemplo, um hiato de longo prazo entre receitas e pagamentos.[7] Mas são problemas pequenos que derivam de erros do passado. Os primeiros beneficiários da Seguridade Social recebiam mais do que contribuíam, e gerações subseqüentes tiveram de completar a diferença. Mas eles terão de fazer isso se a Seguridade Social for privatizada ou não. Conforme os arranjos trabalhistas atuais, os retornos da Seguridade Social estão levemente reduzidos, a fim de pagar essas "dívidas" antigas. Com a privatização, ou mesmo com a privatização parcial, alguma outra solução teria de ser encontrada.

Os críticos não reclamam da ineficiência do sistema de Seguridade Social, pois simplesmente não têm como fazer isso. O fato é que o sistema público de Seguridade Social é quase com certeza mais eficiente, na perspectiva central dos custos de transação, do que qualquer sistema privado possa ser. É claro que custos de transação para alguns (os beneficiários que os vêem como nocivos) são renda para outros (aqueles em Wall Street que administrariam as contas privatizadas). Wall Street adora custos de transação — quanto maiores, melhor. Os ideólogos do livre mercado dizem que a competição empurra as taxas para o nível mínimo ou efetivamente para zero. Em praticamente nenhum lugar ela obteve sucesso nisso. Mesmo nos Estados Unidos, talvez o de melhor funcionalidade e o mais competitivo de todos os mercados de capitais, a persistência de altas taxas em tantos fundos, sem relação alguma com a performance, mostra que a realidade é bastante diferente; a esperança de que a competição pressionaria as taxas para baixo não tem se concretizado. (Alguns diriam que a persistência de enormes taxas de subscrição em bancos de investimento fornece um exemplo ainda mais convincente.) E a economia da informação fornece uma parte dos motivos. Essa é uma área em que imperfeições de informação são particularmente importantes: pesquisas mostram que a maioria dos americanos nem sequer sabe a diferença entre obrigações e ações; como eles poderiam então tomar decisões bem informadas sobre quais ações comprar, ou mesmo quais corretores escolher?

Alguns tentam argumentar que os retornos dos fundos confiados à Seguridade Social (que são investidos exclusivamente em letras do Tesouro) são baixos e que retornos bem maiores poderiam ser obtidos se o dinheiro fosse investido em capital acionário. Mas está claro que investir em capital acionário carrega consigo um risco maior. Os ideólogos tendem a acreditar que os mercados funcionam bem. Se este é o caso, é evidente que o maior retorno em investir em capital acionário reflete *apenas* o risco maior. Se desejam mais risco, os indivíduos podem alavancá-lo com o restante de seu portfólio. O fato de a Seguridade Social investir conservadoramente não impõe nenhuma restrição real sobre uma estratégia geral de investimento de um indivíduo. E os pobres, aqueles que não têm condições de poupar além da Seguridade Social, deveriam investir conservadoramente — seu bem-estar na aposentadoria depende disso. Em suma, se os mercados de capitais funcionam bem, os baixos retornos não fornecem nenhum argumento para a privatização do sistema de Seguridade Social.

Mas, na prática, os mercados de capitais freqüentemente não funcionam bem — o retorno sobre capital acionário, por exemplo, quase com certeza supera aquele que poderia ser justificado pelo risco.[8] Parte do problema está em que muitos investidores não são bem informados, e há com freqüência irracionalidades marcantes na forma como abordam o risco.[9]

É nesse ponto que os conservadores se deparam com um dilema. Se argumentam que os mercados funcionam bem, então não podem reclamar dos baixos retornos dos fundos confiados à Seguridade Social. Isso acontece simplesmente porque o risco é baixo, e não porque haja qualquer ineficiência na maneira como o governo administra o fundo; e se os mercados funcionassem bem, haveria uma variedade de maneiras pelas quais os indivíduos que desejassem expor-se a maiores riscos (com rendas proporcionalmente maiores) poderiam fazê-lo. No entanto, muitos conservadores acreditam que os retornos do mercado acionário superam os das letras do Tesouro, mesmo levando em conta seu maior risco. De fato, acreditam que o governo está administrando mal seu dinheiro. Mas relutam em admitir que os mercados não funcionam bem. Pois se eles não funcionam bem, a questão é por quê?, e isso, por sua vez, leva à próxima interrogação natural, há algo que o governo possa fazer para melhorar os mercados? Nós queremos realmente deixar a segurança da aposentadoria dos indivíduos nas mãos de investidores mal informados e irracionais, investindo em mercados de capitais que funcionam imperfeitamente?

Há ainda uma outra abordagem, igualmente odiosa para os conservadores, que é o próprio governo investir em títulos mobiliários. O governo poderia, por exemplo, adquirir um fundo indexado de ações, uma ampla gama de títulos mobiliários. Ele poderia investir uma fração de seu portfólio — aumentando os retornos, embora ao mesmo tempo aumentando os riscos. Mas enquanto os indivíduos podem enfrentar dificuldades para administrar o risco *em suas própria contas* (por exemplo, o que acontece se o mercado cair precisamente nos anos em que o indivíduo está se aposentando?), o governo encontra-se em posição muito melhor para fazê-lo. O governo poderia, além do mais, adquirir essas ações com menores custos de transação, poderia conseguir um portfólio mais diversificado; e não precisaria interferir nas operações das próprias empresas. Ele seria simplesmente "um sócio calado", tanto quanto é atualmente através do sistema tributário. Um sistema desse tipo permitiria que os indivíduos permanecessem protegidos contra riscos sociais como a inflação e os caprichos do mercado acionário e, ao mesmo tempo, com quase certeza, colocaria os fundos confiados à Seguridade Social sobre um sólido alicerce financeiro, uma vez que o capital acionário apresenta retornos maiores do que obrigações.

Infelizmente, o investimento governamental em títulos mobiliários apresenta um defeito fatal: ele não gera renda ("custos de transação") para o mercado financeiro. Não é de surpreender então que tanto o Tesouro como o Fed se opusessem a isso, com argumentos que eu não achava convincentes. Uma objeção era que o governo poderia votar com suas ações e, portanto, influenciar o comportamento da empresa. Está claro que seria fácil aprovar um impedimento a isso. E mesmo que votasse com suas ações, o governo estaria em minoria. Seria ruim ter um voto contra o tipo de ganância corporativa que observamos nos capítulos anteriores? Limitar os salários bizarros dos CEOS? Ou num período mais remoto, não fazer negócios na África do Sul durante o apartheid? A voz do governo seria apenas uma voz entre muitas, mas talvez fosse uma voz que devesse ser ouvida.

O pessoal do Tesouro apresentou outro argumento, ainda mais falacioso — sem demanda por suas letras do Tesouro, poderiam ser forçados a pagar maiores taxas de juro sobre a dívida do Tesouro. Mas, ainda que isso fosse verdade, a privatização teria o mesmo efeito.

A quebra do mercado acionário de 2000 talvez ilumine a maior debilidade da privatização da Seguridade Social: ela deixa os indivíduos vulneráveis ao pessimismo irracional do mercado acionário, do mesmo modo como anteriormente permitia que se beneficiassem com seu otimismo irracional. Quando o mercado acionário estava em *boom*, uma boa parte das pessoas pensava: se eu tivesse investido meu dinheiro somente em ações de empresas de alta tecnologia, em vez de ser forçado a pagar as contribuições da Seguridade Social, eu estaria rico agora. Na atual conjuntura, eles deveriam compreender a estupidez dessas atitudes. Se tivessem colocado seus recursos em ações típicas de alta tecnologia, estariam aguardando uma aposentadoria lastimável. A Seguridade Social foi concebida para fornecer exatamente isso — *segurança*, e não ser um jogo de azar.

Contas da Seguridade Social individuais e privadas exacerbariam as flutuações da economia: elas tornariam as bolhas maiores, e os colapsos piores. Hoje, ao menos na Seguridade Social, quando o mercado cai, os indivíduos estão parcialmente protegidos dos caprichos do mercado acionário. Se todo o dinheiro de um indivíduo estivesse no mercado acionário, quando este caísse, os indivíduos teriam de se preocupar com suas aposentadorias; precisariam poupar mais e consumir menos. E à medida que consumissem menos, a retração econômica se agravaria.

Com a debilidade prolongada no mercado acionário, a conversa sobre privatização desapareceu. Mas o mercado acionário vai se recuperar mais cedo ou mais tarde. E quando ele se recuperar, também o fará a ganância que motivou demandas pela privatização. Haverá aqueles que verão novas oportunidades para lucro, que tentarão — e que poderão até mesmo ser bem-sucedidos nisso — encontrar uma abordagem fundamentada em princípios para a ganância privada.

Com a produtividade crescendo, a economia acabará por se recuperar da retração da atividade que começou em 2001; e esta é uma boa notícia para a solidez fiscal de longo prazo da Seguridade Social. Mas mesmo se restar algum problema fiscal, ele poderá ser manejado por meio de mudanças mínimas nos tributos da Seguridade Social, tais como, por exemplo, mudanças da idade para a aposentadoria. Não há nenhum motivo racional para a privatização, nem mesmo para uma privatização parcial. Mas há muitas boas razões para se opor a ela.

ADMINISTRANDO O RISCO

Os sistemas econômicos podem ser altamente instáveis — todos têm seus altos e baixos. Nos últimos setenta anos, aprendemos muito sobre o que causa esses movimentos e sobre como intervir ativamente na economia para torná-la mais estável. Em geral, o remédio keynesiano tem funcionado: as retrações da atividade econômica são mais curtas e menos profundas, e as expansões são mais longas. No entanto, também aprendemos que há limites para intervenções ativistas. Leva tempo para que as políticas surtam efeito — como observei anteriormente, políticas monetárias costumam levar de seis meses a mais de um ano para atingirem seu pleno efeito. É freqüentemente difícil ter certeza de que uma economia está entrando em recessão, e um estímulo demasiado grande poderia deflagrar a inflação. Há alguns modos de tornar a economia mais estável — modos de ministrar o remédio quando o paciente necessita dele, e na dose certa, o que é importante, porque jamais existe certeza em política econômica; as boas políticas reconhecem isso. Tais métodos são conhecidos como estabilizadores automáticos. Por exemplo, os subsídios ao desemprego funcionam desta maneira: o governo gasta dinheiro se, e somente se, houver uma retração da atividade econômica, refletida na forma de maior desemprego. Infelizmente, ao longo dos anos, esses estabilizadores automáticos se enfraqueceram. Nos anos 90, perdemos a oportunidade de fortalecê-los — e mesmo quando a necessidade se tornou cada vez mais aparente, à medida que a economia entrava em recessão, Bush tomou outro rumo.

No início de 2001, ninguém tinha certeza se a retração que estava apenas começando seria curta e pouco profunda, ou longa e profunda. Eu estava do lado pessimista. Mas esta é a razão pela qual os estabilizadores automáticos são tão atraentes: eles são ativados se, e somente se, a economia necessita de gastos adicionais. Havia duas maneiras óbvias para implantá-los: maiores benefícios ao desemprego para pessoas que necessitavam dele e assistência a estados específicos. Numa retração econômica, a maioria dos estados enfrenta uma deficiência de receitas, e quase todos têm de operar sob as restrições de um orçamento equilibrado, ou seja, seus gastos são limitados a suas receitas; quando a economia entra em recessão, as receitas do país decrescem rapidamente, e os estados são obrigados a cortar gastos e aumentar impostos. (No final de 2002, os efeitos contracionistas dessa situação começavam a ser sentidos. Só a Califórnia enfrentou um déficit de mais de 30 bilhões de dólares. Algumas estimativas chegam a um efeito contracionista total dos cortes estaduais e locais de 1% a 2% do PIB. Os cortes nos gastos seriam provavelmente sentidos com mais impacto em educação e saúde, algo que o país mal poderia suportar; e os maiores impostos sobre a propriedade, que muitas comunidades foram forçadas a decretar para compensar as receitas declinantes do imposto de renda, ameaçavam perfurar a bolha do mercado imobiliário.)

LIÇÕES

Administrar risco é sempre difícil — nossas instituições financeiras, que deveriam ter competências especiais para fazê-lo, mostraram quão difícil é essa tarefa. Não é fácil prever qualquer retração econômica e tomar medidas acertadas. Desde a Segunda Guerra Mundial, temos administrado bem melhor a economia do que havíamos feito antes. Mas não acabamos com o ciclo econômico, e as retrações permanecem muito custosas. É por isso que é importante conceber sistemas e políticas econômicas que melhorem a estabilidade econômica. Mesmo antes dos anos 90, estavam ocorrendo mudanças que tornavam a economia menos estável. Um dos importantes estabilizadores inerentes estava sendo enfraquecido, na medida em que o sistema de seguro-desemprego — sempre fraco em comparação com aqueles de outros países avançados — não acompanhava o ritmo da renda crescente e da mudança na estrutura da economia americana, e assim mais e mais trabalhadores ficavam desprotegidos.

Durante os anos 90, enfraquecemos ainda mais os outros estabilizadores inerentes, através de cortes na previdência, cujos pagamentos naturalmente aumentam quando a economia se enfraquece. Contudo, houve mudanças ainda mais fundamentais na economia. Apesar de toda a conversa da Nova Economia sobre o fim do ciclo econômico, as mudanças dos exuberantes anos 90 podem ter realmente ampliado nossa vulnerabilidade econômica, tornando a economia mais sensível e mais reativa a choques. Práticas como a lealdade entre empresas e seus trabalhadores, que protegiam os trabalhadores de algumas das mudanças imprevistas do mercado, e programas de pensões definidas, que protegiam os trabalhadores de algumas das mudanças imprevistas do mercado acionário, não somente resultavam num capitalismo mais bondoso e gentil, mas ajudavam a estabilizar a economia. A nova disciplina, conduzida por mercados financeiros míopes que só observam o resultado, combinada com a nova "flexibilidade" do mercado, significou que essa forma mais gentil de capitalismo estava condenada a ser uma coisa do passado. E também significava que quando a bolha estourasse, as conseqüências, não somente para os indivíduos, mas também para a economia como um todo, seriam ainda maiores — apesar de toda a bravata acerca de aprender a administrar melhor o risco.

Ainda é muito cedo para uma avaliação completa das mudanças nos anos 90. Sabemos com certeza que a primeira retração econômica do novo milênio está durando mais do que muitas das outras recessões do pós-guerra. O verdadeiro teste virá com o tempo: a economia e, em especial, o desemprego vão demonstrar mais ou menos estabilidade? As flutuações serão mais ou menos freqüentes? Elas serão mais ou menos profundas? Há altos custos nas retrações econômicas e grandes benefícios em reduzir o risco e aumentar a estabilidade.

9. Globalização: primeiras incursões

Se a recuperação econômica e a redução do déficit foram as primeiras vitórias do governo Clinton, a gestão da política econômica externa parecia ser a segunda. O governo obteve a aprovação de dois acordos comerciais divisores de água e conseguiu fazer com que o Congresso aprovasse o financiamento do socorro da economia mexicana. Um dos acordos comerciais criou a Área de Livre Comércio da América do Norte (NAFTA), unindo Estados Unidos, México e Canadá na mais ampla área de livre-comércio do mundo, com 420 milhões de pessoas e um PIB acumulado de US$ 11,8 trilhões. O segundo, marcando o término, em 1994, da Rodada Uruguai de negociações comerciais que havia se iniciado em 1986, criou a Organização Mundial do Comércio, uma instituição internacional concebida para assegurar o cumprimento das regras do jogo no comércio internacional, do mesmo modo como o Fundo Monetário Internacional, criado ao final da Segunda Guerra Mundial, geria o sistema financeiro global. A idéia de uma organização internacional dessa natureza havia sido um sonho durante meio século. O acordo reduziu ainda mais as barreiras comerciais sobre mercadorias e expandiu enormemente a agenda de liberalização comercial para serviços, propriedade intelectual e investimentos. Mais tarde, houve outras conquistas aparentes, como a regularização das relações econômicas com a China e o estabelecimento dos alicerces para uma área de livre comércio abrangendo todas as Américas e para uma outra, envolvendo a orla do Pacífico. O fato de que muitas dessas realizações tenham sido tão duramente conquistadas — a campanha de Ross Perot contra a NAFTA criticava o suposto (mas, de fato, inexistente) "som gigantesco da sucção" que ocorreria quando o NAFTA subtraísse empregos dos americanos — tornou o sentimento de realização ainda maior.

Olhando retrospectivamente, nossa gestão da política econômica externa não parece ter sido um triunfo. Assim como no plano doméstico nossa economia da bolha havia plantado as sementes de sua própria destruição, o mesmo ocorreu também com nossas políticas externas, que abriram caminho para uma série de problemas no exterior. Na segunda metade dos anos 90, fracassos nas políticas de desenvolvimento provocaram críticas à ideologia que havíamos encorajado nos países em desenvolvimento, especialmente por meio do FMI. Por todo o mundo havia um sentimento forte de insegurança econômica, pois uma crise se seguia a outra. Nas negociações comerciais, essas reclamações vinham acompanhadas de um sentimento de que os Estados Unidos estavam sendo injustos. Esse sentimento cresceu ao longo de toda a década de 1990 e alcançou novos patamares quando o unilateralismo político da administração Bush II gerou um novo conjunto completo de ressentimentos e de sentimentos antiamericanos no exterior.[1] A questão não é se a globalização pode ser uma força para o bem que beneficie os pobres do mundo; é claro que pode. Mas ela precisa ser gerida de maneira correta, e com muita freqüência não tem sido.

Embora outros possam ter sofrido com a má gestão da globalização, e embora no longo prazo essa má gestão possa sair caro para os Estados Unidos — na medida em que todos os problemas do governo Clinton se multiplicaram e foram ampliados pelo subseqüente governo Bush —, no curto prazo os EUA se beneficiaram, mostrando uma vez mais que o que é bom para os Estados Unidos pode não ser bom para o resto do mundo, e também que o que é ruim para o resto do mundo pode não ser ruim para os Estados Unidos. As políticas que os Estados Unidos promoveram contribuíram de maneira não desprezível para a crise financeira global de 1997-98[2] que levou, por sua vez, a preços menores das *commodities*. Menores pressões inflacionárias, combinadas com a necessidade de impedir um cataclismo global, levaram a taxas menores de juros; e enquanto o resto de mundo se enfraquecia, os EUA apareciam cada vez mais como o bastião da vitalidade, embora isso tenha mudado quando deslizamos para a recessão, no final dos anos 90.

Algumas das mesmas forças que haviam contribuído para os problemas nos Estados Unidos estavam na raiz dos fracassos no exterior. Os EUA promoviam a ideologia do livre mercado e tentavam incessantemente obter acesso no exterior para as companhias americanas. Fazendo isso, nós do governo Clinton também deixávamos de lado com muita freqüência os princípios que deveríamos preservar. Não pensávamos no impacto de nossas políticas sobre as populações pobres dos países em desenvolvimento, mas apenas na criação de emprego nos EUA. Confiávamos na liberalização dos mercados de capitais, mas não pensávamos em como ela poderia levar a uma maior instabilidade global. Pensávamos mais no que os EUA poderiam ganhar no curto prazo sendo duros nas negociações — e como isso, por sua vez, poderia melhorar a posição do governo — do que em como as percepções de injustiça e de hipocrisia poderiam, no longo prazo, prejudicar os interesses americanos. Enquanto falávamos sobre democracia, fazíamos todo o possível para manter nosso controle sobre o sistema econômico global e para ter certeza de que ele funcionaria de acordo com nossos interesses ou, mais precisamente, de acordo com os interesses financeiros e empresariais que dominavam essa parte de nossa vida política. Na frente interna, o interesse de Wall Street na privatização da Seguridade Social (discutido no último capítulo) foi refreado por uma compreensão mais ampla de que a privatização poderia prejudicar a proteção aos idosos; no exterior, somente a voz de Wall Street era ouvida — afinal de contas, os idosos do exterior não votavam nos Estados Unidos, nem contribuíam para as campanhas políticas.

E assim como dentro do país nos tornamos vítimas de nosso próprio sucesso, o mesmo ocorreu no exterior. Nos Estados Unidos, nossas políticas *pareciam* estar funcionando — estávamos, afinal de contas, experimentando um *boom* sem precedentes. Com mercados financeiros míopes no controle, não queríamos examinar o futuro, para perguntar se essas políticas eram sustentáveis. O mesmo valia para o exterior. Países que seguiram nosso conselho pareciam prosperar como nós, então por que não deveríamos pregar aquelas políticas?

Desde os tumultos de Seattle de dezembro de 1999, com o descrédito da globalização e da visão subjacente do capitalismo americano triunfante, é difícil, às vezes, lembrar do exagero que o otimismo em torno da globalização havia atingido. Cheguei ao posto de economista-chefe do Banco Mundial exatamente no auge desse exagero. Lembro-me de discursos nos quais eu falava com orgulho sobre o aumento de seis vezes nos fluxos dos países desenvolvidos para os mercados emergentes, e que era necessário repensar o papel da assistência "oficial" (bilateral e multilateral). Íamos nos concentrar nos países mais pobres e em saúde e educação, áreas para as quais o dinheiro privado ainda não estava fluindo. Mas isso mudou rapidamente. Com a crise financeira global, os fluxos diminuíram enormemente e, em algumas partes do mundo, o dinheiro percorreu o caminho oposto — dos países pobres para os ricos. Na América Latina, o *boom* que o ingresso de dinheiro havia provocado foi mais do que contrabalançado pelo colapso que se seguiu.

O mesmo poderia ser dito para cada uma das áreas da globalização. Em meados dos anos 90, propusemos uma visão do mundo na qual a liberalização do comércio traria prosperidade sem precedentes para todos, tanto nos países desenvolvidos como nos países menos desenvolvidos. No final dos anos 90, os tratados que havíamos louvado tão orgulhosamente eram vistos como desequilibrados, e a liberalização comercial como uma nova maneira pela qual os ricos e poderosos poderiam explorar os fracos e os pobres. Assim como a economia de mercado não havia fornecido o que havia prometido aos países da antiga União Soviética — ela trouxe pobreza, e não prosperidade, sem precedentes —, a liberalização comercial não forneceu o que havia prometido. O crescimento orientado para as exportações havia sido a marca da região mais bem-sucedida no mundo, o Leste Asiático, mas as políticas que suas nações implementaram eram muito diferentes das políticas de liberalização comercial promovidas na América Latina. As políticas latino-americanas concentravam-se na abertura de seus mercados às importações e não na promoção das exportações, e com demasiada freqüência empregos foram destruídos, e não criados.

Tratados comerciais injustos

Nosso momento de maior orgulho — a conclusão da Rodada Uruguai de negociações comerciais — revelou-se um dos nossos maiores fracassos. Desde a Segunda Guerra Mundial, houve uma série de rodadas de negociações para reduzir as barreiras comerciais entre os países. Em cada rodada, os países ofereceriam abrir mais seus mercados, se houvesse reciprocidade. A Rodada Uruguai foi, em certa medida, a mais dramática dessas rodadas, pois abriu áreas completamente novas de liberalização comercial: como o setor manufatureiro estava perdendo importância e o de serviços se expandia, era importante incorporar esses setores da economia ao âmbito da liberalização comercial.

Mas mesmo quando liberamos essas novas áreas, nós o fizemos de uma maneira desequilibrada. Os Estados Unidos pressionaram os demais países a abrir seus mercados em áreas em que tínhamos força, como nos serviços financeiros, mas resistiram, com sucesso, aos esforços de nos impor reciprocidade. Serviços de construção e serviços marítimos, áreas nas quais muitos países em desenvolvimento apresentam vantagem, não foram incluídos no novo tratado. Pior ainda, a liberalização dos serviços financeiros foi provavelmente ainda mais prejudicial para alguns países em desenvolvimento: à medida que grandes bancos internacionais eliminavam competidores locais, os fundos que reuniam eram canalizados para as empresas internacionais com as quais se sentiam confortáveis, não para as empresas locais de pequeno e médio porte. Essas preocupações haviam motivado os Estados Unidos a impor restrições sobre as operações bancárias no âmbito nacional (até que fossem amplamente removidas no governo Clinton); o Meio-Oeste e as áreas rurais temiam que os bancos de Nova York transferissem fundos para os centros financeiros. Quando os bancos estrangeiros tomaram o controle dos sistemas bancários de países em desenvolvimento como Argentina e México, manifestou-se com freqüência o temor de que as empresas de pequeno e médio porte nesses países em desenvolvimento fossem privadas de fundos.[3] Se tais preocupações são válidas ou não, se são exageradas ou não, não é a questão: o problema é que os países deveriam ter o direito de tomar essas decisões por conta própria, como os americanos fizeram no seu próprio país durante seu período de formação; mas sob as novas regras internacionais que os EUA haviam fomentado, os países estavam sendo privados desse direito.

A agricultura foi outro exemplo do duplo padrão inerente à agenda de liberalização do comércio pela qual pressionávamos. Embora insistíssemos em que os outros países reduzissem suas barreiras aos nossos produtos e eliminassem os subsídios para aqueles produtos que competiam com os nossos, os Estados Unidos mantiveram barreiras sobre os bens produzidos pelos países em desenvolvimento — e continuaram com os enormes subsídios. Os subsídios agrícolas encorajam os produtores rurais americanos a produzir mais, forçando a redução dos preços globais das safras que os países em desenvolvimento pobres produzem e das quais dependem. Por exemplo, os subsídios para a cultura do algodão destinados a 25 mil produtores rurais americanos, a maioria dos quais em boa situação financeira, superaram em valor a produção de algodão, reduzindo enormemente o preço global do produto.[4] Os produtores rurais americanos, que respondem por um terço da produção global agregada, a despeito do fato de os custos de produção nos EUA serem *duas vezes maiores* que o preço internacional de 42 centavos por libra, lucraram à custa de 10 milhões de produtores rurais africanos que dependiam do algodão para suas míseras vidas. Diversos países africanos perderam entre 1% e 2% de sua renda total, um montante superior ao que estes mesmos países receberam de ajuda externa dos Estados Unidos. O Mali, por exemplo, recebeu US$ 37 milhões de ajuda mas perdeu US$ 43 milhões em função dos preços deprimidos.

Mickey Kantor, o representante comercial dos EUA responsável pela negociação de acordos comerciais no início do governo Clinton, ilustra simultaneamente o sucesso de curto prazo e os problemas de longo prazo que residiam por trás desses sucessos iniciais. Kantor fora o coordenador da campanha de Clinton, e eu o considerava dedicado, enérgico e cativante. Advogado por formação, embora não fosse nenhum especialista em política econômica internacional, sabia como obter um acordo comercial que agradasse às empresas americanas. Ele negociava agressivamente para conseguir o melhor acordo para os Estados Unidos. Mas enquanto tal agressividade pode funcionar bem nos tribunais americanos, ela não serve tão bem aos interesses de longo prazo de nosso país no tribunal da opinião global.

Uma das novas áreas na qual ele negociou agressivamente foi a de direitos de propriedade intelectual, como patentes e *copyrights*. Tal como os serviços, tratava-se de uma fonte de renda de importância crescente para as empresas americanas. Na Rodada Uruguai, Kantor insistiu, a pedido das companhias farmacêuticas americanas, em que houvesse as mais fortes proteções possíveis à propriedade intelectual. O Departamento de Política Científica e Tecnológica e o Conselho de Consultores Econômicos opuseram-se a essa postura. Os direitos de propriedade intelectual precisam equilibrar os interesses dos usuários do conhecimento com os dos produtores. Sendo muito rígido, o regime de propriedade intelectual pode, na verdade, prejudicar o ritmo de inovação; afinal de contas, o conhecimento é o insumo mais importante na produção de conhecimento. Nós sabíamos que estava equivocado o argumento de que sem direitos de propriedade intelectual a pesquisa seria sufocada; de fato, a pesquisa básica, a produção de idéias que estava na base de tantos avanços na tecnologia, dos transistores aos lasers, dos computadores à internet, *não* era protegida por direitos de propriedade intelectual e, mesmo assim, os EUA permaneceram como o principal produtor também nessas áreas.

As patentes representam com freqüência a privatização de um recurso público de idéias que são, em larga medida, baseadas em pesquisas financiadas pelo governo. Elas criam poder de monopólio e interferem na eficiência de curto prazo. As economias de mercado levam a resultados eficientes somente quando há competição, mas os direitos de propriedade intelectual minam a própria base da competição. Em alguns casos, os benefícios da pesquisa induzida adicional podem compensar o custo; mas o que é necessário é uma contabilização cuidadosa dos custos e benefícios, comparando os benefícios de qualquer pesquisa adicional que direitos de propriedade mais fortes poderiam induzir com os custos do poder de monopólio e do funcionamento pior dos mercados. As companhias farmacêuticas que pressionavam por direitos de propriedade intelectual mais fortes não estavam interessadas nesse tipo de contabilização cuidadosa; elas acreditavam que quanto mais fortes fossem os direitos de propriedade intelectual, maiores seriam os lucros. O Conselho de Consultores Econômicos e o Departamento de Política Científica e Tecnológica preocupavam-se — corretamente, como se viu quando o acordo finalmente veio à tona — com o fato de que nas negociações em Genebra o representante comercial dos EUA não estivesse fazendo o balanço cuidadoso que era necessário, mas simplesmente refletindo as pressões que sofria das companhias farmacêuticas.

Outra preocupação do Conselho de Consultores Econômicos era que essas novas proteções pudessem elevar os preços dos medicamentos nos países em desenvolvimento, privando os pobres e os doentes de remédios de que necessitavam desesperadamente. Nós nos preocupávamos com a oficialização do tratado da Rodada Uruguai, pois estaríamos simultaneamente assinando a sentença de morte para milhares de pessoas que, nos países em desenvolvimento, ficariam privadas de medicamentos que salvam vidas.[5] Nossas preocupações revelaram-se reais, e o protesto público foi um dos fatores que minaram a confiança na maneira pela qual a globalização era gerida.

Alguns dos mais importantes defensores acadêmicos da liberalização comercial, como Jagdish Bhagwati, da Universidade de Columbia, haviam questionado totalmente a idéia de levar os direitos de propriedade intelectual para dentro do âmbito da OMC. Pois diferentemente da liberalização comercial que, ao menos sob algumas condições idealizadas (e um tanto irrealistas), pode fazer com que todos se beneficiem, direitos de propriedade intelectual mais fortes costumam beneficiar alguns (as indústrias farmacêuticas) e prejudicar muitos (aqueles que, de outra maneira, poderiam ser capazes de adquirir os medicamentos). Havia poucas dúvidas de que as empresas americanas se beneficiariam; havia mais dúvida sobre se os países em desenvolvimento se beneficiariam. Com efeito, muitos observaram a ironia de que durante o rápido crescimento dos EUA no século XIX fomos acusados de roubar direitos de propriedade intelectual da Europa. Em 1790, em um discurso ao Congresso, George Washington assinalou que o objetivo da legislação de patentes era conceder "estímulo efetivo, tanto para a introdução de novas e úteis invenções do exterior, como para os esforços de habilidade e engenho para produzi-las dentro do país". Até 1836, não era concedida proteção de patente a cidadãos que não fossem americanos. Depois de ter sucesso, estávamos nós agora removendo a escada que havíamos utilizado?[6]

Embora esperássemos esses problemas, o Conselho não havia previsto completamente uma enxurrada de outros problemas: as acusações de biopirataria contra empresas americanas que patenteavam medicamentos e alimentos tradicionais, cobrando dos países em desenvolvimento pelo que eles sempre acharam ser deles. O caso mais notório envolvia uma companhia radicada no Texas, RiceTec, Inc. (uma subsidiária da RiceTec AG de Liechtenstein), que recebeu uma patente (número 5 663 484) sobre o método de produção e sobre o grão do arroz basmati, cultivado há séculos por produtores rurais na região do Punjab, da Índia e do Paquistão. Neste caso, os protestos internacionais, inclusive as pressões do governo indiano, fizeram com que a companhia retirasse a maior parte de suas reivindicações (ainda assim, conseguiu a patente sobre três espécies híbridas). Mas é caro travar essas batalhas e isso deixa automaticamente os países em desenvolvimento em desvantagem.[7]

Que nós negociássemos agressivamente era compreensível, e que a combinação de uma negociação agressiva com nosso poderio econômico conduziria a um acordo comercial que fosse "injusto" — que nos desse mais benefícios do que aos outros — era previsível. Mas foi *tão* injusto, tão desbalanceado, que parte de nossos ganhos se deu à custa dos outros — e de fato, a região mais pobre no mundo, a África subsaariana, ficou numa situação pior.

O resultado desses acordos é que os EUA passaram cada vez mais a ser vistos como hipócritas, devido ao enorme descompasso entre nossa retórica de livre-comércio e nossa prática efetiva. É claro que a Europa era, em certa medida, igualmente culpada; seus subsídios agrícolas eram ainda maiores que os nossos: a vaca européia média recebia dois dólares por dia em subsídios, um número impressionante, já que metade da população mundial vive com menos do que isso por dia. Mas a Europa fazia menos pregação do livre mercado, ao passo que os EUA tentavam reivindicar "liderança".

Depois que o acordo de livre comércio entre EUA e México foi assinado, os EUA buscaram novos meios para impedir a entrada de bens que competiam com sucesso com os bens internos. Tentou-se, por exemplo, impedir a entrada dos abacates mexicanos, argumentando que trariam consigo moscas frugívoras que destruiriam nossas plantações na Califórnia. Quando os mexicanos responderam com a permissão para que os inspetores do Departamento de Agricultura dos Estados Unidos entrassem em seu país, e estes não conseguiram encontrar indícios dessas moscas, os americanos disseram: "Mas é claro, elas são pequenas e difíceis de enxergar". Então, os mexicanos propuseram vender os abacates somente para a região nordeste dos EUA no meio do inverno — o ar gelado representaria morte instantânea para qualquer mosca frugívora — e os EUA mesmo assim refugaram. (Eu finalmente descobri por quê: o pico do consumo se dá no domingo da final do campeonato de futebol americano, em janeiro, pois a pasta de guacamole tornou-se parte do ritual dos torcedores.) Somente quando o México ameaçou retaliar com barreiras ao milho americano é que os EUA recuperaram a razão.

Nós tentamos evitar a entrada de tomates e caminhões mexicanos, de mel chinês e de casacos femininos ucranianos. Sempre que uma indústria americana era ameaçada, os Estados Unidos agiam prontamente, usando as chamadas leis do comércio justo, que haviam sido amplamente abençoadas pela Rodada Uruguai.

No Conselho de Consultores Econômicos, perguntávamos por que deveria haver um duplo padrão entre o que é "comércio justo" para bens produzidos por americanos e para aqueles produzidos por empresas estrangeiras. O *dumping* — vender bens abaixo do custo — é injusto e pode ser utilizado para estabelecer uma posição de monopólio, o que, no longo prazo, prejudicará os consumidores. Mas as leis americanas antitruste apresentam padrões bem definidos para averiguar tal comportamento predatório. Por que as empresas estrangeiras deveriam ser submetidas a padrões diferentes — padrões sob os quais uma grande fração das empresas americanas seria julgada por estar envolvida em comportamento predatório? Quando a Kodak acusou o Japão de comportamento anticompetitivo nas vendas do filme Kodak no Japão, o Conselho perguntou-se como as acusações da Kodak seriam recebidas num tribunal antitruste americano, e nossa conclusão foi: não muito bem. Como o filme da Kodak tinha somente um terço da fatia de mercado no Japão, era óbvio para o representante comercial dos Estados Unidos que isso acontecia porque a Fuji estava, de algum modo, envolvida em alguma prática anticompetitiva. O fato de a Fuji deter somente um terço do mercado americano não foi considerado uma prova de que a Kodak poderia estar engajada em práticas anticompetitivas aqui, mas uma demonstração a mais da superioridade dos produtos Kodak, reforçando a conclusão de que o Japão exercia uma atividade nefanda. Havia uma interpretação óbvia: parece haver uma vantagem para o competidor nacional, mas isso não significa que esteja ocorrendo algo imoral. Não obstante, o representante comercial dos Estados Unidos entrou com uma ação de comportamento anticompetitivo — e perdeu.[8]

A mais engraçada de nossas tentativas de evitar a concorrência de bens estrangeiros foi o episódio da vassoura de palha de milho, no qual impusemos medidas de "salvaguarda" para proteger os EUA de uma invasão de importações de vassouras feitas com palhas de um milho especial (chamado, não por acaso, de "milho vassoura"). Medidas de salvaguarda visam dar tempo para que os países se adaptem a uma súbita invasão de importações, especialmente quando tais importações possam ter conseqüências mais amplas e sistêmicas. Ali estavam os EUA, com o desemprego caindo para 3,8%, dizendo que precisavam de salvaguardas. Alguém bem poderia perguntar: quantos empregos estavam em jogo? Nunca obtivemos uma resposta clara, mas era algo em torno de cem e trezentos empregos! Se os EUA não podiam absorver esse tipo de choque, o que se diria dos países mais pobres, com níveis muito maiores de desemprego, e sem nenhum seguro-desemprego ou sistema de previdência? Com certeza, eles teriam sempre de recorrer a salvaguardas.

Para sermos justos com nós mesmos, o governo Clinton resistiu a muitas reivindicações — por exemplo, às da indústria siderúrgica. Mais tarde, George W. Bush colocaria a política acima dos princípios, decretando salvaguardas que prejudicariam tanto as indústrias americanas que usam aço como os produtores de aço no mundo em desenvolvimento. Se ele tinha direito de fazer isso de acordo com as regras da OMC, ainda não se sabe (em março de 2003, a OMC proferiu decisão contra as tarifas americanas sobre o aço; entretanto, os Estados Unidos declararam sua intenção de apelar da decisão). Mas essa não é a questão: combinadas com o aumento quase simultâneo nos subsídios agrícolas, as credenciais de livre-comércio dos EUA, que já estavam arranhadas, ficaram gravemente comprometidas. Os países se perguntavam: de que serve um acordo de livre-comércio que elimina tarifas, se os EUA utilizam então uma ampla variedade de medidas protecionistas não tarifárias para evitar a concorrência de bens competitivos?

Embora tal hipocrisia funcione contra os interesses *econômicos* de longo prazo dos EUA, nossa promoção estrita dos interesses econômicos também funcionou, às vezes, contra nossos interesses políticos mais amplos. Quando a concorrência da Rússia reduziu os preços do alumínio, o governo Clinton ajudou a criar um cartel global, retardando o avanço das reformas na Rússia. O comprometimento com a economia de mercado e com reformas econômicas ia somente até o ponto em que nossos próprios interesses econômicos não fossem adversamente afetados. Durante algum tempo, as leis *antidumping* foram usadas até para impedir a importação de material nuclear das ogivas dos mísseis russos. Era óbvio que deixar esse material na Rússia, com seus funcionários mal remunerados e com uma segurança frouxa, oferecia um sério risco de proliferação nuclear.[9] Mesmo assim, os interesses comerciais foram postos à frente dos interesses de segurança nacional.

Do mesmo modo, os esforços para defender o sigilo dos bancos no exterior, discutidos neste capítulo, não somente reforçaram as percepções de nossa hipocrisia como, na esteira do 11 de setembro, pareceram particularmente destrutivos para os nossos próprios interesses, pois ficou claro que os terroristas foram parcialmente financiados por meio de contas bancárias secretas.

Nas negociações comerciais para a admissão da China à Organização

Mundial do Comércio, Kantor havia argumentado que ela deveria ser tratada como um país desenvolvido e teria de reduzir rapidamente suas tarifas (aos países em desenvolvimento eram concedidos períodos mais longos para reduzir suas tarifas depois de serem admitidos na OMC). O fato de que a China era um país em desenvolvimento pobre e que, portanto, pelas regras da OMC, deveria ganhar prazos maiores para reduzir suas tarifas aos níveis acordados na OMC, pouco significava para ele. Kantor declarou unilateralmente que a China não era um país menos desenvolvido — motivo de riso em outros lugares. Mas depois, em 1999, quando as negociações estavam avançando e o primeiro-ministro chinês Zhu Rong Zhi veio aos Estados Unidos para selar o acordo, o Tesouro dos EUA insistiu em uma rápida abertura dos mercados financeiros chineses para permitir, por exemplo, o ingresso de capital especulativo de curto prazo e que bancos americanos negociassem seus derivativos de alto risco. A China não estava disposta a fazer isso, pois vira a devastação provocada pela crise no Leste Asiático em 1997, que acarretou grandes recessões e depressões na Tailândia, Coréia do Sul, Indonésia e Malásia. A China havia sido poupada porque, embora houvesse aberto as portas aos investimentos estrangeiros diretos, para aqueles que estavam dispostos a construir fábricas e criar empregos, ela não se interessara por esse "*hot money*", pois sabia que ele traria consigo enorme instabilidade, e não maior crescimento. Até mesmo o representante comercial dos Estados Unidos compreendeu que aquilo era pedir demais à China, mas mesmo que isso tivesse pouco sentido econômico, insistir na abertura dos mercados financeiros servia aos interesses financeiros de curto prazo dos EUA. Quando Zhu foi forçado a retornar para a China de mãos vazias — ele não estava disposto a colocar em risco a estabilidade de seu país e se recusou a concordar com as demandas do Tesouro — isso representou um grande revés para os chineses que pressionavam por reformas e por uma maior integração de seu país com o mundo. Os interesses mais amplos dos EUA haviam sido comprometidos. Neste caso, a história teve um final feliz: os reformistas se recuperaram, e a China finalmente se filiou à OMC. Enquanto relutávamos em permitir a entrada dos chineses, eles usaram muito bem o tempo na preparação da economia para um novo regime comercial; na prática, tiveram o tempo extra que haviam pedido e que os Estados Unidos haviam recusado.

O governo Clinton assumiu de bom grado a tarefa de modificar o sistema de comércio global — para fazê-lo funcionar melhor para os EUA. Mas fomos forçados a lidar com os problemas colocados pelo sistema financeiro global, primeiro com a crise mexicana de 1994-95, depois com a crise do Leste Asiático, a crise da Rússia e, por fim, a crise da América Latina.

A crise mexicana

No início da década de 1990, o México havia sido uma das histórias de grande sucesso de "reforma" baseada no mercado. O país havia liberalizado o mercado, reduzindo as barreiras comerciais e outras restrições governamentais, e privatizado, vendendo ao setor privado bancos estatais e até mesmo suas rodovias. Mas seu crescimento baseava-se também no forte endividamento externo e, repentinamente, em dezembro de 1994, os mercados financeiros ficaram preocupados: será que teriam emprestado dinheiro demais? O México seria capaz de pagar o que havia tomado emprestado? Essas mudanças repentinas no humor podem deflagrar uma crise; quando o preço dos bônus despenca, os credores externos recusam-se a rolar os empréstimos, os credores internos entram em pânico tentando resgatar seu dinheiro, e a taxa de câmbio cai vertiginosamente. A crise mexicana foi enfrentada com determinação, um exercício de liderança presidencial, um socorro maciço daqueles que haviam investido em títulos mexicanos. O Tesouro americano — e muitos outros — considerou isso um grande sucesso: as taxas de câmbio se estabilizaram; embora houvesse um temor de que a crise se espalhasse, como uma doença, para outros países da América Latina, não houve nenhum contágio sério, e os investidores americanos recuperaram seu dinheiro (o que era parte do motivo para o socorro), e os EUA foram reembolsados com juros.

Mas há dúvidas se o socorro realmente *causou* a recuperação mexicana. Um exame mais apurado dos dados mostra que a recuperação teve mais a ver com o comércio com os Estados Unidos, baseado no forte crescimento americano e no recém-assinado NAFTA, do que com qualquer coisa feita pelo FMI.[10] Quando se iniciou a crise no país, sua taxa de câmbio caiu, tornando as exportações mais atraentes e as importações menos, o que estimulou a economia. Quanto ao dinheiro não foi tanto a influência do FMI, mas o crédito comercial dos EUA: as taxas de juros nos EUA estavam baixas e os exportadores mexicanos podiam obter crédito comercial das empresas americanas com as quais negociavam.

Com o passar do tempo, tornou-se ainda mais questionável se o socorro por si só foi um sucesso ou não. Toda crise acaba por ter um fim, com as taxas de câmbio se estabilizando e o crescimento sendo retomado. A questão é: a intervenção fez com que a crise fosse muito menos profunda e muito mais curta do que teria sido sem ela? Eu duvido. O México não reestruturou seu setor bancário de uma maneira efetiva, ainda que isso devesse ser uma parte central do programa Banco Mundial-FMI. O resultado foi que aqueles setores da economia que não produziam para exportação (e que, portanto, não tinham acesso fácil ao crédito nos EUA) se debilitaram. O crescimento do salário real foi contido por anos, só alcançando os níveis anteriores à crise anos mais tarde. E então, quando os EUA caminharam para a desaceleração e recessão, o mesmo sucedeu com o México.

Como não podemos realizar um experimento controlado, não podemos ter certeza do papel do grande socorro na recuperação. Mas o aparente sucesso do "experimento" mexicano induziu-nos a tentar várias vezes a mesma receita, primeiro na Tailândia, depois na Indonésia, na Coréia do Sul, na Rússia, no Brasil e na Argentina, com resultados que variaram do mero fracasso ao desastre. Em cada um dos socorros que se seguiram, dezenas de bilhões foram gastas sem sucesso: o dinheiro nem sequer interrompeu o declínio das taxas de câmbio, e o pacote de políticas, consistindo em elevadas taxas de juros e drásticos cortes nos gastos, apenas tornaram as retrações da atividade econômica piores (como a teoria econômica padrão previa que iria acontecer). O aprofundamento da recessão significou, de fato, que as importações foram reduzidas rapidamente, e o superávit das exportações sobre as importações significou que os países logo tiveram uma pilha de dólares para repagar seus credores. Se esse era o objetivo desses socorros — e não a manutenção do vigor das economias —, então, uma vez mais, os programas podem ser declarados vitoriosos.

O pior desastre ocorreu na Indonésia, que enfrentou uma crise em outubro de 1997. O FMI, sob a orientação do Tesouro dos EUA, respondeu com sua receita usual de austeridade fiscal e monetária. Em dezembro de 1997, em um encontro em Kuala Lumpur, que reunia os ministros das finanças e os presidentes dos bancos centrais dos principais países industrializados e da Ásia, eu representava o Banco Mundial. Alertei que, tendo em vista a história de fracionamento étnico, se as políticas contracionistas do FMI fossem mantidas, dentro de seis meses haveria perturbações políticas e sociais. Mesmo sem considerar as mortes e as conseqüências sociais resultantes, tratava-se de péssimo raciocínio econômico: as políticas deveriam supostamente induzir o ingresso de capital, mas, ao invés disso, haveria saídas volumosas e mais devastação econômica. O diretor do FMI, citando o "sucesso" do México, simplesmente reafirmou sua posição: a Indonésia teria de manter o curso, sentir a dor. O evento decisivo que precipitou os violentos tumultos ocorreu em maio de 1998, com o anúncio de cortes nos subsídios de alimentos e combustíveis para os muito pobres. Evidentemente, o FMI estava disposto a fornecer bilhões para socorrer os bancos ocidentais, mas quando vieram à tona somas muito mais míseras para propiciar assistência aos pobres, o dinheiro havia se esgotado. No dia seguinte ao anúncio dos cortes, os tumultos estouraram: o desastre que havíamos previsto ocorreu. Até hoje, o país ainda está para se recuperar totalmente.

Na verdade, muitos dos países que se saíram melhor durante e depois da crise asiática foram aqueles que não seguiram as prescrições-padrão do FMI/Tesouro. A China evitou uma retração da atividade econômica implementando políticas monetária e fiscal expansionistas — precisamente o oposto do que o Tesouro e o FMI haviam imposto no resto da região. A Malásia, o país com a mais curta e a menos profunda retração, não só não teve nenhum programa do FMI, como impôs controles de capital, medida que foi fortemente criticada pelo Tesouro dos Estados Unidos, pelo FMI e por outros. Seguindo seu próprio caminho, a Malásia ficou com um legado de dívida muito menor do que o daqueles que acataram os conselhos do Tesouro/FMI. Com controles de capital, a Malásia foi capaz de evitar que as taxas de juros aumentassem até os níveis usurários impostos nos demais lugares. Com menores taxas de juros, houve muito menos falências, permitindo que os bancos malaios enfrentassem muito menos problemas. Na Coréia, em contraste, metade das empresas enfrentou dificuldades financeiras, e na Indonésia, cerca de 75%. A Tailândia, o país que seguiu mais de perto o conselho do FMI/Tesouro, somente agora está retornando aos níveis de PIB que possuía meia década antes da crise.

A recuperação razoavelmente rápida da Coréia do Sul foi citada por ambos os lados do debate como prova de que eles estavam certos. Mas há diversas razões pelas quais acredito que a recuperação da Coréia ocorreu a despeito do programa do FMI, e não graças a ele. Com efeito, o programa, quando foi implementado, nem sequer interrompeu a depreciação da moeda. Se estivessem tão profundamente enraizados, como as acusações do FMI sugeriam, os problemas jamais teriam sido resolvidos de forma tão rápida. Os coreanos foram judiciosos em decidir quando fazer e quando não fazer o que o FMI lhes dizia. O país havia observado o terrível fracasso da estratégia do FMI/ Tesouro para reestruturar as instituições financeiras na Indonésia, onde o FMI fechou dezesseis bancos, anunciou o fechamento de outros (que não foram nomeados) e disse que os depositantes teriam apenas um seguro bastante limitado. Para a surpresa de ninguém — exceto do FMI — houve uma corrida ao sistema bancário indonésio, que converteu o que teria sido, de qualquer maneira, uma séria recessão em uma depressão de ampla escala. A Coréia, ao contrário, estatizou seu sistema bancário, mantendo, pelo menos, um fluxo moderado de financiamento. Os coreanos também reconheceram que subjacente à retração da atividade econômica estava uma retração cíclica normal na demanda por chips de computador. Eles se recusaram a seguir o conselho do FMI para se livrarem da capacidade ociosa. Em conseqüência, quando o mercado de chips para computador recuperou-se, eles estavam prontos para tirar vantagem da situação, e isso foi vital para a recuperação da Coréia.

O FMI (e por implicação, o Tesouro dos Estados Unidos, que estava muito envolvido na definição da política do FMI, especialmente durante esse período) finalmente admitiu que sua estratégia de reestruturação financeira para a Indonésia foi um fracasso, que havia subestimado a extensão da retração da atividade econômica e implementado políticas fiscais excessivamente contracionistas. Mas não foi uma lição bem assimilada: quando a Argentina se deparou com uma crise, a austeridade fiscal foi novamente a ordem do dia, novamente com o resultado previsível — desemprego crescente, PIB decrescente e, por fim, distúrbios políticos e sociais. O extraordinário não foi a erupção de tumultos; o extraordinário foi a paciência do povo argentino e o fracasso do FMI em prever os tumultos.

A crise da América Latina

Para a América Latina — e, com efeito, para muitos países em desenvolvimento do resto do mundo — a experiência da Argentina foi particularmente significativa, pois o país havia sido a síntese do tipo de reforma que o FMI e o Tesouro americano (sobre uma base bipartidária) haviam encorajado nos países em desenvolvimento. (Como essas reformas representavam o "consenso" de formuladores de política entre a Rua 15, onde se localiza o Tesouro, e a Rua 19, onde fica a sede do FMI em Washington — mas não o consenso dos formuladores de política nos países em desenvolvimento —, o conjunto particular de reformas ficou conhecido como reformas do "Consenso de Washington".[11]) Se isso é o que acontece àqueles que seguiram essas políticas, diziam os países, não queremos nada disso.

Plantando as sementes

Os socorros não foram somente de valor questionável no trato das crises financeiras: pode-se dizer que os primeiros socorros contribuíram para os problemas que se seguiram. Os credores, sabendo que provavelmente seriam socorridos, foram menos cuidadosos e não tiveram a cautela devida na concessão de seus empréstimos; e os tomadores de empréstimos, sabendo que se um número suficiente deles não adquirisse seguro contra depreciações na taxa de câmbio também seriam socorridos pelo FMI, deixaram-se expor a esses riscos.[12] Alguns economistas foram mais longe: o dinheiro do socorro ajudou a alimentar os tubarões especuladores. Especulação — apostar que uma moeda vai se depreciar muito — é um jogo de soma zero. Os especuladores ganham à custa de outra pessoa. Às vezes, do outro lado estão jogadores que acham que a moeda não irá se depreciar. Mas, na média, os ganhos dos vencedores se igualam às perdas dos perdedores — subtraídos os custos de transação —, de modo que a especulação é uma sugestão de perda, exceto por uma coisa: o dinheiro que vem do FMI e dos governos, gasto numa tentativa corajosa mas ineficaz de sustentar a moeda. Quanto mais dinheiro fornecido nos socorros, mais lucrativo é o negócio da especulação.

* * *

Este é apenas um dos meios pelos quais as sementes das crises do final dos anos 90 vieram do Tesouro dos Estados Unidos. Anteriormente, o Tesouro (e o FMI) havia forçado uma rápida liberalização do mercado financeiro e de capitais: a abertura dos mercados desses países à invasão de dinheiro especulativo, que pode entrar e sair do país da noite para o dia, deixando ao amanhecer um desastre econômico e a desregulamentação do sistema bancário. Alguns gracejavam que os Estados Unidos haviam experimentado os efeitos devastadores da desregulamentação, culminando no enorme socorro às S&L. Não querendo ser egoísta, queriam que todos os países compartilhassem dessa experiência. Mas enquanto os Estados Unidos eram ricos o suficiente para suportar os custos, os outros não eram tão afortunados. A liberalização do mercado de capitais era uma faca de dois gumes, mas com um gume muito mais afiado do que o outro. Quando os mercados estavam otimistas, quando havia exuberância excessiva, ingressava capital e, ainda que somente uma fração deste se destinasse a investimentos produtivos, o crescimento aumentava. Mas os capítulos anteriores deste livro mostraram como, nos Estados Unidos, a exuberância irracional era seguida de pessimismo irracional; no exterior ocorria o mesmo, só que com mais intensidade. Trata-se de um padrão que tem se repetido inúmeras vezes. Embora os Estados Unidos sejam capazes de suportar razoavelmente bem essas vicissitudes do mercado, as conseqüências para os países em desenvolvimento são bem mais sérias. O resultado foi que alguns países perderam muito mais quando os capitais foram embora do que haviam ganho quando o capital ingressou.

Em 1993, o Conselho de Consultores Econômicos se opôs aos esforços do Tesouro para obrigar a Coréia a se liberalizar rapidamente. Os coreanos haviam elaborado um plano de liberalização gradual. As quase cem crises que marcaram o quarto de século anterior, embora devastadoras para o mundo em desenvolvimento, haviam fornecido dados abundantes com os quais se podia averiguar os fatores causadores das crises, e entre eles sobressaía a rápida liberalização dos mercados financeiros e de capitais. Por que pressionar a Coréia a mudar com mais rapidez? O que os EUA ganhariam se a Coréia se liberalizasse alguns poucos anos antes do que teria feito sem pressões? Os trabalhadores americanos nada ganhariam, mas as firmas de Wall Street estavam preocupadas: uma liberalização gradual poderia permitir que outros também entrassem, ou mesmo capacitar empresas coreanas a competir em pé de igualdade. No capítulo 4 vimos que a desregulamentação da indústria de telecomunicações levou a uma corrida — os primeiros que se estabelecessem dominariam o mercado e realizariam lucros de monopólio (ou, ao menos, assim se acreditava). O mesmo raciocínio se aplicava aqui, e muitos americanos acreditavam que nossas empresas estavam nitidamente na posição de ganhar a corrida, se ela começasse naquele momento. Quem sabia qual seria a situação em cinco anos? Infelizmente, como costuma ocorrer quando questões de interesse central para os mercados financeiros estão em disputa, a posição do Tesouro prevaleceu. A Coréia foi pressionada a abrir seus mercados de capitais rapidamente. Quatro anos mais tarde, as preocupações do Conselho infelizmente se concretizaram. O Tesouro dos Estados Unidos havia vencido o debate, mas a Coréia havia perdido e, com a decorrente crise financeira global, grande parte do resto do mundo também perdera.

A crise financeira asiática de 1997 e a crise financeira global que se seguiu um ano depois, com crises na Rússia e no Brasil, tornaram claro que *algo* estava errado.[13] Era óbvio, ou deveria ter sido, que havia problemas sistêmicos. Quando há uma curva na estrada e um único carro sofre um acidente, alguém pode culpar o motorista. Mas quando, dia após dia, colisões ocorrem no mesmo local, pode-se suspeitar que há algo errado com a estrada. Como líder do mundo liberal, cabia aos Estados Unidos fazer algo. As discussões globais se iniciaram, sob a rubrica de "reformar a arquitetura financeira mundial". Deveríamos ter suspeitado: quanto mais pomposo o título, menor sua substância. A discussão, realizada, em larga medida, entre as mesmas partes, os mesmos ministros das finanças e dirigentes de bancos centrais que haviam fracassado em gerenciar as crises de maneira tão desapontadora, equivaleu a pouco mais do que uma discussão sobre a mudança do formato da mesa e o rearranjo das cadeiras. Se as guerras, na famosa frase de Clemenceau, são importantes demais para serem deixadas nas mãos de generais, o desenvolvimento econômico e a estabilidade econômica global são importantes demais para serem deixados nas mãos de ministros das finanças e dirigentes de bancos centrais dos países industriais avançados, e para as instituições internacionais que eles supervisionam, o Banco Mundial e o FMI. Certamente, esse é o caso se quisermos criar um sistema global mais democrático e estável.

Pouco de substancial tem sido realizado. Com os contínuos e sempre crescentes colapsos nas finanças internacionais, há agora uma consciência crescente de que há algo de errado no sistema — e uma das maiores falhas do governo Clinton foi ter feito pouco para consertá-lo.

A razão talvez fosse óbvia: embora o sistema não estivesse funcionando bem para os mercados emergentes, os EUA e, em particular, as empresas financeiras dos Estados Unidos, estavam bem servidas. Observei anteriormente como os EUA se beneficiaram da desaceleração global. Assim como no plano interno, os bancos de investimento faziam dinheiro realizando megafusões, e depois, quando estas fracassavam, ganhavam dinheiro desmembrando-as, as firmas financeiras americanas faziam dinheiro quando os capitais ingressavam nos países, e depois faziam ainda mais dinheiro assessorando os governos a gerenciar os ingressos de capital; quando os países entravam em crise, como tão freqüentemente entravam se seguissem ou não o conselho, as firmas financeiras faziam ainda mais dinheiro assessorando a reestruturação. Quando instigados pelo Tesouro dos Estados Unidos e pelo FMI, países como a Tailândia promoviam a liquidação de ativos a preços irrisórios, as firmas financeiras ocidentais compraram empresas a baixo preço; às vezes, elas faziam pouco mais do que mantê-las abertas até que a recuperação se iniciasse e então vendiam-nas de volta aos tailandeses — às vezes, a seus proprietários originais. Independentemente do rumo que as coisas tomavam, os bancos de investimento sempre ganhavam dinheiro.

Deveríamos ter começado olhando para alguns dos problemas de longa data, quase óbvios, do sistema atual, além das crises recorrentes.[14] O que deveriam ser princípios básicos, e até óbvios, eram amiúde desrespeitados. O dinheiro *deveria* fluir dos países ricos para os pobres. No entanto, ano após ano, ocorre exatamente o oposto — os EUA, país mais rico do mundo, são aparentemente incapazes de viver por seus próprios meios, tomando emprestado mais de 1 bilhão de dólares por dia. Poder-se-ia pensar que os ricos, sendo bem mais capazes de suportar os riscos de volatilidade nas taxas de juros e nas taxas de câmbio, suportariam tais riscos, especialmente quando emprestassem dinheiro aos pobres. Wall Street se orgulha de sua sofisticação, de sua habilidade em transferir riscos, presumidamente daqueles que são menos capazes de suportá-los para aqueles que são mais capazes. Todavia, esse encargo é recorrentemente deixado para as nações pobres suportarem. Quando o Fed elevou as taxas de juros americanas a níveis nunca antes conhecidos, nossas S&Ls foram empurradas para a falência; mas como vimos no capítulo 2, elas foram socorridas. Ao contrário, a América Latina enfrentou a falência e uma década perdida de crescimento. Em 1998, quando a Rússia desvalorizou sua moeda, a Moldávia, que havia sido uma das regiões em melhor situação da União Soviética, mas que vira sua renda desabar em 70% na transição mal administrada do comunismo para uma economia de mercado, foi obrigada a desvalorizar também; mas suas dívidas estavam denominadas em dólar e em outras moedas fortes, e uma dívida difícil de administrar tornou-se insustentável: em 2002, 75% do orçamento governamental destinou-se aos serviços da dívida externa. É claro que ninguém esperava que o mundo fosse justo; mas, ao menos, de acordo com a sabedoria econômica convencional, que fosse eficiente. Contudo, estes e outros fenômenos semelhantes sugerem que ele não é nem uma coisa nem outra.

Uma das causas básicas do problema era o sistema de reservas internacionais. Todo ano, os países separam reservas como um seguro contra várias contingências, tais como uma reversão abrupta no humor dos credores externos ou um colapso súbito dos preços de exportação. Os países pobres são forçados a manter quantias substanciais, geralmente em bônus do governo americano (ou, às vezes, em euro), que pagam juros baixos. O retorno que obtêm nesses fundos é bem menor do que aquele que poderiam conseguir caso utilizassem o dinheiro em investimentos extremamente necessários em educação, saúde, infra-estrutura ou fábricas. Mais uma vez, os EUA se beneficiam dos empréstimos a juros baixos dos países em desenvolvimento; mas isto vem à custa dos pobres. As quantias mantidas em reservas são substanciais — hoje acima de 2 trilhões de dólares no mundo inteiro — e uma fração significativa delas é mantida pelos países em desenvolvimento.

Quando esses países, sob pressão dos Estados Unidos e do FMI, removeram suas restrições sobre captação de empréstimos no exterior, os EUA se beneficiaram ainda mais, de um modo que pode até sufocar o crescimento nas nações pobres. Considere-se um país pobre no qual uma empresa toma um empréstimo de curto prazo de 100 milhões de dólares de um banco americano. O país sabe que o banco americano pode, a qualquer momento, exigir seus dólares de volta, recusando-se a rolar seus empréstimos. (Com freqüência, em vez de simplesmente deixar a empresa entrar em *default*, o governo será pressionado a fazer algo.) Os mercados financeiros observam se o país separou um montante suficiente de reservas para cumprir as obrigações de curto prazo, não apenas do governo mas das empresas de dentro do país. Quando há uma deficiência de reservas, há um grande risco de que os mercados financeiros entrem em pânico. Os governos, sabendo disso, têm adotado padrões prudentes de acumulação de mais reservas, inclusive quando as empresas privadas tomam emprestado mais dólares. Em nosso exemplo, isso significa que o governo terá de separar mais 100 milhões em reservas. Em termos líquidos, o país *como um todo* não recebe nada. Mas ele paga aos Estados Unidos, digamos, 18 milhões de dólares em juros, e recebe de volta, em reservas, menos de 2 milhões. Isso pode ser bom para o crescimento dos Estados Unidos, bom para a posição fiscal americana, mas só pode ser ruim para os países em desenvolvimento.

Há um viés deflacionário embutido nesses arranjos internacionais, deprimindo a renda global. Como as reservas precisam acompanhar o crescimento nas importações e nos passivos externos e precisam crescer quando o risco aumenta, a cada ano, bilhões adicionais são alocados para essa finalidade — entre 100 e 200 bilhões de dólares por ano. Isso é renda não gasta, deixada simplesmente como reserva.

Além disso, o sistema apresenta uma instabilidade embutida: o FMI (e outros) constantemente alerta(m) os países sobre os déficits comerciais. Mas a soma dos déficits comerciais do mundo tem de se igualar à soma dos superávits; se algum país importa mais do que exporta, outro país deve estar exportando mais do que importa. Se uns poucos países, como o Japão e a China, insistem em ter superávits, no total, o resto do mundo tem de ter um déficit. Se algum país reduz seu déficit (como fez a Coréia após a crise de 1997), o déficit deve aparecer em algum outro lugar do sistema. Os déficits são como batatas quentes. E quando um país se encontra com um déficit elevado, ele se defronta com uma crise. Dessa forma, os déficits são culpa tanto dos países superavitários quanto dos países devedores.

A única coisa que mantém o sistema funcionando é que os Estados Unidos, o país mais risco do mundo, se tornaram o "déficit de última instância". Enquanto outros países se esforçam para eliminar seus déficits e enquanto o Japão e a China continuam a gerar enormes superávits, os EUA têm disposição e capacidade para gerar enormes déficits, que fazem com que a aritmética global tenha sentido. Essa é a maior ironia. O sistema financeiro permite que os Estados Unidos vivam, ano após ano, muito além de seus meios, enquanto o Tesouro americano, ano após ano, ensina aos outros por que eles não devem fazer isso. E o valor total dos benefícios que os Estados Unidos obtêm com o sistema atual certamente supera, em um montante considerável, a ajuda externa total que o país concede. Que mundo esquisito é esse em que os países pobres subsidiam o mais rico, o qual vem a ser ao mesmo tempo um dos mais avarentos na concessão de assistência ao mundo — dando apenas uma fração do que a Europa e o Japão propiciam como porcentagem de suas rendas.

Com essas deficiências no sistema global de reservas, com sintomas de que algo estava errado, muito errado, com o sistema financeiro global tornando-se cada vez mais aparente, deveria ter ficado claro que algumas mudanças mais significativas eram necessárias; remendos cosméticos não bastariam. Mas infelizmente nenhuma reforma fundamental foi empreendida. Com efeito, houve poucas discussões de qualquer dos problemas subjacentes, inclusive aqueles do sistema global de reservas, ou das inadequações no modo como o mercado privado lidava com o risco. É notável que pouco tenha sido feito até com os problemas que se manifestavam diretamente. Era evidente que a liberalização do mercado de capitais era a causa imediata de muitos dos problemas dos países, mas mesmo assim o que não causa surpresa, discussões desse tipo eram tabus.

As reformas na arena internacional são tipicamente um processo lento. Se tivesse tentado pressionar por reformas significativas, o governo Clinton talvez não obtivesse sucesso no curto período de oito anos, mas, ao menos, poderia ter iniciado o processo. Por exemplo: por trás de diversas crises estava o fato de que países e empresas haviam se endividado no exterior mais do que poderiam pagar. Quando isso acontece dentro dos Estados Unidos ou em outro país industrial avançado, há procedimentos legais de falência. No século XIX, os devedores eram atirados à prisão — o que não os ajudava muito a reembolsar o que deviam, mas fornecia um forte incentivo para não se endividarem excessivamente. Quando as nações em desenvolvimento se endividavam muito, os EUA e as potências européias simplesmente enviavam suas tropas para forçar o país a pagar. A França invadiu o México em meados do século XIX; uma coalizão de potências européias bombardeou Caracas em 1902; e os EUA realizaram ações no Caribe ainda mais recentemente.

Não fazemos mais isso, mas está claro que é necessária uma mudança na maneira pela qual se trata o *default* das dívidas, de modo a evitar o caos econômico e a miséria disseminada que países como a Argentina sofreram. Desde a crise da dívida dos anos 80, ficou claro que é necessário algum tipo de código internacional de falência, como o que nós temos nos Estados Unidos, e essa exigência se tornou ainda mais patente durante as crises dos anos 90. Mas o Tesouro estava visivelmente desinteressado. Somente depois de terminado o governo Clinton é que começaram de fato discussões internacionais sérias.

Outra importante reforma que o Tesouro do governo Clinton reconheceu de início, mas depois abandonou, foi aumentar a transparência. Quando foi sugerido, não muito depois das discussões da reforma da arquitetura financeira global no final de 1997, que a transparência que os Estados Unidos estavam impingindo aos países em desenvolvimento fosse estendida aos centros bancários nos paraísos fiscais e aos fundos de *hedge*, o Tesouro dos Estados Unidos mudou de posição repentinamente. Em uma das reuniões de discussão sobre reformas financeiras globais em Washington, o secretário adjunto dos Estados Unidos chegou ao ponto de explicar por que algum sigilo, alguma falta de transparência, era uma boa coisa, pois criaria maiores incentivos para se recolher informações, aperfeiçoando, assim, o que se denomina "função de descobrir os preços" dos mercados. A situação piorou ainda mais no governo Bush. Em 2000, o "clube" dos países industriais avançados — a Organização para Cooperação e Desenvolvimento Econômico — finalmente tomou uma iniciativa para limitar o sigilo bancário. Mas pouco antes de 11 de setembro de 2001, Paul O'Neill deixou claro que os Estados Unidos vetariam até mesmo essa iniciativa limitada. Depois de 11 de setembro, ficou claro que o sigilo bancário foi decisivo para financiar a Al Qaeda.[15]

O Tesouro de Clinton não fracassou apenas no tratamento dos problemas fundamentais do sistema financeiro global; quando outros faziam sugestões, mesmo aquelas com méritos consideráveis, ele prontamente as vetava, com pouca discussão, em especial quando ameaçavam minar a hegemonia americana. No início da crise asiática, o Japão sugeriu a criação de um Fundo Monetário Asiático, e fez uma oferta generosa de 100 bilhões de dólares para ajudar a subscrevê-lo. O Japão era extremamente crítico (embora sem estardalhaço) do modo como o FMI e o Tesouro americano estavam gerindo a crise. Assim como os Estados Unidos estavam em uma situação em que perderiam muito com um colapso do México, o Japão sentia o mesmo em relação a seus vizinhos. Mas os Estados Unidos demonstraram pouca compreensão das características especiais das economias asiáticas, e, ao menos no início, muito pouca simpatia para com seus problemas. (Em dado momento, quando a Tailândia, que havia apoiado fortemente os EUA durante toda a Guerra do Vietnã, entrou em crise, os Estados Unidos resistiram a fornecer ajuda significativa, sugerindo que a retração econômica daquele país seria somente uma pequena marola na próspera economia global.) Os EUA eram fortes defensores dos acordos comerciais regionais, especialmente aqueles, como o NAFTA, nos quais teríamos um papel dominante. Mas o Fundo Monetário Asiático, com os amplos recursos fornecidos pelo Japão, limitariam a capacidade dos EUA de ditar a política na região. O Tesouro dos Estados Unidos sabia disso e estava disposto a arriscar que a retração econômica da região piorasse sem a ajuda. Muita gente no Japão, na Malásia e em outros países em crise ainda se ressente com a forma com que os Estados Unidos trataram esses eventos.

O TRIUNFO E A DERROTA DO CONSENSO DE WASHINGTON

O que achei mais perturbador quando passei de presidente do Conselho de Consultores Econômicos da Presidência para economista-chefe do Banco Mundial foi que o FMI e o Tesouro americano, com muita freqüência, pareciam impingir no exterior posições que eram precisamente o oposto daquilo pelo qual havíamos lutado no plano interno. Dentro do país lutávamos contra a privatização da Seguridade Social, enquanto a promovíamos no exterior. No plano interno, lutamos contra a emenda de orçamento equilibrado, que teria restringido nossa capacidade de utilizar uma política fiscal expansionista na eventualidade de uma retração da atividade econômica; mas no exterior impusemos políticas fiscais contracionistas em países que caminhavam para a recessão. Nos Estados Unidos, lutamos por uma lei de falências para proteger os devedores e dar-lhes uma ajuda inicial; no exterior, tratamos a falência como se fosse uma anulação do contrato de crédito. No plano interno, lutamos contra mudar o mandato do Fed para que este tivesse como foco exclusivo a inflação — na verdade, nos preocupávamos com o fato de o Fed dar muito pouca ênfase à criação de empregos. No exterior, exigíamos que os banco centrais focalizassem exclusivamente a inflação.

No plano interno, reconhecemos as limitações dos mercados e argumentamos que havia um papel importante (mas limitado) para o governo. Mas embora não acreditássemos no fundamentalismo do mercado, na visão de que os mercados, por si próprios, resolveriam os problemas da economia (e da sociedade), impingíamos o fundamentalismo de mercado ao resto do mundo, tanto diretamente como por meio do FMI. Eu poderia entender Ronald Reagan ou Margaret Thatcher fazendo aquilo. Mas não podia entender Bill Clinton fazendo a mesma coisa. Com efeito, Clinton nomeou para presidente do Banco Mundial Jim Wolfensohn,[16] alguém que estava muito mais afinado com sua filosofia e preocupações, e de fato houve reformas dramáticas no Banco Mundial durante sua administração — freqüentemente se sobrepondo às objeções do Tesouro americano. E esta é a questão: as concepções do Tesouro não coincidiam com as de Clinton. O Tesouro tinha seu ponto de vista próprio, sua própria ideologia, sua própria agenda, e era, em larga medida, embora não completamente, capaz de seguir aquela agenda no plano internacional por meio de seu domínio do FMI.

Essas idéias de fundamentalismo de mercado se refletiam na estratégia básica para o desenvolvimento (e para a gestão de crises e da transição do comunismo para o mercado), defendida no começo dos anos 80 pelo FMI, pelo Banco Mundial e pelo Tesouro americano, uma estratégia diversas vezes chamada de "neoliberalismo" ou, porque os principais protagonistas que a promoviam estavam todos em Washington, de "o Consenso de Washington". Ela envolvia minimizar o papel do governo, mediante a privatização de empresas de propriedade estatal e a eliminação das regulamentações e intervenções governamentais na economia. O governo era responsável pela macroestabilidade, mas isso significava manter a taxa de inflação baixa, e não baixar a taxa de desemprego.

Os países mais bem-sucedidos do Leste Asiático não seguiram essa estratégia; o governo desempenhou um papel ativo não só na promoção da educação, da poupança e da redistribuição de renda, mas também no avanço tecnológico. A América Latina tornou-se o melhor aluno do Consenso de Washington, com Argentina e Chile aparecendo como os pupilos mais aplicados. Já mencionamos o que aconteceu com a Argentina. O Chile permaneceu um sucesso, embora as taxas de crescimento de 7% do início dos anos 90 tenham se arrefecido bastante, para metade daquele nível. Mas a questão é: o sucesso deste país se deve ao fato de ele ter seguido as políticas do Consenso de Washington, ou de ter sido *seletivo* e, em circunstâncias críticas, ter rejeitado o Consenso de Washington? Por exemplo: o Chile não liberalizou plenamente os mercados de capitais, impondo um imposto sobre a entrada de capital até que a retração global tornasse tal imposto irrelevante. Também não privatizou completamente — uma fração significativa das exportações ainda provém de minas de cobre de propriedade estatal, que são tão eficientes quanto as do setor privado, mas geram muito mais receita para o governo do que as remessas de lucro ao exterior. O mais importante, como o presidente Ricardo Lagos tem enfatizado, é que os líderes chilenos deram destaque à educação e à saúde, questões sociais que não estavam no núcleo do Consenso de Washington. Sim, eles realmente se engajaram numa ampla liberalização comercial, que fazia sentido numa economia pequena (embora a reciprocidade dos Estados Unidos não tenha sido plena), e eles realmente mantiveram uma forte posição orçamentária — a maior parte de sua dívida atual é remanescente do fracassado e custoso experimento de desregulamentação do setor financeiro levado a cabo pelo ditador militar Pinochet, o qual flertava com idéias do livre mercado, algumas vezes com conseqüências desastrosas.

Hoje, em toda a América Latina há desilusão com as políticas pelas quais os Estados Unidos e o FMI pressionaram. O crescimento com a liberalização é pouco superior à metade do que foi durante o antigo regime pré-reforma (embora ainda melhor do que durante a década perdida de 1980). O desemprego cresceu três pontos percentuais; a pobreza (medida em um nível de renda de somente dois dólares por dia) cresceu *mesmo enquanto porcentagem da população.*[17] Onde o crescimento ocorreu, os benefícios acumulam-se para os que estão no topo da pirâmide de distribuição de renda. Em toda a América Latina, as pessoas perguntam: foi a reforma que nos desapontou, ou foi a globalização que nos desapontou? Os padrões de voto têm refletido essa desilusão: a eleição de um suposto esquerdista, Luiz Inácio Lula da Silva, no Brasil, com impressionante apoio popular, reflete uma demanda por mudanças na política econômica. Mas seja qual for a resposta deles, a possibilidade de progresso é desencorajadora — e mesmo a confiança na democracia tem sido minada. Isso também faz parte da herança dos anos 90.

O que foi e o que poderia ter sido

O desapontamento com a maneira pela qual administramos a globalização foi muito maior devido ao *que poderia ter sido*. O fim da Guerra Fria significou que os Estados Unidos eram a única superpotência — eram a potência militar e econômica dominante. O mundo esperava liderança dos Estados Unidos. No meu julgamento, liderança significa que não se pode tentar modelar o mundo simplesmente para promover seus próprios interesses, e liderança democrática significa que se promovam os pontos de vista pela persuasão, e não pela intimidação, ou pelo uso da ameaça de poder militar ou econômico. Nós não tínhamos concepção alguma do tipo de mundo globalizado que queríamos e não éramos suficientemente sensíveis a respeito de como o que queríamos seria visto pelo resto do mundo.

Além disso, não estávamos atentos às sensibilidades históricas de muitos dos países com que negociávamos. Em meados do século XIX, a França e a Inglaterra travaram as Guerras do Ópio na China, mas, no final, os Estados Unidos se aliaram à Rússia e às potências européias no Tratado de Tientsin, de 1858, para forçar a China a abrir suas portas ao ópio, de modo que seus cidadãos se tornassem dependentes da droga e os países ocidentais tivessem algo para permutar com mercadorias chinesas, tais como, por exemplo, porcelana e jade. Essa história pode não ser bem conhecida entre os estudantes americanos do 1º grau, mas os chineses a conhecem muito bem. Do mesmo modo, os japoneses se lembram da "abertura" do Japão pelo almirante Perry sob uma ótica muito diferente da dos americanos e consideram injustos os acordos comerciais que se seguiram. Tais memórias históricas naturalmente afetam as percepções dos outros acerca das motivações dos Estados Unidos na mesa de negociações, percepções reforçadas pela tendência americana de usar a força para conseguir o que quer. Os EUA ameaçaram detonar todas as negociações de liberalização dos serviços financeiros, a menos que a Malásia sucumbisse às exigências de uma única companhia de seguros americana, a AIG, que há tempo fazia negócios naquele país. Os EUA ameaçaram várias vezes com sanções comerciais, impondo tarifas especiais à China, Japão, Coréia, Índia e um conjunto de outros países quando eles não concordavam rapidamente com suas exigências; com freqüência, éramos a acusação, o juiz e o júri, sem passar nem mesmo pelos canais da Organização Mundial do Comércio.

Quando precisávamos de retórica para justificar o que queríamos, falávamos sobre mercados livres, mas quando os mercados livres pareciam colocar as empresas americanas em desvantagem, falávamos diferentemente de "comércio administrado" ou de "comércio justo". Tínhamos uma justificativa racional: os outros não estavam comprometidos com o comércio livre, então era preciso que administrássemos o comércio para conseguir liberá-lo. O Japão não abriria voluntariamente suas portas às nossas mercadorias, então tínhamos de estabelecer metas sobre quanto ele deveria importar de nós em diversas categorias. Quando não compravam nossos automóveis ou chips em quantidade suficiente, pressionávamos para que comprassem mais.

Havia uma "lógica" muito peculiar por trás dessa política. Acreditávamos que o comércio era uma coisa boa, mas que as importações eram um mal. Exportações eram boas porque criavam empregos; o que forçosamente significava que as importações, que tinham o efeito oposto, não poderiam ser uma coisa boa. Acreditávamos que os EUA eram mais eficientes e produziam produtos melhores do que os de qualquer outro país. Em conseqüência, qualquer país que fosse capaz de nos superar em nosso próprio campo estava envolvido em práticas comerciais injustas — vendia produtos abaixo do preço de custo — e, dentro dessa lógica, qualquer país que não comprasse nossas mercadorias tinha de estar cometendo algum tipo de prática comercial restritiva. Evidentemente, da perspectiva da teoria econômica, essa lógica não fazia sentido. Cada país tem uma vantagem *comparativa*, bens em cuja produção tem uma vantagem *relativa*. São esses bens que ele exporta, assim como importa os bens que produz com desvantagem relativa.

Em geral, os países exportam aproximadamente o que importam — há um equilíbrio comercial. Às vezes, esse princípio geral fica comprometido devido às taxas de câmbio. Se a taxa de câmbio está elevada, isto é, o dólar vale muitos euros ou ienes, então os estrangeiros acharão caro comprar bens americanos e os americanos acharão barato comprar bens estrangeiros. O resultado é que não haverá equilíbrio comercial — as importações excederão as exportações. Haverá um déficit comercial. O governo Clinton — assim como os governos anteriores e o posterior — acreditava que o déficit comercial era causado por políticas comerciais injustas. Não era. Sua causa era a elevada taxa de câmbio, o que o Tesouro americano saudava como o "dólar forte". A culpa pelo contínuo déficit comercial, especialmente o déficit com o Japão, atribuída aos outros, era nossa. Essa compreensão equivocada tinha conseqüências sérias, pois os americanos responsabilizavam os outros por seus próprios problemas.

A macroeconomia, a relação entre poupança e investimento, por sua vez, explicava a taxa de câmbio elevada. Por um quarto de século, os EUA haviam ininterruptamente poupado pouco; por essa razão, para financiar os investimentos, precisavam tomar emprestado no exterior. O ingresso de dinheiro elevava a taxa de câmbio. Nos anos Reagan e Bush, grande parte desses empréstimos externos se destinavam a financiar uma orgia de consumo na qual o governo estava no centro. A isso se denominava o "problema do déficit gêmeo". Depois do corte tributário de Reagan de 1981, o governo passou a gastar mais do que arrecadava e foi forçado a tomar emprestado, e grande parte do dinheiro veio do exterior. A boa notícia do governo Clinton foi que ele colocou o governo em uma posição fiscal forte e acabou por eliminar o déficit que havia herdado. Houve uma recuperação vigorosa do investimento. Isso era bom para as perspectivas de longo prazo da economia. Mas, infelizmente, as famílias americanas não fizeram sua parte: elas não pouparam. Mais uma vez, o país precisou tomar emprestado maciçamente no exterior, dessa vez para financiar o investimento — parte do qual, no final, revelou-se *mau investimento* — impulsionado pela bolha do mercado acionário. Os déficits dos anos Reagan-Bush prenunciavam coisas ruins para o futuro do país. Era como uma família se endividando ano após ano para financiar suas férias. Os déficits dos anos Clinton ao menos se destinavam ao investimento. No longo prazo, se o retorno do investimento financiado por empréstimo excedesse o que os EUA tinham de pagar em juros, o país ficaria numa situação melhor. Não seria muito diferente de uma empresa que toma emprestado para financiar uma nova fábrica: o empréstimo faz sentido, desde que o investimento dê retorno. Mas, pela mesma lógica, se o dinheiro que deveria ser gasto em investimento for gasto em consumo, ou se os investimentos são ruins e rendem retornos baixos — como o carro Edsel* — nunca chega a ser produzido, ou uma quantidade de fibras ópticas dez ou vinte vezes maior do que o país necessita —, então a situação fica pior. O país fica mais endividado, sem ter nada como resul-

* Maior fracasso da indústria automobilística americana, o carro, com o nome do filho de Henry Ford, foi lançado em 1958 e teve sua produção interrompida em 1959, deixando um prejuízo de 400 milhões de dólares. (N. T.)

tado disso. Este é o ponto em que os problemas discutidos nos capítulos anteriores — a economia da bolha — e a globalização se conectam.

Não são, portanto, o Japão ou a China os responsáveis pelo persistente desequilíbrio comercial americano, mas sim os consumidores e o governo dos EUA. Durante os anos Clinton, os consumidores americanos simplesmente não aumentaram a poupança o suficiente para financiar a explosão de investimentos. Nos anos Reagan e George W. Bush, o governo americano, devido ao desejo insaciável de cortar impostos, não acompanhado de um apetite similar para reduções de despesas, forçou o país a se endividar maciçamente no exterior.

Quando eu estava no Conselho de Consultores Econômicos, tentamos estabelecer um conjunto de princípios para nortear a política econômica externa americana, com o fim de determinar quando interviríamos para exercer pressão sobre os outros países. Éramos sensíveis às críticas que haviam sido dirigidas contra Bush I e seus paparicos a grupos de interesse especial em sua política comercial. Brincávamos que a grande vitória de seus esforços para abrir o setor varejista japonês à competição estrangeira foi que ele conseguiu forçar o Japão a permitir que a Toy "R" Us abrisse uma loja — para que pudesse vender brinquedos chineses baratos às crianças japonesas. Os trabalhadores chineses ficaram numa situação melhor, as crianças japonesas ficaram numa situação melhor — mas o que aquilo fez pelos EUA? De certa maneira, a piada era injusta. Estruturas legais que impedem a entrada de lojas varejistas estrangeiras são um impedimento ao comércio e, no longo prazo, se é para termos um mundo com comércio verdadeiramente livre, tais impedimentos ao comércio têm de ser removidos. Mas, num outro sentido, nossa piada era adequada: a política econômica externa dos EUA vinha sendo movida havia tempo pelo *lobby* de empresas particulares que viam oportunidades para seus produtos. Embora o setor empresarial possa utilizar a retórica do livre mercado, quando vê uma oportunidade para que o governo o ajude raramente permite que a ideologia seja um obstáculo.

O Conselho de Consultores Econômicos tentou formular um conjunto de prioridades para a política econômica externa americana, baseado não tanto numa visão global quanto em algo que pensávamos que seria mais ampla e facilmente aceito: o que seria melhor para a economia americana, tanto no curto quanto no longo prazo e, em especial, para o que havia sido acordado como foco do governo Clinton naquela conjuntura: a criação de empregos. Os funcionários do Tesouro moveram-se rapidamente para abortar a idéia, argumentando que nós não necessitávamos priorizar, que isso apenas confundiria as coisas! E eles trabalharam duro, e com sucesso, para garantir que o presidente não tivesse uma chance sequer de ouvir os argumentos. A razão para essa forte reação da parte deles era óbvia: era improvável que aparecesse no topo do conjunto das prioridades, por exemplo, forçar outros países a abrir seus mercados a derivativos desestabilizadores e não transparentes, pois, apesar dos lucros que isso poderia gerar para Wall Street, não criaria muitos empregos.

A política econômica internacional dos EUA foi conduzida por toda uma variedade de interesses especiais que viam a oportunidade de utilizar sua crescente proeminência global para forçar outros países a abrir seus mercados aos seus produtos, em seus termos. O governo americano estava agarrando as oportunidades proporcionadas pelo novo mundo pós-Guerra Fria, mas de uma maneira estreita, beneficiando interesses financeiros e empresariais particulares. Os EUA necessitavam enxergar para onde a economia global estava indo e como eles poderiam moldá-la, e havia gente dentro do governo, como Bo Cutter, o número 2 do Conselho Econômico Nacional, que trabalhou arduamente para desenvolver tal visão. Eu gostaria que tivéssemos tentado imaginar como seria um mundo sem fronteiras econômicas, um mundo com comércio verdadeiramente livre, de acordo com nossa retórica. Isso significaria eliminar nossos subsídios agrícolas, ou, ao menos, redesenhá-los de uma forma que não encorajasse nossos produtores rurais a produzir mais, reduzindo, conseqüentemente, os preços globais e prejudicando os produtores do resto do mundo. Isso significaria abrir nossos mercados a serviços de trabalho intensivo, como a construção civil e o serviço naval. Isso teria levado também à eliminação de toda uma variedade de outras medidas protecionistas; isso significaria olhar para as práticas comerciais "injustas" de empresas estrangeiras através das mesmas lentes que usamos para as empresas americanas.

Uma visão global significaria encorajar os países estrangeiros a se preocupar com algumas das mesmas coisas com que nos preocupamos internamente, como emprego, aposentadoria e a proteção da saúde. Nada ilustra mais quanto perdemos essa visão do que nossas ações na área de saúde. Uma das principais iniciativas dos dois primeiros anos de Clinton foi garantir que os americanos tivessem melhor acesso à proteção da saúde. No entanto, o regime desequilibrado de propriedade intelectual que nós, com sucesso, defendemos na Rodada Uruguai, em 1994, a pedido das companhias farmacêuticas americanas, fez exatamente o oposto no exterior.

Precisávamos não somente de uma visão de como seria um mundo sem fronteiras econômicas, mas de um mundo em que houvesse mais justiça social global, em que nossa disposição de cuidar fosse além de nossas fronteiras. Quando argumentei que deveríamos fazer mais pelos países em desenvolvimento, quando citei estatísticas mostrando que éramos o mais avarento dos países desenvolvidos na concessão de ajuda (naquela época, nossa ajuda somava menos de 0,1% de nosso PIB, em contraste, digamos, com os países escandinavos, que dão dez vezes mais, perto de 1% de seu PIB), foi-me dito que tais comparações eram irrelevantes. Não nos considerávamos com obrigação moral, não víamos que o desespero transbordava as fronteiras dos países, tornando todo o mundo menos seguro para nós todos; os únicos argumentos que eram admissíveis diziam respeito à nossa vantagem *econômica* imediata; um tipo de filosofia mercantilista que considerava o crescimento nos países em desenvolvimento positivo simplesmente porque abria mais mercados para os bens americanos.

Nosso foco estava em ajudar os Estados Unidos — mesmo se isso tornasse os pobres mais pobres, como aconteceu com tanta freqüência. Estávamos mais preocupados com a capacidade dos países ocidentais de extrair recursos da África do que em contribuir para o bem-estar de longo prazo da África. Quando a British Petroleum declarou unilateralmente que publicaria o que estava enviando para o governo angolano em royalties do petróleo, outras empresas petrolíferas não seguiram o exemplo.[18] O governo angolano não queria que essa informação se tornasse pública — e por razões óbvias. E o governo americano não fez esforço algum para pressionar as empresas americanas. Os EUA deveriam ter tomado a iniciativa antes, mas não o fizeram. A exploração talvez não fosse tão ruim quanto havia sido durante a Guerra Fria, quando apoiamos gente como Mobutu, fornecendo-lhe dinheiro e armas, porque o Ocidente temia a dominação soviética na África. Emprestou-se dinheiro para o Congo sabendo-se perfeitamente que iria acabar nas contas bancárias de Mobutu na Suíça; mas o povo do Congo ficou com a dívida e os EUA têm sido vagarosos para fornecer o perdão da dívida, mesmo para aquelas mais inúteis.

O Congresso americano de fato conseguiu aprovar a Lei de Oportunidade e Crescimento para a África em 18 de maio de 2000 — depois de cinco anos de disputa. Mas em troca de uma abertura limitada do mercado americano, os países africanos tiveram de concordar com condições restritivas — variantes das abomináveis condições de ajuste estrutural do FMI que tão amiúde sufocam o crescimento, criam desemprego e pioram as condições sociais.[19]

Às vezes, as conseqüências de políticas equivocadas não são percebidas durante anos. Levou uma década até que todas as implicações da desregulamentação do setor financeiro nos anos 80 fossem sentidas nos Estados Unidos. No caso dos erros na globalização, o tempo não foi tão gentil. O dia do acerto de contas para a política equivocada de promover a liberalização do mercado de capitais chegou rápido — para a Coréia, demorou apenas quatro anos, com a crise de 1997. O dia do acerto de contas para os equívocos mais amplos na gestão da globalização chegou somente dois anos depois disso: aconteceu em nosso próprio país, quando exigíamos uma nova rodada de negociações comerciais em Seattle, em dezembro de 1999, com manifestações civis de uma magnitude que não se via há mais de um quarto de século, durante a Guerra do Vietnã. A indignação internacional a respeito de como a rodada anterior de negociações comerciais tornara inacessíveis as drogas para Aids e outras doenças em muitos países em desenvolvimento forçou as companhias farmacêuticas a reduzirem seus preços naqueles países. Tão intensa foi a reação contra a globalização que as discussões internacionais para uma nova rodada de negociações comerciais tiveram de ser transferidas para lugares em que as manifestações pudessem ser evitadas com facilidade — em Doha, Qatar.

O contraste entre a má gestão da globalização *econômica* e os sucessos em outras áreas talvez tenha tornado o fracasso americano naquela área particularmente óbvio. O fim da Guerra Fria significou um compromisso renovado com a democracia — não mais assumimos que a democracia era boa desde que produzisse os resultados que queríamos, não mais apoiamos (ao menos na maior parte do mundo) ditadores como Pinochet no Chile ou Mobutu no Congo. Houve um forte comprometimento com o multilateralismo, com a democracia global — uma compreensão de que democracia significa que você não pode ter sempre o que quer e que deve persuadir os outros da correção de suas concepções, não apenas intimidá-los. Assinamos acordos para melhorar o meio ambiente global no Rio, em Quioto e em outros lugares; para fortalecer o domínio da lei, por meio do Tribunal Penal Internacional; e, talvez o mais importante, cumprimos nossos compromissos financeiros com as Nações Unidas, eliminando os atrasados que devem ter sido um constrangimento para o país durante anos.

Parte dos equívocos que foram cometidos na área da globalização econômica está em via de ser retificada. Surgiu em Doha um acordo para novas conversas, a ser chamado de Rodada do Desenvolvimento, em reconhecimento ao fato de que as negociações comerciais anteriores haviam sido desequilibradas, em detrimento dos países em desenvolvimento. Até mesmo no FMI há, agora, reconhecimento de que os fluxos de capital especulativo de curto prazo representam um risco sem recompensa para a maioria dos países em desenvolvimento. Com o fracasso do último grande socorro, na Argentina, as debilidades da estratégia que estavam no centro da abordagem das crises pelo governo Clinton têm se tornado universalmente reconhecidas, e a busca por alternativas prossegue. Dá-se mais atenção agora à pobreza, e o governo Bush aumentou o nível da assistência, embora continuemos a ser o mais avarento dos países industriais avançados.

Ainda assim, o mundo em desenvolvimento — e mesmo aquelas pessoas e instituições do mundo desenvolvido que se preocupam com o meio ambiente ou com a justiça social — ficaram com um gosto amargo desses "sucessos" iniciais da globalização.

Para os EUA, o 11 de setembro nos fez compreender que podemos ser afetados pelo que acontece no exterior — e não somente através dos bens que vendemos no exterior. Embora não seja a causa do terrorismo, a pobreza e a desesperança que ela suscita propiciam um terreno fértil para ele. De modo mais amplo, com o crescimento da interdependência os EUA terão muitas outras oportunidades para atrair apoio e cooperação dos outros. Mas isso ocorrerá somente se eles considerarem que os EUA não exercem sua liderança apenas em defesa de seus interesses provincianos ou dos interesses dos *establishments* empresariais e financeiros americanos.

10. Enron

Enron, a companhia de energia que partiu quase do nada, chegou a ser uma empresa com receitas anuais *declaradas* de US$ 101 bilhões e foi à falência, tudo em um curto espaço de anos, tornou-se emblemática de tudo o que aconteceu de errado nos exuberantes anos 90 — ganância empresarial, escândalos contábeis, tráfico de influência pública, escândalos bancários, desregulamentação e o mantra do livre mercado, tudo no mesmo pacote.[1] Suas atividades no exterior também são um exemplo do lado mais obscuro da globalização americana, do capitalismo de compadres e dá má utilização do poder empresarial americano no exterior.

No final dos anos 90, para a maior parte dos EUA a Enron parecia o modelo da nova empresa americana: a desregulamentação havia aberto novas oportunidades, e a Enron as havia aproveitado. Isso mostrava por que a desregulamentação era boa; como empresas inovadoras americanas poderiam ajudar a formar uma economia mais produtiva, se a elas fosse dada apenas a chance. A Enron era um modelo a ser seguido por mais de um motivo: a empresa exercia um papel ativo na política pública, pressionando por políticas energéticas e de desregulamentação que fortaleceriam os EUA, ainda que fortalecessem também os balanços da Enron. Ken Lay, seu CEO, foi curador de organizações sem fins lucrativos, como a *Resources for the Future*, talvez a mais importante instituição americana de pesquisa a promover a preservação baseada no mercado de recursos naturais, bem como participou de uma comissão pública, constituída por Arthur Levitt, para examinar os problemas de avaliação na Nova Economia. Mais tarde, Lay seria um consultor fundamental de energia do presidente George W. Bush.

A derrocada da Enron

Começo esta história pelo final, com a derrocada da Enron, que foi repleta de drama, com tentativas desesperadas de última hora para salvar a empresa que, no final, fracassaram. A Enron desmoronou levando consigo uma das mais respeitadas firmas de contabilidade, a Arthur Andersen, e manchou a reputação de seus bancos credores, J. P. Morgan Chase, Citibank e Merrill Lynch. Como em qualquer bom drama, havia os mocinhos e os vilões: os primeiros eram poucos, e incluem a delatora Sherron Watkins, que informou o CEO Ken Lay sobre muitos dos problemas essenciais e que, em conseqüência, quase perdeu o emprego; entre os últimos estão o principal contador da Andersen na Enron, David Duncan, que foi responsável não apenas pela contabilidade enganosa, mas por rasgar documentos importantes; seu escritório de advocacia, Vinson & Elkins, supostamente o mais prestigioso no Texas, que acreditava estar orientando a Enron a não violar a lei; e o diretor financeiro da Enron, Andrew Fastow, que foi indiciado por fraude, lavagem de dinheiro, conspiração e por enriquecer à custa da Enron; até mesmo para os padrões de Wall Street, o que ele recebeu — cerca de US$ 45 milhões — pareceu esquisito. Houve indignação também quando foi revelado que executivos do alto escalão estavam vendendo suas participações acionárias ao mesmo tempo em que incitavam seus funcionários a conservar suas ações. Ken Lay vendeu 1,8 milhão de ações por mais de US$ 100 milhões; um outro executivo de alto escalão vendeu ações no valor de mais de US$ 350 milhões; e o total para os altos executivos foi de US$ 1,1 bilhão. Mas os empregados da Enron viram seu futuro ameaçado, pois mais de US$ 1 bilhão de pensões que havia sido investido em ações da Enron desapareceu com sua falência.

Embora dramático, o final foi extraordinariamente simples: quando os truques contábeis com os quais a Enron havia ocultado passivos e exagerado suas rendas vieram subitamente à tona, ficou claro que a empresa não era o que parecia. Quase toda empresa precisa de empréstimos bancários para operar, e os bancos não concedem empréstimos se não confiam nela. Havia uma confluência de eventos, qualquer um dos quais poderia ter resultado em problemas para a Enron: a solução da crise de energia na Califórnia privou a Enron de alguns dos lucros que vinha obtendo com a manipulação do mercado. A queda no mercado acionário afetou todas as empresas, a Enron inclusive, mas naturalmente tornou bancos e agências de *rating* mais cautelosos. A Enron transformara-se de companhia de gasoduto em empresa ponto-com, de energia e *commodities* negociadas on-line; isso contribuiu tanto para seu orgulho no final dos anos 90 como para sua decadência. Ela havia fornecido garantias para alguns de seus "sócios" não registrados em balanço e para as empresas de fachada, lastreadas em ações, e à medida que o preço da ação caía, a empresa ficava cada vez mais exposta. Quando a atenção começou a se voltar para a companhia, tanto o mercado como os órgãos reguladores sentiram que algo estava errado, e estes últimos começaram a cercá-la. (No final, as trapaças se mostrariam bem piores do que se havia pensado.) A revogação da lei Glass-Steagall fez com que os banqueiros esperassem mais tempo do que, de outra forma, teriam esperado — eles ainda tinham a esperança de fazer dinheiro com os múltiplos negócios da Enron —, mas, no final, como as ações continuavam a despencar, não puderam continuar a emprestar. Com o fracasso dos movimentos desesperados para evitar a falência e conseguir uma injeção de fundos de algum outro lugar — as fraudes que ajudaram a Enron no *boom* tornaram ainda mais difícil levantar fundos no colapso — a falência tornou-se inevitável.

Subjacente à derrocada da Enron estava a fraude que lhe permitiu auferir lucros por meio da manipulação do mercado desregulado de energia da Califórnia, enriquecendo os acionistas da empresa à custa dos consumidores, produtores e contribuintes da Califórnia, e a fraude com que seus executivos roubaram dinheiro dos acionistas da Enron para enriquecer. Não houve um evento único, mas sim um rico arsenal de práticas. Às vezes, a Enron e seus contadores agiam de modo incorreto, mas muito do que a empresa fez era legal. Embora diversas pessoas no estrato inferior da hierarquia da empresa estejam sendo indiciadas enquanto este livro vai para a impressão, o mesmo não aconteceu com seu CEO: ele nega envolvimento direto ou conhecimento das atividades ilegais, e boa parte de seus ganhos se deram por meio de generosas e perfeitamente legais *stock options*.

A Enron utilizou muitos truques contábeis que estavam se tornando cada vez mais a regra. Parece que seu diretor financeiro fez a mesma descoberta que tantos outros executivos fizeram durante os anos 90: os mesmos truques contábeis que poderiam ser utilizados para distorcer informações de modo a impulsionar os preços do mercado acionário poderiam também ser utilizados para enriquecer eles próprios à custa de outros acionistas. Desenvolvendo esses tipos de fraude, a Enron ganhava uma pequena vantagem sobre seus rivais. O nicho de mercado da Enron era a inovação — inovação financeira, novas formas de comprar e vender eletricidade (ou outras *commodities*), usando sofisticados produtos financeiros, como derivativos, que implicam separar as diferentes parcelas de um fluxo de renda, partilhando riscos entre diferentes investidores de maneira extremamente complicada. Descrevemos em capítulos anteriores como as empresas haviam aprendido a utilizar técnicas financeiras imaginativas para movimentar renda, de maneira a reduzir suas obrigações tributárias e, então, aplicá-las com igual vigor e energia para fazer o fluxo de caixa e os balanços parecerem melhores. Durante os anos 90, elas fizeram o mesmo para elevar os preços das ações — o que, graças a suas *stock options*, enriqueceu-as tanto; com a desaceleração econômica, tornou-se ainda mais imperativo fornecer informações distorcidas, para evitar que os balanços parecessem tão ruins quanto realmente estavam. A Enron, na vanguarda da engenharia financeira, também estava na vanguarda da utilização dessas técnicas. E assim como em outros lugares os bancos americanos operavam em sintonia com as empresas e contadores para ampliar essas atividades, o mesmo aconteceu no caso das fraudes da Enron.

O problema em escrever a respeito dos erros da Enron é que eles foram deliberadamente complicados para que não fosse fácil percebê-los. Mas por trás das complicadas estruturas financeiras, acompanhadas de contorcionismos legais imaginativos, havia algumas fraudes muito importantes. A primeira envolve registrar *hoje* vendas de gás ou eletricidade para entrega em algum momento no futuro. A Enron estava em muitos negócios — ela começou como uma companhia de gasodutos — mas com a desregulamentação, decidira se tornar uma *trading company*, comprando e vendendo eletricidade e gás. Ela se via criando um mercado. Entretanto, o mercado que ela criou não apenas comprava e vendia eletricidade e gás, mas vendia-os no presente para entrega na próxima semana, ou no próximo mês.

O truque contábil da Enron era registrar o valor da venda hoje de, digamos, gás, para entrega no próximo ano, como *receita* hoje, mas não o que teria de gastar para comprar o gás. Receitas sem custos geram lucros enormes! É claro que, no final, a Enron teria de registrar um custo referente à aquisição da eletricidade. Pode-se, de fato, exagerar continuamente a renda desse modo, contanto que se esteja crescendo; pois, a cada ano, as vendas excedem as compras. É um clássico esquema Ponzi, como as correntes de carta do passado, nas quais quem recebia a carta, que pedia ou prometia algo, tinha de enviá-la a outras pessoas.[2] Tais esquemas ainda ocorrem ocasionalmente: pessoas que fazem dinheiro vendendo franquias a outros, que também as vendem e assim por diante. Mas todos esses esquemas acabam chegando a um fim. Em particular, quando o crescimento pára — como acontece quando a economia desacelera —, esses esquemas entram em colapso.

Uma segunda categoria de fraude é apenas um pouco mais complicada. A Enron compreendeu que não precisaria realmente vender gás a quem quer que fosse para tirar vantagem desse "truque". Ela poderia criar uma companhia fictícia, uma companhia de fachada, como às vezes são chamadas — como a Raptor —, e vender gás a ela. É claro que a companhia fictícia não queria o gás, mas a Enron também poderia resolver esse problema: compraria o gás de volta. Ao se comprometer a comprar o gás de volta, ela criava um passivo, mas não registrava este passivo, exatamente como não lançava as despesas que teria de incorrer no final para comprar o gás.

Se a Enron vende gás hoje para entrega à fictícia Raptor e, ao mesmo tempo, a Enron acerta que comprará gás da Raptor no ano seguinte, alguém poderia perguntar o que a Raptor está fazendo, comprando e vendendo gás, recebendo-o da Enron ao mesmo tempo que o entrega de volta para ela? Parece suspeito. E era. Se a Enron "registra" a venda hoje, faz sua receita de hoje parecer maior, muito embora — se os sistemas contábeis fizessem o que deveriam fazer, fornecer informações corretas a respeito da posição da empresa — ela também devesse relatar um "passivo" correspondente, a promessa de uma entrega com os custos associados. Alternativamente, como a Enron controlava a Raptor, alguém poderia argumentar que se deveria "consolidar" as duas, tratando-as como uma única entidade, e nesse caso a compra e a venda não passariam de sistemas de escrituração interna. Não há nenhuma venda *real* e, portanto, nenhuma renda *real*.

Com uma pequena ajuda dos bancos, o negócio poderia ser feito de modo ainda mais atraente. Suponha-se agora que a Enron precise tomar emprestado algum dinheiro, mas todos — tanto os executivos da empresa como os bancos — entendem que ficaria mal para os livros da Enron ter um forte aumento na dívida. O banco pode emprestar o dinheiro para a Raptor. A Raptor pode usar o dinheiro para pagar antecipadamente pelo gás que comprou para entrega no ano seguinte. O banco pode se sentir seguro, pois sabe que a Enron tem um contrato para comprar o gás de volta da Raptor. E se o negócio da recompra envolve um preço suficientemente alto, a Raptor pode pagar com facilidade os juros devidos. De fato, a "venda a termo" não é nada mais do que um empréstimo, mas é um empréstimo que não aparece no balanço da Enron. E ao pagar à Raptor um preço ainda mais elevado, a Enron pode tornar essa empresa extremamente lucrativa. Se a Raptor, que não é nada mais do que uma companhia de fachada, é de propriedade de alguns dos altos executivos da Enron, ela se torna um meio de transferir dinheiro da empresa para os bolsos desses executivos. Eles poderiam até sentir-se justificados em sua perfídia: afinal de contas, ocultando o empréstimo, faziam o balanço da companhia parecer melhor, contribuindo para o crescimento do preço de suas ações no mercado. E, afinal de contas, não era esta sua principal responsabilidade?

A bolha ponto-com proporcionou outras maneiras de registrar facilmente renda nos lucros contábeis. Suponha-se que você abriu uma empresa ponto-com — que vai comprar e vender eletricidade desregulada pela internet. O preço de suas ações dispara — a euforia combinada da internet e da desregulamentação mostrou-se irresistível nessa era de exuberância irracional. Mas a Enron não era como as outras ações da bolha, que se baseavam todas na *esperança* de lucros futuros, apesar da realidade de perdas correntes. A Enron apresentava lucros enormes. Ela sabia que os mercados insensatos inflariam ainda mais os preços das ações se conseguisse inflar ainda mais suas receitas e lucros, e com grande parte de suas remunerações dependendo de *stock options*, os executivos tinham um incentivo especial para fazer isso. Se a Enron pudesse abrir uma companhia desse tipo e então vender as ações infladas com um grande ganho de capital, ela poderia registrar um enorme lucro. Para ajudar a melhorar as coisas, ela poderia criar uma sociedade sem registros no balanço e emprestar-lhe suas ações, com as quais poderia fornecer garantia para um empréstimo bancário — e, com a revogação da Glass-Steagall, o relacionamento próximo entre operações bancárias de varejo e operações bancárias de investimento significava que os bancos da Enron estariam mais do que dispostos a participar de tal tramóia. Se o banco quisesse mais segurança, a empresa poderia conceder garantias; se ainda mais dinheiro fosse necessário para comprar as ações sobrevalorizadas, ela mesma poderia emprestar o dinheiro. Era quase como se a Enron estivesse vendendo sua própria companhia para si mesma a fim de registrar lucro. Mas da perspectiva dos acionistas da Enron era uma proposição "cara-você-ganha, coroa-eu-perco". Se o preço das ações permanecesse elevado, todo o ganho iria para os executivos da Enron e seus amigos. Se o preço desabasse — o que realmente aconteceu —, a Enron e seus acionistas ficariam com a responsabilidade de reembolsar os bancos.

Se a bolha tivesse continuado, a Enron poderia ter continuado, e as fraudes nunca viriam à tona. Os executivos da Enron se gabariam de enriquecer seus acionistas. E daí que eles próprios tivessem enriquecido? Seria apenas uma justa recompensa por terem trabalhado tão bem pelos seus acionistas. Eles poderiam ir à igreja de cabeça erguida. Foi o estouro da bolha e o mau comportamento que ele criou e revelou que provocaram as críticas. Mas na minha opinião, a história da Enron ajuda a revelar a natureza fundamental do que está errado: os acionistas não tinham informações para poder julgar o que estava acontecendo, e havia incentivos não para se fornecerem essas informações, mas sim informações distorcidas. O sistema de mercado propiciara incentivos nos quais, ao fazer o bem para si próprios, os executivos não beneficiavam os acionistas, mas, ao contrário, seus ganhos se davam à custa daqueles para os quais deveriam estar trabalhando, e haviam exposto os acionistas a riscos que eles jamais poderiam imaginar.

A desregulamentação do setor elétrico

A Enron foi um produto da desregulamentação, em todo o sentido do termo. No começo, fez dinheiro com gás natural, quando este mercado foi desregulamentado. A empresa se beneficiou dos incentivos perversos fornecidos pela desregulamentação bancária e se apresentou como a companhia que estava fazendo a desregulamentação funcionar. Mas foi na desregulamentação do setor energético que ela realmente fez seu nome — e em que ela mais expôs a debilidade do movimento de desregulamentação. A Enron reivindicava o direito de mostrar o espírito criativo que a desregulamentação — especialmente a desregulamentação do setor energético — poderia desencadear; e teve êxito em mostrar quão difícil era desregular bem, e as conseqüências de uma desregulamentação mal concebida.

Desde o *New Deal* dos anos 30 até os anos Reagan da década de 1980, os segmentos mais importantes da indústria energética foram extremamente regulados — os consumidores compravam eletricidade de um monopólio regulamentado, proprietário tanto dos geradores como dos cabos pelos quais a eletricidade era transmitida. O gás também era altamente regulamentado, particularmente o transporte do gás através de dutos, do local onde era produzido (como, por exemplo, no Texas) para aquele onde era utilizado. Havia uma clara lógica econômica para tal regulamentação. A distribuição de gás e de eletricidade eram vistas como monopólios *naturais*, indústrias nas quais era difícil haver mais de uma empresa. Os custos de duas empresas fornecendo cabos de eletricidade para cada vizinhança, ou para cada domicílio, quase dobraria o custo do fornecimento em si; e mesmo com duas empresas, elas poderiam simplesmente conspirar para cobrar um preço de monopólio — não haveria garantias de que os consumidores seriam bem tratados. Do mesmo modo, um grande gasoduto do Texas à Califórnia era mais eficiente do que, por exemplo, quatro pequenos competindo.

Os economistas discutem há muito tempo a melhor maneira de lidar com esses monopólios naturais. Alguns países decidiram que o governo administraria esses monopólios em nome do interesse público; outros preferiam ter mercados privados desregulamentados; outros ainda escolheram a produção pelo setor privado, mas com regulamentação para as empresas privadas. A Europa, em sua maior parte, escolheu a primeira via, os EUA a terceira. (Quase ninguém escolheu a segunda, a dos mercados privados não regulamentados.) No entanto, muitos economistas argumentavam que os governos não poderiam executar um bom trabalho de administração de empresas econômicas; em muitos casos, tinham razão, mas em alguns, estavam equivocados. O sistema de eletricidade estatal da França é mais eficiente do que o dos Estados Unidos; o profissionalismo de seus administradores vem sendo notado há muito tempo, bem como a qualidade de seus engenheiros. Apesar desses sucessos, a ideologia de livre mercado vem tendo uma influência poderosa, e no último quarto de século houve um movimento em todo o mundo no sentido da terceira abordagem, que combina produção privada com regulamentação limitada. Cada vez mais, a concepção era de que mesmo a regulamentação deveria ter seu escopo limitado. Argumentou-se que poderíamos nos beneficiar com a competição na geração de eletricidade e com a competição no marketing. O único monopólio natural estaria na transmissão, na rede elétrica. O desafio era, portanto, separar em partes distintas empresas integradas que geravam, transmitiam e vendiam eletricidade, atrair a entrada nas partes em que a competição era possível — geração e marketing — e regulamentar a rede de forma a garantir que todo o sistema funcionasse sem descontinuidade. A Califórnia foi pioneira na desregulamentação, que começou em 1998.

Houve tanta confiança em que a desregulamentação funcionaria e em que os preços aos consumidores cairiam vertiginosamente que as discussões, tanto dentro do governo (por exemplo, no Conselho de Consultores Econômicos) quanto fora, se concentravam em lidar com as conseqüências de preços *baixos*. Aos novos preços baixos, as antigas empresas de eletricidade que haviam investido na geração de capacidade não seriam capazes de recuperar seus investimentos. A questão era: como e com quanto elas deveriam ser compensadas pelas mudanças nas regras do jogo — investimentos que haviam sido feitos sob a suposição de que poderiam conseguir uma taxa de retorno justa e regulada? O termo técnico era "custos irrecuperáveis", investimentos tornados irrecuperáveis pelo novo regime.

A desregulamentação da energia da Califórnia não se desenvolveu da maneira que seus defensores alardeavam. A desregulamentação havia sido vendida com o mantra usual do livre mercado — reduzir a regulamentação libera as forças de mercado, forças de mercado conduzem a uma maior eficiência, e a competição garante que os benefícios das forças de mercado sejam repassados aos consumidores.[3] Ao contrário disso, apenas dois anos depois da desregulamentação os preços aumentaram enormemente e o abastecimento sofreu interrupções. Os preços que eram, em média, de trinta dólares por megawatt-hora de abril de 1998 a abril de 2000 atingiram o triplo, e depois o quádruplo daquele nível em junho de 2000, e no começo de 2001 haviam aumentado oito vezes. Pela primeira vez, houve interrupções no abastecimento de um tipo que se esperaria em países pobres, mas não no centro da alta tecnologia do mundo. As principais companhias de eletricidade da Califórnia foram empurradas para a falência; elas tinham compromissos de longo prazo para fornecer energia elétrica a preços fixos, mas tinham de comprá-la a preços muito mais elevados. Num curto espaço de tempo, elas perderam bilhões.[4] O experimento com a desregulamentação foi um fiasco. A Califórnia liderara a experiência da desregulamentação do setor elétrico. Os EUA, e a Califórnia, tiveram de pagar o preço.

O governador da Califórnia, Gray Davis, acabou intervindo para salvar seu estado. A falta de energia não estava apenas elevando os preços aos céus, mas também prejudicando os negócios de alta tecnologia da Califórnia; uma interrupção de eletricidade poderia fazer um estrago inimaginável no setor de alta tecnologia. O estado corria o risco de perder sua reputação de lugar excepcional para se fazer negócios. Custou-lhe mais de US$ 45 bilhões para levar as coisas de volta à normalidade.[5] Depois que a Comissão Federal de Reguladora da Energia (FERC) finalmente impôs tetos aos preços, em junho de 2001, eles baixaram de 234 dólares por megawatt-hora, que havia sido a média do ano anterior, para apenas 59 dólares por megawatt-hora em julho e agosto.

A questão é: por que ocorreram os fracassos, e que lições podem ser extraídas deles? Os defensores da desregulamentação dizem que ela não foi feita com perfeição — mas nada neste mundo é feito com perfeição. Eles queriam que comparássemos uma economia regulamentada imperfeita com um livre mercado idealizado, em vez de comparar a economia regulamentada imperfeita com uma economia não regulamentada ainda mais imperfeita. Mas mesmo aqueles que lucravam com a desregulamentação estavam propensos a admitir essas imperfeições. O CEO da Enron sustentaria: "Um mercado imperfeito é melhor do que um regulador perfeito".[6]

Quando a crise estourou, tínhamos um novo presidente, ainda mais comprometido com a ideologia do livre mercado, e sob forte influência daqueles que lucrariam com a desregulamentação. O presidente George W. Bush era particularmente próximo do CEO da Enron, Ken Lay, de quem recebera quantias substanciais para sua campanha eleitoral e ao qual recorrera para aconselhá-lo em política energética. Bush juntou-se à Enron na defesa de deixar o "mercado" prevalecer. Se isso acarretasse a falência de empresas que pareciam ter sido eficientes sob o antigo regime, que assim fosse; se isso significasse privação aos indivíduos de baixa renda que não poderiam suportar os enormes aumentos nas contas dos serviços de utilidade pública, que assim fosse. Era uma nova forma de darwinismo social — que os mais adaptados sobrevivam. O maior pecado era interferir nos processos de mercado.

Mas para aqueles que compreendiam os processos do mercado, o episódio era um mistério. Se a desregulamentação e a competição supostamente diminuiriam os preços, por que eles estavam aumentando? A região noroeste do país tivera pouca chuva, e menos energia hidrelétrica entrara na rede, mas essa deficiência não era suficiente para explicar a disparada dos preços. Havia algumas pistas do problema subjacente. Por que, repentinamente, quando surgiram as deficiências, tanta capacidade de geração estava fora de linha, necessitando de reparos? Não teria feito mais sentido deixar o resto de lado e fazer os reparos mais urgentes? Por que o preço do gás natural na Costa Oeste era tão elevado quando parecia haver capacidade ociosa no gasoduto? Os economistas suspeitaram naturalmente de manipulação e essas preocupações foram levantadas precocemente pelo colunista do *New York Times* e economista de Princeton Paul Krugman. A resposta da turma do livre mercado foi: "Absurdo".[7]

Naquele momento, não havia nenhuma evidência do crime, nenhuma maneira de provar manipulação de mercado. Os apologistas do livre mercado tiveram seu dia, e a Enron também, enquanto os preços continuavam em seus níveis extraordinários e a Enron continuava realizando lucros extraordinários. Somente no intervalo de três meses, entre julho e setembro de 2000, suas vendas de *commodities* e seus negócios com serviços registraram um aumento de renda de US$ 232 milhões em relação ao ano anterior.

Naquela altura, os defensores da desregulamentação tinham de procurar o culpado em outros lugares e acharam uma resposta fácil: o problema não era escassez de regulamentação, mas excesso. A regulamentação ambiental impedira a construção de novas usinas geradoras de energia e, durante o processo de desregulamentação do setor elétrico, a Califórnia havia preservado algumas regulamentações, que também estavam no âmago das dificuldades do estado. Uma delas impunha tetos aos preços que se poderiam cobrar dos consumidores, mas o preço para adquirir eletricidade pelas companhias elétricas não sofria restrições. O teto nos preços aos consumidores era uma maneira de tranqüilizar os céticos da desregulamentação: afinal, os defensores ardorosos da desregulamentação acreditavam tanto que ela reduziria os preços que não havia nenhum risco em incluir aquela cláusula. Se não estivessem dispostos a aceitá-la, teriam demonstrado falta de convicção — e com um reconhecimento tão condenatório, a desregulamentação talvez não houvesse avançado.

Uma segunda regulamentação impedia que os serviços de utilidade pública assinassem contratos de longo prazo para a compra de eletricidade, mas novamente havia uma lógica para isso. Antes, as companhias elétricas produziam, transmitiam e vendiam eletricidade. Com a desregulamentação, as companhias energéticas estavam no negócio varejista. Elas compravam eletricidade de outros produtores e vendiam-na a seus clientes. Tendo em vista as obrigações de longo prazo (com preços fixados, ou pelo menos com preços máximos para a eletricidade que vendiam), teria feito sentido para elas assinarem contratos de longo prazo para a compra de eletricidade. Mas se grande parte do mercado fosse abastecida por tais contratos de longo prazo, o mercado à vista (o mercado *hoje* para o comércio de eletricidade *hoje*) poderia ser muito restrito. (Devido a mudanças no tempo, com tanta eletricidade usada em ar-condicionado na Califórnia, há de fato muitas oscilações na demanda, não somente durante o dia mas também de um dia para outro.) Com a maior parte da eletricidade comprada e vendida em contratos de longo prazo, sobraria relativamente pouca oferta.

O perigo em tais situações é claro: ao retirar uma quantidade relativamente pequena de eletricidade do mercado, os fornecedores podem elevar preços e lucros. Mercados restritos, com oferta limitada, são especialmente vulneráveis à manipulação. A proibição contra contratos de longo prazo foi uma tentativa de garantir mercados *abrangentes* e competitivos. Havia uma outra razão, de motivação menos pública: aqueles que negociavam eletricidade gostariam que houvesse mais negócios — é assim que eles fazem dinheiro. Mas havia um risco adverso de confiar nas transações à vista. Mercados à vista podem ser altamente variáveis. Alterações na demanda e na oferta podem causar grandes alterações no preço, mesmo quando os mercados são relativamente abrangentes. Famílias pobres e pequenos negócios são particularmente vulneráveis a tal variabilidade de preços. Eles precisam de certeza nos preços para poder planejar seus orçamentos. É um risco contra o qual não podem comprar seguro — e um risco que não precisavam enfrentar no antigo regime. Os tetos nos preços limitavam esse risco, mas deslocavam-no para os varejistas, aqueles que comercializavam eletricidade. No processo de desregulamentação, as preocupações com o risco foram deixadas de lado, no entusiasmo de que a desregulamentação traria preços mais baixos. Se hoje o preço de um quilowatt é cinco centavos, quem iria reclamar se houvesse variação no preço — se o preço fosse às vezes quatro centavos, às vezes dois centavos? Qualquer que fosse o resultado, os consumidores e os negócios estariam melhores. Poucos — exceto economistas bem versados nos perigos da manipulação do mercado — teriam sonhado que a Califórnia, instada por empresas como a Enron, havia entrado no pior de todos os mundos possíveis: um mundo de risco elevado e sujeito à manipulação do mercado.

Em resposta à crítica de que era a manipulação do mercado que estava contribuindo para os problemas, e até de que era a causa deles, o governo Bush tomou a ofensiva e se agarrou aos preços altos como uma desculpa para expandir a perfuração em áreas ecologicamente mais sensíveis, como o Ártico, e afrouxar as regulamentações do meio ambiente. Eles alegavam que a deficiência de energia na Califórnia não se devia a manipulações, mas a restrições ambientais que limitavam a expansão da capacidade. Naquele momento, o argumento não parecia muito persuasivo. Afinal de contas, na época em que ocorreu a desregulamentação, parecia que não havia falta de capacidade; havia preocupação com capacidade excessiva. As companhias de energia não clamavam pela construção de novas usinas. Havia outras esquisitices a respeito da aparente deficiência de oferta. Parecia também haver uma escassez de gás natural, embora um quinto da capacidade dos dutos ainda não estivesse em uso.

Mas em retrospecto, o argumento de que as restrições ambientais causaram uma escassez de oferta parece ainda menos persuasivo: com a restauração da regulamentação, a deficiência de energia desapareceu novamente. Com efeito, não muito tempo depois, os analistas começaram a rebaixar a classificação das companhias energéticas graças a uma preocupação com o *excesso de capacidade* — e não com a escassez. Houvera deficiências no abastecimento, mas estava claro que todas se deviam à manipulação do mercado, inclusive por aqueles que queriam ver as regulamentações eliminadas. Os custos ambientais são custos *reais*: a poluição do ar leva a vidas mais curtas e menos saudáveis; os gases do efeito estufa levam ao aquecimento global. As cidades americanas estão mais limpas e nossa vida, mais saudável graças às regulamentações ambientais (algumas das mais importantes foram aprovadas durante o governo Bush I). Fazer as companhias de eletricidade pagarem por esses custos reais é simplesmente boa teoria econômica.

Se a crise foi causada por manipulação ou por uma deficiência de abastecimento temporária, havia maneiras muito melhores de lidar com isso do que as escolhidas pelo governo Bush II.[8] (Hesito em chamar isso de política de "livre mercado", devido ao enorme papel exercido na formulação da Enron e de possivelmente outros que estavam de fato manipulando-a; não era de fato um mercado livre, competitivo.) O Brasil enfrentou uma crise elétrica na mesma época, mas, felizmente, contava com um governo no qual os perpetradores da manipulação tinham menos influência, um governo que era ao mesmo tempo menos ideológico e mais comprometido em proteger seu povo e seus negócios da privação econômica. Os líderes brasileiros fizeram o que a maioria dos economistas teria recomendado — procurar uma maneira de oferecer os incentivos corretos e, ao mesmo tempo, minimizar as conseqüências distributivas. Havia uma solução simples e padrão: desde que comprassem uma quantidade menor do que a que haviam comprado no ano anterior, os consumidores pagariam um preço fixo (o mesmo preço do ano anterior ou um preço ligeiramente superior). Mas há um livre mercado para *aumentos* no consumo. Esse apreçamento da eletricidade em dois níveis (ou em múltiplas faixas) é comum há muito tempo. Trata-se de um sistema que permite a livre atuação das forças de mercado *na margem*, mas evita as enormes redistribuições — associadas aos elevados custos econômicos e sociais, incluindo falências — que os preços em disparada da eletricidade poderiam, de outra forma, acarretar. O Brasil administrou a crise de eletricidade de maneira muito melhor do que os Estados Unidos.

Se foi a ideologia do livre mercado, o *lobby* da Enron ou simplesmente a ausência de economistas cuidadosos e criativos que impediu o governo Bush de adotar o tipo de abordagem que o Brasil adotou, isso talvez nunca fique esclarecido. Mas quando os problemas cresceram, a intervenção governamental tornou-se incontornável, mesmo para os reguladores adeptos do livre mercado que Bush havia nomeado para a FERC. A(s) prova(s) do crime poderia(m) nunca ter sido descoberta(s) caso a ganância da Enron não a tivesse levado à sua própria falência, e o processo judicial resultante não tivesse descoberto os documentos que mostravam como os processos de manipulação de mercado funcionavam — por exemplo, remetendo eletricidade para fora do estado para exacerbar a escassez e provocar um aumento ainda maior dos preços. Revelou-se que a Enron não estava sozinha; outras empresas comercializadoras de eletricidade, cujo trabalho era fazer o mercado funcionar melhor, tiraram proveito da oportunidade para manipular o mercado e ampliar seus lucros à custa do estado da Califórnia e de seus cidadãos. Eles operaram juntos com uma variedade de estratégias com apelidos do tipo "Estrela da Morte" e "Fique Baixinho". As conversas gravadas mostram o imenso poder dos manipuladores. (Eles até pareciam ter um leve grau de compaixão; em dado momento, um manipulador diz: "Eu não quero esmagar o mercado de maneira tão perversa".[9])

A trilha da manipulação do mercado foi da eletricidade ao gás. A companhia de dutos El Paso havia deliberadamente restringido o fluxo de gás através dos dutos. O gasoduto, como a eletricidade, fora considerado um monopólio natural e, quando ocorreu a desregulamentação, havia receio de que poderia haver abuso do poder de monopólio. Mas deu-se atenção insuficiente à preocupação. A El Paso tinha a propriedade do duto, mas era também um grande produtor de gás. Mesmo se não cobrasse preço excessivo de outras empresas que utilizavam os dutos, seu controle sobre eles poderia capacitá-la a restringir todo o fluxo de gás para permitir que o preço de mercado se elevasse. Quando havia regulamentação e o preço do gás era fixado, a companhia não tinha incentivo para fazer isso. Agora tinha. Ela fez o que tinha incentivo para fazer. O que perdeu em receitas com a remessa de gás foi mais do que compensado pelo preço mais elevado do gás que vendia. Embora, no final, a El Paso tenha feito um acordo com a Califórnia no valor de aproximadamente 2 bilhões de dólares, mesmo com essas penalidades, a manipulação foi lucrativa, pois os consumidores pagaram mais de 3 bilhões de dólares a mais do que pagariam sem a manipulação. (A manipulação do mercado também afetou os estados de Washington, Nevada e Oregon, que também receberam dinheiro do acordo.)

Seriam necessários dois anos de investigação minuciosa dos complicados e ocultos registros para que a FERC finalmente chegasse a um veredicto sobre o que havia acontecido: sua conclusão foi que os esforços para manipular a eletricidade e o gás natural haviam sido "epidêmicos". A Enron foi acusada de manipular não somente o mercado de eletricidade mas também o de gás natural. Anteriormente, pensava-se que o mercado era muito grande para uma única empresa manipular. A Enron mostrou outra coisa. Ironicamente, enquanto este livro vai para a impressão, alguns daqueles que se beneficiaram com a manipulação do mercado, produzindo preços distorcidos, continuam a argumentar que os contratos de prazo mais longo assinados àqueles preços maiores deveriam ser cumpridos.

Empreendimentos no exterior

Nos Estados Unidos, durante os exuberantes anos 90, a Enron era alardeada como um dos modelos da Nova Economia, uma empresa inovadora que tirava proveito das novas oportunidades proporcionadas pela desregulamentação para fazer os mercados funcionarem melhor. Mercados melhores significavam uma vida melhor, presumivelmente, para todos os americanos e para o resto do mundo.

Vimos no capítulo 9 como os EUA abraçaram a globalização nos anos 90. A Enron também apoiava a globalização, no estilo americano. Ela pregava a desregulamentação no exterior, assim como fazia no plano interno. Ela trabalhava com governos — no exterior e dentro dos EUA — no sentido de ajudar a criar condições favoráveis a investimentos. E levou para seus empreendimentos no exterior os mesmos tipos de práticas modernas e inflexíveis de negócios que lhe haviam servido tão bem aqui e investiu bilhões de dólares no exterior.

Mas havia muita gente no mundo em desenvolvimento que olhava para a globalização e para o modo como os EUA a estavam administrando sob uma ótica bastante diferente da dos americanos, e o mesmo ocorria em relação à Enron. Muito antes de sua reputação ficar manchada nos Estados Unidos, ela era vista com suspeita no exterior. Seu projeto de energia na Índia foi um dos maiores investimentos estrangeiros diretos na história desse país e, tanto na Índia como em outros lugares, a Enron tornou-se o símbolo de tudo o que havia dado errado na globalização. Nada conta melhor essa história do que seu investimento na usina de energia elétrica de Dabhol II, no estado indiano de Maharashtra. Embora toda a transação tenha sido infectada por repugnante influência política, é a economia do negócio que me interessa aqui. O Banco Mundial, embora dificilmente fosse hostil à Enron, tendo fornecido mais de US$ 700 milhões para diversos projetos da empresa, criticou fortemente o projeto por ser excessivamente caro e concluiu que não era economicamente viável. Havia uma forma pela qual ele podia se tornar economicamente viável — para a Enron, mas não para a Índia —, que era garantir à Enron preços elevados para a eletricidade. Obviamente, altos preços da eletricidade significariam que a Índia, que lutava para competir nos mercados globais, seria colocada em desvantagem ainda maior.

A Enron recebeu um contrato denominado *take or pay*,* pelo qual ela se apropriava dos lucros e a Índia pagava o preço e assumia os riscos. Era o tipo de parceria público-privada que o setor privado julga tão rentável em todo o mundo em desenvolvimento. Sob esses contratos, o governo garante que a Enron venderá a quantidade acordada de eletricidade ao preço acertado, não importando as condições econômicas e o preço global da eletricidade. Isso tirava do setor privado todo o risco comercial relativo à demanda. O investidor tinha apenas uma responsabilidade: ser capaz de entregar uma usina a um custo que a capacitasse para fornecer a eletricidade com lucro. Mas o preço fixado era tão elevado que não havia virtualmente nenhum risco para a Enron. Poder-se-ia pensar que a essência de uma economia de mercado é que aqueles que fazem o investimento assumem o risco — e não o governo. Poder-se-ia pensar também que se estivesse tão convencida de que aquele era um bom projeto, então a Enron se disporia a assumir o risco. (De fato, as receitas da Enron em 2000 foram mais do que um quinto do PIB total da Índia!) Mas no ímpeto de fazer avançar a privatização, ou pelo menos aumentar os lucros das companhias privadas americanas, esses princípios foram deixados de lado.

Poder-se-ia também ter pensado que, dado que grande parte do risco estava sendo assumida pela Índia, o retorno seria relativamente baixo, mas não foi assim: as cláusulas do contrato foram concebidas para render à Enron um retorno antes da tributação de 25%. Os preços que foram estabelecidos no contrato deixaram chocados os observadores externos. Antes de ser forçada a recuar em 1995, a Enron propôs uma tarifa de sete a catorze centavos por quilowatt-hora para a eletricidade produzida pela usina de Dabhol II. Mesmo depois, quando o preço foi reduzido em cerca de 25% — e a Enron ainda conseguia obter um retorno que excedia os níveis normais permitidos pela lei indiana —, o preço da eletricidade do projeto era muito maior do que aquele oferecido pelos produtores indianos, mais do que o dobro, segundo algumas estimativas. Com a cláusula *take or pay* subscrita pelo governo indiano — obriga-

* Modalidade de contrato em que o comprador paga mesmo que não utilize o produto "comprado". (N. T.)

ções ultrapassando US$ 30 bilhões ao longo da vigência do contrato (um único contrato equivale a 7% do PIB daquele país) e essas obrigações amplamente subscritas por garantias do governo americano através de uma agência que fornece seguro contra tais riscos — e com subsídios adicionais do governo americano fornecidos pelo Eximbank, os números não faziam sentido. Por que o governo indiano havia assinado o contrato, se poderia conseguir eletricidade em melhores condições em outro lugar? Parte da resposta era: os Estados Unidos exerceram pressão política. Executivos da Enron participaram de uma viagem de ministros à Índia, e o embaixador americano exerceu pressão direta sobre os indianos. Embora a Enron continuasse a sustentar que obedecia à lei das Práticas Corruptas no Exterior, que proíbe subornos a funcionários do governo, os indianos não se convenceram. E as suspeitas de técnicas opressivas, combinadas com os óbvios efeitos econômicos adversos — pagar o que o governo indiano havia prometido exigiria cortes em outros investimentos e gastos sociais —, geraram forte oposição.

Quando os tumultos estouraram, a polícia agiu com violência, conforme relatos posteriores da Human Rights Watch. Justificadamente ou não, a Enron foi responsabilizada, intensificando ainda mais o antagonismo. Quando a Índia ameaçou cancelar ou alterar o negócio, toda a pressão da administração americana foi exercida, tanto durante o período Bush como no período Clinton. No governo Bush, os telefonemas supostamente vieram do vice-presidente; no de Clinton, de alguém logo abaixo desse nível. O governo americano se colocara numa posição em que seus membros achavam que poderiam legitimamente exercer pressão em nome de uma determinada empresa americana (que, por acaso, era uma grande contribuinte para a campanha dos dois partidos): uma vez que os Estados Unidos haviam parcialmente garantido os empréstimos, o dinheiro dos contribuintes americanos estava em risco. Mas o problema é ainda mais profundo: por que o governo americano garantiu um projeto que até mesmo o Banco Mundial rejeitou por não ser economicamente viável, um projeto que tornaria a Índia menos capaz de competir no mercado global, enquanto propiciava à Enron enormes retornos não proporcionais aos riscos que ela estava assumindo? Qual era o papel da influência política?

O comportamento da Enron e as intervenções políticas a ele relacionadas naturalmente levantavam tais questões. Infelizmente, a história de Dabhol não foi um evento isolado. Encontraram-se problemas nos projetos da Enron na Argentina, em Moçambique e na Indonésia. Embora fosse uma companhia que parecia basear-se na desregulamentação — tirar o governo do caminho —, ela, na verdade, prosperava fazendo com que o governo atendesse às suas demandas.

Nos Estados Unidos, a Enron havia investido pesadamente no desenvolvimento de relações com autoridades do governo — antes que assumissem os cargos, enquanto estivessem lá, por meio de doações aos partidos, e depois que deixassem o governo. O dinheiro era distribuído de maneira razoavelmente igualitária — cerca de três quintos para os republicanos e dois quintos para os democratas. Isso por si só deveria ter levantado suspeitas. Pode-se entender que se dê dinheiro para apoiar candidatos que favorecem a posição do doador e, de um modo geral, os republicanos apoiavam muito mais a desregulamentação. Mas a Enron, como se revelaria, tinha uma abordagem muito mais tática da questão do dinheiro. Por uma contribuição relativamente pequena, parecia que alguns congressistas estariam mais inclinados a apoiar ao menos algumas das posições da Enron. Mas havia também um elemento defensivo: se dá dinheiro suficiente para ambos os partidos, você pode manter a influência, independentemente do partido que estiver no poder, e pode também proteger seus benfeitores. Quando o escândalo da Enron estourou, a associação próxima entre os republicanos e a Enron, e especialmente entre Bush e Ken Lay, CEO da Enron (tão próxima que num determinado ponto ele era o favorito para ser membro do ministério, provavelmente como secretário de Energia), levou muitos a suspeitar que os democratas fariam uma caçada política. Mas eles não fizeram, ou pelo menos fizeram muito menos do que teriam feito se eles próprios não tivessem se beneficiado dos "investimentos políticos" bem alocados da Enron.

Dentro dos governos Bush e Clinton, a lista daqueles que haviam feito trabalho para a Enron ou haviam recebido dinheiro dela (supostamente para trabalho ou como contribuições de campanha) era longa. Ela incluía, por exemplo, Robert Zoellick, o representante comercial dos EUA de Bush, e Lawrence

Lindsey, presidente do Conselho Econômico Nacional, os quais receberam cerca de US$ 50 mil em contratos de consultoria. O procurador-geral de Justiça John Ashcroft recebeu uma contribuição de campanha de US$ 574 999 em 2000. Os laços continuaram depois que alguns deixaram o governo: o embaixador americano na Índia foi indicado para o conselho de administração da Enron; Robert Rubin tornou-se presidente do comitê executivo do Citibank Group, um dos bancos que estavam envolvidos em muitas atividades execráveis da Enron. Um funcionário sênior da administração Bush, Thomas White, secretário do Exército, havia sido vice-presidente da Enron.

Assim havia um nexo de conexões. Tendo em vista os amplos retornos que a Enron auferia em tantos de seus investimentos, poder-se-ia pensar que esses investimentos em conexões políticas certamente devem ter compensado. E há amplas evidências de que compensaram. Muito do que foi feito, talvez tudo, estava dentro da lei, embora às vezes a lei fosse alterada e, às vezes, driblada. (Havia uma restrição de cinco anos para que um funcionário do governo pudesse exercer *lobby* sobre sua ex-agência; nos meses finais do governo Clinton, isso foi muito reduzido. Se assim não fosse, parte dos *lobbies* de um ex-funcionário do Tesouro americano poderia ser ilegal.) Mas a questão não é se isso estava dentro ou fora da lei: supunha-se que os EUA estabelecessem um modelo para a economia de mercado que deveria funcionar. A lição que ensinaram foi a do "capitalismo de compadres". Havia mais do que uma pequena ironia do lado de Ken Lay e do governo americano: a Enron, a aparente campeã da economia de livre mercado, e Ken Lay, um crítico severo do governo, estavam tão dispostos a receber assistência governamental — bilhões de dólares de empréstimos e garantias, que Lay fez uso de seus amigos em altos postos para impulsionar sua empresa, e depois fez tudo o que estava ao seu alcance para evitar impostos (com sucesso notável). Ao mesmo tempo em que criticavam o Leste Asiático devido ao capitalismo de compadres, os EUA, especialmente os funcionários do Tesouro americano, o praticavam ostensivamente.

Enquanto a Enron utilizava a influência que aparentemente comprava para conseguir ajuda e assistência financeira do governo — ela recebeu mais de US$ 3,6 bilhões em seguro de risco e financiamento público —, os executivos da companhia perceberam que ela poderia fazer ainda mais dinheiro ajudando a formular leis que fornecessem o ambiente correto — para que, por exemplo, pudesse lucrar, legítima ou ilegitimamente, com a desregulamentação — e que impedissem ações que pudessem prejudicá-la. A companhia queria ser capaz de manipular o mercado energético e queria ser capaz de continuar a usar truques contábeis para exagerar seus lucros e aumentar seu valor de mercado. E a Enron, com sua influência, embora não conseguisse tudo o que queria, realmente conseguia muito. A Enron e seus dirigentes tinham forte presença nas esferas de influência tanto privadas como públicas. Portanto, não foi nenhuma surpresa quando, em 2000, o presidente da SEC, Arthur Levitt, criou uma comissão para examinar a avaliação na Nova Economia e Ken Lay foi convidado a participar dela. (Eu também fui convidado.)

No final dos anos 90 já havia preocupações crescentes sobre uma bolha, e Levitt (entre outros) estava preocupado com o fato de que as técnicas e procedimentos contábeis que haviam sido desenvolvidos para avaliar, digamos, uma companhia siderúrgica, não funcionariam na Nova Economia. Na "velha economia", as empresas possuíam ativos como prédios e equipamentos; esses ativos tinham um tempo de vida normal e sabíamos como depreciar seu valor ao longo do tempo. As regras contábeis eram imperfeitas — elas não refletiam perfeitamente o decréscimo no valor de mercado de um ativo conforme ele envelhecia. Mas forneciam boas indicações, e quando havia vieses — por exemplo, quando as regras contábeis supunham uma vida mais curta para um prédio do que era realmente o caso, ou avaliavam um terreno por seu preço de compra, sem levar em consideração a apreciação no valor — os analistas sabiam como ajustar seus julgamentos sobre o valor de mercado da empresa.

Na Nova Economia, muitas empresas tinham poucos ativos tangíveis; elas alugavam escritórios e carros, às vezes até mesmo computadores e telefones. Seus ativos eram softwares de computador — freqüentemente em processo de desenvolvimento; ou listas de assinantes. Entre seus ativos *verdadeiros* estavam seus funcionários mais importantes, mas mesmo esses ativos eram difíceis de avaliar, pois poderiam deixar a empresa e montar uma empresa rival. Até nas empresas da velha economia, o "*goodwill*" — uma estimativa da capacidade da empresa de obter lucros não embutida em outros ativos tangíveis — representava com freqüência uma parcela substancial do valor da empresa. Quando uma empresa comprava outra por um preço substancialmente acima do valor de seus ativos físicos, ela estava comprando algo, um ativo, e de algum modo era preciso nomeá-lo ("*goodwill*") e atribuir-lhe um valor.

A essa altura, a importância de bons padrões contábeis deveria estar clara: a informação fornecia a base para atribuir valor à empresa e, portanto, era crucial em decisões que definiam quanto capital alocar para ela. A contabilidade enganosa implicava má informação, o que, por sua vez, implicava más alocações de recursos. Essa, evidentemente, era uma perspectiva de economistas. A perspectiva de mercado era um pouco diferente: altos números para os lucros significavam altos valores de mercado e altas rendas para os executivos das companhias.

Como observamos no capítulo 5, Arthur Levitt estava consciente das distorções nos incentivos com que se defrontavam as firmas de contabilidade e os executivos das companhias para as quais essas firmas trabalhavam, como também tinha consciência da ampla margem de discricionariedade concedida pelas regras contábeis às empresas da Nova Economia para não representar sua verdadeira situação. Porém, quando a Comissão da SEC reuniu-se em 2000, os conflitos de perspectiva logo se tornaram aparentes. Os economistas da Comissão estavam claramente mais preocupados do que os membros que vinham do Vale do Silício, os empreendedores da Nova Economia. O pessoal do Vale do Silício tinha toda a confiança no mercado, e por que não deveriam ter? Afinal de contas, o mercado, em sua sabedoria, havia reconhecido suas enormes capacidades e contribuições, e recompensava-os bem. A mentalidade de desregulamentação tornou a sugestão de mais regulação governamental — ou mesmo a modesta proposta da SEC de divulgação apropriada de informações (discutida no capítulo 5) — um anátema. O que preocupava muitos deles eram os processos judiciais de acionistas, que para eles eram simples reflexo da ganância insaciável dos advogados, e não parte de um sistema de controles e verificações contra a ganância insaciável de executivos das empresas.

Havia grandes divisões dentro da Comissão e seu relatório final poderia fazer pouco mais do que chamar a atenção para os problemas de avaliação na Nova Economia — o que por si já era um grande serviço — apontando as diferenças de ponto de vista sobre como eles poderiam ser enfrentados. Eu estava entre a minoria que pensava que era preciso tomar medidas regulamentadoras mais fortes, como, por exemplo, tornar públicas as *stock options*. Ken Lay estava entre a maioria que gostava do *status quo* e resistia até mesmo às mudanças moderadas que a SEC estava propondo. Seu lema era: confie no mercado; o mercado cuidará do problema. Num sentido, Ken Lay estava certo, mas não exatamente do modo que ele e os outros membros da Comissão previam. E quando o mercado "cuidou" da sobrevalorização da Enron — forçando-a à falência — vieram à tona problemas mais profundos, como a manipulação do mercado, como vimos.

Os problemas com a política energética dos EUA, no entanto, vão além da desregulamentação e da contabilidade. Quando decidiu que os EUA necessitavam de uma nova política energética, o governo Bush cercou-se de consultores que estavam, em sua maioria, envolvidos na produção de petróleo e gás e naturalmente gostariam de ver maiores oportunidades para a produção. O governo Bush esperava manter em segredo os nomes dos membros desse grupo de consultores, mas, como freqüentemente acontece, a informação vaza de uma forma ou de outra. Sendo produtores, o grupo de consultores estava mais preocupado em aumentar a produção — por exemplo, abrindo o Ártico para mais desenvolvimento —, o que presumivelmente aumentaria seus lucros, do que com a preservação. Era uma política que colocava a segurança dos EUA em risco, pois significava que mais dinheiro iria para os países petrolíferos do Oriente Médio que financiam o terrorismo e porque preços mais elevados do petróleo enfraquecem a economia americana, embora beneficiem as companhias petrolíferas. A preservação teria sido uma idéia melhor, pois teria reduzido a demanda e o preço do petróleo e fortalecido a economia americana. É irônico que Bush tenha tentado vender sua política como um aperfeiçoamento na segurança energética dos EUA, tornando-nos menos dependentes do petróleo estrangeiro. Mas era uma política míope. A vasta maioria das reservas petrolíferas do mundo se localiza no Oriente Médio; os Estados Unidos, com apenas 7% da oferta mundial, não podem ser, no longo prazo, auto-suficientes em energia — a menos que reduzamos enormemente nosso consumo. Bush e sua equipe defendiam uma política de "secar os EUA primeiro" — esgotar nossas reservas agora, significando que, no futuro, seremos ainda mais dependentes do Oriente Médio.

Havia razões sociais mais amplas para buscar uma estratégia conservacionista: o mundo começava a ver os efeitos do aquecimento global, baseado na acumulação de gases do efeito estufa na atmosfera, que estava aparecendo com mais rapidez do que se esperava quinze anos atrás. Eu estive no painel internacional de cientistas que examinou e pesou as provas científicas e as julgou muito fortes. No entanto, Bush sugeriu a princípio que o tema ainda estava em discussão. Foi somente quando a Academia Nacional de Ciências reafirmou o que a comunidade científica já havia dito — que houve aumentos significativos nas concentrações atmosféricas de gases do efeito estufa e que estes provavelmente provocariam mudanças climáticas significativas — que Bush recuou perante a *ciência*, mas não recuou perante a política. (É interessante observar que Ken Lay apoiou as restrições sobre gases do efeito estufa, desde que fossem acompanhadas de comércio; a Enron havia criado uma *trading* — eles sabiam como negociar eletricidade, e poderiam também ganhar dinheiro negociando emissões de carbono. Era uma idéia que a maioria dos economistas teria apoiado, mas Bush rejeitou-a.)

A semelhança entre as propostas energéticas de Bush e o que a Enron queria era óbvia, levando Henry A. Waxman, o veterano deputado democrata da Comissão de Reforma do Governo, a comentar numa carta a Dick Cheney: "As políticas do plano energético da Casa Branca não beneficiam exclusivamente a Enron. E algumas podem ter méritos independentes. Não obstante, parece claro que não há companhia nos Estados Unidos que esteja em condições de ganhar mais com o plano da Casa Branca do que a Enron".[10]

O entrelaçamento entre as esferas pública e privada que a Enron refinou tanto pode ser examinado de dois modos: a Enron era uma servidora pública que ajudava o governo a compreender as complexidades da economia de mercado, de modo que o que o governo fizesse levaria a uma economia mais eficiente. Ou a Enron era um mestre da ganância empresarial, tentando usar o governo de todos os modos possíveis para enriquecer. Há um pequeno grão de verdade na primeira visão — apenas o suficiente para fazer os funcionários públicos que atendiam às demandas da Enron sentirem algum conforto com a idéia de que, ao fazer o bem pela Enron, talvez estivessem fazendo o bem pelo país.

O mesmo argumento do espírito público foi usado para tentar ajudar a Enron, quando ela se aproximou da falência. Robert Rubin, um ex-dirigente do Tesouro que era então alto executivo do Citigroup, conversou por telefone com Peter Fisher, subsecretário do Tesouro, sobre o iminente rebaixamento da classificação da dívida da Enron. Ao fazer isso, ele poderia achar que não estava apenas ajudando a Enron; afinal, quem saberia as conseqüências para toda a economia americana, caso a Enron entrasse em colapso? (Naquele momento, poucos sabiam até que ponto o Citibank estava exposto, o quanto ele havia ajudado a Enron a se envolver em suas práticas fraudulentas, e o quanto havia emprestado à Enron, dinheiro que, com muita probabilidade, não seria pago integralmente se a Enron fosse à falência.) Era a mesma desculpa que havia sido utilizada quando o Federal Reserve de Nova York ajudou a orquestrar o socorro do maior fundo de *hedge*, o Long Term Capital Management. Era o mesmo pensamento que havia sido utilizado várias vezes para os socorros do FMI. Se os bancos ocidentais e os investidores não fossem socorridos, quem saberia as conseqüências disso? E era o mesmo tipo de argumento que havia sido utilizado para sufocar o debate público da política monetária: uma conversa desse tipo poderia perturbar os mercados. Do mesmo modo que pareciam mais do que dispostos a usar a ajuda e os subsídios governamentais, os maiores defensores dos mercados livres pareciam exibir pouquíssima confiança nos mesmos mercados, temerosos de que fossem tão facilmente perturbados.

A Enron foi, na época, a maior falência de todos os tempos. Isso por si só teria tornado o fato de interesse considerável. A fraude que logo apareceu — executivos de alto escalão encorajando seus trabalhadores a comprar ações quando eles mesmos as estavam vendendo; as privações impostas aos trabalhadores que perderam seu emprego e sua pensão, e o contraste com os executivos de alto escalão que pareciam tão bem protegidos; a conexão próxima entre a Enron e seu CEO com o governo Bush — tudo assegurou que a história da Enron se tornasse uma sensação na mídia. Mas demorou alguns meses para ficar claro que a história da Enron era emblemática da história dos anos 90 — os excessos de desregulamentação, a tramóia contábil, a ganância empresarial e a cumplicidade bancária. Quando a globalização abraçou o mundo, a Enron abraçou a globalização e mostrou ao mundo seu lado mais obscuro. A derrocada da Enron e os problemas que foram descobertos com essa derrocada fortaleceram a crítica à globalização. Desde então, os acontecimentos têm mostrado que, se eram extremos, os problemas da Enron não eram isolados; de fato, em certa medida, eram onipresentes.

11. Desmascarando os mitos

Parte dos investimentos dos anos 90 foi essencial para criar a Nova Economia. Mas a corrida para ser o primeiro, a exuberância excessiva em torno da Nova Economia levou ao excesso de investimentos. Recursos foram desperdiçados numa escala maciça. Isso está bem claro.

Ainda estamos em uma posição tão boa que podemos não sofrer imediatamente com essa diminuição de nossa riqueza, mas algumas das conseqüências já estão se tornando conhecidas: uma perda de confiança não somente nos mercados, em especial, no mercado acionário, mas também no governo. Se não aprendermos com nossos erros, pelos quais tanto o setor privado quanto o governo são responsáveis, talvez não tenhamos tanta sorte da próxima vez.

Ao explicarmos nosso sucesso nos anos 90 para nós mesmos e para o mundo, recorremos, em larga medida, a um conjunto de mitos que precisam ser desmascarados com urgência: que a redução do déficit por si só levou à recuperação econômica durante aquela década; que o brilhantismo de nossos líderes econômicos gerou nossa recente prosperidade; que a desregulamentação e os mercados auto-regulados são decisivos para sustentar a prosperidade e deveriam, portanto, ser exportados para o resto do mundo; que a chave para o sucesso é sujeitar-se à disciplina dos mercados financeiros; e que a globalização ao estilo americano conduzirá inevitavelmente à prosperidade global, beneficiando tanto os mercados financeiros americanos como os pobres do mundo em desenvolvimento.

É possível dizer que esses mitos serviram a certos propósitos. O mito da redução do déficit, por exemplo, uniu o país em torno de medidas politicamente difíceis (que foram aprovadas no Congresso por um único voto, em 1993) que eram necessárias para restabelecer a responsabilidade fiscal depois de doze anos de déficits crescentes. O mito da globalização ajudou-nos a avançar no sentido de superar os sentimentos protecionistas. Mas por mais úteis que tenham sido no curto prazo, em última análise, eles são prejudiciais.

Os mitos têm sido tão poderosos em formar, ou deformar, nossas políticas econômicas que vale a pena resumi-los, mesmo correndo o risco de repetir o que foi dito nos capítulos anteriores.

O mito da redução do déficit

O mito da redução do déficit sugere que se, digamos, a Argentina ou o Japão estiver em uma recessão e apresentar grandes déficits, o corte desses déficits trará a prosperidade de volta. Mas quase todos os economistas recomendam, ao contrário, uma política fiscal expansionista, impulsionada, se necessário, por déficits maiores.

Se nós, ou outros, acreditarmos no mito da redução do déficit, isso tornará as retrações econômicas piores. Ele reforça a ideologia do conservadorismo fiscal. Acredito fortemente na importância do investimento, em especial em novas tecnologias, para o crescimento de longo prazo. Numa economia como a dos Estados Unidos, onde é difícil induzir elevados níveis de *poupança privada*, é importante que o governo mantenha um orçamento equilibrado, ou mesmo um superávit, no longo prazo. Mas no curto prazo, os déficits podem ser absolutamente essenciais para a saída de uma recessão, e os custos econômicos e sociais de prolongar uma recessão são enormes, muito maiores do que os custos associados ao aumento do déficit.

O mito de que as guerras são boas para a economia

Mesmo entre aqueles que sustentam que o gasto deficitário é ruim para a economia no curto prazo, alguns ainda mantêm a visão de que a guerra favorece a economia. Eles lembram da Segunda Guerra Mundial, que envolveu uma mobilização total, quando a guerra ajudou a economia a sair da Grande Depressão. Mas a guerra moderna, que não requer plena mobilização, é muito diferente: a Guerra do Golfo certamente não nos tirou da recessão de 1990-91 e pode muito bem tê-la exacerbado. Qualquer estímulo vindo de maiores gastos de guerra é mais do que compensado pelo efeito depressivo da incerteza causada pela guerra, inclusive a incerteza acerca do impacto sobre o preço do petróleo, e o efeito *crowding out** de outros gastos. A guerra pode ser necessária para manter a segurança do país, mas não é boa para a economia, seja no curto ou no longo prazo.

O mito do herói

O mito de que a prosperidade resulta do trabalho de nossos heróis econômicos também é perigoso: ele desvia a atenção para longe de onde ela deveria estar — nas políticas. E aumenta a vulnerabilidade da economia: vicissitudes econômicas lançam inevitavelmente dúvidas a respeito da capacidade dos nossos heróis de realizar milagres, e uma perda de confiança nesses heróis trará uma perda de confiança correspondente na economia.

Além do mais, a economia costuma mudar com tanta lentidão que causa e efeito nem sempre são evidentes. Nós investimos muito em computadores e em alta tecnologia durante décadas, mas os investimentos não se refletiam nos dados sobre a produtividade da nação. Nos anos 90, o retorno finalmente apareceu — e grande parte do mérito foi atribuída às políticas de curto prazo de Rubin e Greenspan, exageradamente a meu ver, como espero que tenha ficado claro a partir da discussão dos capítulos 2 e 3.

Da posição privilegiada de hoje, nossos heróis de ontem certamente parecem mais mortais do que se pensava. Mas à medida que os exageros que glorificavam esses supostos heróis desaparecem da mídia, questões ainda mais problemáticas começam a ser levantadas. Estavam nossos heróis parcialmente adormecidos durante sua vigília? Se eram tão poderosos para ajudar a criar o

* O efeito *crowding out* (ou efeito de deslocamento) significa que se um aumento no gasto governamental elevar a taxa de juros, pode haver uma queda no gasto privado (em geral no investimento) que exceda o aumento no gasto governamental. (N. T.)

boom, e se estavam tão dispostos a aceitar o mérito pelo que ocorreu, então, parte da culpa pelo que está acontecendo agora deve ser atribuída a eles?

Há duas visões do mundo que, então como agora, estão em guerra. Uma vê a história como sendo determinada por forças subjacentes e nossos heróis apenas como atores no palco de hoje, a personificação dessas forças subjacentes. Se eles não estiverem lá, alguém muito parecido com eles estará em cena, fazendo boa parte do que eles teriam feito, com resultados muito parecidos. Outros consideram que os líderes desempenham um papel mais central. Em geral, a maioria dos economistas e cientistas sociais pertence ao primeiro grupo, com o qual, não por acaso, eu concordo. Atribuímos aos nossos líderes mais mérito, e mais culpa, do que eles merecem.

As economias são como grandes navios: com poucas exceções, não podem mudar de direção rapidamente. As sementes dos sucessos e fracassos de hoje foram quase certamente plantadas em anos anteriores.

É importante o modo como interpretamos nossa história. Se nosso sucesso de então se deveu a bons líderes, segue-se que nosso destino está em suas mãos, e nossa tarefa é simplesmente escolher esses líderes. Mas se nossos sucessos de então e nossos fracassos de hoje se devem às políticas, seja de gestão de déficits ou de desregulamentação da economia, então há uma possibilidade de se restaurar a prosperidade com a reversão das políticas.

Acredito que a liderança é importante, mas particularmente porque ela de fato tem um impacto sobre as políticas que são adotadas, e porque ela é necessária para a visão do caminho que a economia e a nossa sociedade tomam. Não é óbvio que sem a liderança de Clinton teria havido a redução do déficit, ou que sem Reagan e Bush não teria havido enormes déficits que precisariam ser reduzidos.

O mito da mão invisível

Nenhuma idéia foi mais poderosa do que a da mão invisível de Adam Smith, segundo a qual mercados desimpedidos conduzem, como se por uma mão invisível, a resultados eficientes; que cada indivíduo, ao perseguir seu próprio interesse, promove o interesse geral. Os anos 90 e seus desdobramentos mostraram que os CEOs, perseguindo seus próprios interesses, não fortaleceram a economia americana — e enquanto se beneficiavam, outros pagavam o preço.

As décadas anteriores haviam mostrado que os CEOs não necessariamente trabalhavam para aumentar o valor total das ações. Elas também mostraram o papel dos bancos de investimento como colaboradores e cúmplices: eles ganhavam dinheiro tanto quando os negócios se fundiam como quando os conglomerados se separavam. Mas havia um problema ainda mais profundo. Quando eles conseguiam de fato um aumento no valor de mercado das ações, isso se dava, às vezes, à custa de outros. As empresas freqüentemente emitem dívida para adquirir outras empresas. Quando emitem muita dívida, elas aumentam a probabilidade de falência da empresa. Os novos bônus podem ser tão arriscados quanto os *junk bonds*: o mercado reconhece que há uma probabilidade significativa de *default*. Um dos truques aperfeiçoados por Michael Milken e Cia. durante os anos 80 era como disfarçar esses problemas nascentes. Se você tomar emprestado mais do que precisa, pode utilizar parte dos fundos excedentes para pagar os serviços da dívida pelos primeiros dois anos ou mais, e o período intermediário entre o negócio e o colapso deixa espaço suficiente para eventos aos quais se pode atribuir culpa pela ruína. Mas, no momento em que a empresa emite a nova dívida, existem credores concretos e potenciais — aqueles que haviam emprestado dinheiro, aposentados que dependiam da continuidade da empresa para desfrutar sua pensão. Os *junk bonds* erodiram o valor esperado desses detentores de direitos. No caso de outros detentores de bônus, o efeito foi imediato e visível, pois o preço desses bônus caiu. No caso dos trabalhadores, isso só ficaria claro se e quando a empresa fosse à falência. Mas parte dos ganhos dos acionistas se deu à custa desses outros detentores de direitos. O roubo oculto fazia parte do capitalismo havia muito tempo. As inovações dos exuberantes anos 90 aperfeiçoaram essas habilidades — recompensando seus CEOs com riquezas além dos sonhos de todos, exceto dos mais espertos dos manipuladores dos anos 70 e do começo dos anos 80.[1]

Enquanto os capitães da indústria alardeavam as virtudes da maximização do valor para o acionista, mas concebiam sistemas de remuneração para garantir seus próprios ganhos a qualquer preço, os economistas explicavam por que a maximização do acionista, especialmente quando concentrada no curto prazo, poderia não levar à eficiência total, e, ademais, por que as interpretações-padrão de Smith, que enfatizavam a busca implacável do auto-interesse, estavam erradas. A lógica smithiana parecia sugerir que não havia nenhum papel para a moral, para virtudes como lealdade e confiança. Smith, consciente das limitações dos mercados, sabia que isso não era verdade. E a teoria econômica moderna explicou por que os sistemas econômicos nos quais tais virtudes prevalecem funcionam melhor do que aqueles em que elas estão ausentes.

As teorias mais antigas supunham simplesmente que não havia custo para redigir e garantir o cumprimento de contratos, de modo que toda vez que alguém fizesse algo para outrem, havia um contrato que era rigorosamente observado. Isso está muito longe do mundo real, onde os contratos são freqüentemente ambíguos, as disputas contratuais abundantes, os processos legais extremamente caros e, de fato, a maioria dos negócios se efetua sem contratos. Em um mundo como esse, há com freqüência contratos implícitos, acordos e normas que permitem que a sociedade funcione bem. O que faz os sistemas econômicos funcionarem é, em geral, a confiança. Os indivíduos fazem o que dizem que irão fazer. Nos últimos anos, em sociedades que fracassaram, vimos as conseqüências desastrosas para a economia do colapso da confiança. Como tais contratos implícitos não têm sua observância garantida em tribunal, eles podem ser rasgados quando assim se desejar. É possível que haja ganhos de curto prazo, mas há potencialmente custos enormes de longo prazo. Nos anos 90, partes essenciais dos contratos sociais foram rasgadas. E quando uma empresa rasgava seu contrato, a economia de resultados pressionava as outras a fazer o mesmo, assim como as empresas que poderiam acreditar na contabilidade honesta eram pressionadas por aqueles que queriam maximizar os resultados imediatamente. A competição nem sempre conduz a resultados eficientes: aqui, ela levou a uma corrida que nivelou por baixo.

A economia moderna mostrou as limitações da mão invisível e dos mercados desimpedidos. Nos exuberantes anos 90, deixamos de lado essas lições da economia moderna, do mesmo modo que ignoramos as lições das décadas anteriores, como aquelas que deveriam ter emergido da debacle das S&Ls. Em vez disso, fornecemos novos incentivos e também melhores ferramentas para os executivos das grandes empresas se enriquecerem à custa dos outros.

O mito das finanças

Entre nossos heróis dos exuberantes anos 90 estavam os líderes das finanças, que se tornaram os mais ardorosos missionários da economia de mercado e da mão invisível. As finanças foram elevadas a novas alturas. Dizíamos a nós mesmos e aos outros para se preocuparem com a disciplina dos mercados financeiros. O setor financeiro sabia o que era melhor para a economia e, por isso, estando atentos a esse mercado, aumentaríamos o crescimento e a prosperidade. As ricas recompensas que os mercados financeiros colhiam para si pareciam todas bem merecidas, pois tomavam apenas uma pequena fatia daquilo com que contribuíam para todos nós.

Mas tudo isso era propaganda exagerada, promovida pelos próprios mercados financeiros. Esses mercados estão mais interessados no curto do que no longo prazo. Eles promoveram políticas que podem ter feito as contas parecerem melhores no curto prazo, mas que enfraqueciam amiúde a economia no longo prazo. Eles promoveram políticas que atendiam a seus interesses mais do que aos interesses gerais; em alguns casos, essas políticas aumentaram a instabilidade e reduziram o crescimento de longo prazo.

Charles E. Wilson, presidente da GM no apogeu do automóvel, nos anos 50, disse a famosa frase que o que era bom para os Estados Unidos era bom para a GM, e vice-versa. O novo mantra era: o que é bom para a Goldman Sachs, ou para a Wall Street, é bom para os EUA e para o mundo. Os exuberantes anos 90 foram bons para a Wall Street. Ela ganhou dinheiro com fusões. Ganharia dinheiro quando as fusões tivessem de ser desfeitas. Ganhou dinheiro quando o capital fluiu para os mercados emergentes. Ganhou dinheiro com as reestruturações que se seguiram ao caos econômico resultante da retirada de seu dinheiro desses mercados. Ganhou dinheiro quando deu consultoria, fosse boa ou ruim, fosse seguida ou não.

Muitas das políticas dos anos 90 ajudaram os mercados financeiros a fazer mais dinheiro. A desregulamentação deu a Wall Street novas oportunidades, que foram rapidamente aproveitadas. A contabilidade enganosa e os menores impostos sobre ganhos de capital alimentaram a bolha, e a bolha alimentou a Wall Street. No exterior, os grandes socorros significaram que o povo juntava os cacos quando as coisas não saíam conforme o planejado, exatamente como o grande socorro das S&Ls, depois da desregulamentação, havia feito no plano interno.

Se o brilho acabou, as lições mais básicas ainda precisam ser aprendidas: os mercados financeiros não são a fonte da sabedoria; o que é bom para a Wall Street pode ou não ser bom para o resto da sociedade; e os mercados financeiros são míopes. Um país que se sujeita exclusivamente à disciplina dos mercados financeiros se expõe ao perigo.

O mito do governo grande e ruim

Nossos novos heróis das finanças juntaram-se a outros para propagar um outro mito: o de que os problemas da economia resultam do governo grande, que nos força a pagar altos impostos e que nos regula até o ponto de estrangulamento. A implicação era clara: diminuir o tamanho do governo, diminuir impostos e desregulamentar. A desregulamentação nem sempre desencadeou as forças poderosas que levariam ao crescimento robusto de *longo prazo*; ao contrário, com freqüência ela desencadeava novas fontes de conflitos de interesse, novas maneiras de manipular mercados. Como vimos, os mercados conseguiram desperdiçar centenas de bilhões de dólares. Muitos dos CEOs empresariais que administravam essas festanças roubaram bilhões, deixando acionistas e trabalhadores em apuros. Os contribuintes comuns tiveram de pagar parte da conta — na Califórnia, como resultado da desregulamentação do setor elétrico e, quase com certeza, dos iminentes *defaults* nos planos de pensão empresarial; mas, felizmente, muito menos do que no último episódio de desregulamentação, durante os anos Reagan.

Entre os que propagaram o mito do governo excessivamente grande estavam aqueles que se beneficiavam ao mesmo tempo das frouxas regulamentações (na contabilidade), da desregulamentação (por exemplo, no setor elétrico e de gás natural), dos subsídios e ajudas governamentais em sua defesa no exterior, e dos investimentos estatais em pesquisa e desenvolvimento. Grande parte da Nova Economia que provocou o *boom* apoiava-se na internet, que fora criada pela pesquisa governamental; na miríade de outras inovações derivadas da pesquisa básica; e na biotecnologia, que se baseava em avanços financiados pelo governo na medicina e na biologia.

O mito de que impostos mais baixos desencadeariam enormes aumentos na poupança e no esforço no trabalho mostrou-se notavelmente resistente à evidência. Reagan reduziu bastante os impostos, mas nem a poupança nem o esforço no trabalho aumentaram e, de fato, o crescimento da produtividade quase não mudou. Clinton aumentou a tributação sobre os ricos e não ocorreram conseqüências terríveis.

O mito do capitalismo global

Os EUA nunca aceitaram completamente o mito de que governo grande é ruim. A maioria dos americanos continua a acreditar que existe um papel para o governo, não somente na regulamentação como também no fornecimento de serviços essenciais — educação, Seguridade Social, *Medicare*. No exterior, os EUA pregaram uma versão de capitalismo baseado num papel minimalista para o Estado, que os próprios EUA haviam rejeitado. Em vez de encorajar os países a adotar instituições como as que serviram tão bem aos EUA — como um banco central com mandato para promover o emprego e o crescimento, e não somente a estabilidade de preços —, os EUA os empurraram para uma versão do capitalismo fundamentalista de mercado. Enquanto nos preocupávamos com os perigos da concentração da mídia no plano interno, incitávamos a privatização no exterior, sem considerar esses problemas.

Com o Tesouro dos Estados Unidos no centro da política econômica internacional, não era de surpreender que o livre fluxo de capital se tornasse a peça central. Ele criava novas oportunidades de lucros para a Wall Street — mas expunha os países em desenvolvimento a enormes riscos, sem recompensa. O crescimento era levemente aumentado quando o capital ingressava, mas a devastação provocada quando saía, ou quando as taxas de juros que se tinha de pagar para retê-lo, excedia de longe aqueles benefícios temporários. Os países que cresceram mais rápido no longo prazo — mesmo aqueles que atraíram a maior parte do investimento estrangeiro direto — foram os que intervieram para estabilizar esses fluxos.

O mito do capitalismo triunfante, o estilo americano

Os americanos sempre tiveram fé no capitalismo e na economia de mercado, mas nosso sucesso e a derrocada do comunismo renovaram essa fé e a elevaram a novos patamares. Sempre houve diversas versões de capitalismo; o capitalismo americano é diferente do capitalismo japonês e do europeu, e o sucesso dos EUA em relação a essas outras versões reforçou a crença de que o sistema americano não era apenas certo para os EUA, mas também para todo o mundo. Acreditando ter descoberto a resposta para os males econômicos do mundo, os EUA impingiram sua versão de economia de mercado a outros países.

O sistema econômico americano tem enormes méritos, mas não é o único sistema que funciona; outros sistemas podem funcionar melhor para outras nações. Os suecos, por exemplo, embora tenham modificado seu tradicional sistema de previdência, não o abandonaram; a proteção que ele fornece reduz os extremos de pobreza — ainda tão predominante nos EUA — e também encoraja o tipo de exposição ao risco que é essencial para a Nova Economia. Na Suécia, o padrão de vida tem se elevado tanto quanto nos Estados Unidos, do mesmo modo que as novas tecnologias têm se difundido naquele país tão rapidamente quanto nos Estados Unidos. E na verdade os suecos resistiram à última desaceleração global melhor do que os americanos.[2]

Há outros países que acreditam que seu sistema econômico é melhor, pelo menos para eles. Podem ter rendas menores, mas dispõem de mais emprego e proteção à saúde, usufruem de férias mais longas, e menos estresse pode se refletir em vidas mais longas. Há menos desigualdade, menos pobreza, menos crimes e é uma fração menor de sua população que passa grande parte de sua vida atrás das grades. Há escolhas, há *trade-offs*.

O colapso da economia da bolha e a descoberta dos escândalos contábeis e de outros escândalos trouxeram a reação esperada do resto do mundo: uma exultação com os problemas dos EUA, com a súbita reviravolta de sua posição, com o orgulho que precedeu a queda. Mas, mais importante, isso reavivou o debate real a respeito das versões alternativas da economia de mercado.

Como os EUA são o país mais forte do mundo, os outros aguardam nosso enfraquecimento; nossa desmedida, a excessiva propaganda do capitalismo de estilo americano, alimentou a hostilidade deles. As fissuras no nosso sistema, agora expostas, forneceram amplas oportunidades para os críticos dos EUA dizerem: "Eu disse para vocês". Se vender o capitalismo e a democracia americanos era um dos principais objetivos da política externa americana, nossa conduta gerou nosso fracasso.

UMA ESTRATÉGIA DE LONGO PRAZO

Os Estados Unidos concentraram tanta atenção em sua própria mitologia econômica e na gestão da globalização para seu próprio benefício de curto prazo que não viram o que estavam fazendo para si próprios e para o mundo.

O que entusiasmava a maioria dos que trabalharam com afinco para conseguir que Bill Clinton se elegesse não era a liberalização comercial, a desregulamentação do sistema bancário, a redução do déficit, ou mesmo as reduções de impostos para os ricos (o corte nos impostos sobre ganhos de capital de 1997). Mas, de alguma forma, essas foram as questões que marcaram o sucesso, que dominaram nossa agenda. Algumas, como a redução do déficit, eram questões que tinham de ser resolvidas antes que pudéssemos nos dedicar às outras. Algumas representavam o terreno comum entre os novos democratas e os conservadores que conseguiram dominar o Congresso depois da eleição de 1994, mas que já eram importantes antes de 1994.

No início do governo Clinton, nos reuníamos em pequeno grupo, uma vez por semana, para discutir nossa visão da economia americana e da economia global, como ela provavelmente se desenvolveria ao longo das décadas seguintes. Descrevíamos cenários alternativos e o que poderíamos fazer para aumentar a probabilidade de que aqueles cenários que estavam de acordo com nossos interesses e valores emergissem. Mas não demorou para que os temas do dia-a-dia viessem a predominar, com disputas por um ou outro projeto de lei ou iniciativa. Mesmo com uma visão mais claramente articulada, é improvável que tivéssemos evitado todos os equívocos. A política é importante — e o auto-interesse estava em jogo. Mas acredito realmente que sem tal visão é muito mais provável que aconteçam equívocos, grandes equívocos. Os conservadores tinham uma visão, uma concepção supersimplificada de individualismo rudimentar, de governo empenhado em tomar o dinheiro suado dos indivíduos, um otimismo do tipo propagado por Horatio Alger, que dava a todos os americanos pobres a esperança de que bastaria trabalhar duro e que o governo não lhes tomasse o que era seu de direito para que também desfrutassem uma vida de riqueza, direito natural de todo americano. Essa visão talvez fosse baseada em mitos e não na realidade; mas era poderosa. O desafio hoje é formular uma visão alternativa, baseada não em mitos, mas nas realidades da economia atual e na assimilação das lições que aprendemos dos anos 90.

12. Rumo a um novo idealismo democrático: visão e valores

George H. W. Bush era muito franco quanto a não se envolver em uma "postura visionária". Ao contrário, Bill Clinton era impressionante na articulação de um sentido para onde os EUA deveriam ir. Ele queria remodelar o país e a ocasião do novo milênio fornecia uma ampla oportunidade retórica. A mensagem econômica subjacente a essa visão era simples. Estávamos tateando em busca de uma terceira via, uma via entre o socialismo e seu governo excessivamente intruso e os governos minimalistas de direita dos seguidores de Reagan-Thatcher. É óbvio que não há uma única terceira via, mas uma multiplicidade de terceiras vias. Nós procurávamos uma terceira via que fosse a melhor para os Estados Unidos.[1]

Como vimos, essa busca estava distorcida: não atingimos o equilíbrio que procurávamos. Levamos longe demais a desregulamentação e a redução do déficit, sem defender tão vigorosamente quanto deveríamos as importantes funções que o governo pode, e deveria, desempenhar.

Acredito que se tivéssemos mais clareza sobre nossos objetivos — e sobre qual a melhor maneira de alcançá-los na economia de hoje — talvez tivéssemos evitado alguns dos excessos dos anos 90 e conseguido administrar os problemas que se seguiram. Uma visão mais clara também deveria nos dar uma orientação para avançar: como, por exemplo, deveríamos enfrentar os problemas colocados pelos recentes escândalos empresariais.

Na discussão que se segue, tento descrever de modo mais completo uma visão para os EUA. Eu a chamo de Idealismo Democrático, para deixar claro que é uma visão, um ideal, na qual deveríamos nos empenhar. Mas ela não é utópica. Ela reflete o egoísmo dos indivíduos e as imperfeições de nossas instituições, inclusive de nossas instituições públicas. Tive a tentação de chamá-la de Nova Democracia, mas o termo já existia — e, como sugiro neste livro, os Novos Democratas talvez tenham se afastado demais do idealismo que deveria constituir uma visão. No mínimo, a visão deles ficou embaçada em alguns momentos. Espero que esta discussão os ajude a ver com mais clareza um possível objetivo de sua luta.

Trata-se de uma visão situada em algum lugar entre aqueles que querem um papel dominante para o governo na economia e aqueles que defendem um papel minimalista; mas que também está entre os críticos que consideram o capitalismo um sistema podre até o âmago e aqueles que vêem a economia de mercado como imaculada, uma invenção milagrosa do homem que traz prosperidade sem precedentes para todos. Considero o mercado um instrumento poderoso para fazer o bem, mas que não somente não tem exercido seu potencial, como, no processo, tem deixado alguns para trás e outros em situação pior.

Essa visão implica um papel equilibrado para o governo, uma tentativa de alcançar justiça social em *todos os níveis* — tanto global como local —, ao mesmo tempo em que promove um senso de responsabilidade individual e nacional. Ela vislumbra o fortalecimento das oportunidades individuais, ao mesmo tempo que realça a ação coletiva democrática. É uma visão e uma agenda que levam em consideração os vínculos entre os processos econômicos e políticos, e entre estes e o tipo de sociedade — e os tipos de indivíduos — que criamos.

A QUE NOS OPÚNHAMOS

É sempre mais fácil definir aquilo a que alguém se opõe do que aquilo a que se é a favor, e os anos de Ronald Reagan e George H. W. Bush nos deram ampla oportunidade para ver a que nos opúnhamos.

O mantra conservador sustenta que quanto menor o governo e quanto menores os impostos, melhor: o dinheiro gasto pelo governo é, em geral, desperdiçado, enquanto o dinheiro gasto pelo setor privado é bem gasto. Os eventos dos anos 90 deveriam ter sepultado tais afirmações: o setor privado desperdiçou dinheiro num ritmo e de uma maneira que superou até mesmo os sonhos da maioria das autoridades governamentais; os CEOs administraram seus impérios sem controle, rivalizando com o menos democrático dos governos.

Em contraste, o Idealismo Democrático sustenta que há áreas legítimas para a atividade governamental — da educação à promoção tecnológica e à proteção social para idosos e excluídos. Há um papel tanto para os gastos como para regulamentações governamentais. Sem o governo, os mercados às vezes produzem alguns bens de mais — como poluição — e outros de menos — como pesquisa. No coração de toda economia bem-sucedida está o mercado, mas economias de mercados bem-sucedidas exigem um equilíbrio entre governo e mercado. O equilíbrio específico pode diferir de país para país e ao longo do tempo; ele diferirá de setor para setor, e de problema para problema. Atingir esse equilíbrio exige que se pergunte o que cada um deve fazer, e como deve fazer.

Para dar um exemplo: ao longo dos últimos trinta anos tem havido uma preocupação crescente com o meio ambiente. Os mercados, por si sós, levarão à poluição excessiva do ar e da água, resíduos tóxicos serão produzidos em demasia e não haverá cuidado suficiente na remoção deles. A intervenção governamental é necessária para garantir que esses interesses públicos sejam atendidos. Hoje, graças aos programas governamentais, nosso ar é mais limpo e nossos lagos são mais puros do que seriam na ausência deles; em alguns casos, o meio ambiente está melhor do que esteve por muito tempo. Todos os cidadãos se beneficiaram.

Subjacente às visões a favor de um governo minimalista estava uma ideologia simplista, à qual me referi anteriormente como "fundamentalismo de mercado", que dizia que, em geral, os mercados são por si sós estáveis e eficientes. Eu chamo isso de ideologia porque é uma questão de fé: não se baseia em nenhuma teoria econômica aceitável e é refutado por um conjunto de experiências (seria verdade, por exemplo, se houvesse informação perfeita, competição perfeita, mercados completos etc. — condições que simplesmente não são verdadeiras nem mesmo nos países mais avançados). O fato é que os mercados freqüentemente não funcionam bem; que resultam amiúde em desemprego; que, por si sós, não fornecem seguro contra muitos dos riscos importantes com que os indivíduos se defrontam, inclusive o risco de desemprego;[2] e que boa parte do crescimento dos últimos anos se baseou em pesquisas financiadas pelo governo. O crescimento do governo veio, em grande parte, como resposta às falhas dos mercados. Os conservadores tentam argumentar que o governo é com mais freqüência parte do problema do que da solução. Mas isso está simplesmente errado: a verdade é que antes da intervenção governamental para regular toda a macroeconomia — os esforços sistemáticos, sob influência das idéias de Keynes, se iniciaram depois da Segunda Guerra Mundial — as flutuações econômicas eram muito piores do que são hoje. As retrações econômicas eram mais demoradas e os *booms* mais curtos.[3]

Mesmo o argumento de que o governo é necessariamente ineficiente baseia-se mais em ideologia do que em ciência. O falecido Herbert Simon da Universidade Carnegie Mellon, que recebeu seu prêmio Nobel por importantes contribuições para a compreensão de como as organizações se comportam, recentemente colocou o problema da seguinte maneira:

> A maioria dos produtores são empregados, e não proprietários de empresas. [...] Visto sob a ótica da teoria (econômica) clássica, eles não têm nenhuma razão para maximizar os lucros das empresas, exceto na medida em que possam ser controlados pelos proprietários. [. . .] Ademais, não há diferença, neste aspecto, entre empresas que visam lucros, organizações sem fins lucrativos e organizações burocráticas. Todas têm exatamente o mesmo problema de induzir seus empregados a trabalhar para os objetivos organizacionais. Não há razão, *a priori*, por que deveria ser mais fácil (ou mais difícil) produzir essa motivação em organizações que visam maximizar lucros do que em organizações com objetivos diferentes. *Numa economia organizacional, a conclusão de que as organizações motivadas pelos lucros serão mais eficientes do que outras organizações não pode ser derivada das hipóteses neoclássicas. Se isso é empiricamente verdade, outros axiomas terão de ser introduzidos para explicá-lo.*[4] (ênfase minha)

Mas a agenda econômica conservadora de Reagan-Bush continha mais do que somente reduzir o governo. Até mesmo Reagan e Bush compreendiam que havia algumas coisas para as quais se necessitava do governo. Eles pressionaram, por exemplo, por um aumento nos gastos com defesa, e os conservadores tinham uma visão particular sobre qual a melhor forma de arrecadar os impostos necessários. A economia *supply-side* de Reagan sustentava que qualquer imposto sobre os ricos enfraqueceria tanto os incentivos que eles trabalhariam menos e poupariam menos, o que faria com que os pobres ficassem de fato numa situação pior. Esse tipo de raciocínio forneceu a base para o corte tributário de 1981. Ficou provado que Arthur Laffer, o presidente Reagan e outros que argumentavam que a receita tributária aumentaria estavam equivocados — desastrosamente equivocados para a saúde fiscal do país.[5] A poupança e a oferta de trabalho não aumentaram como eles haviam previsto. (Pelas mesmas razões, também ficou provado que estavam errados os que previam conseqüências terríveis do aumento na alíquota tributária sobre os ricos feito por Clinton em 1993.)[6]

Há uma suspeita de que nem mesmo Reagan fosse tão tolo para acreditar que o corte de impostos aumentaria a receita tributária; havia uma agenda de prazo mais longo para reduzir o papel do governo e, em especial, os gastos sociais. Déficits iminentes forçariam esses cortes. Se era isso o que Reagan queria, ele venceu; ainda melhor, desse ponto de vista, foi que Clinton foi forçado a fazer o trabalho difícil e sujo de imaginar como fazer esses cortes. Foram somente o enorme crescimento da economia e o dividendo da paz com o fim da Guerra Fria que tornaram toleráveis os cortes em gastos não destinados à defesa.

O projeto de Reagan de cortar impostos dos ricos baseava-se, em parte, num modelo mal concebido da economia. Na visão de Reagan, os cortes nos impostos sobre os ricos não somente seriam compensados em termos de crescimento econômico — o que não aconteceu — como também beneficiariam os pobres. Trata-se de uma idéia antiga na economia, que já fora amplamente desacreditada. Chamava-se "*trickle-down economics*" ["economia do transbordamento"]. De acordo com essa teoria, a melhor maneira de ajudar os pobres é dar dinheiro aos ricos; os benefícios acabam por "transbordar para os pobres". Na verdade, quem estava na base da pirâmide viu suas rendas caírem em termos reais durante duas décadas, de 1973 a 1993.[7] A visão de Reagan não tinha nenhum fundamento nem na teoria econômica nem na história. Mesmo aqueles que acreditam na eficiência dos mercados deveriam saber que eles não resolvem todos os problemas. A demanda por trabalho não qualificado pode ser tão baixa, por exemplo, que os salários para esse tipo de trabalho ficam abaixo dos níveis de subsistência. Há um papel para o governo na redução da desigualdade — por exemplo, proporcionar educação e suplementar a renda de trabalhadores de baixos salários.[8]

No entanto, a agenda tributária de Reagan não se baseava apenas num modelo econômico mal concebido. Com freqüência, parecia haver um conjunto diferente de valores daqueles mais tarde abraçados pelo governo Clinton: os seguidores de Reagan talvez não acreditassem realmente que os cortes tributários levariam a um aumento na receita tributária; talvez não acreditassem de fato na *trickle-down economics*; talvez simplesmente não se preocupassem muito com as conseqüências para os pobres.

Mais do que os *princípios* que fundamentaram boa parte do que Reagan havia defendido, foram as *práticas* que despertaram a nossa ira. Falar é fácil; hoje em dia, todo mundo diz da boca para fora que tem "compaixão". São as ações que contam. Certas ações, por exemplo, tornam-se emblemáticas: num dado momento, durante o governo Reagan, as duas exigências de vegetal para os almoços escolares nutritivos passaram a ser satisfeitas com mostarda e ketchup. Do mesmo modo, no início do governo de George W. Bush, o nível permitido de arsênico na água subiu aos céus. Essas ações são representativas de um conjunto de outras decisões, cada uma das quais poderia ser vista isoladamente como sem importância — decisões sobre ação afirmativa, gastos no projeto *Head Start* (o programa pré-escolar para crianças carentes), padrões para recusar pagamentos a deficientes físicos e políticas em relação ao seguro-desemprego —, mas que quando agregadas evidenciavam um padrão claro, um reflexo das diferenças nos valores e juízos, um padrão que exibia frugalidade para os pobres e generosidade para os abastados, e que muitas vezes dava a falsa idéia de um comprometimento verdadeiro com os princípios do livre mercado.

Como era possível reconciliar subsídios maciços às companhias de aviação e à agricultura e os enormes socorros para os bancos com os princípios do livre mercado que eles *pareciam* defender? Com o crescimento da previdência corporativa, do protecionismo (segundo uma estimativa, na metade do governo Reagan um quarto de todas as importações estava protegido por alguma restrição comercial) e das preferências tributárias, a retórica do livre mercado parecia simplesmente uma fachada para a agenda política que incluía ajuda para companhias petrolíferas, menores impostos para os ricos e menores benefícios para os pobres. Esse duplo padrão foi compreendido por muitos conservadores "de verdade".

OS DESAFIOS COM QUE SE DEFRONTAM AS DEMOCRACIAS LIBERAIS

Quando assumiu a Presidência, Clinton se defrontou com múltiplos desafios. Os conservadores haviam sido extremamente bem-sucedidos em promover sua ideologia e em retratar os democratas como "liberais" — defensores do governo grande e de impostos elevados. Isso era injusto. Mesmo antes da queda do Muro de Berlim e da derrocada do comunismo, os democratas haviam reconhecido que o arcabouço regulador do *New Deal* não estava funcionando e com as mudanças contínuas na economia parecia cada vez mais ultrapassado. Nosso primeiro desafio era, portanto, explicar o que havia de errado na ideologia conservadora e apresentar uma visão alternativa. Mas em vez de atacar as premissas e a ideologia, nós aceitamos os termos do debate da maneira como eles haviam sido concebidos. Procuramos mostrar que eles estavam errados desregulando com tanto entusiasmo como qualquer conservador, cortando gastos com mais impiedade do que eles jamais haviam feito.

Os conservadores haviam tido um outro importante sucesso político: com um notável truque de prestidigitação, eles conseguiram convencer grande parte da classe média de que são todos, ou estão prestes a ser, classe alta, de modo que qualquer imposto, mesmo sobre os mais abastados, fosse visto com desconfiança. Havia apoio generalizado à revogação do imposto sobre a herança, ainda que muito poucos realmente o paguem, e ainda menos o pagariam com um pequeno ajuste no limiar (o nível de herança abaixo do qual nenhum imposto é cobrado). A democracia significa que é o desejo do "eleitor mediano" — a classe média — que predominará; e assim a política refletirá seus valores e percepções. A política tradicional dos democratas se concentrava nos "oprimidos", ou seja, na ajuda aos pobres. Essas percepções tornaram cada vez mais difícil para os democratas seguir sua agenda "redistributiva". Mas mesmo que os conservadores não tivessem conseguido convencer a maioria da classe média de que estava, ou poderia estar, entre os 2% mais ricos da distribuição de renda, as mudanças na economia teriam exigido uma mudança na agenda redistributiva. A parcela crescente de renda auferida pela classe média significa que ela, de uma maneira ou de outra, tem de contribuir para enfrentar os problemas dos pobres: em muitos países, mesmo que toda a renda fosse retirada dos muito ricos e dada aos muito pobres, o problema da pobreza não seria solucionado.

Ao tornar a tarefa de formular uma agenda redistributiva o mais difícil possível, os conservadores — inclusive alguns membros do governo Clinton, especialmente do Tesouro — tentaram caracterizar a política redistributiva em "termos de classe". A batalha contra a previdência corporativa era vista como uma batalha contra os ricos, que se fosse travada por Clinton custaria ao governo seu rótulo de defensor do mercado. A ironia era que quem assumia essa posição estava utilizando também a análise de classe, tentando sugerir que quem pressionava por políticas redistributivas estava fomentando o conflito de classes. É uma trivialidade o fato de que diferentes políticas afetam diferentes grupos de maneira diferente, e há muito tempo é um princípio do bom e aberto governo que esses efeitos sejam identificados; trata-se de uma das poucas maneiras mediante as quais é possível deter aqueles que tentam subverter a política pública em benefício de seus interesses privados.

Nós fizemos menos para resolver os problemas de desigualdade que infestavam nossa sociedade do que poderíamos ter feito — e com algumas das políticas discutidas neste livro, como o corte nos impostos sobre ganhos de capital, tornamos as coisas piores (a menos que se subscreva a teoria do *trickle-down*). Reconhecemos que uma das causas da pobreza era a falta de educação e também reconhecemos que em muitas partes do país as escolas eram deficientes. As escolas dos guetos urbanos, com classes enormes e incontroláveis, tornam o aprendizado difícil até mesmo para crianças bastante motivadas. Quando o Conselho de Consultores Econômicos propôs um programa de créditos rotativos que teria permitido que pequenos gastos federais se multiplicassem em grandes melhoras, como mencionei no capítulo 2, o Tesouro se opôs à iniciativa, preocupando-se com o impacto sobre o déficit e se o dinheiro seria bem gasto. Mas as mesmas preocupações poderiam ser levantadas contra quase todos os programas governamentais. Do mesmo modo, sabíamos que nos anos seguintes aumentaria a necessidade de os americanos terem mais de doze anos de escolaridade. Isso nos levou a pressionar por cortes e créditos tributários sobre as taxas de matrícula escolar, mas este era um programa que beneficiava a classe média — embora a maior parte das crianças de classe média que fossem capazes e que quisessem conseguisse ingressar na faculdade; eram os filhos de pobres, cujos pais estavam tão mal de finanças que pagavam pouco ou nenhum imposto de renda, que realmente precisavam de ajuda.

Um segundo desafio, então, que nós enfrentamos apenas parcialmente, foi formular uma agenda de "justiça social", de como tratar os excluídos de nossa sociedade, que fosse bem recebida pelo eleitor médio. Em grande medida, a resposta foi não enfatizar essas questões e buscar programas que ajudassem todos os americanos, e ao ajudar todos os americanos ajudasse também os pobres. A Seguridade Social não era um programa para os pobres mas para todos os americanos. Todos se beneficiavam de programas tecnológicos — como aquele que criou a internet — e com programas de saúde que fornecem tratamentos contra o câncer e doenças cardíacas, ou que tornam mais fácil para os indivíduos comprar casas por meio do Fannie Mae. Com efeito, muitos democratas têm adotado a posição de que um programa com exame de carência dos indivíduos — um programa que vise apenas aos pobres — seria um programa modesto, isto é, propiciaria benefícios inadequados.

Os programas que acabei de descrever enfrentam *simultaneamente* falhas de mercado e questões de redistribuição. As companhias privadas de seguro, por exemplo, não garantem anuidades que ofereçam o mesmo nível de proteção aos idosos, porque não proporcionam seguro contra a inflação.

Mas ao comprometermos a parte redistributiva da agenda, surgiu um terceiro desafio. Se nós — democratas e republicanos — estamos todos do lado da classe média, se estamos todos a favor da economia de mercado, sem regulamentação, então o que é que separa a esquerda da direita, os democratas dos republicanos? O que os democratas defendem? Seria este o fim da política, pelo menos como nós a conhecemos, pelo menos na medida em que envolve a economia?

AS AGENDAS DE EFICIÊNCIA E CRESCIMENTO

Pode-se pensar nos dois partidos como duas equipes de administração, cada uma reivindicando que sabe como gerir melhor a economia. Os democratas gostariam de convencer os eleitores de que poderiam fazer um trabalho melhor na promoção do crescimento, na redução do déficit, na diminuição do tamanho do governo e na desregulamentação. Os democratas poderiam tentar descrever a si próprios como a equipe administrativa "honesta", não comprometida com os interesses especiais que exerceram tanta influência sobre os republicanos. O contraste no desempenho econômico fornecia alguma sustentação para essas afirmações, e isso poderia ter sido uma visão, mas havia dois problemas. Primeiro, como fizemos pouco a respeito da previdência corporativa, permitindo que interesses especiais prevalecessem em uma ou outra área, essa visão ficou embaçada. Poderíamos tentar persuadir os eleitores de que estávamos *menos* comprometidos (o que acho que era verdade), mas, com muita freqüência, os eleitores ficam desacorçoados em fazer distinções tão sutis.

O segundo e mais fundamental problema é que aquela não é uma visão inspiradora. Eu e a maioria daqueles que trabalharam no governo Clinton chegamos com uma visão mais ambiciosa. Como economista, minha preocupação principal era redefinir o papel do governo e da ação coletiva na economia. A teoria econômica moderna havia identificado a miríade de situações em que os mercados falhavam e a intervenção do governo poderia fazer uma diferença positiva, e, como americanos, assumíamos quase como certos muitos desses exemplos. Os americanos apoiavam a idéia de que o governo era necessário para proteger o meio ambiente e fornecer educação. Em geral, eram a favor da Seguridade Social e do *Medicare* e apoiavam a pesquisa básica governamental. Como economista, eu recebia com satisfação a oportunidade de ver como essas idéias poderiam ser postas em prática. Eu acreditava que, de fato, políticas baseadas não na ideologia do livre mercado, mas na compreensão das limitações dos mercados e do governo, produziriam, com muita probabilidade, prosperidade econômica sustentada. O crescimento seria maior e o desemprego, menor. Eu acreditava que a trajetória equilibrada, que reconhece tanto os poderes como as limitações de mercados e governo, era não apenas consistente com o ensinamento da teoria econômica moderna, mas também com as lições da história econômica, e não somente nos Estados Unidos, mas em outros lugares. E tendo observado o que aconteceu nos anos 90 e seus desdobramentos, acredito nisso ainda mais fortemente: trata-se de uma das principais lições que emergem desse episódio.

Os mercados são *meios* para obter certos fins — mais notadamente, padrões de vida mais elevados. Não são fins em si próprios.[9] E ainda mais do que isso, muitas das medidas de políticas específicas que foram defendidas nas últimas décadas pelos conservadores, como a privatização e a liberalização, não deveriam ser consideradas fins em si próprias, mas meios. Embora os objetivos dos mercados sejam estreitos — eles estão interessados no bem-estar material e não em valores mais amplos como justiça social —, os mercados sem freios freqüentemente fracassam em atingir até mesmo esses objetivos limitados. Os anos 90 mostraram que eles não asseguraram a estabilidade, e os anos 70 e 80, que eles não precisam produzir crescimento elevado e que a pobreza pode aumentar mesmo quando a economia cresce. Os primeiros anos do novo milênio mostram que os mercados podem, além de não criar empregos suficientes para acompanhar os novos ingressantes na força de trabalho, nem sequer ser capazes de acompanhar o ritmo da destruição de empregos provocada pela maior produtividade.

Quero enfatizar a importância de se manter a economia tão próxima quanto possível do pleno emprego; o desemprego representa a falha mais dramática dos mercados, um desperdício de nosso recurso mais valioso. É uma responsabilidade fundamental do governo manter o pleno emprego. O problema não é que não saibamos como fazer melhor, mas sim que não estamos completamente comprometidos com a busca pelo pleno emprego. Como observei no capítulo 3, William Jennings Bryan, na eleição de 1896, defendeu uma mudança do padrão-ouro para um padrão bimetálico (ouro e prata) como meio de reverter a deflação que prejudicava a economia e, em especial, os produtores rurais. Os defensores do padrão-ouro preocupavam-se com a possibilidade de uma inflação desenfreada se o abandonássemos. Nada parecido aconteceu. Mas hoje, em muitos países, a busca do pleno emprego é sacrificada na cruz dos temores inflacionários. Para os dirigentes de bancos centrais na luta contra a inflação, o número de desempregados é apenas estatística, uma contagem de corpos — um estrago colateral não intencional, mas inevitável. Tratá-los como estatísticas frias desumaniza a batalha: não é preciso pensar neles como pessoas reais, com famílias e crianças; pode-se ignorar o sofrimento — e o sofrimento vai muito além da perda de renda; quem fica sem emprego perde o sentimento de autoconfiança, fica mais propenso a se divorciar e seus filhos ficam mais sujeitos a ter a educação interrompida.

Deveríamos aprender tanto com os sucessos como com os fracassos dos anos 90; um dos sucessos é que o desemprego caiu e a produtividade e o crescimento aumentaram. Esses sucessos estavam intimamente relacionados, pois ao manter a taxa de desemprego baixa, tornamos possível que as pessoas assumissem riscos, e o risco é a base do espírito empreendedor que estava no âmago do verdadeiro sucesso da década. Os jovens não precisavam se preocupar se a companhia para a qual trabalhavam fracassasse, pois sabiam que poderiam obter outro emprego. À medida que a taxa de desemprego cresce, o espírito de risco desaparece e, no longo prazo, a economia sofre. Inversamente, durante os anos 90, enquanto mais e mais trabalhadores eram incorporados à força de trabalho, suas qualificações aumentavam: um ciclo virtuoso foi acionado.

Para mim, portanto, atingir o equilíbrio correto entre governo e mercado é a melhor maneira de atingir o crescimento sustentado e a eficiência de longo prazo. O equilíbrio correto significaria fortalecer o papel do governo em algumas áreas e enfraquecê-lo em outras. Significaria eliminar, ou no mínimo reestruturar, os subsídios agrícolas, olhar com muito mais desconfiança para os socorros do governo às grandes empresas (como as companhias aéreas) e para as intervenções de mercado que restringem a concorrência (como fizemos com o alumínio). Mas significaria também assumir um papel mais ativo na proteção dos consumidores (contra produtos precários e práticas monopolistas) e investidores (contra os tipos de mau comportamento que descrevemos nos capítulos anteriores). Significaria apoiar a pesquisa e a educação e trabalhar para proteger melhor o meio ambiente. Significaria reconhecer que há muitas falhas do mercado — os indivíduos, por exemplo, defrontam-se com riscos enormes contra os quais não conseguem obter seguro — e que o governo precisa pensar muito em como lidar com as conseqüências. Há muita coisa que pode ser feita para melhorar o sentimento de segurança dos americanos, seja na área de saúde ou de renda para os idosos, ou de desemprego. Precisamos, por exemplo, de um melhor sistema de seguro-desemprego, como reconhecemos toda vez que entramos em uma recessão e os números de desempregados de longo prazo disparam.

Mas eu e a maioria dos meus colegas do governo Clinton estávamos preocupados em fazer mais do que apenas aumentar a taxa de crescimento da economia e melhorar a eficiência — embora acreditássemos que as políticas que promovíamos fariam isso. A intensidade dos conflitos entre conservadores e liberais, democratas e republicanos não pode ser explicada simplesmente em termos de eficiência econômica. É a desigualdade e a pobreza, a política e o poder, os valores e a própria natureza da sociedade e para onde ela vai que fornecem a força emocional para o debate. Isso explica por que, por exemplo, as reformas tributárias provocam tanta intensidade emocional: o corte nos impostos sobre os ganhos de capital deu a poucas pessoas muito mais dinheiro para gastar, o corte nos impostos sobre dividendos daria ainda mais dinheiro para aqueles mais próximos do topo. Como sugeri anteriormente, a política tributária pode ser vista como uma declaração concreta de nossos valores. Ao contrário, as modificações tributárias feitas por Clinton em 1993 concentraram-se naqueles que eram mais capazes de pagar, aqueles cujas rendas haviam aumentado ainda mais durante os 25 anos anteriores, os 2% mais ricos. E havíamos proposto um imposto para desencorajar gases causadores do efeito estufa, para melhorar o meio ambiente.

OS VALORES DO IDEALISMO DEMOCRÁTICO

Embora seja mais provável que as políticas baseadas em uma perspectiva equilibrada do papel dos mercados e do governo — e não em ideologia — promovam o crescimento e a eficiência, há uma visão mais ampla que eu gostaria de tentar articular. Ela se baseia não somente na compreensão de nossa economia, mas de nossa sociedade, e vai além dos valores materialistas que preponderam na agenda de crescimento e eficiência. Há três pedras angulares: justiça social — concepções sobre igualdade e pobreza; valores políticos, em particular, democracia e liberdade; e concepções sobre o relacionamento entre indivíduos e as comunidades em que vivem. Como veremos, todas as três estão intrinsecamente inter-relacionadas.

JUSTIÇA SOCIAL

Este não é local para defender os valores básicos da justiça social.[10] Apenas afirmarei: devemos nos preocupar com a situação difícil dos pobres. É uma obrigação moral, reconhecida por todas as religiões. É um valor americano arraigado: a Declaração de Independência começa com

> Nós consideramos que estas verdades são evidentes por si, que todos os homens são criados de modo igual, que todos são dotados pelo seu criador com certos direitos inalienáveis, que entre estes direitos estão a vida, a liberdade e a busca da felicidade".

A primeira frase captura o compromisso com a igualdade (independentemente da raça, etnia, sexo etc.), e, sem um nível básico de renda, a "busca de felicidade" não tem sentido.

Também acredito que nós todos nos beneficiamos com uma sociedade que seja menos dividida. Os EUA têm um dos maiores contingentes de população encarcerada, e entre os motivos disso estão certamente as enormes desigualdades em sua sociedade. Parece ultrajante que no país mais rico do mundo grande parte dos pobres ainda não tenha acesso adequado ao seguro-saúde e que as taxas de mortalidade infantil em alguns lugares dos EUA possam ser mais elevadas do que em alguns países menos desenvolvidos. O Leste Asiático tem mostrado que, entre os países em desenvolvimento, os que conseguem limitar a desigualdade crescem mais rápido — em parte porque fizeram melhor uso de seus recursos humanos, em parte porque a maior igualdade está associada à maior estabilidade social e política.

Embora os princípios de justiça social existam há muito tempo, os focos de preocupação e os instrumentos por meio dos quais a justiça social deve ser implementada se alteraram. Na discussão seguinte, toco apenas em algumas dessas questões fundamentais. Há outras, como a ação afirmativa, que não são de menor importância.

Igualdade de oportunidade

Cada vez mais, a atenção tem se concentrado, acho que corretamente, na *igualdade de oportunidade*, em particular, oportunidade para as crianças. Do ponto de vista político, isso tem enorme sentido, nos EUA especialmente, que se imaginam como a terra da oportunidade. Deveríamos estar todos de acordo em que as perspectivas da criança não devem depender de quão ricos seus pais sejam. O foco na oportunidade também fornece uma maneira de evitar alguns dos problemas de *trade-offs* nos quais os economistas concentram com tanta freqüência a atenção. Para as políticas redistributivas antiquadas, se os pobres ganhassem, ou pelo menos ganhassem significativamente, teria de ser, em parte, à custa da classe média. A esquerda acreditava que poderia continuar a apelar para os valores morais mais elevados da classe média, mas a direita venceu: ela não apenas apelou para um egoísmo mais mesquinho, como apresentou o argumento adicional de que mesmo que você quisesse ajudar os pobres, dar dinheiro para o governo não era a melhor maneira de fazê-lo, pois o governo inevitavelmente desperdiçava a maior parte dos recursos. A direita enfatizava a caridade privada, uma idéia que soou bem em um ou dois discursos de Bush I, mas que depois chapinhou.

Maior igualdade de oportunidade significa que o país estaria usando melhor seus recursos humanos básicos, ao assegurar que todos atuem conforme seu potencial. Haveria maior eficiência e eqüidade. Quem se oporia a isso? Ainda precisamos explorar todas as ramificações da igualdade de oportunidade. Reconhecemos que para que crianças excluídas tenham igual oportunidade na escola, deve-se fornecer a elas educação pré-escolar, mas o projeto *Head Start*, que deveria cumprir esse papel, continua sem recursos suficientes. Reconhecemos que, para que aprendam, as crianças pobres precisam ter uma nutrição adequada, já que danos permanentes podem ser causados pela subnutrição nos primeiros anos de vida. No entanto, os programas destinados a atacar esses problemas também permanecem sem recursos.

Observe-se a diferença entre essa posição — que diz que podemos obter mais igualdade e crescimento mais rápido — e a economia do *trickle-down*, que diz que todos podem se beneficiar da concessão de recursos aos ricos. Ambas são tentativas aparentes de evitar *trade-offs*. Mas as teorias do *trickle-down*, mesmo se funcionassem, não perguntariam: os pobres se beneficiam tanto quanto os ricos? Ou, há outras maneiras de beneficiar mais diretamente os pobres que poderiam até mesmo gerar maiores benefícios para o crescimento econômico?

Emprego

Nenhuma oportunidade é mais importante do que a de trabalhar. Infelizmente, como já apontei, em muitos países do mundo, hoje, muitos estão privados dessa oportunidade; e em quase todos os países do mundo há episódios prolongados de desemprego.

Hoje temos as ferramentas econômicas e, nos países mais desenvolvidos, os recursos necessários para ampliar a oferta de emprego, em particular nas recessões que periodicamente marcam todas as economias de mercado. Os EUA, no período após a Segunda Guerra Mundial, experimentaram expansões mais longas e retrações mais curtas na atividade econômica, e tivemos sorte de ser poupados dos extremos de desemprego que marcaram a Grande Depressão. Mas ainda houve longos períodos nos quais o desemprego foi desnecessariamente elevado. Durante os anos 90, mostramos que a economia poderia operar com desemprego de menos de 4% sem aumentar a inflação. Em partes do país e entre alguns grupos, a taxa de desemprego ficou abaixo de 2%. É provável que os Estados Unidos pudessem fazer ainda melhor — se voltassem sua mente para isso.

Em grande parte da Europa, as estatísticas de emprego são muito mais lúgubres do que nos EUA, e estão assim há muito tempo. Mas a solução exige mais do que apenas mais "flexibilidade no mercado de trabalho" — o que se tornou quase uma senha para dizer salários mais baixos e menor segurança no emprego. Em alguns países, salários mínimos mais baixos poderiam levar a níveis de emprego levemente superiores para a maioria dos trabalhadores não qualificados. E um pouco menos de segurança no emprego poderia traduzir-se em salários levemente mais elevados para trabalhadores mais qualificados, pois os empregadores estariam mais dispostos a pagar pelo direito de rearranjá-los mais facilmente. Porém, uma coisa está clara: nas décadas anteriores, as proteções ao mercado de trabalho eram mais fortes e, mesmo assim, o desemprego era muito menor, e países com algumas das melhores proteções trabalhistas, como a Suécia, possuem mercados de trabalho com desempenho muito melhor. Mais ainda do que os EUA, a Europa precisa reafirmar um compromisso com o pleno emprego, com a oferta de emprego para todos que estejam dispostos a trabalhar, adotando medidas como o desenvolvimento de programas de educação e de treinamento que facilitem a mobilidade de emprego e, o que é mais importante, a adoção de políticas macroeconômicas que sustentem o pleno emprego. Infelizmente, a estrutura econômica da Europa está travando as batalhas da última geração, mais preocupada com a inflação do que com a criação de empregos e o crescimento, com um Banco Central cujo mandato concentra-se na inflação e com um Pacto de Estabilidade que enfraquece a capacidade de o governo se empenhar em políticas fiscais de estímulo. (Obviamente, a Europa está, por conseqüência, livre dos enormes déficits que propiciam apenas os estímulos mínimos que Bush conseguiu aprovar, embora pareça que muitos direitistas europeus gostariam de seguir seu exemplo.) Enquanto Clinton, com uma emenda constitucional de orçamento equilibrado, repeliu a tentativa republicana de pôr um fim à era da economia keynesiana, os europeus quase entusiasticamente concordaram em ter suas mãos atadas. As conseqüências dessa escolha começaram a ser sentidas no novo milênio.

Capacitação

O deslocamento do foco dos resultados para a oportunidade reflete um deslocamento paralelo da atenção da renda para os ativos, capacitando os indivíduos para que possam estruturar sua vida e realizar o máximo de seu potencial.

Há quem sugira que se dê uma dotação a todos os indivíduos no nascimento para ser investida em seu futuro.[11] Além de propiciar um mínimo de seguridade econômica, isso possibilitaria aos indivíduos maior liberdade para fazer escolhas críticas; hoje, muitos jovens americanos deixam a faculdade e a pós-graduação sobrecarregados com um alto grau de endividamento, o que os impede, por exemplo, de escolher a carreira do serviço público.

É evidente que a capacitação é uma questão tanto política quanto econômica, e comentarei brevemente os aspectos políticos mais adiante.

Eqüidade intergeracional e sustentabilidade

Precisamos nos preocupar com a justiça e com a igualdade de tratamento entre os que vivem hoje, mas também ao longo das gerações. Nosso crescimento hoje não deveria se dar à custa do bem-estar das gerações futuras. Essa é uma das razões pelas quais nos preocupamos com a degradação do meio ambiente. Se poluirmos a atmosfera, se mudarmos o clima com o aumento da concentração de gases do efeito estufa, como temos feito nos últimos duzentos anos, então poderemos comprometer o bem-estar de nossos filhos e netos.

Por isso, deveríamos nos preocupar não somente com a justiça social hoje, mas com a *sustentabilidade*, com o bem-estar das gerações futuras, inclusive a preservação do meio ambiente, a conservação de nossos recursos naturais, a manutenção de nossa infra-estrutura e o fortalecimento de nossa cultura.

Há muito existe uma preocupação nos Estados Unidos e em outros lugares com os vínculos entre riqueza e política. Nossas democracias são imperfeitas. Aparentemente, temos um sistema de uma pessoa, um voto. Somente alguns poucos conservadores extremistas acreditam que os indivíduos deveriam ter o direito de vender seus votos. (Afinal, tais vendas, quando empreendidas livremente, melhoram a situação do vendedor e do comprador; caso contrário, não realizariam a transação.) Mas indiretamente, através da mídia, votos são comprados e vendidos. As pessoas precisam ser informadas, convencidas a exercer o trabalhoso ato de votar, e até mesmo ser levadas à cabine eleitoral, e tudo isso custa dinheiro. Por isso as contribuições de campanha são tão importantes. Mas os indivíduos, e mais ainda as empresas que contribuem, esperam algo em retribuição. Eles estão comprando apoio governamental, não da maneira grosseira que os políticos podem ser subornados em alguns países, mas o vínculo entre política e dinheiro é inequívoco. Por isso, uma reforma do financiamento das campanhas é tão importante para quem procura romper o nexo entre dinheiro e política; e a menos que esse vínculo seja rompido, continuaremos a ter políticas que colocam os interesses especiais acima dos interesses gerais, e os interesses empresariais acima dos interesses do cidadão médio.

Hoje, a informação é mais importante do que nunca. Se a internet tem sido, em certa medida, uma força democratizante poderosa, o aumento na concentração da mídia em um país após o outro tem enfraquecido a democracia efetiva. Na Rússia ocorreu o extremo: uma TV controlada pelo Estado foi substituída por uma TV controlada por uma oligarquia, substituída, por sua vez, por uma TV de controle estatal. Contudo, durante os anos 90, as restrições à concentração na mídia foram enfraquecidas. Nos Estados Unidos tínhamos a oportunidade de exigir das estações de TV e de rádio, em troca do uso que faziam das ondas públicas, que dessem amplo apoio às campanhas, de maneira eqüitativa; isso poderia ter sido feito de modo a reduzir significativamente o papel das contribuições de campanha. Mas tais reformas não eram nem do interesse da mídia, que lucrava com os anúncios publicitários, nem das empresas, que lucravam com o poder que vinha das contribuições de campanha. Embora não compremos nem vendamos votos explicitamente, aqueles que queriam que houvesse *mercados políticos*, a compra e venda de políticos, saíram vitoriosos.

Ao longo dos últimos trinta anos houve importantes avanços na direção de uma maior democracia eleitoral.[12] É graças, em parte, aos nossos sucessos que sabemos quão longe devemos ir. Os afro-americanos, que eram impedidos de votar em muitas partes dos Estados Unidos, podem agora votar — mas ainda hoje há lugares nos quais eles encontram obstáculos para exercer esse direito. Deveríamos tornar o registro do eleitor mais fácil — e Clinton tentou —, mas há quem gostaria de torná-lo mais difícil. Contudo, democracia significa mais do que eleições periódicas. Ela inclui a participação significativa na tomada de decisões, um processo deliberativo no qual diferentes visões e vozes são ouvidas e levadas em consideração. O fortalecimento de nossa democracia é um processo em curso. As organizações não governamentais (ONGS) desempenham um papel mais importante do que há meio século, e a internet tem fortalecido a sociedade civil, não somente nos Estados Unidos mas em todo o mundo. A sociedade civil tem conseguido algumas realizações impressionantes — por exemplo, a adoção do Tratado de Minas Terrestres, em 1997, mesmo com a oposição dos Estados Unidos e de seu Departamento de Defesa; e em 2000, o movimento do Jubileu teve êxito em conseguir o alívio da dívida para mais de vinte países, quando o FMI havia obstruído significativamente o alívio de dívida nos três anos precedentes. Uma participação significativa na tomada de decisões exige uma cidadania escolarizada e informada. A lei da Liberdade de Informação (1966), embora imperfeita, concede aos cidadãos americanos comuns informações sobre o que o seu governo está fazendo, o que, sem essa lei, eles não teriam. Mas ainda restam importantes esferas de sigilo, muito mais do que é necessário para os interesses da segurança nacional, conforme argumentou o finado senador Daniel Patrick Moyniahan. Liberdade de expressão e de imprensa são direitos básicos bem reconhecidos; mas esses direitos somente podem desempenhar o papel que deveriam se os indivíduos souberem o que seu governo está fazendo. Há um *direito de saber* fundamental. Infelizmente, nos últimos anos, o sigilo governamental aumentou.

Ao mesmo tempo em que a bolha estourava, ela deixava um legado: uma desigualdade sem precedentes, uma nova e maior coorte de multibilionários. Sociedades em que há muita desigualdade funcionam de modo diferente daquelas em que há mais igualdade — no mínimo porque diferenças no poder econômico se traduzem inevitavelmente em diferenças no poder político. Já vimos algumas das manifestações disso, com o corte tributário de 2001 e, em particular, com a revogação do imposto sobre a herança, que foi parte desse corte tributário. Os argumentos de interesse público que foram apresentados para a revogação, após um exame mais minucioso, fazem pouco sentido; é evidente que o corte tributário era apenas uma tentativa dos ricos de manter em suas mãos mais riqueza. Por exemplo, argumentou-se que o imposto sobre herança era particularmente injusto com os proprietários de pequenos negócios, que eram forçados a vender suas empresas. Mas esse problema poderia ter sido tratado com facilidade: aumentar a dedução para os casais do nível atual de US$ 1,2 milhão para, digamos, US$ 10 milhões, teria isentado todos, exceto os americanos muito ricos — e praticamente todos os pequenos negócios. O argumento de que o imposto sobre herança destruía os incentivos servia aos interesses de quem o sustentava. Quantos bilionários pontocom diriam: "Não criarei minha companhia se o governo tomar, digamos, 40% da minha riqueza que exceder US$ 10 milhões"? Os ganhos — e perdas — estavam além do que poderiam ter imaginado; o que os impulsionava era a excitação da criação. Com sua ganância, as forças conservadoras ricas pressionaram pela revogação completa e conseguiram-na. Porém, mais do que isso estava em disputa, como até mesmo muitos americanos ricos reconheceram. A natureza de nossa sociedade seria afetada se houvesse uma nova classe de super-ricos, que herdasse a riqueza de seus pais e avós. Os dados já mostravam que o sonho americano de saltar da pobreza para a riqueza era, em grande parte, um mito. A mobilidade econômica era extremamente limitada. A abolição do imposto sobre imóveis poderia solidificar essas mudanças, criando uma nova sociedade "de classe", baseada não na antiga nobreza, como na Europa, mas na prosperidade dos exuberantes anos 90. O imposto sobre herança fora, de fato, uma força positiva na conformação da sociedade americana, estimulando a criação de fundações e de universidades privadas, que têm desempenhado um papel importante na vida cívica e no sucesso do país.

A abolição ocorreu no momento em que ficava claro que grande parte da riqueza que havia sido aparentemente criada nos exuberantes anos 90 não passava de um fantasma, que grande parte da riqueza era propriedade "roubada", adquirida mediante contabilidade enganosa e esquemas tributários desonestos, numa economia em que a governança empresarial havia falhado, e falhado muito. Mas para os poucos felizardos que haviam embolsado, lá estava a base para fundar um novo conjunto de dinastias. Os barões das ferrovias do século XIX, que utilizaram influência política para obter suas riquezas, pelo menos deixaram um legado de ferrovias, de capital físico, que integrou o país e estimulou seu crescimento. Qual foi o legado de tantos milionários e bilionários ponto-com, dos executivos da Enron, Global Crossing, WorldCom e Adelphi, senão as histórias de horror que entreterão as gerações futuras?

O INDIVÍDUO E A SOCIEDADE

As disputas acerca dos impostos, dos programas governamentais e, às vezes, até mesmo da redistribuição, eram, em certa medida, escaramuças. A verdadeira batalha é mais profunda: é sobre a natureza da sociedade e a relação entre o indivíduo e a sociedade.

A filosofia ocidental põe o indivíduo no centro: a sociedade é criada para ajudar os indivíduos a alcançar suas satisfações. Outras sociedades não ocidentais dão maior primazia à comunidade. Mas hoje, mesmo com o individualismo ocidental, reconhecemos nossa interdependência; é difícil imaginar viver como um eremita, sem os bens que recebemos, de alguma maneira, dos outros. Vivemos em comunidade, e o modo como essas comunidades funcionam tem um grande impacto sobre o bem-estar de cada um de nós. Hoje, o "ideal" conservador se baseia numa espécie de individualismo rústico, no qual o sucesso de cada indivíduo é o resultado de seus próprios esforços, e somente deles. A realidade, porém, é muito diferente. O governo, tanto no que faz quanto no que não faz, tem desempenhado um papel-chave em muitos desses sucessos. Por exemplo, onde estariam as fortunas tecnológicas recentes, como as da Nova Economia da internet, se o governo não tivesse financiado a pesquisa que está na base da internet? É claro que muitos compreendem isso intuitivamente: as companhias farmacêuticas estimulam o governo a apoiar a pesquisa básica de muitas de suas patentes e que também está nas bases de seus lucros.

No mínimo, sem alguma *ação coletiva*, nós estaríamos expostos a que outros tomem nossa propriedade.[13] Manter a lei e a ordem é a primeira atribuição de qualquer governo. Mas a sociedade moderna exige muito mais do que isso. Nós compramos e vendemos bens e serviços uns dos outros, e o governo desempenha um papel central na regulamentação dessas trocas, um papel que vai bem além do que apenas garantir o cumprimento dos contratos.[14] A economia moderna ajudou a delinear as arenas nas quais a ação coletiva pode ser desejável, como, por exemplo, na miríade de circunstâncias nas quais os mercados deixam de funcionar bem — como quando não produzem empregos suficientes. E como apontamos anteriormente, mesmo quando os mercados são eficientes alguns indivíduos podem ter uma renda insuficiente para viver.

É evidente que o governo nem sempre resolve os problemas com os quais começa a lidar. Há falhas governamentais assim com há falhas de mercado. Ao longo do tempo, as empresas têm aprendido a ser mais eficientes; pelo menos em algumas áreas, tem havido melhoras notáveis na eficiência do governo, embora obviamente haja um espaço enorme para melhoras adicionais. Deveria ser um de nossos objetivos continuar a melhorar a eficiência e a efetividade do governo, pois se não fizermos isso haverá menos confiança no governo e menos espaço para enfrentar aquelas necessidades que somente podem ser tratadas por meio da ação coletiva.

Direitos como restrições e objetivos

Uma das mais importantes áreas nas quais a ação coletiva é necessária é a preservação de nossa liberdade e de nossos direitos básicos. As palavras de Franklin Roosevelt ainda ressoam: precisamos trabalhar não somente por nossas liberdades básicas, liberdade de religião, de expressão e de imprensa, mas também para nos libertar do medo e da carência. A extensão dos tradicionais direitos civis para incluir direitos econômicos foi incorporada à Declaração Universal dos Direitos Humanos, adotada pelas Nações Unidas em 10 de dezembro de 1948. Fora dos Estados Unidos esses direitos são cada vez mais reconhecidos: de que vale a liberdade de expressão para um homem que está tão faminto que mal consegue falar, ou a liberdade de imprensa para uma mulher que não teve acesso à educação e não sabe ler?[15]

Nos EUA, costumamos pensar em direitos como restrições ao governo: o governo não pode se intrometer em quaisquer dos direitos básicos do indivíduo. Mas quando a lista de direitos básicos se expande — do direito à privacidade, o direito de saber o que o governo está fazendo, o direito de escolha, para o direito a um trabalho decente, ou o direito a uma assistência médica básica — o governo também é necessário para que os indivíduos tenham acesso a esses direitos.

Para além dos mercados e do governo

Nas últimas décadas, o debate sobre o papel do governo se ampliou e enriqueceu. Há uma necessidade evidente de ação coletiva, mas o governo não é o único meio pelo qual agimos coletivamente. O que distingue o governo, em oposição a outras bases de ação coletiva, é seu poder de coerção. Todos os indivíduos em uma comunidade *têm* de pertencer ao lugar, têm de pagar impostos e estão proibidos de fazer certas coisas, como usar drogas ou cometer assassinato. Outras formas de ação coletiva são *voluntárias*. Seria bom se pudéssemos confiar totalmente em ações voluntárias, mas a teoria econômica propicia *insights* de por que não podemos. Há uma necessidade de fornecer bens públicos, bens dos quais nós todos nos beneficiamos, mas os indivíduos têm o incentivo para pegar carona nas contribuições dos outros. Em vez disso, eles devem ser forçados a pagar sua parcela justa. Os indivíduos podem causar mal aos outros, por exemplo, poluindo a atmosfera, e devem ser impedidos de fazê-lo. Às vezes, as pressões sociais funcionam; mas sociedades grandes e anônimas costumam fracassar nisso, pelo menos quando muito dinheiro está em jogo.

O governo é necessário, mas ele e os processos políticos que o governam têm suas limitações. As organizações não governamentais (ONGs) desempenham um papel crítico, não somente por propiciar uma voz (uma espécie de ação coletiva de certos grupos dentro do processo político), mas também por oferecer serviços. Há uma longa tradição de serviços de saúde e educação fornecidos por ONGs, e com eficiência. A concorrência entre universidades privadas nos Estados Unidos melhorou a qualidade do ensino superior; mas universidades são instituições que não visam lucros. Há escolas que visam lucro, mas não têm se saído bem na concorrência do mercado de educação, provando que há alguns setores em que o motivo lucro é insuficiente.

O tamanho desses setores pode variar de país para país e ao longo do tempo. Na Suécia, as mercearias cooperativas são tão eficientes quanto o comércio varejista. Na agricultura, em todo o mundo, as cooperativas têm, e continuam a desempenhar, um importante papel, tanto na concessão de crédito quanto na comercialização. Nos Estados Unidos, o mais capitalista dos países, a comercialização de uvas secas, amêndoas e amoras é dominada por cooperativas. Com freqüência, as cooperativas resultam de uma falha dos mercados — ou porque os mercados estavam ausentes, ou porque os mercados eram dominados por empresas de fins lucrativos com poder de monopólio que exploravam os produtores rurais.

Em suma, a dicotomia mercado/governo é uma simplificação exagerada. Há necessidade de ir além dos mercados. Há necessidade de ação coletiva. Mas há muitas maneiras de fazê-lo. Os advogados do livre mercado não apenas exageram o papel dos mercados, como dão ênfase insuficiente tanto ao potencial de formas não governamentais de atividade cooperativa como à necessidade de governo.

Para além do egoísmo

Adam Smith argumentava que os indivíduos, ao perseguirem seus próprios interesses, contribuem para o bem público. Mas nós vimos neste livro que, com freqüência, isso não acontece. Subestimamos a importância de virtudes tradicionais como a confiança e a lealdade para fazer o sistema econômico funcionar. Antigamente, as empresas e seus trabalhadores estavam ligados por lealdade e confiança, e as empresas costumavam manter seus trabalhadores durante uma retração econômica — em alguns países este ainda é o caso. Mas a economia de resultados americana mudou isso; hoje, os trabalhadores que não são necessários são logo descartados — não importa o custo para a sociedade ou para suas famílias. Evidentemente, no futuro, as empresas que agem com tal brutalidade com seus trabalhadores talvez encontrem maior dificuldade em recrutar sua equipe, mas as companhias voltadas para os lucros de hoje dão pouca atenção a essas conseqüências de longo prazo.

Este é somente um exemplo da ampla classe de fenômenos nos quais as ações dos indivíduos têm efeitos sobre os outros. Esses impactos não são apropriadamente levados em consideração pelos mercados. Os ganhos dos executivos descritos nos capítulos anteriores se davam, em parte, à custa de acionistas e detentores de bônus. Quando as ações individuais afetam os outros e quando não há compensação por elas, os efeitos que resultam são chamados de "externalidades". O direito de um indivíduo de perseguir seus próprios interesses é, ou deveria ser, circunscrito pelos efeitos potenciais adversos sobre os outros. A "liberdade" implica o direito de os indivíduos viverem como desejam — contanto que isso não acarrete efeitos adversos sobre os outros. O problema é que cada vez mais, em nossa complexa sociedade integrada, a ação individual pode acarretar conseqüências adicionais sobre os outros. Fumar pode causar câncer em fumantes passivos. Por isso, em alguns estados fumar no ambiente de trabalho é proibido. Mas e fumar na privacidade de seu próprio lar? Isso provoca o aumento nos custos médicos, e com o *Medicare*, a provisão do governo para a assistência médica dos idosos, os contribuintes em geral arcam com os custos.

Embora as regulamentações do governo e outras políticas tenham a intenção de limitar a extensão das externalidades adversas, na maioria das vezes o "bom comportamento" é assegurado por meio de normas e ética — atitudes relacionadas com o que é "certo" e "errado". Implicitamente, conservadores e liberais concordam em que temos a responsabilidade de tentar modelar nossa comunidade e os indivíduos que a constituem, e que devemos ser sensíveis aos impactos mais amplos das políticas públicas. Eles diferem somente na maneira como querem modelá-la. Os conservadores são atraídos pela visão smithiana de que os indivíduos, na busca de seus próprios interesses, conduzem à melhora geral da comunidade — uma concepção notável, que permite que você assobie e chupe cana ao mesmo tempo. Se isso fosse geralmente verdade, a moralidade estaria privada de conteúdo. Jamais precisaríamos perguntar: qual é a coisa *correta* a fazer? Precisaríamos apenas perguntar: o que nós *queremos* fazer, o que nos fará mais felizes?

De certo modo, os negócios foram nutridos por um discurso duplo: se supúnhamos que ganhar dinheiro e agir de modo egoísta era o mesmo que servir à comunidade, então se seguia que fazer *lobby* pela desregulamentação, ou ampliar as oportunidades de lucros, era um ato dotado de espírito público — mesmo se parte desse *lobby* implicasse argumentar junto aos legisladores que os mercados eram inerentemente competitivos (por isso os lucros logo se dissipariam) e, ao mesmo tempo, argumentar junto aos acionistas que os lucros (esperados) seriam sustentáveis, porque esses mercados eram inerentemente não competitivos. E a mesma *moralidade* que afetava (ou infectava) os líderes empresariais afetava (ou infectava) nossos líderes políticos. Eles se davam bem fazendo o bem. Eles podiam defender a desregulamentação, acreditando que, ao fazer isso, estavam ajudando a economia e a sociedade em geral e, ao mesmo tempo, receber vultosas contribuições de campanha, que lhes permitiam ser reeleitos. A moralidade, tanto no setor privado como no público, adquiriu um novo significado: aumentar lucros.

Infelizmente, pois seria tão conveniente, não há base para essas crenças smithianas.[16] Espero que este livro tenha ajudado a mostrar quão erradas e perigosas são essas idéias. Os capitães da indústria — os líderes a que todos os americanos deveriam admirar, aqueles que os outros aspiravam ser — agiram, como se evidenciou, de um modo que os beneficiou à custa dos outros. Pelo menos em retrospectiva, suas ações parecem profundamente imorais.

Estava claro que o problema não era somente um par de maçãs ruins. Conforme o tempo passava, mais e mais maçãs pareciam podres. É óbvio que sempre houve alguns executivos não muito virtuosos. O que chocou os EUA foi o número de maçãs ruins e o número de empresas proeminentes que agiram de maneira imprópria. Era aquilo que sempre estivera ali, mas longe das vistas? Ou o próprio capitalismo havia mudado — e mudado as pessoas que o comandavam? Um princípio central deste livro é que o comportamento é afetado por incentivos. Existem sempre decisões que exigem discricionariedade nos negócios. Com freqüência, as questões não são preto-e-branco. Os contadores precisam tomar decisões difíceis e tentam tomá-las de maneira profissional. Mas quando há grandes montantes de dinheiro em jogo — de início, quantias elevadas em imposto, depois bônus elevados devido aos maiores valores das ações — as ponderações ficam distorcidas, de início um pouco, mas cada vez mais, com o passar do tempo. Nos anos 90, os incentivos foram distorcidos e, em conseqüência, também o comportamento, em uma forma viciosa que se auto-reforçava.

Nos anos 90, as normas e a ética mudaram. O que é considerado aceitável é afetado pelo que os outros fazem, pelo que eles acham aceitável. Se os CEOs recebem normalmente três vezes mais do que um trabalhador comum, poderia ser aceitável que um CEO excepcional recebesse quatro vezes mais, mas não quarenta. Se os CEOs recebem normalmente dez vezes mais do que um trabalhador comum, poderia ser aceitável que um CEO excepcional recebesse quinze vezes mais do que um trabalhador comum, mas não cem vezes. Nos anos 90, não houve limites; tudo se tornou aceitável. Havia fortes incentivos para romper os limites anteriores, e eles funcionaram. Você valia o que podia conseguir. Ponto. Havia incentivos para mudar as visões de certo e errado, do que era aceitável e inaceitável. E esses incentivos funcionaram.

MODELANDO INDIVÍDUOS

A visão do papel do governo que proponho começa onde a maioria dos economistas começa: *dadas as preferências e os valores dos indivíduos*, qual é o melhor arranjo econômico para satisfazer os desejos deles? Mas subjacente ao debate sobre o que aconteceu com os EUA nos exuberantes anos 90 estava a preocupação a respeito da mudança de valores e da nossa sociedade. Minha geração talvez fosse particularmente sensível a essas mudanças. Crescemos na era que levou John F. Kennedy a exortar: "Não pergunte o que seu país pode fazer por você — pergunte o que você pode fazer por seu país". Lyndon B. Johnson iniciou a guerra contra a pobreza. E nós iniciamos a luta pelos direitos civis.

Os exuberantes anos 90 ajudaram a remodelar os americanos. Quando eu era estudante no Amherst College, muitos de meus colegas de classe foram fazer pós-graduação em artes e humanidades. Muitos que cursaram direito se direcionaram para a prática de direito público, e muitos que cursaram medicina seguiram carreira de pesquisador. Nos anos 90, uma boa parte dos melhores estudantes foi para faculdades de administração e de direito. Os melhores e os mais inteligentes não estavam interessados no serviço público; eram atraídos pela excitação das fusões e aquisições e pelas ricas recompensas materiais. Esse trabalho tornou-se interessante, em parte, porque as apostas eram muito altas.

Havia um outro lado da bolha, mais positivo, que talvez representasse o melhor das tradições americanas. Ela desencadeou um nível sem paralelo de inovações na economia, um entusiasmo entre os jovens — eles tinham as chaves para a Nova Economia. Assim como os operadores de Wall Street, a "taxa de obsolescência" deles era alta; um especialista em uma tecnologia se tornava obsoleto quando aquela tecnologia era sucedida por outra. Aos 35 anos de idade, você estava destinado à lata de lixo — ou a um emprego administrativo sênior, organizando documentos, levantando dinheiro e agregando negócios para que outros jovens pudessem exercer suas habilidades.

Mas havia uma contradição curiosa nos EUA: o sucesso dos anos 90 baseou-se na ciência e tecnologia. Contudo, em larga medida, os EUA tomavam emprestado idéias e pessoas do exterior, do mesmo modo como tomavam dinheiro emprestado do exterior para financiar seu *boom*. O Vale do Silício exibia uma abertura sem paralelo ao talento estrangeiro. Os imigrantes indianos, engenheiros que se sobressaíam em nossas universidades, tornaram-se o grupo étnico de maior renda nos EUA, ao lado dos chineses e vários outros. Mas os próprios americanos não valorizavam a ciência e a tecnologia — a própria base da Nova Economia. Os estudantes americanos compunham menos de 50% dos estudantes de pós-graduação em ciência e tecnologia de nossas melhores universidades.

Mas não foram somente os Estados Unidos os afetados pelas mudanças na moral e no comportamento. Na Europa, a princípio, o sentimento dominante era que os escândalos empresariais dos EUA confirmavam os preconceitos de que os americanos eram egoístas e imorais, e que as conseqüentes agruras que a economia americana estava sofrendo nada mais eram que justiça sendo feita. Mas no decorrer dos eventos, mais de um executivo europeu foi flagrado por estar envolvido em práticas semelhantes. Mais uma vez, a princípio, isso parecia estar diretamente relacionado com a americanização dos negócios europeus: gente como Messier, da Vivendi Universal, que foram os primeiros a cair, haviam sido os defensores mais explícitos do capitalismo de estilo americano, privilegiando o valor do acionista (o que significava lucros já), e não a abordagem européia mais abrangente, na qual se conferia atenção explícita aos interesses dos outros interessados. Mas depois ficou evidente que os problemas também estavam disseminados na Europa e envolviam grande parte das mesmas indústrias, os bancos suíços, as empresas de telecomunicação da França e da Alemanha, mas também outras, como a Swissair e a Sabena, e até mesmo uma empresa de comércio varejista holandesa.

Eu continuo esperançoso: a partir das reações já observadas, suspeito que estamos em um outro episódio do que Albert Hirschman, do Instituto para Estudos Avançados de Princeton, chamou de *envolvimentos pendulares*.[17] Ele argumenta que cada episódio marcado pela motivação pública é seguido por outro no qual há um foco no nível privado, o qual, por sua vez, é seguido por outro episódio marcado pela motivação pública. Cada um tem suas decepções, e somente vivenciando-os é que conseguimos compreender as limitações. Os eventos dos últimos anos afetaram os jovens que vejo em minhas salas de aula; há mais estudantes pensando em se juntar à guerra contra a pobreza, à guerra contra o terrorismo. As solicitações de inscrição na Americorp e no Peace Corps estão em alta, e é provável que a explicação para isso vá além da desaceleração econômica.

GLOBALIZAÇÃO

A globalização significa que as questões aqui discutidas — sobre o papel apropriado do governo, sobre as limitações dos mercados, sobre como a economia influencia os indivíduos e a sociedade — estão sendo debatidas em escala global. Estamos, agora, escrevendo as regras do jogo, mas essas regras são escritas por instituições econômicas internacionais nas quais países específicos e interesses especiais — e ideologias específicas — têm grande influência. E embora os EUA falem com freqüência do "domínio da lei", sua busca por políticas unilaterais reflete uma rejeição do domínio da lei no nível internacional. Eles são a favor de regras do jogo globais, mas se preocupam com o fato de que a Organização Mundial do Comércio ou o Tribunal Penal Internacional possam infringir sua própria soberania. Em suma, eles são a favor do domínio da lei, contanto que os resultados estejam de acordo com o que querem. Uma rápida reflexão deveria mostrar que se os Estados Unidos se preocupam com a transgressão de sua soberania pelas instituições globais, como deveriam se sentir os outros países, especialmente os países em desenvolvimento pobres, que percebem as instituições globais sob o domínio dos Estados Unidos e dos outros países industriais avançados?

O problema é que a globalização econômica tem sido mais veloz do que a globalização política. Os Estados Unidos tiveram êxito em vender a idéia de democracia pelo mundo. Democracia significa que nenhum indivíduo sozinho pode ditar um resultado; somente em ditaduras alguém sempre consegue fazer prevalecer sua posição. E em democracias, cada partido tenta persuadir os outros dos méritos do que defende; a liderança implica um processo de formação de consenso, encontrando abordagens que representam um compromisso aceitável entre pontos de vista e interesses rivais. Mas na arena global, os Estados Unidos têm reiteradamente deixado claro que sua posição deve prevalecer. Se conseguem fazer isso recorrendo a qualquer tipo de poder que tenham, inclusive o econômico, melhor; se não podem, seguem seu caminho unilateralmente. Por exemplo, no governo de George W. Bush, os Estados Unidos, maior responsável pela poluição no mundo em 2001, retirou-se unilateralmente do acordo internacional que visava reduzir as emissões de gases causadores do efeito estufa, que estão tendo efeitos palpáveis sobre o clima devido ao aquecimento global.

A globalização significa que os países do mundo estão mais intimamente integrados, e com a maior integração vem inevitavelmente uma maior necessidade de ação coletiva para resolver os problemas comuns. O mundo todo partilha a mesma atmosfera, de modo que as emissões em um país — os Estados Unidos — podem ter conseqüências significativas sobre os outros. Elas podem provocar inundações em Bangladesh, ou mesmo a submersão de alguns países nas ilhas do Pacífico. No entanto, os EUA relutam em aceitar que as decisões que afetam o mundo todo devam ser tomadas de uma maneira que seja consistente com os princípios democráticos.

Tampouco temos uma visão clara de quais decisões deveriam ser tomadas em nível global, e quais em nível nacional. Há uma miríade de níveis nos quais a ação coletiva pode ocorrer, e ocorre. A teoria econômica tem fornecido uma série de princípios que orientam o que deveria ser conduzido em cada nível. Os bens públicos e as externalidades globais — ações que afetam os outros habitantes de todo o mundo — precisam ser tratados no nível global; bens públicos e externalidades locais — os que afetam somente as comunidades locais — deveriam ser tratados em nível local.

As discussões sobre descentralização, regionalização e globalização envolvem mais do que teoria econômica. Há forças políticas que exigem maior descentralização — que o governo se aproxime das pessoas — e que pedem maior globalização — que se estabeleçam padrões globais para facilitar o comércio global, com todos os ganhos *econômicos* que poderiam resultar (ao menos para alguns) da criação de um mercado global. Essas duas forças são divergentes, mas ambas ocorrem ao mesmo tempo e enfraquecem o tradicional foco de poder político, o Estado-nação. Como observei, essas batalhas são motivadas por interesses tanto quanto por princípios. A questão está posta: em que nível de governo as visões específicas que defendo têm maior probabilidade de sucesso? Nos Estados Unidos, os conservadores têm defendido a delegação aos estados da responsabilidade pela previdência, sobretudo porque, penso eu, eles acreditam que os grupos defensores dos pobres não são tão fortes no nível estadual quanto no nível federal e, pelo menos em muitos estados, isso implicará cortes na provisão para a previdência. Do mesmo modo, algumas das proteções ao investimento e aos direitos de propriedade intelectual que têm sido inseridas nos acordos internacionais são mais fortes do que as que os grupos econômicos poderiam ter conseguido, mesmo no ambiente pró-negócios dos Estados Unidos. Mas não há nenhuma razão econômica legítima para que alguns dos códigos e padrões devam ser estabelecidos internacionalmente; deveria haver espaço para que cada país tomasse suas próprias decisões. Pode haver *trade-offs*, e países diferentes podem ter visões diferentes sobre esses *trade-offs*. Acordos comerciais recentes foram bem além do comércio.

Tampouco os Estados Unidos aceitaram de fato o princípio de reciprocidade (a regra de ouro). Por exemplo: insistimos (acho que legitimamente) em que a Tailândia use redes de pesca para apanhar camarões que não apresentem perigo às tartarugas. Nossa razão: a preservação de espécies em extinção é uma preocupação global. Mas esse mesmo raciocínio implica que o resto do mundo poderia insistir em que não poluamos a atmosfera com nossos gases do efeito estufa.

A globalização também nos força a tratar de questões de justiça social no nível global. Princípios de justiça e de igualdade de tratamento orientam nossas atitudes relacionadas ao tratamento dos membros de nossa família, de nossa comunidade e de nossa nação. É óbvio que, em cada nível, pensamos em nossos próprios interesses. Mas ao tomar decisões *coletivas*, parece que os indivíduos tentam ir além de seus próprios interesses, pelo menos retoricamente. As posições são sempre defendidas em termos do que faz parte do interesse geral. Com a globalização, os princípios de justiça e de igualdade de tratamento deverão cada vez mais orientar nossas atitudes com relação aos membros de nossa comunidade global. Em nível global, muitos americanos continuam a defender posições simplesmente em termos do auto-interesse dos EUA; mas, nos últimos anos, há um esforço crescente de apresentar as políticas que são de interesse dos EUA *como se* fossem de interesse dos outros, inclusive dos países em desenvolvimento. Nós dizemos: "Bastaria que adotassem os princípios de globalização que defendemos, o fundamentalismo de mercado, e eles também partilhariam da prosperidade que chegou para os EUA!". O problema é que ao promover políticas no exterior que não apoiamos no plano interno, ao agir com hipocrisia, nossos argumentos ficam esvaziados, e os resultados são lúgubres.

Embora eu ache moralmente correto que comecemos a pensar a respeito de "justiça" a partir de uma perspectiva global — e não somente em nosso próprio interesse — no longo prazo, penso também que tal postura faz parte dos interesses americanos. A globalização significa que não podemos nos isolar do que está acontecendo em outras partes do mundo, como os eventos de 11 de setembro nos mostraram de maneira tão violenta. O terrorismo pode cruzar fronteiras facilmente, assim como o dinheiro que é usado para financiá-lo.

No curto prazo, talvez sejamos capazes de avançar com sucesso na guerra física contra o terrorismo. Mas no longo prazo, a batalha é pelos corações e mentes dos jovens de todo o mundo. Se eles se confrontarem com um mundo de desesperança, de desemprego e de pobreza, de hipocrisia global e injustiça, de regras globais que sejam obviamente criadas para promover os interesses dos países industriais avançados — ou, mais exatamente, os interesses especiais dentro desses países — e para pôr em desvantagem aqueles que já estão em desvantagem, então o jovem desviará suas energias de atividades construtivas, voltadas para construir um mundo melhor, para atividades destrutivas. E, em conseqüência, nós todos sofreremos.

CONCLUSÃO

Alguns pensavam que com o fim da Guerra Fria acabaria a ideologia. O sistema de livre iniciativa havia saído vitorioso. Nós todos poderíamos continuar a tarefa de aperfeiçoar esse sistema. A derrota do comunismo foi a derrota de uma patologia, de uma perversão, de um regime autoritário, e a luta contra a perversão desviou a atenção das questões mais amplas e profundas do tipo de sociedade que nós desejamos criar.

Porém, em grande parte do mundo hoje desenrola-se um debate sobre se há uma crise no capitalismo. A série de escândalos, a partir da Enron, deixou claro que os problemas eram profundos: se a Enron não tivesse ido à falência, ninguém teria sido capaz de investigar o que havia acontecido, e a manipulação do mercado de energia pela companhia, da qual se suspeitava há muito tempo, poderia nunca ter sido descoberta. Cada investigação revelou mais provas de comportamentos desonestos. Os CEOS, que haviam mostrado tanta inteligência em alguns dos modos como manipulavam a contabilidade, mostraram igual inteligência no modo de esconder o que haviam feito. É fácil, numa economia de bolha, ocultar pirâmides. Com a retração econômica, as pirâmides e os esquemas fraudulentos ficaram expostos. O estouro da bolha expôs as debilidades — não somente expôs a bolha pelo que ela era, mas também todas as trapaças que continuavam sob a cobertura da bolha, trapaças que, ao mesmo tempo, haviam servido para reforçar a bolha.

Para os críticos da economia de mercado, os escândalos que fizeram estremecer os EUA — e em menor medida também a Europa —, alguns dos quais descrevi neste livro, reforçaram suas dúvidas sobre a globalização. Se o mundo empresarial conduz à globalização, e se ele é tão corrupto como parece ser, precisamos de algo mais. Contudo, os defensores da economia de mercado apontam a prosperidade sem precedentes que ela produziu, e não apenas para poucas pessoas das economias industriais avançadas. Eles gostariam de descartar a crise do capitalismo como uma aberração, como uma pequena parada numa máquina que costuma funcionar com fluência.

A economia de mercado foi um enorme sucesso. Ela trouxe prosperidade além do que se poderia sonhar. Ela colocou a classe média no centro de nossa sociedade. Mas ela não acabou, como alguns afirmam, com as políticas redistributivas. Nossa prosperidade significa que temos oportunidades novas e sem paralelo. Se quiséssemos, poderíamos acabar com a pobreza e a má nutrição doméstica. Se quiséssemos, poderíamos garantir que todos tivessem um mínimo básico de assistência médica. Os EUA são o país mais rico do mundo, mas esse mínimo de assistência médica está aquém do oferecido por países muito mais pobres. Os Estados Unidos optam por não propiciar esses serviços básicos porque optam por não tributar a si próprios. Outros países conseguem fornecer esses serviços com eficiência e eficácia, por meio de uma variedade de arranjos institucionais. Há muitos motivos para acreditar que, se quisessem, os Estados Unidos poderiam fazer o mesmo.

Algumas das políticas que foram defendidas e adotadas nos Estados Unidos baseiam-se numa leitura equivocada da teoria econômica, e este foi o ponto de partida deste livro. As economias de mercado têm poderes enormes, mas também apresentam limitações. A pesquisa que realizei examinou os problemas associados a assimetrias de informação, problemas que são cada vez mais importantes em nossa economia baseada em informações. Nossa luta é compreender as limitações de nossa economia, para que possamos fazê-la funcionar melhor. As economias podem sofrer com um governo excessivamente intruso, mas também podem sofrer com um governo que não faz o que precisa ser feito — que não regula o setor financeiro adequadamente, que não promove a concorrência, que não protege o meio ambiente, que não fornece uma rede básica de segurança.

Tenho sido bastante intransigente na crítica à visão de "uma via única": que há um único conjunto de políticas que colocará todos em uma situação melhor. Na visão da via única, deveríamos todos ser a favor dos cortes tributários para os ricos, deveríamos todos ser a favor da revogação do imposto sobre propriedade, deveríamos todos ser a favor da desregulamentação, deveríamos todos ser a favor do fortalecimento dos direitos de propriedade intelectual, e assim por diante.

Há um terreno comum para o qual políticos de todas as crenças apelam: "democracia", "valores familiares", "comunidade", "oportunidade", "igualdade", "mercados livres", "liberdade", "justiça" — mas o que se quer dizer com estes slogans pode diferir muito. Tentei contrastar os valores que julgo importantes, que na falta de melhor nome chamei de Idealismo Democrático, com aquilo que conservadores como Reagan propuseram; e por trás desses slogans e de seus significados ocultos encontram-se diferenças significativas de políticas. Há escolhas, há alternativas. E como não podemos saber com certeza o que ocorrerá no futuro, e como ainda há muita incerteza sobre a economia de hoje, existem riscos associados com qualquer política — ou até mesmo com não fazer nada. Quem se beneficia de políticas diferentes pode diferir bastante, assim como quem incorre nos riscos associados a diferentes políticas difere muito. A direita teve muito sucesso na venda da idéia de "uma via única"; mas ela está equivocada, e precisamos compreender tanto por que está errada, como também por que a direita a tem usado com tamanha eficácia.

A economia foi meu ponto de partida, mas fui forçado a ir além dela. As questões econômicas são importantes — as pessoas já lutaram e se mataram por muito menos do que está em jogo nas batalhas descritas neste livro. Mas o que realmente tem proporcionado o poder emotivo por trás dessas batalhas é a natureza de nossa sociedade — não tanto a da geração de hoje quanto a da que virá. A idéia de engenharia social nos enche de horror, com visões de

1984. Mas gostemos delas ou não, as políticas que adotamos hoje modelam nossa sociedade. Elas são um reflexo de nossos valores e enviam mensagens importantes para nossos jovens a respeito do que valorizamos. A economia e a sociedade estão inextricavelmente entrelaçadas. Uma sociedade com desigualdades enormes será inevitavelmente muito diferente de uma sociedade na qual as disparidades são limitadas. Uma sociedade com desemprego alto será inevitavelmente muito diferente de uma sociedade em que todos aqueles que querem um emprego podem encontrá-lo.

A globalização afeta os tipos de *sociedade* que estão sendo criadas por todo o mundo. E é precisamente por que os habitantes do resto do mundo estão conscientes disso que as emoções acerca da globalização tornaram-se tão fortes: temos promovido um conjunto de políticas que está aumentando a desigualdade no exterior e, em alguns casos, minando as instituições tradicionais.

Há uma visão alternativa, baseada na justiça social global e num papel balanceado para o governo e o mercado. É por essa visão que deveríamos lutar.

Epílogo
Novas lições sobre má administração da economia

A bolha estourou. A economia entrou em recessão. Era inevitável que isso acontecesse — que os dias dos exuberantes anos 90, fundados em premissas tão falsas, finalmente terminassem — do mesmo modo que era inevitável que emergisse uma reação contra a globalização. Mas não era inevitável que a retração econômica fosse tão longa e profunda como tem sido, ou que houvesse tanto sofrimento. Por mais de dois anos, a economia americana teve um desempenho bem abaixo de seu potencial — uma perda de mais de meio trilhão de dólares, um desperdício que se juntou ao dinheiro que foi mal investido durante o *boom*. No momento em este livro vai para a gráfica, a economia ainda está operando bem abaixo de seu potencial. Assim como há importantes lições a serem aprendidas com os equívocos de política dos anos 90, há importantes lições a serem aprendidas com os equívocos de política do novo milênio.

Vimos no capítulo 1 como Clinton herdou um conjunto de problemas de Bush I: uma economia em recessão, com crescimento lento da produtividade, desigualdade crescente e déficits fiscais e comerciais enormes e crescentes. Alguns desses problemas ele resolveu — a economia saiu da recessão e, mais importante, o enorme déficit foi eliminado. Em algumas áreas, como no aumento de produtividade, o sucesso foi além do que se esperava. Em outras áreas, como na desigualdade crescente, houve progresso limitado: a pobreza foi reduzida, e aqueles que estavam na base da distribuição de renda viram finalmente suas rendas aumentarem. Mas os enormes aumentos na desigualdade que marcaram as duas décadas precedentes, incluindo os anos Reagan e Bush I, não foram revertidos. Em outras áreas ainda, como no enorme déficit comercial, houve pouco, se é que houve algum progresso.

O governo Clinton gostaria de ter feito mais para enfrentar os problemas de longo prazo dos EUA, mas foi impedido por falta de recursos — sacrificados, como muitas outras coisas, em nome da redução do déficit — e por falta de cooperação do Congresso. Nós sabíamos que o aumento da produtividade era conseqüência de investimentos anteriores em pesquisa e desenvolvimento, em ciência e tecnologia, e queríamos expandir esses investimentos, mas os orçamentos nos limitavam, assim como a ideologia conservadora de que o governo não deveria apoiar a tecnologia. Nós sabíamos que havia grandes debilidades em nossa infra-estrutura e que tínhamos de investir mais em educação e na melhoria do meio ambiente. Apresentamos até mesmo algumas idéias que teriam contribuído bastante para colocar a Seguridade Social em uma posição financeira sólida.

Embora não tenhamos feito tanto quanto gostaríamos, a economia que foi legada a George W. Bush era bastante vigorosa. O déficit governamental havia se transformado em um enorme superávit, e o desemprego era o menor em muitas décadas.

A Nova Economia é real, ainda que seu significado tenha sido exagerado. A economia de hoje é nitidamente diferente do que era há uma década; novas tecnologias, como a internet e os telefones celulares, mudaram o modo de fazer negócios e nos comunicarmos. A nova tecnologia engendrou aumentos na produtividade que fizeram e continuarão a fazer uma enorme diferença em nosso padrão de vida. Essas transformações em nossa economia capacitaram-nos a ter desemprego menor sem inflação. As condições que sustentam baixas taxas de desemprego alimentaram o crescimento econômico e também nos deram uma oportunidade para tratar de importantes problemas sociais — particularmente aqueles que envolvem a exclusão dos trabalhadores menos qualificados do mercado de trabalho. Os EUA possuem uma força de trabalho altamente escolarizada e, nos últimos anos, ela se tornou ainda mais escolarizada, ampliando sua capacidade de mudar de emprego. A estratégia de facilitar esse movimento mediante, por exemplo, a maior portabilidade das pensões e um foco na empregabilidade vitalícia, em vez da segurança no trabalho, como foi tradicionalmente definida, teve retorno.

Embora diversas fragilidades em nossas instituições financeiras tenham sido expostas, a força subjacente a elas — a capacidade de conseguir capital para novos empreendimentos, para apoiar a inovação — é objeto de inveja do resto do mundo.

Mas essas forças, embora nos sejam úteis, não são suficientes para assegurar nosso sucesso econômico sustentável e, em particular, não são suficientes para assegurar que os frutos desse sucesso sejam amplamente partilhados. Nós deveríamos ter aprendido com os sucessos e fracassos dos anos 90 e dos primeiros anos do novo milênio que é preciso mais. E deveríamos ter aprendido mais sobre *o que* é preciso.

George W. Bush herdou um país com forças enormes, mas também com alguns problemas: a economia estava entrando em recessão; a desregulamentação, as imprudentes mudanças tributárias, a contabilidade enganosa, a ganância empresarial e uma política monetária insuficientemente hábil, tudo contribuiu para inflar uma bolha insustentável. Em algumas áreas, os EUA aproveitaram a oportunidade fornecida pelo fim da Guerra Fria de exercer liderança de verdade — promovendo uma agenda de direitos humanos e de democracia — mas em outras áreas não se comportaram tão bem, colocando os interesses econômicos e financeiros especiais acima de princípios, o suficiente para que a confiança na globalização fosse seriamente solapada.

Bush se defrontou com algumas escolhas difíceis. Ele poderia tentar aprender as lições dos exuberantes anos 90 e tratar dos problemas restantes; ou poderia ignorar essas lições e retomar a agenda de Bush I-Reagan de onde ela havia sido interrompida. Lamentavelmente, ele escolheu a segunda opção, com resultados que foram ruins para a economia, ruins para o país, ruins para o mundo. Não se trata apenas de a retração econômica ser mais longa e mais profunda do que o necessário. Os problemas de desigualdade e pobreza, nos quais havíamos feito algum, embora limitado, progresso, pioraram quando o desemprego aumentou e os benefícios do desemprego não acompanharam esse aumento, quando os cortes tributários foram direcionados àqueles que já haviam se beneficiado bastante (e, em alguns casos, efetivamente "roubado" bastante) durante os anos 90, enquanto os cortes nos gastos foram direcionados àqueles que não haviam partilhado plenamente do *boom*. Os investimentos em algumas áreas de P&D foram reduzidos e o déficit comercial aumentou. O descontentamento com a globalização, já evidente quando os anos 90 chegavam ao fim, atingiu novos picos.

Nada disso precisava ter acontecido. E digo isso não apenas com a vantagem do olhar retrospectivo. O rumo que deveríamos ter tomado estava claro quando a economia deslizou pela primeira vez para uma retração. Mesmo com as incertezas inevitáveis de política, no início de 2001 eu e outros defendemos políticas que teriam poupado a economia de muitas das agruras dos anos seguintes. Não creio que o governo Bush não houvesse aprendido as lições dos anos 90, que não houvesse aprendido a administrar os riscos da Nova Economia; na verdade, eles tinham outra agenda.

A MÁ ADMINISTRAÇÃO DE TODA A ECONOMIA

Quando assumiu o poder, Bush promoveu um corte tributário que não foi concebido como um estímulo e nem funcionou como tal. A economia se enfraqueceu. O corte tributário concedeu enormes isenções para aqueles que possuíam boa posição econômica, mas fez pouco por aqueles que gastariam dinheiro para fazer a economia prosperar. Enquanto apelava a argumentos keynesianos para vender seu corte tributário, ele e seus conselheiros deveriam saber que o impacto seria mínimo e não bastaria. Talvez esperasse que a política monetária resolvesse o problema. Mas a experiência dos anos 90 deveria ter-lhe ensinado que era arriscado confiar nisso. No fim, a política monetária não retirou o país de sua estagnação; e as taxas de juros mais baixas não revitalizaram os investimentos: as empresas com capacidade ociosa não começaram a implantar ainda mais fibra óptica apenas porque o custo do empréstimo estava menor. Na verdade, as menores taxas de juros induziram muitos proprietários de imóveis a refinanciar suas hipotecas, e o dinheiro sustentou o consumo; mas isso deixou a economia em uma posição ainda mais precária para o futuro, com as famílias fortemente endividadas.

Em vez de conceder cortes tributários elevados para os ricos, havia políticas que teriam estimulado a economia — com mais rapidez, com maior certeza, e dando mais valor em troca. Sabemos como criar um estímulo tributário poderoso e efetivo. Dê dinheiro àqueles que irão gastá-lo, e gastá-lo rapidamente: aos desempregados, às cidades e estados que estão famintos por fundos e aos trabalhadores de renda mais baixa. Um crédito tributário sobre o investimento adicional, por exemplo, vai somente para as empresas e indivíduos que aumentarem seus investimentos.[1] Um estímulo forte também é um estímulo eqüitativo, pois o dinheiro, em geral, vai para os americanos mais pobres, aqueles que menos se beneficiaram com o crescimento do último quarto de século. Dar dinheiro para as cidades e estados evitaria cortes em gastos com educação e saúde, que podem atingir de maneira particularmente forte os pobres.

Embora já no início de 2001 parecesse a mim e para a maioria dos observadores atentos que a economia estava indo para uma séria retração, tendo em vista o nível de capacidade ociosa nos setores que haviam desempenhado um papel de tamanha importância no *boom*, sempre há incertezas. Diante das incertezas, eu e outros alertamos: coloquem em funcionamento alguns estabilizadores automáticos — expandam o seguro-desemprego e forneçam assistência para compensar a deficiência nas receitas tributárias resultantes da recessão; os estados e os municípios, se a retração continuasse, seriam forçados a cortar seus gastos e aumentar os impostos, prolongando e piorando a situação. Se a retração fosse tão ruim quanto temíamos, esses estabilizadores ajudariam a revitalizar a economia. Se não fosse, então não haveria gastos extras.

Também alertamos: não contem os ovos antes das galinhas. Não se pode confiar em números de orçamentos. Os superávits poderiam mudar magicamente para déficits. Tendo trabalhado com projeções orçamentárias durante meus anos no Conselho de Consultores Econômicos de Clinton, eu sabia quão precárias tais projeções eram e como ligeiras mudanças nas hipóteses, ou nas condições econômicas, poderiam transformar um grande superávit num grande déficit. Projeções otimistas durante os governos Reagan e Bush I trouxeram descrédito para o governo e para a confiabilidade de suas declarações; queríamos mudar essa situação e por isso fomos deliberadamente conservadores em nossas projeções. Acabamos sendo mais exatos do que os outros, mais precisos, em especial, do que o Departamento de Orçamento Republicano do Congresso, mas quando errávamos, era sistematicamente pelo lado conservador. Bush tem alguns bons economistas em seu governo que deviam ter conhecimento do que nós sabíamos. De fato, com tanta receita resultante de receitas tributárias sobre ganhos de capital — por sua vez, resultantes da bolha —, e com a bolha já estourando antes que os cortes tributários fossem aprovados, era evidente que aquela fonte de receita secaria logo. Era óbvio que as previsões orçamentárias teriam que ser revistas para baixo, talvez de maneira dramática.

O pai de Bush havia alertado contra a economia vodu, a idéia de que cortando os impostos poder-se-ia aumentar a receita, porque haveria respostas bastante significativas do "lado da oferta". E o país havia aprendido por meio de dura experiência os perigos das trapaças contábeis no setor privado. Mas George W. pressionou por uma "contagem dinâmica", alegando que os déficits reais seriam menores do que os projetados, graças ao dinamismo que os cortes tributários provocariam.

Bush preferiu ignorar o conselho do passado. Ele estava interessado em uma coisa, e em apenas uma coisa: um corte tributário que não somente ajudasse aqueles que já haviam se saído bem nos exuberantes anos 90, mas que estivesse além do que o país poderia suportar. Ele havia aprendido com os colegas CEOs dos anos 90 como utilizar projeções — não importando quão frágeis fossem seus fundamentos — para vender seus produtos. Ele não estava vendendo ações superinflacionadas, mas um corte tributário que estava além dos meios até mesmo do país mais rico do mundo.

Como previsto, o corte tributário não forneceu o estímulo de que o país necessitava, nem a política monetária foi suficiente, apesar dos cortes recordes nas taxas de juros. A economia continuou a operar substancialmente abaixo de seu potencial. À medida que a retração continuava, os outros problemas sobre os quais ele fora alertado manifestaram-se. As cidades e os estados foram forçados a aumentar impostos e a reduzir gastos, pois também enfrentavam déficits crescentes. A retração econômica levou a um maior desemprego, o que, por sua vez, levou a papéis previdenciários cada vez mais altos e a mais violência.

As previsões orçamentárias de Bush se mostraram ainda mais róseas do que as de Reagan duas décadas antes. Em dezoito meses, o legado de Clinton de enormes superávits transformou-se em enormes déficits. A posição fiscal de dez anos alterou-se pelo montante espantoso de US$ 5 trilhões — um número grande até mesmo para uma grande economia. Parte da reviravolta aconteceu porque os superávits com os quais se contavam não existiam; parte porque o corte tributário não estimulou adequadamente a economia — exatamente como havia sido previsto; e parte devido ao próprio corte tributário. Por essas três razões, Bush devia ser responsabilizado: ele fora alertado sobre gastar dinheiro que não existia; fora alertado de que seu plano tributário não representava um bom estímulo; e fora alertado de que seu plano era caro.

Porém, o corte tributário não era um corte temporário, concebido apenas para estimular a economia. Era um corte permanente, com efeitos de longo prazo. Só para o ano de 2008 (espera-se que, mesmo com uma política econômica desorientada, nós nos recuperaremos até lá), há um déficit projetado de US$ 190 bilhões, e quando 2008 se aproximar, esse número será indubitavelmente muito, muito maior.[2]

Mas mesmo esses números subestimavam o estado terrível da posição fiscal americana. Bush levou o engodo orçamentário a um novo patamar quando persuadiu o Congresso a revogar os tributos relacionados à herança (o imposto sobre propriedade imobiliária e sobre doação) por apenas um ano. À primeira vista, parece uma idéia absurda. Por que aqueles cujos parentes ricos morreram naquele ano em particular, em vez de um ano antes ou um ano depois, deveriam receber muito mais? É óbvio que Bush não pretendia criar um incentivo perverso para que as famílias matassem seus parentes ricos que estivessem próximos da morte, a fim de poupar possivelmente milhões de dólares. Em vez disso, ele estava apostando no fato de que ninguém realmente esperava que a revogação fosse durar apenas um ano. Tratava-se simplesmente de um estratagema orçamentário. O presidente não queria que ninguém soubesse o custo total do corte tributário — um custo que seria sentido ao longo de décadas. Eliminando o imposto sobre propriedades por um ano, e por um ano somente, parecia que o custo do corte tributário era muito menor do que seria na realidade se, como ele tinha certeza que iria acontecer, o Congresso fosse forçado a prolongar sua revogação.

Quando a receita do corte tributário de Bush fracassou e a economia continuou com seu fraco desempenho, Bush ofereceu a mesma solução fracassada: mais cortes tributários para os ricos. Mas dessa vez ele se superou, com uma proposta audaciosa de eliminar o imposto sobre dividendos — audaciosa no seu custo, em sua iniquidade e em sua provável ineficácia em estimular a economia. Como escrevi em um artigo na *The New York Review of Books* sobre o corte no imposto sobre dividendos: "Nunca tão poucos receberam tanto de tantos".[3] Os 226 000 americanos que declararam ao fisco rendas acima de US$ 1 milhão teriam recebido, no total, aproximadamente o mesmo benefício que os 120 milhões que declararam rendas inferiores a US$ 100 mil. Enquanto 50% de todos os que declararam renda ao fisco receberiam US$ 100 ou menos, e dois terços US$ 500 ou menos, foi relatado que pelo menos um membro do alto escalão do governo recebeu US$ 600 mil. Os cálculos do Centro de Política Tributária da Urban Institute-Brookings Institution mostram que mais de metade dos benefícios de isentar dividendos corporativos do imposto de renda dos indivíduos fluiria para os 5% mais ricos da população — um grupo de pessoas no qual todas ganham mais de US$ 140 mil, com uma renda média de US$ 350 mil. Embora hoje um número cada vez maior de americanos possuam ações, a maioria de suas posses está em pensões isentas de impostos e em contas IRA;* somente os muito ricos é que se beneficiariam. A teoria de Bush era que essas poucas pessoas demandariam mais ações, e isso elevaria o preço dessas ações, o que por sua vez levaria a mais investimento. Mas cada um dos elos dessa cadeia de raciocínio é questionável. Por que, por exemplo, alguém deveria esperar que preços maiores das ações aumentariam o investimento, e especialmente no curto prazo, quando taxas de juros menores haviam fracassado de maneira tão desapontadora? Empresas com capacidade ociosa não iriam construir mais capacidade ociosa simplesmente porque os preços de suas ações estavam mais elevados. E há uma preocupação de que os preços das ações e os investimentos possam na verdade cair, pois os déficits iminentemente maiores elevam as taxas de juros de médio e longo prazo (a lei básica da oferta e da procura diz que o endividamento crescente do governo deveria elevar as taxas; e maiores taxas de juros deveriam levar a menores preços das ações).

Bush tentou vender o corte tributário como um pacote de crescimento e estímulo. Mas se crescimento e estímulo eram seus objetivos, havia políticas que teriam maior probabilidade de êxito — e que teriam sido muito mais justas. Com o colapso do mundo do ponto-com e da alta tecnologia, muitos de nossos cientistas estavam desempregados e era lógico expandir os gastos governamentais em pesquisa. Em contraste, os benefícios do corte nos impostos sobre dividendos foram para as empresas da "velha economia" — por exemplo, para os setores de alumínio e de ferrovias, de onde Bush havia escolhido seus

* Individual Retirement Accounts: incentivos tributários para que trabalhadores que não estejam cobertos por planos de pensão patrocinados pelas companhias criem seus próprios planos de pensão. (N. T.)

secretários do Tesouro — e não para as empresas dinâmicas da Nova Economia, que pagam pouco, se é que pagam algo, em dividendos, e que se baseam de maneira muito mais forte nos ganhos de capital. A proposta inclinaria a economia para os setores industriais de crescimento lento.

Se se quisesse um estímulo rápido, a ajuda aos desempregados e aos estados e municípios teria sido extremamente efetiva. Como já dissemos, tal como fora previsto dois anos antes, quando a retração persistiu, o número de desempregados de longo prazo disparou, mais do que dobrando; um número crescente de americanos enfrentou privações quando seus benefícios de desemprego expiraram; e os estados e os municípios enfrentaram déficits enormes e, por sua vez, ao reduzirem os gastos e aumentarem os impostos, exerceram uma grande pressão contracionista na economia.

Se eu fosse elaborar uma lista curta de políticas tributárias para estimular a economia, o corte no imposto sobre dividendos e as outras medidas que Bush promoveu não seriam sequer considerados e muito menos estariam no topo da lista. Se eu fosse elaborar uma lista curta de reformas para o nosso código tributário que estimulasse o crescimento, o corte no imposto sobre dividendos e as outras medidas que Bush promoveu também não estariam em nenhum lugar próximo ao topo dessa lista. Mas mesmo que se achasse importante acabar com a dupla tributação dos dividendos (o problema era que, como vimos nos capítulos anteriores, muito freqüentemente as empresas e seus executivos encontravam maneiras de evitar a tributação; assim, o problema não era a dupla tributação, mas sim a tributação zero), havia maneiras mais fáceis e mais eqüitativas de fazer isso, por exemplo, permitindo a dedução dos dividendos do imposto de renda das empresas (assim como os pagamentos de juros são dedutíveis do imposto) ou atribuindo a renda de uma empresa de volta aos acionistas.[4] Era evidente que a proposta para eliminar o imposto sobre dividendos não tinha como motivação promover o crescimento ou estimular a economia. Era uma tentativa de ajudar aqueles que haviam ajudado Bush a se eleger, de reduzir os impostos sobre os muito ricos.

Embora os benefícios da proposta fossem, na melhor das hipóteses, dúbios, os custos eram enormes. Os Estados Unidos precisariam tomar emprestado quantias enormes. A maior parte desse dinheiro viria provavelmente do exterior. Os EUA ficariam ainda mais endividados. Seu déficit comercial continuaria a subir — e no momento em que essas propostas eram feitas, estabeleciam-se novos recordes. Não se tratava apenas de uma questão de má sorte. Era o resultado de uma política ruim. Desde que Reagan havia colocado o país numa trajetória de déficits elevados, um quarto de século antes, os Estados Unidos deixaram de ser o maior país credor do mundo para ser o maior país devedor. E essas novas propostas apenas fariam as coisas piorarem.

Porém, uma parte do empréstimo viria de americanos; e quando os Estados Unidos finalmente retornassem ao pleno emprego — toda recessão tem um fim —, parte do dinheiro gasto para financiar o déficit crescente viria de fundos que, de outra maneira, teriam sido gastos em investimento. Em conseqüência, o mais provável é que a proposta leve, no longo prazo, a rendas menores, e não a um maior crescimento. Independentemente do modo como os déficits sejam financiados, por empréstimos de americanos ou por empréstimos do exterior, em 2012 as rendas dos americanos serão menores — de acordo com uma estimativa, em cerca de 1,8%, ou mil dólares per capita[5] —, e embora a dádiva tributária vá para um pequeno grupo de ricos, a carga dessa renda menor será suportada por todos os americanos.[6]

Nos anos 90, eu pensava às vezes que havíamos exagerado na redução do déficit, mas havia uma enorme pressão dos mercados financeiros e dos conservadores. De repente, em 2002 e 2003, com déficits iminentes, muitos dos conservadores mudaram de opinião. Assim como Reagan havia tentado revogar as leis da teoria econômica, Bush II e alguns de seus consultores também tentaram. Normalmente, com a lei da oferta e da demanda, se a demanda aumenta, o preço sobre. Se a demanda por empréstimos aumenta, as taxas de juros sobem. Na nova teoria econômica de Bush, este evidentemente não é o caso. A *supply-side economics* havia mais uma vez posto a cabeça de fora: dessa vez não havia a alegação de que impostos menores levariam a maiores receitas tributárias — esse argumento também havia sido completamente desacreditado. Na medida em que se pudesse imaginar o que estava envolvido na assim chamada nova teoria econômica, a redução de impostos estimularia tanto a poupança que a oferta de fundos mais do que compensaria a demanda do governo por fundos, aumentada em muitos trilhões de dólares, e as taxas de juros não se elevariam, uma idéia tão merecedora de descrédito quanto o misticismo do *supply-side* dos anos Reagan.

Até mesmo republicanos mais moderados não poderiam apoiar a proposta de corte tributário — mesmo se não deram atenção a sua iniqüidade, eles reconheceram o sério risco para o futuro econômico do país que significariam os déficits elevados e que, como estava estruturada, a proposta daria pouco estímulo à economia. O acordo aprovado pelo Congresso em maio de 2003 foi, segundo estimativa oficial, de US$ 318 bilhões ao longo de dez anos, menos de metade dos US$ 726 bilhões que Bush havia pedido. E a fatura incluía US$ 20 bilhões de ajuda para os estados e US$ 12 bilhões de ajuda para famílias de baixa renda com crianças que Bush não havia pedido — dinheiro que deverá propiciar um pouco do estímulo que a economia precisa. Mas ao reduzir o custo para US$ 318 bilhões, o Congresso se envolveu ainda mais em uma tramóia orçamentária do que havia feito dois anos antes, com o aumento gradual do corte no imposto sobre dividendo, mas depois subitamente abolido.[7] Quando os impostos sobre ganhos de capital e sobre dividendos foram cortados, havia poucas provas em favor da "teoria" de Bush de que o corte no imposto sobre dividendos conduziria a preços elevados das ações e de que os preços maiores das ações levariam a mais investimentos: os preços das ações reagiram à aprovação assim como haviam reagido aos anúncios de proposta do corte e mal se mexeram. As manchetes dos artigos do *New York Times* sobre as reações dizem tudo: "Nenhuma grande corrida para ações depois dos cortes em dois impostos" e "Expectativas de uma arrancada são contrariadas por esperar-para-ver".[8] E não há nenhuma indicação da comunidade empresarial de uma resposta direta por meio de maior investimento.

Sem dúvida, a economia se recuperará da sua retração atual e, quando isso ocorrer, Bush sem dúvida reivindicará o mérito para seu plano tributário. A lição desse episódio para o futuro — de que qualquer tipo de aumento de déficit estimulará a economia — seria exatamente tão errada quanto a lição extraída do último — de que qualquer tipo de redução do déficit provocará a recuperação. Extraímos as lições econômicas de nossos políticos por nossa própria conta e risco.

A MÁ ADMINISTRAÇÃO DOS ESCÂNDALOS EMPRESARIAIS

Uma das razões pelas quais a economia continuou a operar muito abaixo de seu potencial no novo milênio foi a aparente falta de determinação para enfrentar o conjunto de problemas que haviam se manifestado em conseqüência dos escândalos de auditoria, empresariais e bancários. Os acionistas sabiam que não podiam confiar nos números que lhes haviam sido fornecidos no passado e, a menos que se realizassem reformas substanciais, que razões eles tinham para confiar nos novos números? O que era necessário era um retorno a uma regulamentação mais equilibrada, mas o governo Bush queria mais desregulamentação. Como mencionamos no capítulo 10, quando os problemas de eletricidade na Califórnia se intensificaram, o governo federal sustentou firmemente uma política de não interferência, e sustentou firmemente que o problema não tinha nada a ver com desregulamentação ou com manipulação do mercado. Ao contrário, disseram eles, foi causado por excessiva regulamentação, especialmente ambiental. O resultado foi um desastre, tanto para os usuários quanto para os contribuintes da Califórnia. E com a falência da Enron, a verdade finalmente triunfaria. O Brasil havia mostrado que uma intervenção cuidadosa do governo poderia evitar tarifas excessivas aos consumidores e ainda sustentar a eficiência geral do mercado; mas este foi o rumo que a administração Bush escolheu não tomar.

Havia talvez outras razões para a relutância em tomar uma medida forte: com tanta gente do governo e seus amigos envolvidos como beneficiários desses esquemas, havia pouco desejo de apressar sua condenação. Finalmente, a pressão popular conseguiu fazer com que um Bush relutante endossasse algumas das reformas, mas, mesmo depois, a preocupação era de que elas fossem "longe demais" e não de que não fossem suficientes. Por exemplo, nada foi feito a respeito do que eu disse ser um dos problemas subjacentes, o tratamento das *stock options*, embora muitas empresas tenham finalmente decidido agir por conta própria — divulgando, por exemplo, mais informações do que era exigido, e colocando as *stock options* como despesas. Quando o governo Bush se esforçou para encontrar alguém respeitável, alguém que pudessem confiar que não iria "longe demais", sua primeira escolha recaiu sobre uma pessoa que fora não apenas membro do conselho administrativo de uma das empresas que haviam se envolvido nessas práticas anômalas, mas que também fazia parte do comitê auditor dessa empresa.

Mas por pior que tenha sido a gestão da economia pelo governo Bush, a maneira pela qual ele administrou a globalização foi ainda pior. Os EUA eram a única superpotência, tanto econômica como militar. A globalização significava que os países do mundo precisavam trabalhar juntos, que cooperassem para lidar com problemas comuns. O governo Clinton era, às vezes, ambivalente na maneira como abordava a globalização. Ele deu forte apoio às Nações Unidas, resolvendo o problema pendente havia muito tempo dos encargos em atraso dos EUA. Mas ao mesmo tempo, na arena econômica, mudou a máxima de Teddy Roosevelt — fale suavemente, e tenha nas mãos um grande porrete — para: fale bem alto, e tenha nas mãos um enorme porrete. Quando, durante a crise do Leste Asiático, o Japão propôs a criação de um Fundo Monetário Asiático, o governo americano sufocou rapidamente a idéia, preocupado com o que uma instituição como essa poderia fazer para a hegemonia americana na região — mas, ao fazer isso, deu pouquíssima atenção à privação que impunha à região. O Tesouro dos Estados Unidos trabalhou arduamente para suprimir as vozes discordantes e, com seu veto efetivo no FMI — o único país com poder de veto —, teve sucesso em impor seu desejo em muitas áreas. Não havia nenhum senso de multilateralismo: os outros eram persuadidos e pressionados a fazer o que os EUA queriam.

Mas por mais crítico que alguém possa ser em relação à abordagem da globalização pelo governo Clinton, a de Bush é mil vezes pior. Ele abandonou irresponsavelmente um tratado após o outro — desde o que rege o aquecimento global até os tratados de armas estratégicas. Embora falasse do domínio da lei, o governo Bush mostrou um absoluto descaso com o domínio da lei no plano internacional e esquivou-se do Tribunal Penal Internacional. Não surpreende portanto que, quando procurou ajuda dos outros em questões de seu próprio interesse, o governo americano tenha encontrado uma evidente falta de entusiasmo.

Mesmo nas áreas de globalização econômica, nas quais durante os exuberantes anos 90 havíamos administrado mal os problemas, o governo Bush baseou-se nesse descontentamento para tornar as coisas piores. Às acusações anteriores de hipocrisia, foram acrescentadas outras: os subsídios agrícolas e tarifas sobre o aço atingiram novos patamares. Todos nós, residentes urbanos, poderíamos concordar, por exemplo, em que os subsídios agrícolas devem ser reduzidos. Hoje (diferentemente de quando esses subsídios foram originalmente aprovados), a renda agrícola média supera a dos que não trabalham na agricultura, e a maior parte dos subsídios vai para produtores rurais de alta renda e, cada vez mais, para grandes empresas agrícolas. Os subsídios agrícolas não apenas encorajam o uso excessivo de fertilizantes — quanto mais o produtor rural produz, maior o cheque que ele recebe do governo — e contribuem para a degradação do meio ambiente; eles também prejudicam os produtores rurais pobres no mundo em desenvolvimento, que poderiam competir em um mundo de concorrência justa, mas não com subsídios de mais de 100%. Quando eu estava no Conselho de Consultores Econômicos, sabendo que um novo projeto de lei para a agricultura tinha de ser aprovado em 1995, fizemos com muito cuidado o trabalho de base, apontando sistematicamente as evidências para o presidente. Apesar das difíceis injunções políticas, montamos um projeto de lei para a agricultura concebido para desmamar os produtores rurais dos subsídios em que eles haviam se viciado ao longo dos setenta anos precedentes — um contraste marcante com o novo projeto de lei para a agricultura de Bush, que mais do que duplicou os subsídios, elevando-os para US$ 190 bilhões ao longo de dez anos.

É inconsistente que republicanos defensores do livre mercado pressionem por subsídios agrícolas, e a inconsistência entre a retórica de Bush e a realidade era surpreendente em outras áreas. Em um caso, pelo menos, o governo arrependeu-se rapidamente da posição que havia tomado.

Como vimos no capítulo 9, antes do 11 de setembro o secretário do Tesouro de Bush, Paul O'Neill, vetou o esforço da OCDE (o "clube" dos países industriais avançados) para aumentar a transparência dos centros bancários em paraísos fiscais. Esses centros deveriam levantar suspeitas. Por que meio trilhão de dólares estão em bancos nas ilhas Cayman? Evidentemente, quem está nas Bahamas ou nas ilhas Cayman não sabe mais de negócios bancários do que os banqueiros de Wall Street. Não se trata de que suas condições climáticas propiciem condições naturais melhores para os negócios bancários. Eles tinham um produto: o sigilo e a fuga de regulamentações. Eles permitiam que muitos americanos ricos evitassem impostos, talvez até mesmo que se envolvessem em atividades criminosas. E, obviamente, a atividade de transferir dinheiro para esses centros e fazer negócios via paraísos fiscais gerava boas comissões para a comunidade financeira. Esses bancos sigilosos existiam com nosso consentimento tácito. Se não permitíssemos que nossos bancos fizessem negócios com eles, com muita probabilidade eles rapidamente se debilitariam. Havíamos aprovado leis e regulamentações tributárias e, depois, abrimos aparentemente uma grande brecha através da qual as regras poderiam ser evitadas, pelo menos por grandes empresas e indivíduos muito ricos.

Mas como muitas outras coisas, isso mudou em 11 de setembro de 2001. Logo se descobriu que os terroristas foram, pelo menos em parte, financiados por meio de contas bancárias secretas em paraísos fiscais, e se não fizéssemos alguma coisa não haveria maneira de controlar o acesso deles a uma pronta oferta de fundos. De repente, o que parecia tão difícil, tão impossível e tão indesejável ganhou nova urgência. Os Estados Unidos tornaram-se os advogados da transparência — embora somente quando ela se relacionasse com o financiamento do terrorismo. O sigilo que ajudasse a ocultar a evasão fiscal, a corrupção e outras atividades criminosas ainda parecia perfeitamente aceitável.

O governo Clinton pode ter sido hesitante na gestão da globalização logo após o fim da Guerra Fria, mas estava honestamente tentando encontrar o caminho mais adequado num complicado mundo novo. Houve uma tentativa de equilibrar a negociação dura com a diplomacia e com a formação de uma boa vontade de longo prazo. Podemos ter obtido o equilíbrio errado — é o que penso —, mas acho que estávamos preparados para aprender com nossos erros. O regime de propriedade intelectual que estabelecemos condenava milhares, talvez milhões de pessoas do mundo em desenvolvimento à morte prematura, e quando isso foi apontado, depois de um breve vacilo, trabalhamos para mudar a política, trabalhamos para fazer com que as companhias farmacêuticas tornassem os medicamentos disponíveis voluntariamente. Mas o governo Bush, depois de relutantemente permitir que o tema fosse levantado no que foi chamado de Rodada do Desenvolvimento, permaneceu intransigente, contra o mundo todo, sem concordar com reformas. Ele continuou a colocar os interesses das companhias farmacêuticas acima do sofrimento no mundo em desenvolvimento.

Os exuberantes anos 90 — a primeira década da nova era depois do fim da Guerra Fria — podem não ter sido a década fabulosa que parecia naquele momento. Plantamos algumas das sementes que levariam à destruição do próprio *boom* do qual sentíamos tanto orgulho. Mas o crescimento aumentou e a pobreza diminuiu.

Nessa nova era da globalização, não somente os bens se deslocam com mais liberdade pelo mundo, mas também as idéias. O aparente triunfo do capitalismo americano teve enorme influência na Europa, América Latina, Ásia, em todo o mundo. Os outros países queriam saber a causa do sucesso dos EUA, para que pudessem melhor imitá-lo. E nos EUA, há quem não seja reticente em partilhar seus pontos de vista: o Tesouro americano, por exemplo, prontamente deu lições ao Leste Asiático sobre como eles deveriam seguir os princípios americanos de contabilidade e de governança empresarial. A América Latina teve (voluntária ou involuntariamente) de adotar as políticas do "Consenso de Washington", que *supostamente* deveriam tornar suas economias mais semelhantes à de seus vizinhos do Norte.

Na Europa havia quem estivesse contente por fornecer suas próprias interpretações: era o comportamento empresarial de *resultado*, os CEOs dinâmicos incentivados pela elevada remuneração que faziam a diferença — essa era uma interpretação dos CEOs europeus, que olhavam com inveja para seus congêneres americanos que recebiam uma remuneração dez ou cem vezes maior por um desempenho não melhor. Uns poucos perceberam os novos truques que a engenhosidade americana havia descoberto — *stock options*, pensões multimilionárias ocultas — para enriquecer. Mas outros eram mais céticos; na Europa, havia um debate sobre a natureza da governança empresarial, havia, pelo menos, uma discussão sobre até que ponto os interesses dos trabalhadores deveriam ser levados em conta. Cabe esclarecer: não penso que os CEOs dos EUA naquele momento particular da história fossem particularmente desprezíveis, ou que, na média, os CEOs europeus fossem mais virtuosos; mas sim que os CEOs americanos estavam sujeitos a tentações a que não podiam resistir — as inovações financeiras davam-lhes novas maneiras de enganar os acionistas e forneciam-lhes incentivos ampliados para fazer isso; e os problemas nas empresas em geral se difundiram para auditores e bancos, de maneira que se autoreforçava. Havia um forte incentivo para que as normas mudassem, e mudanças foi o que eles promoveram. Tornou-se *aceitável*, e até mesmo *necessário*, pagar quantias que em outros tempos ou em outros lugares pareceriam ultrajantes. As mesmas pressões estavam em jogo na Europa e em outros lugares. Na Europa, os CEOs talvez fossem controlados por normas mais fortes e por um sistema contábil que enfatizava não apenas o cumprimento dos detalhes das normas, mas a apresentação de um quadro geral e preciso da saúde financeira da empresa. Mas tenho poucas dúvidas de que se o *boom* dos EUA tivesse se prolongado, as pressões teriam sido irresistíveis. Hoje, o mercado para CEOs é um mercado global e as normas americanas sobre "pagamento justo" e o "embate com a concorrência" (uma companhia de primeira classe precisa ter um CEO de primeira classe, o que significa que deve lhe pagar o máximo!) acabariam por prevalecer. Felizmente para a Europa, os problemas dos EUA vieram à tona antes que estragos mais permanentes fossem feitos. Hoje, há muita gente na Europa trabalhando arduamente para garantir que haja uma governança empresarial e padrões contábeis mais sólidos, mas, assim como nos EUA, há resistência. Tal como muitos americanos se opuseram às exigências de melhor informação acerca das *stock options*, temendo que a melhor informação desvalorizasse o mercado acionário (como deveria), o mesmo ocorreu na Europa. E enquanto, em muitos aspectos, a Europa apresenta vantagem sobre os EUA, em outras ela é mais fraca: a estrutura legal americana, inclusive os princípios do direito consuetudinário que protegem os acionistas minoritários e uma superposição de jurisdições que possibilita ações tanto em nível federal, pela Comissão de Valores Mobiliários (SEC), quanto em nível estadual, pelos procuradores-gerais, proporciona provavelmente um melhor cumprimento das regras que estão nos livros. Não foi a SEC, capturada por George Bush e seus amigos, muitos dos quais haviam feito fortunas com métodos não diferentes, e que viam pouca coisa errada em tal comportamento (desde que você não seja punido por isso), mas sim o procurador-geral do estado de Nova York, Eliot Spitzer, que descobriu e processou os exemplos mais excepcionais de delito.

Há nisso uma lição para a Europa: nesse campo, como em outros que mexem com o comportamento empresarial, é melhor ter supervisão dupla; há riscos reais de concentração em Bruxelas e de deixar o assunto exclusivamente para cada país. A Itália ilustra nitidamente a última preocupação: enquanto a atenção do resto do mundo está focalizada na necessidade de padrões contábeis fortes, o governo de centro-direita da Itália descriminou a contabilidade falsa, tornando-a um delito leve. Ele sinalizou para as empresas italianas que não tem muita importância enganar um pouco seus acionistas — digamos em 5% do valor da companhia (o que pode ser uma soma enorme) —, não é pior do que dirigir a quarenta quilômetros por hora numa zona onde o limite de velocidade é de trinta quilômetros.

Em outros lugares, talvez tenha havido um estudo mais atento dos truques das empresas, dos bancos e dos contadores americanos por aqueles que lucrariam com seu uso, do que pelas estruturas legais com a atribuição de refreá-los. Isso é particularmente perturbador no mundo em desenvolvimento e nos ex-países comunistas que fizeram a transição para o capitalismo, todos se esforçando para entender o que leva ao sucesso. Em alguns casos, como na República Tcheca, os vínculos são claros e alguns malfeitores americanos serviram quase como professores para o país quando ele embarcou rumo à economia de mercado. Na Rússia, "expertos" americanos de Harvard, financiados pela agência de ajuda americana, forneciam "assistência" sobre o domínio da lei, ao mesmo tempo que usavam suas conexões para enriquecer.

Para muita gente do mundo em desenvolvimento e das economias em transição, tudo isso tem sido muito confuso. Por um lado, pedem-lhes para desregulamentar e para tirar o governo do caminho. Além disso, os EUA pareciam ter tido sucesso *a despeito de sua má administração empresarial*; no Leste Selvagem (nome às vezes dado à imitação barata de capitalismo na Rússia e em alguns de seus vizinhos) há quem diga que esse sucesso se deu *graças* à "liberdade" (leia-se: falta de regras e regulamentações para evitar os abusos). Eles observaram com atenção quando a administração Bush se equivocou sobre o que fazer com os escândalos. Por outro lado, têm sido dadas *ad nauseam* lições sobre transparência e a necessidade de boa contabilidade e boa governança empresarial.

A boa notícia é que, finalmente, as questões de administração empresarial estão começando a receber a atenção que merecem ao redor do mundo, mesmo que alguns membros da comunidade empresarial julguem que isso leva a regulamentações excessivas. O fato é que o capitalismo requer confiança: os poupadores têm de confiar seu dinheiro ganho a duras penas a outros e, para fazer isso, deve haver uma expectativa de que não serão enganados. Regulamentações fortes levam a um capitalismo forte. Contanto que as regulamentações sejam bem concebidas, aqueles que são honestos, que não estão abusando de suas posições de poder e de confiança para enganar seus acionistas e detentores de bônus, deveriam recebê-las bem.

Os países mais bem-sucedidos, como Coréia, Hong Kong e China, foram capazes, mais uma vez felizmente, de extrair as lições corretas; eles reconheceram que sempre haverá interesses fortes pressionando por regulamentações frouxas e por fraca governança empresarial, mas também reconheceram que o país como um todo se beneficiará se obtiverem o equilíbrio correto. Na Coréia, uma democracia forte, os oponentes conseguiram mobilizar influência política, e a reforma não tem sido fácil, assim como não tem sido fácil nos Estados Unidos.

Em outras arenas, as notícias são menos positivas. Os mesmos executivos de alto escalão que enriqueceram com bônus de centenas de milhões de dólares falam ardorosamente da necessidade de mais flexibilidade no mercado de trabalho — querendo dizer com isso menos proteção ao emprego e menores salários e rendas para os trabalhadores. Está claro que há necessidade de algumas reformas em muitos países europeus; mas também está claro que as empresas ou a sociedade de maneira mais ampla estão usualmente em melhor posição para assumir os riscos de uma mudança no mercado de trabalho do que os trabalhadores. Em alguns casos, as provisões de proteção ao emprego têm sido tão desequilibradas que os trabalhadores ficam em melhor situação quando se aposentam do que quando trabalham, ou quando estão doentes, ao invés de quando estão bem de saúde, e as proteções ao emprego são tão grandes que um trabalhador pode se esquivar de cumprir suas obrigações impunemente. O desafio é propiciar segurança e eqüidade com incentivos; os conflitos às vezes intensos entre administração e trabalhadores, exacerbado pelo tratamento suntuoso que os executivos concedem a si mesmos e o contraste com as palavras ásperas usadas para descrever os trabalhadores, não têm criado uma atmosfera favorável à busca de soluções que sejam amplamente benéficas.

Na macroeconomia, o governo Bush dá o pior exemplo possível para governos de centro-direita do resto do mundo. É uma cruel ironia que a centro-esquerda tenha se tornado a guardiã da responsabilidade fiscal, tanto nos Estados Unidos como na Europa. Na defesa de cortes nos impostos para estimular a economia, a centro-direita adotou a retórica keynesiana, mas somente a retórica. Os cortes nos impostos não são concebidos para estimular a economia, mas para dar mais dinheiro àqueles que já estão se dando bem. Nenhum país europeu chegou perto da audácia de Bush — seja na dimensão dos déficits projetados para o futuro, seja na desigualdade. Nesse ponto, o pacto de estabilidade tem desempenhado um papel misto: ele evita os excessos, mas também evita que a Europa empreenda as ações que *deveriam* ser empreendidas para manter sua solidez econômica. (Pelo menos agora, há o reconhecimento de que a flexibilidade no mercado de trabalho não é o *único* problema que a Europa enfrenta.)

Um debate curioso irrompeu em algumas partes da Europa, tal como nos

EUA: os cortes nos impostos são melhores que os aumentos de gastos para reativar a economia? A centro-direita, sem teoria nem provas em que se apoiar, alega que são os cortes nos impostos. A resposta correta é: depende do tipo de corte no imposto. Aumentos de gastos são muito mais eficazes que cortes nos impostos dos ricos (especialmente o corte nos impostos sobre dividendos dos EUA); e se direcionados para a saúde e educação, podem fornecer a base para uma maior eqüidade e para um crescimento futuro mais vigoroso. Por outro lado, um crédito tributário a investimentos direcionados ou um corte nos impostos dos pobres podem ser tão efetivos quanto um aumento nos gastos. Em alguns casos, para limitar os déficits associados aos cortes tributários, os gastos foram realmente reduzidos; tais mudanças podem deprimir a economia.

No momento em que este livro vai para a impressão, a Europa passa por uma retração, acompanhada de altas taxas de desemprego. Em algumas esferas, a taxa de desemprego parece estar tão alta por tanto tempo que pouca atenção é dada a essas flutuações. Mas há ainda enormes custos com tais flutuações, pois elas reduzem ainda mais as perspectivas de reemprego para aqueles demitidos temporária ou permanentemente e contribuem para o mal-estar e a insatisfação sociais. Na Europa, como nos EUA, são os não qualificados e os de baixa escolarização que sofrem o maior impacto, e em muitos países europeus, como nos EUA, os problemas estão concentrados em certos grupos étnicos. Em alguns casos, o problema pode ser parcialmente transferido para o exterior: demanda reduzida por trabalhadores na Espanha aparece como maior desemprego no Equador. Mas de uma perspectiva global, os custos não podem ser ignorados.

Há uma outra face nas políticas dos exuberantes anos 90, que talvez tenha recebido menos atenção do que o *boom* do mercado acionário e que pode ser mais relevante para a Europa tentar resolver seus problemas com o desemprego persistente. Isso envolve não uma eliminação das proteções ao emprego, mas a remodelação delas; uma maior dependência, por exemplo, do crédito sobre o imposto de renda auferido, com o qual o governo encorajaria a contratação de trabalhadores de baixo salário, suplementando os salários pagos pela empresa em até 40%; políticas ativas para o mercado de trabalho que ajudassem a treinar trabalhadores para os novos empregos que estão sendo criados e a deslocar os trabalhadores da previdência para o trabalho; e reformas no sistema de previdência que garantissem que os indivíduos não ficariam em *situação pior* por trabalhar.

A reação do Banco Central europeu à retração ilustra um aspecto da política enfatizada na discussão da globalização: às vezes, deslocando a tomada de decisão para "níveis mais elevados", as políticas tornam-se menos afinadas com os interesses locais, e cria-se um déficit democrático. Como apontei no capítulo 9, suspeito que se fosse perguntado aos cidadãos da Europa e dos EUA se eles apoiariam um nível de proteção da propriedade intelectual que fizesse com que quem está morrendo de Aids em Botsuana tivesse acesso, a preços suportáveis, a medicamentos genéricos que poderiam salvar sua vida, o apoio seria quase unânime. No entanto, tal pergunta não lhes foi feita; ela foi deixada aos ministros do comércio, os quais, sob pressão das companhias farmacêuticas, deram a resposta exatamente oposta. Do mesmo modo, suspeito que se fosse perguntado aos cidadãos da Europa se eles se preocupam com empregos e crescimento e se seu Banco Central deveria dar pelo menos alguma atenção a essas questões, eles também teriam dito sim. Mas não foi esta a resposta dada pelos criadores do Banco Central europeu, que o instruíram para que se concentrasse apenas na inflação.

Tudo isso suscita na Europa, na Ásia e na América Latina a questão fundamental: *que tipo de economia de mercado eles querem criar?* É o estilo americano de capitalismo? Ou é um capitalismo com uma face mais humana, um capitalismo mais generoso e mais humano? Um capitalismo ao estilo sueco? Num mundo globalizado, temos de marchar ao ritmo do mesmo baterista? Qual é o espaço para a diversidade?

Na América Latina, há uma compreensão gradual da noção de que o tipo de capitalismo que lhe foi vendido no Consenso de Washington pode ter sido aquele que o Tesouro americano pregava, mas não o que os próprios Estados Unidos praticavam. Em algumas áreas, havia um consenso em Washington de que o Consenso de Washington era *inadequado* para os EUA — quaisquer que fossem suas virtudes para o resto do mundo, ou por mais que, ao fazer alguma coisa diferente do que os EUA praticavam em casa, os outros pudessem servir aos interesses dos EUA. Havia, por exemplo, um consenso de que o Fed deveria continuar a ter como foco o emprego e o crescimento; havia um consenso em apoiar nosso sistema público de seguridade social, embora muitos no setor privado babassem diante da possibilidade de auferir grandes lucros se o sistema fosse privatizado. Não havia consenso a favor da privatização de companhias de energia de propriedade pública; as medidas para tanto não avançaram no Congresso. Havia um consenso de que, mesmo com o desemprego baixo, os trabalhadores americanos precisavam ser protegidos de algum modo contra uma onda de importações do exterior, ainda que alguns quisessem que a ajuda viesse mais na forma de assistência para encontrar outro emprego do que por meio de medidas protecionistas.

Em suma, enquanto na Europa há uma discussão extensa sobre *convergência*, sobre se os países devem adotar regras, regulamentações e práticas similares, se não idênticas, os latino-americanos estão gradativamente compreendendo que, embora *pensassem* que as reformas os conduziriam para o tipo de economia de mercado existente nos Estados Unidos, na prática isso não está ocorrendo. Eles foram forçados a adotar uma forma de economia de mercado que pode ter sido o sonho de algum conservador, mas que não se adequava à realidade de qualquer país democrático bem-sucedido. Os fracassos já são evidentes, e a reação já começou. As economias de mercado não são auto-reguláveis, elas são atacadas por choques que estão além de seu controle, são propensas a manias e pânicos, à exuberância irracional e ao pessimismo, a fraudes e à assunção de riscos que beira o jogo, e muitos dos custos dos equívocos e dos delitos são arcados pela sociedade como um todo. Em anos recentes, na América Latina e no Leste Asiático os fluxos de capital de curto prazo, os fundos de *hedge* e a especulação foram os mecanismos por meio dos quais esses problemas se manifestaram, com efeitos mais evidentes nos mercados acionários e nos imóveis. No passado, houve outros mecanismos (como Kindleberger tão vividamente descreveu); no futuro, sem dúvida, haverá ainda outros.

Neste livro, fui um tanto crítico sobre o modo como os EUA têm lidado com a globalização, tanto no que diz respeito ao unilateralismo americano quanto à sua falta de preocupação com a justiça social global. No primeiro caso, ao longo dos últimos dois anos, a Europa viu as conseqüências dessa nova forma de dominação, exatamente como os países em desenvolvimento há muito tempo vêm experimentando, com a rejeição do tratado sobre o aquecimento global, do Tribunal Penal Internacional, dos tratados de Armas Estratégicas e, mais recentemente, com a guerra no Iraque. No segundo caso, a retórica européia tem sido muito melhor, mas isso significa que o hiato entre sua retórica e a realidade é ainda maior. A iniciativa para permitir o ingresso livre de tarifas de todas as *commodities* dos países mais pobres do mundo ("Tudo menos armas") é claramente um passo na direção correta, mas enquanto os subsídios permanecerem nos níveis em que estão, os países em desenvolvimento não poderão competir. Em outras arenas seria uma perda de tempo tentar decidir quem tem mais direito à virtude: os Estados Unidos usam seu poder econômico para promover fluxos desestabilizadores de capital de curto prazo e para bloquear os esforços no sentido de reduzir o sigilo bancário, e a Europa tem defendido proteções ao investimento na última rodada de negociações comerciais que os países em desenvolvimento olham com profundo ceticismo. Nenhum dos lados está disposto nem sequer a discutir a idéia de que, ao decidir o que é uma prática comercial "injusta", não deveria fazer diferença se o bem é produzido no próprio país ou no exterior. Ambos os lados querem continuar a ter o direito de usar tais medidas protecionistas.

Por mais que a culpa seja compartilhada, são os países em desenvolvimento que têm sofrido, tanto com o que foi feito, quanto com o que não foi mas deveria ter sido feito, tanto com as reformas políticas que lhes foram fortemente recomendadas e que eram, em larga medida, de natureza ideológica, quanto com as que deveriam ter sido promovidas, mas não foram, a fim de que não se perturbasse muito a ordem estabelecida. Se democratizarmos a globalização, para que as vozes dos países em desenvolvimento sejam ouvidas mais claramente, a agenda da globalização será alterada.

Entre os maiores desafios que se apresentam à própria Europa, bem como a suas relações com os países em desenvolvimento e com os desenvolvidos, está o papel dos padrões e da padronização (ou para usar um termo mais carregado, homogeneização). Deveria ficar claro: não há razão para que tenhamos de consumir a mesma comida, gastar nossas rendas da mesma maneira etc. A grande virtude da economia de mercado é que ela permite, pelo menos àqueles com rendas adequadas, a liberdade de escolher. Mas nos exuberantes anos 90, em certos momentos parecia que os países corriam o risco de perder sua liberdade de escolha, de escolher o tipo de sociedade que eles gostariam de se tornar: todos deveriam adotar o estilo americano de capitalismo. Sabemos agora que aquilo estava errado. Há certas áreas em que os padrões são absolutamente essenciais: os consumidores precisam confiar, por exemplo, em que a comida que comem é saudável, independentemente de onde seja produzida. Quando há dúvida, deveriam pelo menos ter o direito de saber como ela é produzida, para que possam fazer um juízo por si próprios. Acredito que os bancos e os mercados de títulos mobiliários são outro campo em que os padrões são essenciais: os depositantes têm de ter confiança de que podem obter seu dinheiro de volta, e os investidores, de que eles serão iludidos. Em alguns campos, especialmente onde não há certeza sobre o que é necessário, a concorrência entre padrões e arcabouços legais pode ser preciosa; há indícios de que os investidores irão para mercados em que sejam mais fortemente protegidos. Mas, às vezes, especialmente onde um lado do mercado é muito mal informado, a competição entre os reguladores pode resultar numa corrida que se nivela por baixo. Faz sentido, também, ter acordos internacionais nos quais o que acontece dentro de um país tenha efeitos em todas as partes do mundo. O uso excessivo de energia pelos Estados Unidos, com as conseqüentes emissões de gases causadores do efeito estufa, o principal fator responsável pelo aquecimento global, é produzido pelo homem. Deveria haver padrões internacionais nesse campo e permissão para que sanções comerciais fossem aplicadas a fim de que tais padrões sejam observados. Mas não há nenhuma razão para que todo país tenha de se abrir completamente aos fluxos de capital especulativo de curto prazo. Alguns países podem decidir ter proteções mais fortes para os trabalhadores, leis mais fortes para as áreas de saúde e segurança, ou restrições de zoneamento mais fortes. Há custos e benefícios — suportados e auferidos pelos habitantes do país —, e são eles que deveriam tomar as decisões.

Neste livro, apresentei uma perspectiva alternativa à visão de que há uma única forma para a economia de mercado. Tentei ir além do que estava errado (e certo) nos exuberantes anos 90, para dar uma visão alternativa.

Deveria estar evidente, a partir da desafortunada guinada de eventos dos primeiros anos do novo milênio, que nós ainda temos de aprender plenamente as lições, tanto dos sucessos quanto dos fracassos. Minha modesta esperança é de que este livro contribua de alguma maneira para a nossa compreensão destes anos tumultuados. O próximo governo talvez evite as armadilhas em que os EUA caíram. O próximo governo talvez tenha mais sucesso em lidar com as necessidades de longo prazo dos EUA e do mundo. No mínimo, os cidadãos do resto do mundo talvez sejam mais cautelosos para não sucumbir aos mitos que orientaram grande parte do pensamento sobre a política econômica nos últimos anos. Talvez juntos, Estados Unidos e Europa, América Latina e Ásia, mundo desenvolvido e mundo em desenvolvimento, possam forjar uma nova forma de democracia global e um novo conjunto de políticas econômicas, políticas que assegurem uma prosperidade baseada em novos fundamentos, uma prosperidade que seja partilhada por todos os cidadãos do mundo.

Notas

PREFÁCIO [pp. 9-21]

1. A fixação com os mercados financeiros não se manifestou apenas em relação à redução do déficit. Por exemplo, na política comercial, nós nos preocupamos com o que poderia acontecer com a taxa de câmbio. E, mesmo pensando na taxa de câmbio, a perspectiva das finanças dominava. Taxas de câmbio mais baixas (menos ienes por dólar) significam que as empresas americanas podem exportar mais e que os produtores americanos enfrentam menos competição dos produtores estrangeiros. Os Estados Unidos crescem mais, empregos são criados — ou ao menos não são perdidos. Mas taxas de câmbio mais baixas também implicam perdas para os especuladores de Wall Street que haviam apostado no "dólar forte" e podem acarretar uma inflação ligeiramente maior, pois os produtos importados se tornam mais caros. Como sempre, há *trade-offs*, e o debate foi dominado pelas Finanças — que apenas via pelo seu lado — a ponto de um funcionário do Tesouro, a quem um jornalista pediu para se posicionar em relação às preocupações de Detroit de que, se o dólar se fortalecesse, a indústria automobilística teria mais dificuldade de exportar e competir com as importações do Japão, ter respondido que o dólar forte os estimularia a competir com mais vigor para vender ainda mais. Seu argumento, se fosse levado a sério, implicaria a revogação da lei da curva de demanda negativamente inclinada.

2. Para uma exposição particularmente ponderada, ver a de Arthur Levitt (ex-presidente da SEC) com Paula Dwyer (colaboradora), *Take On the Street: What Wall Street and Corporate America Don't Want You to Know. What You Can Do to Fight Back* (Nova York: Pantheon Books, 2002).

O escândalo Enron já produziu diversos livros citados na nota 1 do capítulo 10. Arianna Huffington, em *Pigs at the Trough: How Corporate Greed and Political Corruption are Undermining America* (Nova York: Crown, 2003), faz um ataque particularmente severo e divertido contra a America S. A. Até a imprensa especializada em negócios e finanças juntou-se ao ataque. Ver, por exemplo, Jerry Useem, "Have They No Shame?", *Fortune*, 14 de abril de 2003, pp. 56-64, e Janice Revell, "CEO Pensions: The Latest Way to Hide Millions", *Fortune*, 14 de abril de 2003, p. 68.

3. Ao escrever este livro, tive a sorte de me beneficiar de um grande número de obras que foram escritas por antigos membros do governo Clinton que refletiram sobre suas experiências, assim como de alguns excelentes materiais jornalísticos. Isso me permitiu justapor meus levantamentos e interpretações dos eventos aos de outros participantes dos mesmos eventos. Embora eles sejam extremamente congruentes, não surpreende que existam algumas diferenças de interpretação.

Devo mencionar, em particular, o excelente livro *The Fabulous Decade* (Nova York: Century Foundation Press, 2001) de meu colega e membro do Conselho Alan Blinder, e de minha sucessora como presidente do Conselho, Janet Yellen, que enfatizou a interpretação clássica do papel da redução do déficit na recuperação. Para estudos mais acadêmicos, ver Jeffrey A. Frankel e Peter R. Orszag, eds., *American Economic Policy in the 1990s* (Cambridge, MA: MIT, 2002). Entre as memórias que achei mais úteis estavam a de Arthur Levitt, *Take On the Street* (com Paula Dwyer), e a de Reed Hundt, ex-presidente da Comissão Federal de Comunicações, *You Say You Want a Revolution: A Story of Information Age Politics* (New Haven: Yale University Press, 2000), assim como as de Robert Reich, *Locked in the Cabinet* (Nova York: Knopff, 1997), e George Stephanopoulos, *All Too Human: A Political Education* (Boston: Little Brown, 1999). Entre os registros da administração Clinton, *The Agenda*, de Bob Woodward, fornece discussão detalhada da batalha do orçamento e seu livro *Maestro: Greenspan's Fed and the American Boom* (Nova York: Simon & Schuster, 2000) apresenta uma interpretação bastante diferente do *boom*. Elizabeth Drew apresenta uma completa discussão sobre os primeiros anos em *On The Edge* (Nova York: Simon & Schuster, 1994) e em *Showdown: The Struggle Between the Gingrich Congress and the Clinton White House* (Nova York: Simon & Schuster, 1995). Outros livros interessantes são os de Joel

Klein et al., *A Day with the Department of Justice: Leading Business Issues* (Washington, D. C.: National Legal Center for the Public Interest, 1997) e Steven E. Schier, ed., *The Postmodern Presidency: Bill Clinton's Legacy in U.S. Politics* (Pittsburgh: Pittsburgh University Press, 2000).

AGRADECIMENTOS [pp. 23-31]

1. A última edição de seu livro, *Manias, Panics and Crashes: A History of Financial Crisis*, 4ª ed. (Nova York: John Wiley & Sons, 2000), foi publicada antes que o ciclo de eventos aqui descritos fosse completado, mas qualquer leitor daquele livro vai perceber em que medida os eventos atuais se encaixam no padrão clássico. Ele escreve: "O que acontece, basicamente, é que algum evento altera o que se espera do futuro. Novas oportunidades de lucro são aproveitadas, e o são com exagero, de modo aparentemente tão irracional que parece ser uma mania. Uma vez que se descobre o exagero da expansão, o sistema financeiro sofre uma espécie de 'aflição', durante a qual a pressa em reverter o processo de expansão pode se precipitar a ponto de lembrar um pânico" (p. 2). Embora sua lista de setores que historicamente podem disparar uma mania não inclua as telecomunicações, ele destaca que "uma forma particular recente de alteração que põe o sistema em choque é a desregulamentação financeira ou liberalização" (p. 5).

2. E com quem apresentei um texto na Associação Americana de Contabilidade em 1987 que tocou em alguns dos assuntos discutidos adiante e que foi publicado como "Taxation, Information and Economic Organization", *Journal of the American Taxation Association*, vol. 9, nº 2, (primavera de 1988), pp. 7-18.

3. Os leitores são encaminhados àquele livro para uma lista daqueles com quem tenho uma dívida especial.

4. Ao listar esses membros da equipe do Conselho, não pretendo desmerecer outros que trabalharam duro em outras áreas como meio ambiente, mercado de trabalho, assistência à saúde, agricultura e recursos naturais. O Conselho atuava de modo colaborativo e os vários ramos da economia não podem ser compartimentados. Um dos grandes prazeres de estar no Conselho era acompanhar o crescimento dos economistas juniores — alguns dos melhores estudantes de pós-graduação do país — durante o ano que passavam no Conselho, de modo que, ao final, eram mais do que simples auxiliares de pesquisa e ofereciam importantes contribuições à análise das políticas.

A falta de espaço me impede de nomear cada um, mas eles estão listados no *Economic Report of the President* anual.

5. A importante pesquisa de Dickens com George Akerlof e Janet Yellen sobre a inflação é citada mais adiante.

6. Alan Krueger enunciou essas idéias, junto com seu colega de Princeton, David Card, em *Myths and Measurement: The New Economics of The Minimum Wage* (Princeton: Princeton University Press, 1995). Mais tarde, com Robert Solow, do MIT, ele editou *The Roaring Nineties: Can Full Employment Be Sustained?* (Nova York: Russel Sage Foundation, 2002).

7. Para um interessante relato do funcionamento do Conselho Econômico Nacional, ver Kenneth I. Juster e Simon Lazarus, *Making Economic Policy Work: An Assessment of the National Economic Council* (Washington, D. C.: Brookings Institution Press, 1996).

8. Alan S. Blinder e Janet L. Yellen, "The Fabulous Decade: Macroeconomic Lessons from the 1990s", em Krueger e Solow, eds., *The Roaring Nineties*, p. 166.

9. Embora isso não tenha a ver com este livro, fiquei tocado por seu profundo compromisso com o meio ambiente, sua insistência em assentar a formulação de políticas em base científica e por ter levado cientistas de primeira linha para a Casa Branca a fim de discutir políticas ambientais — tudo isso fez os primeiros anos do governo Clinton parecer um excitante seminário universitário, mas um seminário em que não apenas se discutia mas se praticava a formulação de políticas.

1. BOOM E COLAPSO: SEMENTES DA DESTRUIÇÃO [pp. 33-57]

1. Ver Charles P. Kindleberger, *Manias, Panics and Crashes: A History of Financial Crises* (Nova York: John Wiley & Sons, 1978).

2. Tomando emprestada a famosa frase de Alan Greenspan em seu discurso de 6 de dezembro de 1996. Para uma discussão da exuberância irracional do mercado de ações, ver Robert Shiller, *Irrational Exuberance* (Princeton: Princeton University Press, 2000).

3. Ao menos durante os anos de Clinton, os empréstimos foram feitos para financiar investimentos, em vez de, como no governo Reagan e no primeiro governo Bush, uma farra de consumo nacional. Tomar emprestado barato para fazer um investimento de elevado retorno tem sentido, se tudo dá certo: os retornos gerados são mais que suficientes para pagar o empréstimo, com juros.

4. Havia até uma preocupação com algum efeito adverso, pois alguns estados poderiam responder elevando as mensalidades escolares, deixando aqueles cujos pais não se beneficiassem do crédito fiscal menos capazes de pagar pelos estudos.

5. Esses tópicos estão mais elaborados em Joseph E. Stiglitz, *Globalization and Its Discontents* (Nova York: W. W. Norton & Company, 2002) [em português, *A globalização e seus malefícios*].

6. John Lloyd, "Who Lost Russia?", *New York Times Magazine*, 15 de agosto de 1999.

7. Podíamos ter esse comportamento econômico imprudente porque o dólar era de fato a moeda global. O problema com o sistema de reserva global foi uma das questões fundamentais que nós nem discutimos, quanto mais tentarmos algo.

8. Na Rússia, quando o Parlamento eleito resistiu às reformas que nós achávamos corretas, encorajamos Boris Yeltsin a usar decretos presidenciais, evitando o Parlamento. Quando Yeltsin parecia estar prestes a ser derrotado, olhamos para o lado enquanto a Rússia entregava seus ricos recursos aos oligarcas que em troca reelegeram Yeltsin. De modo similar, não demos a devida atenção à maneira como a concentração da mídia no setor privado pode resultar em uma falta de diversidade de pontos de vista que era pouco melhor do que uma mídia estatal. A velocidade da privatização parecia, às vezes, a única coisa que nos importava.

9. Pelo padrão de dois dólares por dia utilizado pelo Banco Mundial.

2. MILAGREIROS OU FELIZES ENGANOS? [pp. 58-82]

1. Um tema que atacaremos repetidamente é que os números devem ser tratados com cuidado: as taxas de crescimento declaradas foram desde então revisadas substancialmente para baixo.

2. Woodward, *Maestro: Greenspan's Fed and the American Boom*, p. 196.

3. Ibid., p. 13.

4. Tomando emprestado a memorável frase de E. Kane. Ver *The S&L Insurance Crisis: How Did It Happen?* (Washington, D. C.: Urban Institute Press, 1989).

5. Ver o trabalho não publicado de Alexander Theberge, "The Latin American Debt Crisis of the 1980s and Its Historical Precursors", 8 de abril de 1999. Ver www.columbia.edu/~ad245/theberge.pdf.

6. Há pesquisas e pouca evidência de que a confiança *medida* seja muito afetada pelos déficits; ela é muito mais sensível a variáveis como o desemprego e o próprio

crescimento. Mas aqueles que fazem alusão a "confiança" não têm muito interesse em testar suas afirmações estatisticamente.

7. Embora Reagan e os democratas do Congresso discordassem sobre a aplicação do dinheiro (Reagan querendo mais dinheiro para defesa, e menos para programas sociais), havia realmente pouca diferença nos *níveis* de gasto que eles defendiam.

8. Esta história é contada detalhadamente em Narith Aizenman, "National Security for Sale: How Our Obsession with Privatizing Government Has Left Us Vulnerable to Nuclear Terrorism", *Washington Monthly*, 17-23 de dezembro de 1997, e Stiglitz, *Globalization and Its Discontents*, op. cit.

3. O TODO-PODEROSO FED E SEU PAPEL EM INFLAR A BOLHA [pp. 83-109]

1. Para as minutas do Federal Open Market Committee, ver www.federalreserve.gov.//FOMC/transcripts/1996/19960924meeting.pdf.

2. John Maynard Keynes, *The General Theory of Employment, Interest and Money* (Londres: Macmillan, 1936) [em português, *Teoria geral do emprego, do juro e da moeda*].

3. Para uma excelente exposição dessas idéias, ver Burton Malkiel, *A Random Walk Down Wall Street* (Nova York: W. W. Norton & Company, 1974; ed. rev. 2002).

4. Minha pesquisa com Sanford Grossman, que mais tarde se tornaria professor curador de Finanças e diretor do Centro de Finanças Quantitativas da Wharthon School na Universidade da Pensilvânia, então meu colega em Stanford, tinha mostrado que havia, de certo modo, uma contradição interna na idéia de um mercado perfeitamente eficiente. Como argumentávamos, havia uma quantidade de desequilíbrios em equilíbrio. Ver Stiglitz e Grossman, "On the Impossibility of Informationally Efficient Markets", *American Economic Review*, vol. 70, nº 3 (junho de 1980), pp. 393-408.

5. A importância dessa linha de pesquisa foi reconhecida pela concessão do prêmio Nobel a Danny Kahneman, da Universidade de Princeton, em 2002. O *Journal of Economic Perspectives* publicava uma coluna regular escrita por Richard H. Thaler que descrevia essas "anomalias" de mercado.

6. The Federal Reserve, Remarks by Chairman Alan Greenspan, 30 de agosto de 2002: www.federalreserve.gov/BoardDocs/Speeches/2002/20020830/default.htm.

7. Transcrições das reuniões do Federal Open Market Committee, Meeting of the Federal Open Market Committee, 24 de setembro de 1996, p. 31; www.federalreserve.gov//transcripts/1996/19960924meeting.pdf.

8. Ver Milton Friedman e Anna Schwartz, *A Monetary History of the United States, 1857-1960* (Princeton: Princeton University Press, 1963).

9. Ver o Economic Report of the President, 1995 e 1996, em http://w3.access.gpo.gov/eop/.

10. É evidente que em muitos desses episódios Greenspan tinha aliados, que poderiam fazer parte do trabalho para ele. E em poucos casos, quando o território do Fed corria o perigo de ser invadido, ele estaria muito mais aberto. No início do governo Clinton, houve uma tentativa de reformar a regulamentação bancária. Os bancos estavam sujeitos à jurisdição de três, quatro, ou às vezes até mesmo cinco reguladores, e em nossa tentativa de tornar o governo mais eficiente, queríamos simplificar a regulação bancária, que havia evoluído de um modo mais ou menos caótico. O *comptroller of the currency* [funcionário do Departamento do Tesouro que regula os bancos nacionais e administra a emissão e resgate das notas dos bancos do Federal Reserve], que respondia ao secretário do Tesouro, era o principal (e mais antigo — desde 1863) regulador, mas o Fed também possuía sua jurisdição. Naturalmente, o Tesouro queria consolidar a regulação sob seu controle, e naturalmente o Fed resistia. Nós (o Conselho, trabalhando com o Tesouro e com a Casa Branca) propusemos um acordo que racionalizaria a regulação e também forneceria mais informações do tipo que o Fed necessitava para exercer suas responsabilidades macroeconômicas. O Fed resistiu — e venceu. Era fácil ver pelos argumentos especiosos que apresentou: não queria que seu território fosse invadido e, por mais ineficiente que o velho sistema pudesse ser, gostava das coisas como estavam.

11. Há uma possibilidade perversa: menores taxas de juros de curto prazo poderiam levar a maiores taxas de juros de longo prazo, se as menores taxas de curto prazo levassem a um estouro das expectativas inflacionárias; mas, como dissemos, não havia motivo para ter essa expectativa.

12. Na verdade, o termo é enganoso. Ele deveria ser chamado de taxa de desemprego que não aumenta a inflação (non-*increasing* inflation rate of unemployment, NIIRU).

13. Os exemplos recentes de inflação muito elevada ocorreram principalmente na América Latina. Argentina, Bolívia, Brasil, Chile, Peru e Uruguai experimentaram juntos uma taxa anual média de inflação de 121% entre 1970 e 1987. Na Bolívia ocorreu uma verdadeira hiperinflação durante esse período: os preços aumentaram 12 000% em 1985. No Peru, em 1988, uma quase hiperinflação ocorreu quando os preços aumentaram cerca de 2000% ao ano, ou 30% ao mês. Ver: www.econlib.org/library/Enc/Hyperinflation.html.

14. John Cassidy fornece um *insight* surpreendentemente franco sobre as maquinações internas. Ver seu artigo na *New Yorker*: "Fleeing the Fed", 19 de fevereiro de 1996.

15. Uma outra indicação mais liberal para o Fed, a de Alicia Munnell, uma economista bastante respeitada que fora secretária assistente do Tesouro, também foi rejeitada. Mais tarde, ela se juntaria ao Conselho de Consultores Econômicos, onde deu contribuições particularmente importantes para o debate da reforma da Seguridade Social.

4. DESREGULAMENTAÇÃO DESEMBESTADA [pp. 110-35]

1. Paul Starr, "The Great Telecom Implosion", *The American Prospect*, 9 de setembro de 2002.

2. Reed E. Hundt, *You Say You Want a Revolution: A Story of Information Age Politics* (New Haven: Yale University Press, 2000).

3. Presidente da FCC, Michael K. Powell, num discurso na Goldman Sachs Communicopia Conference, FCC, em 2 de outubro de 2002.

4. Peter W. Huber, "Telecom Undone — A Cautionary Tale", *Commentary*, 1º de janeiro de 2003. Ver www.manhattan-institute.org/html/_comm-telecom.htm.

5. Ibid.

6. Este conjunto de idéias ficou conhecido como "contestabilidade". Mesmo quando a experiência demonstrava que o princípio central de que tudo o que se exigia para garantir lucros nulos e preços baixos era *concorrência potencial*, a teoria econômica estava explicando as limitações dessa teoria. Para uma discussão da doutrina da contestabilidade, ver, por exemplo, William Baumol, "Contestable Markets: An Uprising in the Theory of Industry Structure", *American Economic Review*, vol. 72, nº 1 (março de 1982), pp. 1-15; para uma crítica, ver D. McFadden, S. Peltzman e J. Stiglitz, "Technological Change, Sunk Costs, and Competition", *Brooking Papers on Economic Activity*, vol. 3, Special Issue on Microeconomics (1987), pp. 883-947.

7. Ou corporatização, na qual uma empresa governamental, como a Amtrak, é estabelecida. A proposta que nós, de fato, enviamos ao Congresso solicitava autorização para estabelecer uma nova empresa governamental, em vez da privatização. Nós achávamos que a privatização poderia parecer muito "radical" para os defensores dos jatos empresariais pró-negócios.

8. Havia um outro elemento nessa história, uma de nossas poucas incursões na re-

dução do bem-estar empresarial: os jatos empresariais eram, por acaso, produzidos em Nebraska, terra natal do líder republicano no Senado, Bob Dole, e na Geórgia, terra natal do líder do Congresso, Newt Gingrich. Os jatinhos eram simbólicos do bem-estar empresarial; mas será que a política também não teve um papel em nossa iniciativa?

9. Não obstante, em novembro de 2000, apenas nove meses depois que a nova legislação foi aprovada, a OMC estabeleceu que essa, também, não era condescendente. O conflito comercial começou em janeiro de 2000, quando um tribunal diferente da OMC decidiu que a lei das Foreign Sales Corporation (FSC) era ilegal sob as mesmas regras da OMC. O Congresso substituiu essa lei pela da Extraterritorial Income Exclusion (ETI), mas esta também foi considerada ilegal. (O caso ainda estava em andamento em abril de 2003.)

10. Nono Relatório Anual da FCC, de 31 de dezembro de 2002. Ver Katherine Reynolds Lewis, "Cable's Share of Market Slips As Satellite Picks Up", *Los Angeles Times*, 1º de janeiro de 2003.

5. CONTABILIDADE CRIATIVA [pp. 136-60]

1. Ver Arthur Levitt, com Paula Dwyer, *Take On the Street: What Wall Street and Corporate America Don't Want You to Know. What You Can Do to Fight Back*, e Julie Kosterlitz e Neil Munro, "Full Disclosure", *The National Journal*, 23 de fevereiro de 2002.

2. Arthur Levitt, com Paula Dwyer, op. cit.

3. Era um julgamento político: Levitt se preocupava com o fato de que as conseqüências de não recuar, enfrentando a cólera do Tesouro, seriam ainda mais terríveis e, no final, a proposta das opções seria derrotada de qualquer modo.

4. As exigências de divulgação de informações nos Estados Unidos eram muito mais fortes do que em muitos outros países, e quando a remuneração dos executivos disparou, surgiram artigos freqüentes na imprensa sobre negócios, enfatizando o pagamento aparentemente exorbitante de um ou outro executivo. Mas a informação não era apresentada sistematicamente, de uma maneira que permitisse que os investidores avaliassem o impacto sobre o valor da ação, e com todas as distorções na contabilidade (a serem descritas adiante), os investidores tinham pouca noção do valor da remuneração em relação ao *verdadeiro* aumento no valor da empresa. Enquanto os preços das ações estivessem subindo, nada importava muito; mas quando o *boom*

chegou ao fim, os investidores decidiram que precisavam examinar mais de perto o que estava acontecendo.

5. Depois da falência da Enron, todos os analistas que haviam recomendado suas ações, e os bancos que lhe haviam emprestado dinheiro, argumentaram que ninguém, nem mesmo os especialistas, poderiam ter imaginado o significado de suas notas de rodapé.

6. Algumas empresas que usam *stock options* argumentaram que há uma diferença entre pagar US$ 10 milhões a um CEO e dar-lhe uma opção sobre ações valendo US$ 10 milhões; embora as duas signifiquem que sobra menos para os outros acionistas, são diferentes as implicações para a posição do caixa da empresa. Em indústrias nas quais as empresas enfrentam com freqüência fortes restrições de liqüidez, essa diferença pode ser importante. O modo apropriado de lidar com isso é ter arcabouços contábeis que forneçam informações abrangentes sobre a posição de liqüidez da empresa.

7. Há alguns limites técnicos, que não precisam nos deter aqui.

8. O parágrafo precedente discute o tratamento tributário das *stock options* de incentivo (opções qualificadas), que foram usadas em aproximadamente metade de todas as empresas que concederam opções no final dos anos 90. Com opções não qualificadas, as companhias poderiam deduzir de seus impostos os ganhos de seus funcionários quando estes exercessem suas opções, mas não precisavam informar esse gasto aos acionistas, em suas declarações de renda. Conseqüentemente, opções não qualificadas permitiam que as empresas simultaneamente exagerassem seus lucros declarados e minimizassem seus impostos. Para uma discussão adicional, ver Myron S. Scholes, et al., *Taxes and Business Strategy*, 2ª ed. (Englewood Cliffs, NJ: Prentice Hall, 2001).

9. Ver, por exemplo, Jerry Useem, "Have They No Shame?", op. cit.

10. Ver Adolf A. Berle and Gardiner C. Means, *Modern Corporation and Private Property* (Nova York: Commerce Clearing House, 1932).

11. O trabalho sobre a economia da informação, pelo qual George Akerloff, A. Michael Spence e Joseph Stiglitz receberam o prêmio Nobel de Economia em 2001, tinha como foco esses problemas de assimetrias de informação, nos quais uma parte (no caso, o executivo) sabe mais do que a outra parte (no caso, o acionista).

12. Não há nenhuma definição simples de derivativos. Eles são ativos (ou apostas) que são *derivados* de outros ativos — daí seu nome. Uma opção — o direito de comprar uma ação a um preço fixo (chamado de *strike price*, ou preço de exercício) — é

um derivativo, no sentido de que seu valor deriva da ação subjacente; o comprador desta opção obtém todo o ganho que exceder o *strike price*. Uma *put* — o direito de vender uma ação a um preço fixo — dá ao seu comprador a diferença entre o *strike price* e o preço verdadeiro, quando o valor da ação cai abaixo do seu *strike price*. Os derivativos podem se basear em taxas de juros, nos preços do petróleo, ou em combinações de dois ou mais preços.

13. "A Andersen não é nenhuma estranha em esquemas de negócios fraudulentos. Ela tem capacitado outras companhias que realizaram alguma prática de explorar o público", disse [o procurador-geral de Connecticut Richard] Blumenthal. "A Andersen estava profundamente envolvida no escândalo da Waste Management, implicando [...] uma recuperação de milhões de dólares de investidores vítimas [... e] era um participante central na fraude da Colonial Realty que [...] no final [levou a] pagamentos pela empresa e proibições em certas atividades" — press release do Gabinete do Procurador-Geral de Connecticut, 5 de fevereiro de 2002. Ver www.cslib.org/attygenl/press/2002/other/aasubp.htm

6. OS BANCOS E A BOLHA [pp. 161-90]

1. IPOS é a abreviação de "Initial Public Offerings" [ofertas públicas iniciais] — as primeiras ofertas de uma ação no mercado; costumam ser vendidas a um preço bem abaixo do valor a que elas chegam quase imediatamente após sua emissão; por isso, a posse dessas ações é tão valorizada. As IPOS são discutidas abaixo com maiores detalhes.

2. Os leitores interessados em uma descrição mais extensa da conduta imprópria de quase todos os principais bancos de investimento e comerciais nos EUA devem ler as descobertas do Procurador-Geral do Estado de Nova York em www.oag.state.ny.us/press/statements/global_resolution.html.

3. As questões discutidas neste parágrafo relacionam-se com aquilo que é mais amplamente conhecido como problema da governança empresarial, que discuto com mais detalhes mais adiante neste capítulo. A discussão moderna da administração empresarial tem origem com Berle & Means, *Modern Corporation and Private Property*, embora discussões convincentes tenham ocorrido anteriormente, por exemplo, com Alfred Marshall (ver Alfred Marshall, *Principles of Economics* [Londres: Macmillan, 1928]). Seu estudo dos desafios que a ciência econômica enfrentaria no século seguin-

te trata de questões que hoje são conhecidas como governança empresarial. No início e em meados dos anos 80, comecei a olhar para esse problema através das lentes da informação assimétrica e dos bens públicos. Ver J. E. Stiglitz, "Credit Markets and the Control of Capital", *Journal of Money, Banking and Credit*, vol. 17, nº 2 (maio de 1985), pp. 133-52. Ver também Andrei Shleifer e Robert Vishney, "A Survey of Corporate Governance", *Journal of Finance*, vol. LII, nº 2 (junho de 1997).

4. Em abril de 2003, Jack Grubman e Henry Blodget fizeram um acordo em que concordaram com o banimento vitalício da indústria, junto com multas de quase US$ 20 milhões, embora sem admitirem culpa. No mesmo acordo, o presidente do conselho de administração e CEO do Citigroup, Sanford I. Weil, concordou em ser impedido de se comunicar com os analistas de ações da sua empresa sobre as companhias que eles cobriam, a menos que um advogado estivesse presente. Antes de sua derrocada, Grubman havia sido classificado pela *Institutional Investor* como o melhor analista do setor de telecomunicações. Somente Meeker permanece em seu emprego.

5. A reputação da Goldman Sachs nem sempre pareceu tão imaculada; nos anos que levaram à Grande Depressão, parece que foi flagrada ao se envolver em algumas práticas repulsivas. Ver John K. Galbraith, *The Great Crash*, 1929 (Cambridge, MA: Riverside Press, 1954). Um breve sumário de parte do que a Goldman Sachs fez pode ser encontrado em http://politics.guardian.co.uk/columnist/story/0,9321,901295,00.html.

6. Embora nem a UrbanFetch.com nem a Kozmo.com fossem negociadas publicamente, a simples existência delas é um exemplo da superexuberância do mercado.

7. Entre os que contribuíram bastante para esta linha de pesquisa estão Roman Frydman da Universidade de Nova York e Michael Woodford da Universidade de Princeton.

8. Trocas de presente são trocas nas quais uma das partes dá um "presente" para a outra, normalmente na expectativa de que o presente seja retribuído. Os analistas deram um presente para a companhia — relatórios inchados — e a companhia deu um presente para o analista — informações que ela tornou disponível para apenas o analista. As trocas de presentes podem ser analisadas de maneira bastante parecida com um mercado (há usualmente uma compreensão implícita a respeito do valor dos presentes que estão sendo trocados). As trocas de presentes são freqüentemente usadas quando as trocas formais, de mercado, seriam inadequadas, como nas relações sociais, ou ilegais ou impróprias. Seria ilegal, ou certamente impróprio, que o analista pedisse uma propina para fornecer um bom relatório.

9. A magnitude do "roubo" é enorme: 309 IPOS, na maioria de empresas de alta tecnologia, geraram mais de *US$ 50 bilhões* de lucros no primeiro dia de negociação,

mais do que o montante real levantado pelos emissores, e vinte vezes o montante das taxas de subscrição dessas emissões — significando que se somente 5% desta quantia retornasse aos bancos de investimento, suas receitas com os negócios teriam duplicado.

10. Obviamente, se a informação fosse perfeita, isso poderia não importar. Os acionistas, sabendo da generosidade dos bancos, poderiam até mesmo decidir procurar uma redução correspondente no montante dos cheques de pagamento que iam para executivos da companhia. Em mercados competitivos, os executivos são pagos com a quantia necessária para recrutá-los. Eles não se importam com a forma de pagamento. Se ganham mais em alocações de IPO, pedem menos na forma de salário, bônus e *stock options*. Mas no mundo da ganância e da falta de transparência que marcou os EUA nos exuberantes anos 90, os executivos não tornavam públicas as informações sobre suas alocações de IPOs, e a remuneração total deles não foi ajustada para compensar o que recebiam dos bancos de investimento.

11. O Reconstruction Finance Corporation (RFC) Bank foi fundado durante o governo Hoover para fornecer liqüidez e restaurar a confiança no sistema bancário. Em fevereiro de 1933, quando houve problemas bancários em Detroit, o RFC concordou em ajudar um banco com problemas, o United Guardian Trust. O president Roosevelt herdou o RFC. Ele e seus colegas, bem como o Congresso, acharam que a independência e a flexibilidade do RFC eram particularmente úteis. O RFC era uma agência do executivo com capacidade para obter financiamento por meio do Tesouro, fora do processo legislativo normal. Assim, o banco poderia ser usado para financiar uma variedade de projetos e programas preferidos sem obter aprovação do Legislativo. Os empréstimos do RFC não contavam como gastos orçamentários, então a expansão do papel e da influência do governo através do RFC não se refletiam no orçamento federal.

12. Talvez não seja acidental que os dois bancos de investimento mais envolvidos no escândalo da Enron, o Citigroup e o J. P. Morgan Chase, tivessem operações significativas de bancos comerciais e que foram criadas somente por decorrência da revogação da lei Glass-Steagall. (Ver audiência do Comitê de Assuntos Governamentais do Senado de julho de 2002 e John. R. Emshwiller, Anita Raghavan, e Jathon Sapsford, "How Wall Street Greased Enron's Money Machine", *Wall Street Journal*, 14 de janeiro de 2002.) Isso dito, vale notar que mesmo que a Glass-Steagall não tivesse sido revogada, teriam ocorrido todos os outros problemas que discutimos; a revogação não estava no centro da história, mas tornou uma situação ruim ainda pior.

13. Tribunal Americano de Falências, Distrito Sul de Nova York, "Primeiro Relatório Interino de Dick Thornburgh, Investigador do Tribunal de Falências", 4 de novembro de 2002, p. 8.

14. Gretchen Morgenson, "More Clouds Over Citigroup in Its Dealings with Ebbers", *New York Times*, 3 de novembro 2002, seção 3, p. 1.

15. Carta de demissão de Jack Grubman da Salomon Smith Barney, 15 de agosto de 2002, disponível em www.citigroup.com/citigroup/press/2002/data/020815d1.pdf.

16. Evidentemente, como notamos em outras partes deste livro, Smith estava mais consciente das limitações desse argumento — de que quando os indivíduos perseguem seus próprios interesses, eles promovem o bem-estar geral da sociedade — do que muitos dos seguidores modernos de suas doutrinas. Mas Smith não compreendia plenamente as limitações impostas pela informação imperfeita.

17. Os defensores de opções como forma de recompensar os executivos costumavam supor implicitamente que os mercados eram racionais e bem informados, pois, nesse caso, o valor de mercado aumentaria se, e somente se, os executivos aumentassem a lucratividade de longo prazo da empresa. Os executivos ficaram com a responsabilidade de fornecer informações que capacitariam o mercado a calcular o valor da empresa de modo preciso — mas receberam incentivos para não fazer isso.

18. Há algumas complicadas sutilezas envolvendo *quais* acionistas arcam e *quais* deveriam arcar com os custos.

7. CORTES NOS IMPOSTOS: ALIMENTANDO O FRENESI [pp. 191-9]

1. Os dois partidos responsabilizaram-se um ao outro pelo insucesso no corte dos gastos. O fato é que os governos de Reagan e Bush não propuseram cortes de gastos que teriam equilibrado o orçamento; o desacordo entre o Executivo e o Congresso não era tão grande quanto ao nível de gastos como era no que se referia à maneira como o dinheiro deveria ser alocado, por exemplo, em defesa versus serviços sociais.

2. Em 1996, em sua campanha presidencial, o candidato republicano Robert Dole defenderia uma outra dose da economia vodu. Os democratas, e o povo americano em geral, não queriam saber disso.

3. Tecnicamente, refere-se a isso como uma elevação da base de cálculo em decorrência da morte.

4. Do mesmo modo, até algumas tentativas de melhorar a contabilidade (tendo em vista a forma de compromisso que elas assumiam) tiveram o efeito oposto ao pretendido. As empresas ganharam o direito de *não debitar como despesas* certas opções — "opções de plano fixo", que são opções com um preço de exercício fixado. A intro-

dução de quase qualquer tipo de complexidade no modelo de opções, inclusive basear as opções em desempenho *relativo*, resulta em um plano de opção que *deve ser lançado como despesa*. Lançar como despesa era necessário para aqueles tipos de opções cujas avaliações fossem difíceis. O desejo de evitar que as informações se tornassem públicas contribuía para o uso de planos de opções que se distanciavam do ótimo. (Ao mesmo tempo, deve-se reconhecer que uma empresa poderia fornecer as mesmas estruturas de incentivo *sem* utilizar opções — e, às vezes, com maiores vantagens tributárias. Ademais, o fracasso em utilizar arranjos de opções bem concebidos antecedeu as novas regras contábeis.)

8. O RISCO COMO MODO DE VIDA [pp. 200-19]

1. Na época da conclusão deste livro, as deficiências no sistema privado de pensões tornavam-se cada vez mais objeto de escrutínio, com ampla cobertura jornalística.

2. A preocupação de que a inflação retornaria realmente existia — parte da razão de os preços dos bônus de longo prazo serem tão mais elevados do que os de curto prazo era a preocupação de que, no longo prazo, haveria algum período com inflação elevada, levando a altas taxas de juros de curto prazo.

3. Alguns dirigentes de bancos centrais propunham ainda outro argumento. Se pessoas em número suficiente tivessem bônus indexados, muito poucas sentiriam perdas enormes com a inflação; portanto, a cruzada contra a inflação estaria minada. Em suma, eles *queriam* que as pessoas sofressem com a inflação. O argumento de que os bônus indexados protegiam os aposentados da inflação não era um argumento a favor dos bônus, mas contra. Eu achava que isso ilustrava o abismo que separava, no modo de pensar, tantos dirigentes de bancos centrais de outros dirigentes do resto da economia, como também ilustrava os temas do capítulo 3 a respeito da independência dos bancos centrais.

4. O Conselho pôs em discussão outras idéias, como por exemplo "*puts*" (opções de venda) para a inflação, que lidariam particularmente com os receios de alguns participantes do mercado, os quais sentiam que poderiam administrar pequenas variações na inflação — era a pequena possibilidade de um grande aumento na taxa de inflação que fazia com que a taxa de longo prazo ficasse freqüentemente muito maior do que a de curto prazo. *Puts* para a inflação eram uma forma de seguro do governo, que nossos cálculos apontavam que gerariam renda substancial, tornando desnecessário empreender algumas tramóias para equilibrar o orçamento, que podem se revelar tão

custosas, especialmente no longo prazo (tal como a venda da empresa governamental que produz o ingrediente principal de armas nucleares, urânio enriquecido).

5. Uma avaliação recente da qualidade das respostas por telefone do sistema de Seguridade Social atribuiu-lhe classificações comparáveis às das três maiores empresas privadas.

6. Mamta Murthi, J. Michael Orszag e Peter R. Orszag, "The Charge Ration on Individual Accounts: Lessons from the U.K. Experience", Birkbeck College Working Paper 99-2. Março de 1999.

7. Consistência intelectual não tem sido, como observamos repetidamente, o ponto forte do discurso político. George W. Bush fingiu levar seriamente em consideração projeções orçamentárias, baseadas em crescimento elevado, para seus cortes tributários. Se as projeções de crescimento mais rápido que foram usadas para o enorme corte tributário de Bush II tivessem muita validade, então o problema fiscal da Seguridade Social — o problema que originalmente motivou a reforma — teria sido limitado, solapando o argumento a favor da privatização.

8. Há várias outras imperfeições nos mercados de capitais. Por exemplo, um indivíduo pode não obter seguro contra riscos importantes com os quais se preocupa, e freqüentemente há racionamento de crédito e de capital acionário. Embora algumas dessas aparentes imperfeições de mercado possam ser explicadas por informação assimétrica, outras (como a incapacidade de comprar seguro contra a inflação) não podem.

9. Thaler descreveu um conjunto de outras anomalias nos mercados que podem ser somente ou mais bem explicadas por irracionalidades de mercado. Ver Daniel Kahneman, Jack Knetsch e Richard Thaler, "Anomalies: The Endowment Effect, Loss Aversion, and Status Quo Bias", in *Journal of Economic Perspectives*, vol. 5, nº 1 (inverno de 1991), pp. 193-206. Ver também as colunas regulares sobre anomalias do mercado financeiro no *Journal of Economic Perspectives*, e Shiller, *Irrational Exuberance*.

9. GLOBALIZAÇÃO: PRIMEIRAS INCURSÕES [pp. 220-54]

1. Em *Globalization and Its Discontents* (Nova York: W. W. Norton & Company, 2002), explico com muito mais detalhes as freqüentemente bem fundamentadas fontes desse descontentamento com a globalização, *tal como tem sido gerida*, e como as regras e instituições que governam a globalização podem ser reformadas de modo a capacitar a globalização a cumprir sua promessa. Eu argumento que, com essas reformas, a globalização pode elevar o crescimento e reduzir a pobreza nos países menos

desenvolvidos; mas sem tais reformas, a pobreza pode aumentar, o crescimento pode ser impedido e a democracia pode ser enfraquecida.

2. Em especial, a liberalização completa do mercado de capitais, que possibilitou a onda de capital especulativo de curto prazo para dentro e fora de um país. Veja a discussão abaixo e *Globalization and Its Discontents.*

3. Em diversas visitas à Argentina nos anos imediatamente anteriores à crise, escutei várias vezes essas queixas. O próprio governo argentino estava preocupado e elaborou um programa especial de empréstimos, mas que parece ter sido de efetividade limitada. Mais recentemente, numa visita ao México em 2002, quando somente um grande banco permancia nas mãos dos mexicanos, ouvi expressões de preocupação semelhantes, inclusive de funcionários de alto escalão do normalmente conservador Banco Central. Estudos realizados pelo Banco Mundial sugerem que a evidência sobre esses efeitos provenientes da entrada de bancos estrangeiros é ambígua.

4. Em 2001, o valor do algodão que os produtores rurais produziram aos preços internacionais foi de aproximadamente US$ 3,5 bilhões, mas eles receberam um adicional de US$ 4 bilhões do governo. Os subsídios americanos são o dobro dos US$ 1,9 bilhão permitidos pela OMC. A Oxfam estima que o custo total para os produtores de algodão africanos em 2001 foi de US$ 301 milhões — veja www.oxfam.org/eng/pdfs/pp020925_cotton.pdf.

5. O argumento de que sem tais restrições as companhias farmacêuticas não teriam incentivo para produzir medicamentos não era convincente. Com os preços elevados, elas vendiam pouco, por exemplo, na África. Com a maioria dos medicamentos caros altamente regulamentados, vendidos, em larga medida, por meio de hospitais e de receitas e cobertos por um seguro contra terceiros, seria relativamente fácil limitar a extensão da revenda.

6. A preocupação de que países ricos tentassem tratados desiguais para chutar para longe a escada pela qual haviam chegado ao topo foi levantada no século XIX por Friedrich List, um dos principais economistas alemães. Ver Ha-Joon Chang, "History Debunks the Free Trade Myth", *The Guardian*, 24 de junho de 2002.

7. Para uma excelente discussão das questões de direitos de propriedade intelectual, ver Michael Perleman, *Steal This Idea: Intellectual Property and the Corporate Confiscation of Creativity* (Nova York: Palgrave, 2002).

8. Ver "International Competition Policy", em www.ids.ac.uk/tradebriefings/ ti5.pdf.

9. Como observamos no capítulo 2, o *dumping* era somente parte do problema. O ardor excessivo pela redução do déficit (baseado numa contabilidade equivocada),

ideologia e interesses especiais combinaram-se para levar à privatização da USEC. Estava claro, no entanto, que a empresa privatizada teria todo o incentivo para se manter distante do material russo, o que deprimiria preços e lucros. Infelizmente, essas preocupações se revelaram demasiado precisas. Uma revista rotulou essa aventura de "Segurança Nacional à Venda" — ver Nurith Aizenman, "National Security for Sale: How Our Obsession with Privatizing Government Has Left Us Vulnerable to Nuclear Terrorism", op. cit.

10. Ver Daniel Lederman, Anna María Menéndez, Guillermo Perry e Joseph E. Stiglitz, "Mexico Five Years After the Crisis", in *Annual Bank Conference on Development Economic 2000* (Washington, D. C.: World Bank, 2001), pp. 263-82.

11. Elas também foram chamadas de reformas "neoliberais", ou de "reformas fundamentalistas de mercado", porque se baseavam na ideologia conservadora do livre mercado de Reagan e Thatcher, que estavam no poder quando essas idéias foram desenvolvidas.

12. Estes eram conhecidos como o problema do risco moral.

13. Os únicos mercados emergentes importantes que não sofreram crises foram os da China e da Índia, que não seguiram o conselho do FMI/Tesouro para liberalizar seus mercados de capitais.

14. Essa discussão baseia-se em Joseph Stiglitz, "A Fair Deal for the World", *New York Review of Books*, vol. 49, nº 9, 23 de maio de 2002, no qual está mais aprofundada.

15. Este não foi o único exemplo em que, em retrospecto, o Tesouro colocou os interesses dos mercados financeiros acima da segurança nacional. Na nota 9 acima, descrevi como o Tesouro pressionou pela privatização da U. S. Enrichment Corporation, responsável pela produção de urânio enriquecido utilizado em armas atômicas, e pela importação de material nuclear das ogivas de mísseis da Rússia — uma política que claramente representava um risco de proliferação nuclear. Até o chefe da CIA naquela época apoiou o Conselho de Consultores Econômicos sobre a falta de visão; mas a privatização era da jurisdição do Tesouro, e ele prevaleceu. Mais tarde, depois que as preocupações com o terrorismo cresceram com o ataque à embaixada americana no Quênia, estudaram-se formas de obstruir fundos aos terroristas. Eu havia deixado o governo Clinton naquela época, mas de acordo com Joe Klein, Samuel (Sandy) Berger, chefe do Conselho de Segurança Nacional, disse ser impossível mudar a opinião do Tesouro. Klein relata que os secretários do Tesouro Rubin e Summers preocupavam-se com o risco de que medidas enérgicas, como guerras cibernéticas, ameaçariam a estabilidade do sistema financeiro internacional, e cita um funcionário que teria dito:

"Esta era uma questão nevrálgica para o Tesouro" — ver Joe Klein, *The Natural: The Misunderstood Presidency of Bill Clinton* (Nova York: Doubleday, 2002), p. 190.

16. Embora o Banco Mundial seja uma instituição internacional, com membros de 184 países, a Europa e os Estados Unidos possuem a maioria dos votos e têm concordado entre si em ter sempre um americano presidindo o Banco Mundial e um europeu presidindo o FMI. Esse arranjo clubístico tem sido cada vez mais atacado.

17. A porcentagem da população que vive abaixo dos US$ 2 por dia aumentou na América Latina de 35,5% em 1987 para 36,4% em 1998.

18. Isso fazia parte da iniciativa "Publish What You Pay" [Divulgue o que você paga], lançada em junho de 2002 por George Soros, Global Witness e Save the Children UK. Em setembro de 2002, Tony Blair anunciou que o governo do Reino Unido pretendia liderar uma iniciativa internacional para evitar a má administração das receitas pagas pelas companhias petrolíferas, de gás e mineradoras.

19. A boa notícia é que, embora o programa fosse limitado, aqueles que conseguiram aproveitar se beneficiaram com crescimentos significativos nas exportações (a partir de uma base freqüentemente reconhecida como muito baixa).

10. ENRON [pp. 255-79]

1. *Enron: The Rise and Fall* (Nova York: John Wiley & Sons, 2003), de Loren Fox, oferece um exame detalhado e profundo do caso da Enron. Para a história da ex-executiva e delatora da Enron Sherron Watkins, ver o livro de Mimi Swartz (escrito com Watkins) *Power Failure: The Inside Story of the Collapse of Enron* (Nova York: Doubleday, 2003). Ver também *Anatomy of Greed: The Unshredded Truth from an Enron Insider*, de Brian Cruver (Nova York: Carroll & Graf, 2002).

2. Para uma discussão dos esquemas Ponzi e de outros similares, ver Charles P. Kindleberger, *Manias, Panics, and Crashes*, op. cit.

3. Como vimos no capítulo 4, alguns economistas foram mais longe: mesmo se houver uma única empresa em determinado setor, uma monopolista, não precisamos nos preocupar com o exercício do poder de mercado porque se ela cobrar muito acima do preço mais baixo com o qual poderia sobreviver, algum outro rival potencial entrará no setor. Basta haver competição potencial. Esse argumento teve menos influência na desregulamentação do setor de eletricidade do que na desregulamentação da aviação (e mesmo lá, se mostrou errado).

4. A Pacific Gas & Electric, maior empresa de serviço público da Califórnia, foi à

falência no dia 6 de abril de 2001. Ela alegou que a crise de energia levou a dívidas de US$ 9 bilhões.

5. O fato de ir à falência não tirou completamente as companhias de eletricidade da lista de suspeitos. Afinal de contas, elas podem ter começado pensando que poderiam ampliar seus lucros, mas quando as coisas fugiram do controle, acabaram perdendo. Mas isso sugere que havia outras partes culpadas.

6. Fox, *Enron: The Rise and Fall*, p. 200.

7. Ver Paul Krugman, "Frank Thoughts on the California Crisis", www.wws.princeton.edu/~pkrugman/wolak.html.

8. A experiência na Califórnia ilustra a dificuldade de se adotar uma desregulamentação "correta." Parte da razão é que, mesmo num estado grande como a Califórnia, a competição em geral pode ser limitada. Os defensores da desregulamentação reconheceram que provavelmente não haveria competição na transmissão, mas presumiram que haveria intensa competição na geração e no comércio varejista, e muitos subestimaram os problemas de fazer um mercado competitivo funcionar quando uma peça central — transmissão — era essencialmente um monopólio. Parte da razão também tinha a ver com a "economia política": embora os críticos da regulamentação reclamassem da politização do processo regulador (com reclamações similares a respeito da propriedade governamental), eles fracassaram em perceber que o processo de desregulamentação (como o processo de privatização) está repleto dos mesmos problemas, e com resultados potencialmente ainda piores. Alguns interpretam as falhas na Califórnia como conseqüência tanto de batalhas políticas entre as empresas distribuidoras e as empresas geradoras (e das preocupações dos fornecedores de eletricidade com os custos abandonados), como do desejo de proteger os consumidores.

Alguns esforços de desregulamentação (Pensilvânia, Nova Jersey) parecem ter tido muito mais sucesso — até agora — do que o da Califórnia. De qualquer modo, vale enfatizar que a Enron e outras empresas que manipulavam preços eram apenas uma parte do problema; é plausível que as próprias empresas geradoras teriam causado quase tanta perturbação sozinhas, sem a ajuda da Enron.

9. Fox, *Enron: The Rise and Fall*, p. 210

10. Ver www.house.gov/reform/min/pdfs/pdf_inves/pdf_admin_enron_jan_16_let.pdf.

11. DESMASCARANDO OS MITOS [pp. 280-90]

1. Há atualmente uma extensa literatura sobre essas questões. Ver, por exemplo, Alan J. Auerbach, ed., *Corporate Takeovers: Causes and Consequences* (Chicago: University of Chicago Press, 1988), que inclui o artigo de Andrei Shleifer e Lawrence H. Summers, "Breach of Trust in Hostile Takeovers".

2. O crescimento na Suécia de 2000 a 2002 foi de, respectivamente, 4,4%, 0,8% e 1,5%; nos Estados Unidos, 3,8%, 0,3% e 2,4%, de acordo com a EIU Country Data.

12. RUMO A UM NOVO IDEALISMO DEMOCRÁTICO: VISÃO E VALORES [pp. 291-325]

1. O termo "terceira via" ganhou conotações diferentes e, em alguns casos, totalmente específicas nos diferentes países. Ao utilizá-lo não desejo invocar qualquer debate anterior ou as paixões que eles provocaram. Não quero dizer nada além do que digo: uma terceira via entre o socialismo, no qual o governo desempenha um papel intrusivo na economia, e a economia do *laissez-faire*, na qual o governo não desempenha nenhum papel.

2. Minha própria pesquisa ajuda a explicar por que os mercados fornecem seguro inadequado e identifica os elevados custos da ausência de seguro. Mas ela também mostra que sempre que há seguro o segurador tenta "regular o comportamento", para reduzir o risco do segurado contra a ocorrência do evento. Dessas perspectivas, o seguro-depósito amplia o bem-estar, mas precisa ser acompanhado de supervisão para garantir que os riscos que cobre se tornem menos prováveis de ocorrer.

3. Do mesmo modo, alguns conservadores culpam o seguro-depósito do governo pelas crises financeiras. Mesmo países sem seguro-depósito — e sem regulação adequada — têm se defrontado com crises financeiras (a Suécia forneceu o exemplo mais recente, no início dos anos 90), e essas crises ocorreram repetidamente, bem antes que o seguro-depósito se tornasse parte do cenário.

4. H. Simon, "Organizations and Markets", *Journal of Economic Perspectives*, vol. 5, nº 2 (1991), p. 28.

5. Ver capítulo 2.

6. Havia uma terceira doutrina, que tinha alguma influência entre os economistas mas que nunca exerceu muita influência sobre o público em geral, segundo a qual se-

ria possível separar questões de eficiência e de eqüidade. Conforme essa concepção, os economistas deveriam se concentrar apenas na eficiência, deixando para o processo político a discussão das questões distributivas.

7. Este não foi o primeiro episódio desse tipo. Karl Polanyi, em *The Great Transformation* (Beacon Hills, MA: Beacon Hill Press, 1944), descreve o empobrecimento da classe trabalhadora durante o século XIX; a piora nas condições de vida resultou em vidas mais curtas — e, segundo alguns relatos, em indivíduos mais baixos. Mais recentemente, na América Latina, aumentou o número daqueles que vivem na miséria (de acordo com o padrão de US$ 2 por dia), mesmo enquanto o PIB aumentava.

8. Através do crédito tributário sobre a renda auferida.

9. Os mercados também estão relacionados a fins políticos; os conservadores têm corretamente enfatizado a importância da liberdade de escolha associada aos mercados — ver Milton e Rose Friedman, *Free to Choose: A Personal Statement* (New York: Harcourt Brace Jovanovich, 1980). Mas, como mostro mais adiante, as ações de uma pessoa freqüentemente invadem o bem-estar de outra e, às vezes, até mesmo a sua própria liberdade de escolha; e os mercados freqüentemente levam a uma tal pobreza que a liberdade de escolha de muitos indivíduos fica muito restringida. Aqui, limito-me às dimensões econômicas.

10. Ver, por exemplo, John Rawls, *A Theory of Justice* (Cambridge, MA: Belknap Press, 1971), e a extensa literatura a que esse livro deu origem.

11. Tony Blair propôs o Child Trust Fund ou "Baby Bond" em 2001.

12. Há outras questões sobre a democracia eleitoral, demonstradas pela eleição americana de 2000, na qual um candidato que obteve uma minoria dos votos populares se tornou presidente. A manipulação da divisão em distritos eleitorais pode resultar em minorias que controlam o processo político, mesmo onde há eleições livres. Regras eleitorais diferentes (por exemplo, representação proporcional) podem propiciar mais voz às minorias e maior probabilidade de que a vontade da maioria seja ouvida.

13. Essas noções podem remontar, pelo menos, a David Hume, *A Treatise of Human Nature* (1739-40) [em português, *Tratado da natureza humana*].

14. Há uma ampla literatura filosófica que tenta vincular a extensão de redistribuições aceitáveis com o que os indivíduos poderiam ser capazes de conseguir por conta própria, sem ação coletiva, por exemplo, assegurando o cumprimento dos direitos de propriedade. Ver, por exemplo, Robert Nozick, *Anarchy, State, and Utopia* (Nova York: Basic Books, 1974). Na prática, o que um indivíduo poderia alcançar por si só é, com toda a probabilidade, suficientemente limitado para que isso não imponha restrições significativas.

15. Ver, por exemplo, a Constituição de 1993 da República da África do Sul.

16. O próprio Smith não teria subscrito tais crenças. Ele tinha muito mais consciência das limitações do mercado do que seus seguidores contemporâneos.

17. Albert Hirschman, *Shifting Involvements: Private Interest and Public Action* (Princeton: Princeton University Press, 1982).

EPÍLOGO: NOVAS LIÇÕES SOBRE MÁ ADMINISTRAÇÃO DA ECONOMIA [pp. 326-50]

1. Quando eu estava no Conselho, elaboramos vários outros estímulos de "baixo custo" — por exemplo, permitir que empresas que investissem mais restituíssem lucros e perdas por mais anos, o que ainda aumenta a eficiência econômica total. Em contraste, a proposta de Bush restringe as provisões de restituição a empresas que querem se qualificar para dividendos livres de impostos.

2. Ver William Gale e Peter Orszag, "A Reckless Budget", *Financial Times*, 3 de fevereiro de 2003.

3. Joseph E. Stiglitz, "Bush's Tax Plan — The Dangers", *New York Review of Books*, vol. 50, nº 4, 13 de março de 2003.

4. Isso é o que é feito no caso de alguns países europeus e que é utilizado para o tratamento de algumas pequenas empresas. Os lucros da empresa seriam tratados *como se* tivessem sido plenamente distribuídos aos acionistas. Quaisquer lucros retidos seriam tratados então *como se* o acionista tivesse reinvestido esses lucros. O resultado seria que cada individuo teria pago um imposto correspondente a sua própria alíquota tributária, com os indivíduos de renda mais elevada pagando uma alíquota de cerca de 40% e os indivíduos de baixa renda pagando pouco ou nenhum imposto. Mas sob o esquema de Bush, tanto os indivíduos de alta renda como os de baixa pagam a mesma alíquota de imposto de 35%.

5. Ver William G. Gale e Peter R. Orszag, "The Economic Effects of Long-Term Fiscal Discipline", Urban Institute-Brookings Institution Tax Policy Center Discussion Paper, 17 de dezembro de 2002, e Gale e Orszag, "A Reckless Budget".

6. Até mesmo o governo Bush estava consciente dessas debilidades, ainda que não as propagandeasse. Embora o governo alegasse que o crescimento entre 2003 e 2008 aumentaria na média apenas 0,1% ao ano, a perspectiva de longo prazo era de um declínio de fato no crescimento, relativo ao que teria sido de outro modo.

7. Por causa da tramóia orçamentária, muitos acreditavam que os verdadeiros custos do corte tributário bem poderiam ultrapassar os US$ 726 bilhões originais de Bush, pois o Congresso relutaria em restabelecer impostos já abolidos. Obviamente, isso tudo fazia parte da estratégia de Bush, assim como os déficits resultantes eram parte de uma estratégia para forçar a contração nos gastos governamentais. Alguns achavam que havia uma agenda ainda mais abominável: superávits poderiam ter sido utilizados para colocar a Seguridade Social em uma base sólida; sem esses superávits, a Seguridade Social poderia parecer mais precária, facilitando os planos de Bush de privatizá-la.

8. Alex Berenson, *New York Times*, 24 de maio de 2003, p. B1, e Daniel Altman, *New York Times*, 24 de maio de 2003, p. B1. Como se alegava que os cortes tributários eram temporários, muitos economistas pensavam que o efeito estimulante seria muito menor do que havia sido anteriormente calculado. De acordo com a teoria econômica-padrão, as famílias baseiam seu consumo na sua *renda permanente*, a quantia que têm para gastar no longo prazo. Um corte temporário no imposto, segundo essa visão, não altera muito o poder de gasto de longo prazo e, em conseqüência, a maior parte do corte no imposto será poupada. Teorias mais recentes enfatizam que o resultado depende criticamente de quem consegue o corte tributário. Se os indivíduos de baixa renda, cujo gasto é restringido por sua renda, obtiverem um corte tributário, eles gastarão o dinheiro, mas se os indivíduos de renda alta obtiverem o corte tributário, haverá somente um modesto aumento nos gastos.

Índice remissivo

Sobre o autor

Joseph E. Stiglitz lecionou durante muito tempo na Universidade de Stanford, de onde foi chamado para ser membro e depois presidente do Conselho de Consultores Econômicos do presidente Bill Clinton (1993-97). Em seguida, foi vice-presidente e economista-chefe do Banco Mundial (1997-2000). Ganhou o prêmio Nobel de Economia em 2001 por seus trabalhos sobre economia da informação. É autor de *The economic role of the State* e *Globalization and its discontents*, traduzido em 28 línguas e que no Brasil recebeu o título de *A globalização e seus malefícios*. Atualmente é professor da Universidade de Columbia e mora em Nova York.

ESTA OBRA FOI COMPOSTA PELO GRUPO DE CRIAÇÃO EM MINION, PROCESSADA EM CTP
E IMPRESSA PELA RR DONNELLEY AMÉRICA LATINA SOBRE PAPEL PÓLEN SOFT DA
COMPANHIA SUZANO PARA A EDITORA SCHWARCZ EM NOVEMBRO DE 2003